Frankreichs fremde Söhne

D1698927

FREMDENLEGIONÄRE IM INDOCHINA-KRIEG

PAUL BONNECARRÈRE

Frankreichs fremde Söhne

MOTORBUCH VERLAG STUTTGART

Einbandgestaltung: Johann Walentek,
unter Verwendung einer Abbildung von E. C. P. A.
Das Bild zeigt einen Spähtrupp des 1. Fallschirmjägerbataillons der Fremdenlegion.
Fotos: Etablissement Cinématographique des Armées.

Copyright © 1968 by Librairie Arthème Fayard, Paris.
Die französische Ausgabe ist dort erschienen
unter dem Titel »Par le sang versé«

Aus dem Französischen übersetzt von
Heinz und Christel Weil.

ISBN 3-613-01144-1

7. Auflage 1995
Copyright © by Motorbuch Verlag, Postfach 10 37 43, 70032 Stuttgart.
Ein Unternehmen der Paul Pietsch Verlage GmbH + Co.
Sämtliche Rechte der Speicherung, Vervielfältigung und Verbreitung
in deutscher Sprache sind vorbehalten.
Satz und Druck: Dr. Cantz, 73760 Ostfildern.
Bindung: Verlagsbuchbinderei Karl Dieringer, 70839 Gerlingen.
Printed in Germany.

Den 309 Offizieren
1082 Unteroffizieren
9092 Soldaten
der Fremdenlegion

Gefallen für Frankreich in Indochina.

Wer weiß, ob jener unbekannte Krieger,
Der unter dem gewalt'gen Bogen ruht,
Den Waffenruhm vergang'ner Zeiten mehrend –
Kein Fremdling ist, zu Frankreichs Sohn geworden
Durch das vergoss'ne Blut und nicht durch das ererbte.

PASCAL BONETTI.

Dienstgrade der französischen Infanterie (in eckigen Klammern die Anredeform
für Untergebene) zur Zeit des Indochinakrieges, rechts die entsprechenden deutschen
Bezeichnungen:

Mannschaften

soldat, tirailleur, légionnaire usw. de 2 e classe	Schütze
soldat, tirailleur, légionnaire usw. de 1 e classe	Oberschütze
caporal [dito]	Gefreiter
caporal-chef [dito]	Obergefreiter

Unteroffiziere

sergent [dito]	Unteroffizier
sergent-chef [chef]	Stabsunteroffizier
sergent-major [major]	Unterfeldwebel
adjudant [mon adjudant]	Feldwebel
adjudant-chef [mon adjudant-chef]	Oberfeldwebel
aspirant [monsieur l'aspirant]	Fähnrich

Offiziere

sous-lieutenant [mon lieutenant]	Leutnant
lieutenant [mon lieutenant]	Oberleutnant
capitaine [mon capitaine]	Hauptmann
chef de bataillon = commandant [mon commandant]	Major
lieutenant-colonel [mon colonel]	Oberstleutnant
colonel [mon colonel]	Oberst

In der Artillerie und Kavallerie wird schon der adjudant mit »mon lieutenant« angeredet; der Gefreite und der Unteroffizier heißt dort »brigadier« und »maréchal
des logis«, was nichts mit Brigadegeneral oder gar mit dem »maréchal de France«
(Generalfeldmarschall) zu tun hat. Der oben angeführte sergent-major existiert nicht
mehr; statt seiner gibt es als obersten Unteroffiziersdienstgrad den major (ohne Zu-
satz), der unserem Stabsfeldwebel, nicht etwa dem Major, entspricht.

6

1.

Im März 1946 begann Frankreich, den Rhythmus seiner Truppentransporte nach dem Fernen Osten zu beschleunigen. Aller verfügbare Schiffsraum wurde der Armee überlassen und ausländische Schiffe wurden gechartert, um das französische Expeditionskorps nach Indochina zu bringen. Eine der ersten eingeschifften Einheiten war die *Légion Étrangère*, die Fremdenlegion.

Ein Jahr war seit dem japanischen Überfall vom 9.März 1945 vergangen. Alle Legionäre hatten von den Massakern in den Garnisonen von Ha-Giang und Lang-Son und in der Zitadelle von Hanoi gehört. Berichte über diese Schlächtereien, oft vergröbert und übertrieben, gingen von Mund zu Mund. Jeder wußte, daß von dem in Indochina stationierten 5. Infanterieregiment der Fremdenlegion, dem 5. Étranger, kaum ein Bataillon übriggeblieben war.

Am 2.März stand das 2.Infanterieregiment der Legion in Saigon marschbereit; am 10. März ging die 13.Halb-Brigade an Land, gefolgt vom 3.Regiment, dessen Aufstellung bis zum 22. Mai dauerte.

In der gesamten Geschichte der Fremdenlegion war nie ein Regiment aus so verschiedenartigen Elementen zusammengesetzt wie dieses 3.Étranger. Überlebende des Afrikakorps, Waffen-SS von der Ostfront, Nazis jeden Alters und Ranges hatten bei der Legion Zuflucht gesucht und sich in Sidi-Bel-Abbès, der algerischen Heimatgarnison der Legion, wieder für neue Kämpfe zusammengefunden.

Die damaligen Statistiken weisen für das 3.Étranger folgende Zahlen aus: 33% Deutsche, 7% Spanier, 6% Polen, je 5% Franzosen und Italiener und 17% Schweizer (die meisten Franzosen und viele Deutsche gaben sich bei ihrem Eintritt in die Legion als Schweizer aus). Aber viel mehr als durch Herkunft und Mentalität unterschieden sich diese Männer durch den Grad ihrer militärischen Erfahrungen. Da waren ganz junge Spunde, beinahe noch Kinder, aus denen Bel-Abbès in einer vierwöchentlichen Schnellbleiche Soldaten zu machen versucht hatte. Andere dagegen waren alte Haudegen, Veteranen von Kämpfen in aller Welt; manche von ihnen hatten sich auf den Schlachtfeldern des zweiten Weltkrieges gegenüber gestanden.

Am 31. März 1946 gingen 1740 Legionäre des 3. Étranger in Marseille an Bord der *Johan de Witt*, eines von den Holländern gecharterten Passagierschiffes. Sie bildeten zusammen drei Bataillone unter dem Kommando von colonel Lehur.

Bei der Passage des Suezkanals gab es einen Zwischenfall: Die Flucht des Legionärs Wrazzouk. Der Suezkanal sollte in der Folgezeit zum Dorado der Deserteure werden. Von jedem Truppentransport, der ihn durchlief, sprangen Dutzende von Legionären über Bord, in der Hoffnung, schwimmend das ägyptische Ufer zu erreichen.Nur ein Fünftel kam durch, die anderen wurden von der Strömung überrascht, ertranken oder wurden zermalmt. Wrazzouk war der erste in der Reihe dieser waghalsigen Flüchtlinge. Ihm gelang es, an Land zu kommen. Mehrere seiner Kameraden beobachteten durch den Feldstecher, wie er auf dem Westufer des Kanals erschöpft zusammenbrach.

Nach einer Zwischenlandung in Sabang lief die *Johan de Witt* in der Nacht vom 20. auf den 21.April durch die Straße von Malakka. Die See war spiegelglatt und die Nacht herrlich. An Backbord sah man die Lichter der Küste. Man konnte meinen, die Stadt Kelang sei in Rufweite, obwohl das Schiff gut zehn Kilometer von ihr entfernt fuhr.

Es war kurz vor ein Uhr früh. In seiner Kabine, die er mit drei andern Unteroffizieren teilte, wurde sergent-chef Edwin Klauss abrupt aus dem Schlaf gerissen. Er brauchte nicht lange, um sich über den Grund klar zu werden: Der Rhythmus der Schiffsmaschinen hatte sich verändert, dann kamen sie ganz zum Stillstand, während an Deck die Lautsprecher unverständliche, holländische Befehle hinausbrüllten.

Klauss war ein hochgeschossener Bursche von extremer Magerkeit. Sein glattrasierter Schädel unterstrich noch die eckigen Gesichtszüge. Seine Augen waren so hell, daß in der Sonne manchmal das Blaue mit dem Weißen verschwamm. In den verschiedenen Kompanien, die er in zwölfjähriger Dienstzeit bei der Legion durchlaufen hatte, war er wegen seines untrüglichen Kämpferinstinkts berühmt.

Während Klauss seine Hosen anzog, wachte auch Bianchini auf.

–Was? Was ist denn los? murmelte er.

–Keine Ahnung. Das Schiff stoppt und die Holländer brüllen. Ich gehe nachsehen.

In den beiden andern Kojen schliefen, zusammengesackt, die Unteroffiziere Favrier und Lantz in voller Uniform. Man hatte sie eine knappe Stunde zuvor in total betrunkenem Zustand dorthin verfrachtet–Folgeerscheinung einer nach der Zwischenlandung in Sabang aufgetauchten Fünf-Liter-Korbflasche »Bols«.

Klauss ging mit großen Schritten in Richtung Treppe zum Zweiter-Klass-Deck, gefolgt von Bianchini, der schlaftrunken versuchte, im Gehen seine Uniform in Ordnung zu bringen. An Deck wimmelte es von Matrosen in geschäftiger Bewegung. Drei Mann bedienten einen Scheinwerfer. Neben ihnen stand der Kapitän, in der Hand ein Megaphon. Klauss erkannte einen der Matrosen und sprach ihn auf deutsch an. Er bekam eine kurze Antwort, schüttelte den Kopf und wandte sich zu Bianchini.

–Drei Armleuchter wollten türmen und sind über Bord gegangen. Vollidioten! Ihre Chancen sind nicht einmal eins zu einer Million: Die Meerenge wimmelt von Haien und bis zum Festland sind es über fünf Meilen.

–Unter diesen Umständen hau' ich mich wieder hin, verkündete Bianchini.

Colonel Lehur und lieutenant Mattei waren zu dem holländischen Kapitän getreten. Sie beobachteten das Manöver als Zuschauer. Mit raschen und präzisen Bewegungen ließen sechs Matrosen ein Beiboot zu Wasser. Unter dem Geknirsch der Winden näherte es sich bis auf einen halben Meter der ruhigen Wasseroberfläche, dann wurde es abrupt aufgesetzt. Die sechs Männer machten es los, nahmen ihre Plätze an den Riemen ein und ruderten im Takt zu den Flüchtlingen hin.

Der Scheinwerfer hatte zwei von ihnen erfaßt. Sie schwammen ungeschickt mit heftigen Stößen, die sie schnell außer Atem brachten. Als das Boot auf ihrer Höhe war, ließen sie sich widerstandslos an Bord nehmen.

An Deck der *Johan de Witt* beschrieb der Scheinwerfer regelmäßige Halbkreise, um den dritten Mann zu entdecken, während der Maat am Heck seines Bootes stehend, auf Weisung wartete. Colonel Lehur und lieutenant Mattei folgten der Lichtspur, die sich langsam auf dem Wasser vorwärtstastete.

–Sie sind sicher, daß es drei waren? fragte der colonel.

–Die Brückenwache beharrt darauf, antwortete Mattei. Der Posten hat sie springen sehen, zwei mit den Füßen voran, einen im Kopfsprung.

–Dann ist der dritte ertrunken; vermerken Sie es im Rapport.

Der Scheinwerfer erlosch. Der holländische Kapitän befahl seinem

Maat, an Bord zurückzukehren. Das Ganze hatte etwa zwanzig Minuten gedauert.

Sergent-chef Klauss, der schon von Deck gegangen war, kam gerade wieder zurück. Er warf einen Blick auf das Boot und seine acht Insassen. Das genügte ihm, um die zwei aufgefischten Legionäre zu identifizieren. Er ging auf die beiden Legionsoffiziere zu, grüßte im vorgeschriebenen Abstand und meldete mit Stentorstimme:

– Sergent-chef Klauss, 4. Kompanie, zum Rapport, mon colonel.

– Ja, antwortete Lehur zerstreut.

– Mon colonel, ich habe die Deserteure identifiziert, sie gehören zu meiner Kompanie.

Mattei spitzte die Ohren. Er befehligte die 4. Kompanie.

– Machen Sie eine schriftliche Meldung an lieutenant Mattei, bemerkte Lehur gleichgültig und wandte sich ab.

– Mon colonel, wenn ich mir erlauben darf, insistierte Klauss.

– Was noch?

– Mon colonel, die beiden Aufgefischten, die sind ohne Bedeutung. Aber der dritte ist Krüger.

– Na und?

– Mon colonel, Krüger ist nicht der Typ, der so einfach ertrinkt.

Lehur wandte sich fragend an Mattei.

– Das stimmt, mon colonel! Ich werde Ihnen von Krüger berichten.

– Gut. Mattei, fragen Sie den Kapitän, ob er die Suche noch zehn Minuten verlängern kann.

Der Holländer erklärte sich bereit, das Beiboot nochmals auszusetzen und befahl seinen Matrosen, um das Schiff herumzufahren. Ein kleiner, batteriegespeister Scheinwerfer wurde vorn im Boot aufgestellt. Man entdeckte Krüger am Heck des Schiffes. Als er sich vom Scheinwerfer erfaßt sah, tauchte er sofort. Dann schwamm er geschmeidig davon und zwang die Schaluppe, ihm zu folgen. Er war nur mit einem Slip bekleidet und schwamm phantastisch. Das Boot brauchte mehrere Minuten, um ihn einzuholen.

Von Deck aus verfolgten jetzt rund hundert Zuschauer den Vorgang. Zwei Matrosen streckten Krüger ihre Arme hin, die er ergriff. Für den Bruchteil einer Sekunde tat er, als gebe er auf. Dann riß er die beiden Männer plötzlich an sich; sie verloren das Gleichgewicht und fielen ins Wasser. Der Legionär packte den Bootsrand, stemmte sich hoch – und war im Boot. Der verduzte Maat wurde mit einem Fausthieb ins Meer befördert.

Krüger ergriff einen Riemen, den er am Blatt hielt. Die drei übrigen Seeleute starrten ihn fassungslos an. Ein Rammstoß, und der nächste flog mit drei gebrochenen Rippen ins Wasser. Von Panik ergriffen, stürzten sich die beiden andern möglichst weit weg ins Meer. Krüger setzte sich an die Riemen und fing wild zu rudern an. Aber die Schaluppe war für einen Mann zu schwer. Er brachte sie kaum von der Stelle.

An Deck des Holländers hatte der Kapitän inzwischen befohlen, ein weiteres Beiboot zu wassern. Lehur und Mattei waren der Szene wortlos gefolgt. Der colonel hatte das Megaphon ergriffen. Er trat neben den Scheinwerfer, dessen Strahl Krüger erfaßt hatte. Alles an Bord verfolgte die vergeblichen Anstrengungen des Legionärs, vom Schiff wegzukommen. Die Stimme des Obersten, durch das Megaphon verzerrt, unterbrach die Stille:

– Krüger, Sie haben eine Minute, um aufzugeben. Danach lasse ich das Feuer eröffnen. Sie haben keinerlei Chance.

Krüger hörte zu rudern auf. Er warf einen Blick in die Runde und schien aus einem schweren Traum zu erwachen. Er bemerkte die sechs Seeleute, die um das Boot herumschwammen. Zwei von ihnen hielten den Verletzten, der »Toter Mann« machte. Krüger half ihnen, wieder ins Boot zu klettern. Keiner bezeigte ihm die geringste Feindseligkeit. Erschöpft, geschlagen, setzte sich der Legionär ins Heck.

Als er einige Minuten später an Deck kam, versetzte ihm colonel Lehur eine derart heftige Ohrfeige, daß er zu Boden fiel. Nervöses Lachen bei den Umstehenden. Der Zwischenfall war für den Augenblick erledigt. Die drei Flüchtlinge wurden in Eisen gelegt. Colonel Lehur erklärte nur, er behalte sich die weiteren Entscheidungen vor.

Als Klauss in seine Kabine zurückkam, lag Bianchini schmunzelnd in seiner Koje. Die Nachtbeleuchtung brannte, und er rauchte genüßlich eine kleine, holländische Zigarre.

– Hast du's gesehen? fragte Klauss.

– Ja, durch's Bullauge. Er hat sie ganz hübsch durcheinandergebracht, diese Holländer.

– Das war kein besonderes Kunststück, stellte Klauss fest. Die Kerle waren doch nicht darauf gefaßt. Außerdem ist das nicht ihr Metier. Ihr Metier ist die Seefahrt, und da haben sie saubere Arbeit geleistet. Man kann Fachleuten nicht vorwerfen, daß sie außerhalb ihres Faches nicht glänzen.

– Krüger hat sich in seinem Fach ganz gut geschlagen.

– Quatsch, erwiderte Klauss scharf. Unser Fach ist die Disziplin, nicht das Schauraufen.
– Übrigens, aus welchem Stall kommt dieser Krüger?
– Ich weiß darüber nicht viel mehr als du. Jedenfalls aus der deutschen Wehrmacht. Vor zwei Monaten kam er in Bel-Abbès an. Eindeutig ein Berufssoldat. Ich mache jede Wette, daß er Offizier war.
– Auf alle Fälle wird er eine ganz hübsche Abreibung kriegen.

Am 21. April um 9 Uhr morgens meldete sich lieutenant Mattei in der Kabine von colonel Lehur. In der Hand hielt er ein maschinengeschriebenes Blatt, die Personalakte des Legionärs Rudolf Krüger. Der colonel warf einen kurzen Blick darauf.
– Vermutlich wissen Sie mehr über den Mann? fragte er.
– Ja, mon colonel. Krüger ist ein Ex-Leutnant der Wehrmacht. EK I, zahlreiche weitere Auszeichnungen. Letztes Jahr aus einem amerikanischen Kriegsgefangenenlager in der Gegend von München ausgebrochen. Offenbar allein über Österreich, Italien, Tunesien nach Algerien gekommen. Seine Mutter stammte aus Australien. Er hat Verwandte in Sidney. Sein Plan war vermutlich, nach Australien zu gelangen. Sonst wäre er wie die andern in Port-Said desertiert.
– Und die zwei andern?
– Uninteressant. Sie wurden wahrscheinlich von Krüger angestiftet. Er hat sie wohl mitgenommen, um von sich abzulenken.
– Gut, Mattei. Lassen Sie Krüger kommen.
Lieutenant Mattei (sprich: Mattej) war ein kleiner, stämmiger Korse mit einem Stiernacken. Vom Scheitel bis zur Sohle schien er nur aus Ecken zu bestehen, wie mit der Axt gehauen. Wortlos verließ er die Kabine. Langsamen Schrittes stieg er in den Laderaum, wo die Arresträume waren.
Zwei Männer bewachten den Eingang der improvisierten Zelle: ein holländischer Matrose und ein Legionär. Bei Mattei's Erscheinen erwies der Legionär eine vorbildliche Ehrenbezeigung, die den Seemann verblüffte. In einer Art Reflexbewegung riß er linkisch die Knochen zusammen.
Die drei Deserteure saßen auf einer Pritsche. Krüger trug noch immer seinen Slip, die beiden andern ihre Hose und ihr noch feuchtes Hemd. Mattei fixierte sie einen Moment, dann wandte er sich an den Posten.

–Hol' mir eine Uniform für den Großen und bring' ihm auch Rasier-
zeug.
Wenig später war Krüger bereit. Während er sich rasierte und anzog,
hatte Mattei kein Wort gesprochen. Als der Legionär den letzten
Hemdenknopf schloß, sagte der Offizier nur:
–In Ordnung. Komm' mit.
Einer der beiden andern Deserteure erhob sich schüchtern.
–Mon lieutenant, könnten Sie nicht Péjou beruhigen? Er glaubt, wir
werden erschossen.
Mattei zuckte die Achseln.
–Auf einem Schiff – keinesfalls. Alles was euch passieren kann, ist, ge-
hängt zu werden.

In der Kabine des Obersten stand Krüger seit Minuten in Habacht-
stellung. Lehur las Akten und behandelte den Soldaten wie Luft, ohne
ihn rühren zu lassen. Mattei saß auf der Lehne eines Armstuhls und
wartete ebenfalls. Schließlich richtete Lehur den Blick auf den bewegungslosen Legionär:
–So. Wenn ich recht verstehe, hast du die Fremdenlegion für eine Art
Reisebüro gehalten?
Krüger antwortete nicht. Er rührte sich nicht.
–Ich will dir 'was sagen, fuhr der colonel fort. Deine Vergangenheit
ist mir gleichgültig, sie geht mich nichts an. Aber jetzt hast du dich
wie ein Strolch benommen, und was noch schlimmer für dich ist, wie
ein Dummkopf und ein schlechter Soldat. Wenn die Brückenwache
euch nicht gleich bemerkt hätte, hättest du zwei meiner Legionäre
in den sicheren Tod getrieben.
Lehur hatte sich erhoben. Er ging um seinen Schreibtisch herum und
trat vor Krüger hin.
–Hast du etwas dazu zu sagen?
–Nein, mon colonel.
Ohne Übergang und ohne ein Zeichen von Zorn schlug der magere,
drahtige colonel Lehur Krüger brutal in den Magen. Der große Legionär klappte zusammen wie ein Taschenmesser. Lehur versetzte
ihm nun einige Schläge auf den rechten Backenknochen, so daß die
Haut platzte, und einen linken Haken auf das Auge, das sofort an-
schwoll. Krüger schwankte, ging aber nicht zu Boden. Als der Hagel

von Schlägen aufhörte, nahm er mühsam wieder Haltung an. Sein Gesicht war voller Platzwunden. Er blutete aus der Nase. Aber er hatte keinen Laut von sich gegeben und auch nicht versucht, sich mit den Händen zu decken.

–Das genügt, erklärte Lehur. Mattei, führen Sie ihn zurück.

Krüger nahm sein Käppi vom Boden, setzte es auf, grüßte und machte die vorschriftsmäßige Kehrtwendung. Wortlos ließ er sich von Mattei ins Krankenrevier führen.

–Ah! ich habe schon auf Sie gewartet, mon lieutenant, verkündete der Sanitätsgefreite und lachte vergnügt, während er Krüger's geschwollenes Gesicht mit Quecksilbersalbe bestrich.

–Und die beiden andern? fragte er.

–Die bleiben ungeschoren, antwortete Mattei nur.

Auf dem Rückweg zur Arrestzelle machte der Offizier vor seiner Kabine halt und ließ Krüger eintreten. Er schenkte ihm einen Schluck Whisky ein und sagte:

–Ich nehme an, Krüger, Sie haben begriffen. Was sich gerade abgespielt hat, ist Teil der Legionstradition. Es ist gewissermaßen unsre Art, schmutzige Wäsche innerhalb der Familie zu waschen. Sie sind nicht der erste und Sie werden nicht der letzte sein. Aber seien Sie sich darüber klar, daß diese Behandlung Leuten vorbehalten bleibt, die der colonel achtet.

Krüger schüttelte den Kopf.

–Mon lieutenant, er hätte mich gestern abend nicht vor den andern ohrfeigen dürfen. Die Prügel lassen mich kalt. Denken Sie, ich sei ein schlechter Soldat? Lassen Sie sich nicht täuschen: wenn ich in Ihrer Kompanie bleibe, werde ich Ihnen zeigen, wie ein deutscher Offizier zu sterben weiß.

Rudolf Krüger sollte sein Wort halten. Kaum zwei Monate später, am 18.Mai 1946, wurde er bei einem Überfall in der Gegend von Thu-Duc von einer Kugel in die Kehle getroffen. Er stand hinter einem Jeep, aus dem er beim ersten Schuß herausgesprungen war. Er fand die Kraft, zu Mattei zu sagen:

–Es ist soweit, mon lieutenant.

Mit dem Ellbogen auf das Reserverad des Jeep gestützt, gelang es ihm, blutüberströmt, Haltung zu bewahren. Als er schließlich schwankte und vornüberstürzte–mit dem Gesicht in den Dreck–war er bereits tot.

Der Legionär Rudolf Krüger war aufrecht gestorben.

2.

Die Überfahrt dauerte drei Wochen. Am 25. April 1946, um 9 Uhr 30 morgens, legte die *Johan de Witt* am Hauptkai von Saigon an. Es herrschte bereits eine drückend feuchte Hitze. Schweißgebadet gingen die Legionäre von Bord, wobei sie sich mit ihren dreißig Kilo Gepäck und ihren schweren Enfield-Gewehren gegenseitig behinderten und überall hängenblieben. Am Kai war es nicht viel besser: keine Spur von Schatten, ungenaue Anweisungen und Durcheinander beim Sammeln der Kompanien.

Bis 17 Uhr blieben die Männer auf dem Kai. Ihre einzige Erinnerung an Saigon waren später die fliegenden Händler, die den ganzen Tag lang zwischen ihnen herumliefen, in der Hoffnung, etwas Obst oder frisches Gemüse zu verkaufen. Schließlich entstiegen einem Panzerspähwagen zwei Offiziere, die die Marschorder für die einzelnen Kompanien mitbrachten. Die hundertzwanzig Legionäre der 4. Kompanie erfuhren, daß ihr vorläufiger Bestimmungsort in der unmittelbaren Umgebung von Thu-Duc lag; es blieb ihnen eine knappe Stunde für den Fußmarsch zum Bahnhof, wo ein Zug sie erwartete.

Ihnen sagte dieser Marschbefehl gar nichts: sie hatten keine Ahnung, wo Thu-Duc lag. Was sie allein interessierte, war die Entfernung zum Bahnhof; denn dorthin mußten sie marschieren, schwerbepackt und bei noch fast unverminderter Hitze.

Der wartende Zug verschaffte ihnen den ersten Eindruck vom Krieg. Der Triebwagen und die Waggons waren mit Sandsäcken geschützt, hinter denen in jedem Wagen vier Maschinengewehre verbarrikadiert waren. Verstreut über die ganze Länge des Zuges, zeugten Einschußstellen und Geschoßspuren von kürzlichen Überfällen.

Die Männer der 4. Kompanie drängten sich auf die Holzbänke; instinktiv setzten sich die alten Landser in die Nähe der Fenster und hielten ihre Waffen griffbereit.

Ein sergent der Kolonialinfanterie, der auf dem Bahnsteig herumstand, informierte die Gruppe Klauss:

– Thu-Duc? Ihr habt vielleicht Schwein! Der schickste Ort in der ganzen Umgebung von Saigon, kaum fünfzehn Kilometer weg, und das reinste Herrenleben!

Der Zug fuhr fast im Fußgängertempo und brauchte bis Thu-Duc über eine Stunde.

Während dieser kurzen Fahrt standen die Neugier, die Aufregung und das Staunen der jungen Soldaten in auffallendem Kontrast zur Gleichgültigkeit der Altgedienten. In allen Abteilen zeigten sie sich gegenüber der Landschaft, dem Leben und der Atmosphäre dieses neuen Landes völlig gleichgültig. Ihnen war nur wichtig, daß man saß; mit ihrem gelangweilten Gesichtsausdruck erinnerten sie an Fahrgäste eines Vorortzuges. Die Jungen dagegen stritten sich um die wenigen Plätze, von denen aus man etwas sehen konnte.

Sie entdeckten die Militärposten von Binh-Hoa-Xa, Apuong-Nhi und Bon-Do auf ihren Hügeln. Schließlich war der kleine Bahnhof von Thu-Duc erreicht. Ein neuer Fußmarsch folgte; dann wurde in dem Massivbau einer aufgegebenen Pflanzung Quartier gemacht.

Die hundertzwanzig Legionäre standen unter dem Befehl von sergent-chef Klauss; ein Offizier war nicht vorhanden. Bis auf weiteres war Klauss für die 4. Kompanie verantwortlich, seine Verbindung mit dem Bataillonsstab bestand aus einem einzigen Funkgerät.

Mit erfahrenem Blick hatte der Unteroffizier die Situation erfaßt: Der Posten wurde bisher von der Kolonialinfanterie gehalten; er war schwer zu verteidigen und vor allem ungeeignet, die wenigen Strohhütten zu schützen, die – rund hundert Meter entfernt – ein Dorf bildeten.

Die Unteroffiziere Favrier und Lantz stöberten überall herum, inspizierten die leeren Räume und versuchten, vor den anderen die beste Unterkunft zu entdecken. Unterdessen hatte Bianchini seine Gruppe bereits angewiesen, einen großen, rechtwinkligen Raum zu säubern und Betten zu bauen. Klauss stellte Posten auf und organisierte den Wachdienst für die Nacht.

Und nun richtete die Legion sich ein. Langsam, beim Schein der Stablampen, lief der Mechanismus an. Die kahlen Wände belebten sich, allerlei seltsames Zeug kam aus den Tornistern zum Vorschein; Andenken und sonstige persönliche Habe wurden neben jedem Bett aufgebaut. So müde die Männer auch waren, so dachten sie doch erst an Ruhe, nachdem sich jeder sein kleines Reich geschaffen hatte. Irritiert vom monotonen Gezirpe der Insekten und den fremdartigen, unbe-

16

kannten Geräuschen aus den Reisfeldern, feuerten die Wachen immer wieder aufs Geratewohl; im übrigen hörte man nur das schrille Klagelied der nächtlichen Natur.

Eine Woche später war an die Stelle nervöser Betriebsamkeit die Routine getreten. Gräben waren angelegt worden, ein Drahtverhau versperrte den Zugang zum Posten, eine dichte Bambuswand schützte die Wachen, die nun über jeden ihrer Schüsse Rechenschaft ablegen und in der Lage sein mußten, am Morgen Richtung und Einschußstelle ihrer Schüsse anzugeben.

Immer umsichtig, gingen die Legionäre nach dem vier Kilometer entfernten Thu-Duc. Der Weg dorthin schien sicher, und mehrere Monate lang gab es keinerlei Zwischenfälle.

In dem Nest Thu-Duc, das sie zum Ort ihrer Träume gemacht hatten, gab es eine Spielhölle und zwei Kneipen, von denen eine, die *Mère casse-croûte*, zugleich als Bordell diente. Für ein paar Stunden jeder Woche konnten die Urlauber dort das monotone Leben im Posten vergessen.

Jeden Morgen gingen ein Unteroffizier und sechs Mann auf Patrouille. Sie marschierten langsam und routinemäßig und hielten diese täglichen Spaziergänge für sinnlos. Aber Klauss wußte, daß ein Posten verkommt, wenn er nicht in Bewegung gehalten wird, und er hielt sich genau an seine Instruktionen.

Das Leben der 4. Kompanie wies keinerlei Besonderheiten auf. In einem Umkreis von fünfzig Kilometern um Saigon hatte sich das 3. Étranger im Rhythmus der Schiffslandungen wieder formiert. Colonel Lehur hatte sein Stabsquartier in Long-Binh, fünfundzwanzig Kilometer nordöstlich von Saigon, eingerichtet. Von dort aus überwachte er, wie die Kompanien ihre Posten bezogen, die Saigon wie ein Gürtel umgaben und alle aussahen wie Thu-Duc.

Während der ersten drei Monate, in denen sich das 3. Étranger um Saigon herum gruppierte, machten die Legionäre mit dem Guerillakrieg Bekanntschaft, einem Krieg aus dem Hinterhalt, ohne Regeln, ohne System, ohne Logik. Eine Patrouille wurde von zehnfacher Übermacht angegriffen und für gewöhnlich dezimiert. Dann blieb oft wochenlang alles ruhig, bis man hörte, daß vielleicht hundert Kilometer weiter eine andere Patrouille in einen Hinterhalt geraten war...

Da die Bataillone über ein ausgedehntes Gebiet verteilt lagen, und die Überfälle nur selten und unregelmäßig erfolgten, waren sie bei den kleinen Gruppen, die täglich zum sogenannten Spaziergang aufbrachen, nur wenig gefürchtet.

Indessen entstand ein Psychose, die bald zur fixen Idee wurde: nur nicht lebend dem Feind in die Hände fallen.

Die Grausamkeit der Viet-Kämpfer war allen bekannt. Der Legion schienen sie einen ganz besonderen Haß entgegenzubringen, und die in ihre Hand gefallenen Soldaten des 3. Étranger wurden mit einem sadistischen Raffinement gefoltert, das jede Vorstellung übersteigt.

Siebzehn von ihnen fand man, nur rund zwanzig Kilometer südöstlich von Saigon, gekreuzigt in den Ruinen eines niedergebrannten Dorfes. Zwischen den Schulterblättern hatte man ihre Rückenhaut mit dem Rasiermesser horizontal aufgeschlitzt und an die Querbalken der Kreuze genagelt. Die Hände hatte man ihnen hinter dem senkrechten Pfosten so zusammengebunden, daß sie daran entlanggleiten konnten. Es war anzunehmen, daß das Martyrium dieser Männer mehrere Tage gedauert hatte, ehe der Tod sie erlöste: wenn sie sich vor Müdigkeit nicht mehr festhalten konnten, rissen sie sich selbst die Rückenhaut ab, indem sie sich Millimeter um Millimeter nach vorne sinken ließen.

Andere wurden mit Bambusrohr gepfählt. Auf in der Mitte durchlöcherten Stühlen festgebunden, wurden sie von einem darunter eingepflanzten, zugespitzten Bambusrohr mit grauenvoller Langsamkeit zerrissen; eine Bambuspflanze wächst täglich mehrere Zentimeter.

Wieder andere wurden mit Zuckersirup bestrichen und gefesselt auf einen Ameisenhaufen gelegt; die roten Ameisen in Indochina sind so groß wie kleine Bienen.

Diese, und viele andere Scheußlichkeiten ließen die Phantasie der Legionäre nicht mehr los und hatten bei ihnen zu einem alles beherrschenden Gedanken geführt: lieber Selbstmord als Gefangenschaft. Dieser tragische Vorsatz wurde ohne Zögern von jedem Soldaten, jedem Unteroffizier und jedem Offizier in die Tat umgesetzt, wenn er zu der Überzeugung kam, daß seine Lage hoffnungslos war.

Die geläufigste Methode war natürlich, die letzte Patrone für sich selbst aufzusparen. Aber viele Legionäre meinten, daß dies eine verschwendete Patrone sei, und hatten (oft von ihren Bataillonsärzten) gelernt, sich mit dem Kampfdolch zu töten, indem sie die Dolchspitze in Höhe des Herzens zwischen zwei Rippen ansetzten und dann einen kräftigen Schlag auf den Griff des Messers ausführten.

18

Am 26.Juni 1946, um 9 Uhr morgens, verließen sechs Mann der 8. Kompanie den Posten von Giong-Trom, sechzig Kilometer südwestlich von Saigon. Rund vierhundert Meter vor ihnen marschierte eine Patrouille der Kolonialinfanterie, die von sous-lieutenant Bacle geführt wurde.

Bestimmungsort beider Patrouillen war das etwa zwölf Kilometer entfernte Dorf Cao-Mit. Die Männer rechneten mit einem dreistündigen Marsch, zwei Stunden Aufenthalt in Cao-Mit und Rückkehr zum Posten im Laufe des Abends.

Unter den Legionären befanden sich: ein ganz junger Franzose– Lucien Mahé, drei Deutsche–Kreuder, Kraatz und Hampe, sowie ein Italiener–Pazuti. Verantwortlich für die kleine Gruppe war ein Deutscher–sergent Günther Roch.

Roch stand nicht im Ruf, zartbesaitet zu sein. Er war ein blonder Riese, der jede Schwäche verachtete und bestrafte. Befehle führte er aus wie ein Roboter, ohne zu versuchen, sie zu verstehen und ohne sie zu diskutieren; von seinen Untergebenen erwartete er den gleichen blinden Gehorsam.

Kreuder und Kraatz waren zusammen zur Legion gekommen. In der Wehrmacht hatten beide als Unteroffiziere der gleichen Infanterieeinheit angehört. Sie trennten sich nie. Kraatz hatte vor kurzem eine Beförderungsmöglichkeit ausgeschlagen, weil er dazu zwei Monate lang die 8. Kompanie und damit seinen Freund Kreuder hätte verlassen müssen: er hatte die Teilnahme an einem Kurs abgelehnt, der ihm die Ernennung zum caporal-chef ermöglicht hätte. In der 8. Kompanie trugen die Beiden den Spitznamen »die Siamesen«.

Lucien Mahé war der Benjamin der Kompanie. Niemand wußte, wie und warum er vor sechs Monaten nach Bel-Abbès gekommen war. Oft wurde er wegen seines Alters gehänselt; er hatte es mit mindestens achtzehn Jahren angeben müssen, um überhaupt angenommen zu werden, aber trotz seiner gesunden und kräftigen Konstitution sah er nicht älter aus als sechzehn oder siebzehn.

Pazuti, der Italiener, war ein ehemaliger faschistischer Polizist; klein und durchtrieben, mit einer Hautfarbe wie eine Backpflaume. Er wog sicher nicht mehr als sechzig Kilo; nichts konnte ihm die Laune verderben, und er hatte einen Hang zu primitiven Späßen. Dennoch hörte er nie auf, sich über alle und alles zu beklagen.

Nach einer Viertelstunde langsamen und gleichmäßigen Marsches waren die sechs Männer in Schweiß gebadet. Die vom Schweißgeruch angezogenen Insekten schwirrten, summten, ließen sich nieder, stachen und schienen sich darüber lustig zu machen, wie sich die Legionäre vergeblich auf Hals und Arme klatschten.

Nur sergent Roch, der an der Spitze ging, schien gegen den Tanz der Mücken unempfindlich. Wie ein Metronom regelte er mit seinem Schritt das Tempo seiner Männer.

Wie bei jedem Unternehmen, machte Pazuti den Schlußmann und schimpfte lautstark, alle Heiligen zu Zeugen seines Mißgeschicks anrufend. Von Zeit zu Zeit rief Kraatz:

– Halt’ die Fresse, Pazuti; du fällst uns auf den Wecker!

Der Italiener beruhigte sich für einen Augenblick, dann fing sein Monolog von neuem an, bis zum nächsten: »Halt’ die Fresse, Pazuti; du fällst uns auf den Wecker!«

Als man sich Cao-Mit näherte, änderte sich Pazuti’s Laune. Nach Flamencosänger-Art improvisierte er jetzt Worte zur Melodie eines neapolitanischen Gassenhauers.

Kreuder stellte fest:

– Die Stimmung unseres Makkaroni steigt, er ist der reinste Kilometerzähler. Wenn er singt, ist man nicht mehr weit vom Ziel.

– Dennoch finde ich ihn zu laut, bemerkte Hampe. Die Gegend scheint mir nicht dazu angetan, auf sich aufmerksam zu machen.

Roch unterbrach:

– Bildest du dir vielleicht ein, ich ließe ihn schreien, wenn wir die Möglichkeit hätten, unbemerkt zu bleiben? Wenn es Viets in der Gegend gibt, wissen sie, von wo wir kommen und wo wir hingehen; daran würde sich nicht das geringste ändern, wenn Pazuti das Maul hielte.

– Ehrlich, sergent, glauben Sie an Viets in dieser Gegend? fragte Kraatz. Seit drei Monaten treiben wir uns hier herum und haben noch nicht einen gesehen.

– Ich bin nicht hier, um zu glauben oder nicht zu glauben, sondern weil man mir befohlen hat, hier zu sein, beendete Roch die Diskussion.

Es war gerade Mittag, als die Gruppe Roch auf dem Dorfplatz von Cao-Mit eintraf. Die Leute von der Coloniale hatten sich bereits in der Kneipe festgesetzt, und sous-lieutenant Bacle war zum Postenkommandanten gegangen, um Meldung zu machen.

Die fünf Legionäre setzten sich ebenfalls an einen der krummbeinigen Tische und bestellten ein Bier, das sie mit einem Zug hinunter-

stürzten. Die Flüssigkeit schien sofort durch alle Poren wieder aus-
zutreten. Die fünf Männer trieften vor Nässe. Um ihre Augen zu
schützen, wischten sie sich mit dem Ärmel oder einem recht zweifelhaften Taschentuch die Stirn. Daß alles andere naß blieb, waren sie
schon gewöhnt. Das Innere ihrer Korkhelme, die Lederriemen ihrer
Tornister und Gewehre waren schweißdurchtränkt; infolgedessen
hatte das Leder eine eigentümliche Geschmeidigkeit und strömte einen vertraut gewordenen Geruch aus.
Den Posten von Cao-Mit hielt eine Kompanie der Coloniale: 120
Mann, davon 80% Marokkaner.
–Was meint ihr, Kumpels, ließ sich Pazuti vernehmen, die haben hier
scheints einen Puff. Vielleicht hätten wir Zeit, etwas für unsre Ge-
sundheit tun, bevor wir wieder in unser Gefängnis zurückkehren!
–Vor allem hättest du Zeit, dir den Schwanz zu verbrennen, antwor-
tete Kraatz. Nach den vielen Ziegenböcken[1] dürften deine Nutten
nicht mehr gerade taufrisch sein!
Alle, bis auf Pazuti, lachten.
–Ein *Boche* wird als Rassist geboren und stirbt als Rassist, da gibt's
nichts, bemerkte Pazuti.
Kraatz antwortete nicht und zuckte nur verächtlich die Schultern.
Pazuti schien verlegen:
–Entschuldige, ich wollte nur Spaß machen, ich wollte dich nicht
kränken.
–Du hast mich nicht gekränkt, aber du tätest besser, eine Runde zu
schmeißen, statt zu flennen.
–Eine glänzende Idee, entschied Lucien Mahé. Am besten soll Pazuti
jedes Mal eine Runde zahlen, wenn er Quatsch verzapft hat.
–Dann sind wir von morgens bis abends blau, konstatierte Kreuder.

Gegen 15 Uhr hatten die Legionäre schon ein Drittel des Rückwegs
hinter sich, aber der Marsch schien mühsamer als auf dem Hinweg.
Essen und Bier hatten sie schwerfällig gemacht, und die Hitze war
nahezu unerträglich geworden.
Der Weg der Patrouille führte nun an einem morastigen Sumpf entlang. Zu ihrer Linken war dichter, undurchdringlicher Dschungel;

[1] Abschätzige Bezeichnung für Araber.

rechts ragten aus dem Morast ein paar Banyans heraus–riesige Feigenbäume, deren Zweige schlaff in das blaugrüne Wasser hingen.

Das Echo des ersten Schusses war noch nicht verklungen, als sergent Roch sich mit einem mächtigen Satz hinter einen Banyan warf, eine Dreckwelle im Sumpf aufwirbelnd. Instinktiv machten es ihm die anderen nach, ihre Überraschung hatte nur den Bruchteil einer Sekunde gedauert. Lucien Mahé, der kleine sechzehnjährige Franzose, war auf dem Weg liegengeblieben, die Arme gekreuzt, von einem Schuß in die Schläfe auf der Stelle getötet. Bei den fünf Überlebenden schien alles wieder ruhig; das Feuer richtete sich gegen die Patrouille der Coloniale, die vor ihnen marschierte.

Roch's Stimme blieb völlig ruhig. Er sprach gerade laut genug, um von den vier hinter ihren Bäumen versteckten Legionären gehört zu werden:

–Wir arbeiten uns im Schutz der Bäume in Zehn-Meter-Sprüngen durch das Moor nach vorne. Die Viets sind auf der andern Seite im Wald; bei jedem Halt die zwei MG's in Stellung. Wir müssen versuchen, die Coloniale herauszuhauen.

–Verstanden, rief Kraatz. Wir folgen.

Beim dritten Sprung wurde die Gruppe von den Viets ausgemacht und unter Beschuß genommen. Der Feind erwies sich als viel zahlreicher, als Roch gedacht hatte. Sein Feuer war präzise und wirkungsvoll. Die Legionäre waren durch die riesigen Stämme der Banyans gedeckt, konnten sich aber nicht von der Stelle rühren. Jeder von ihnen warf auf gut Glück zwei Handgranaten in den Wald jenseits des Weges.

Drei oder vier Granaten richteten etwas aus; sie zwangen die Viets, aus ihrer Deckung herauszugehen, und sofort fingen die beiden MG's zu hämmern an. Mehrere Viets wurden getroffen.

Roch drehte sich um, um die Position seiner Leute auszumachen. Kreuder und Kraatz hatten zusammen hinter demselben Banyan Deckung genommen, sie verfügten über ein MG und eine Maschinenpistole. Drei oder vier Meter zu ihrer Linken, etwas nach rückwärts, bediente Hampe das zweite MG. Pazuti war verschwunden.

Einen Augenblick lang stellten die Viets ihr Feuer ein, zweifellos um die Nerven der Legionäre zu strapazieren und sie zu einem Fehler zu veranlassen. Dann plötzlich, gegen jede Logik, gingen vier von ihnen zum offenen Angriff vor. Roch schoß zwei von ihnen mit seiner MP auf dem Weg nieder und bemerkte erstaunt, daß auch die beiden anderen wie vom Blitz getroffen umgefallen waren, obwohl sie sich nicht in der Schußlinie der drei Legionäre befanden, die er hinter sich ausgemacht hatte.

Wieder trat eine Kampfpause ein. Roch drehte sich nocheinmal um und merkte, daß Pazuti kaum fünf Meter rechts hinter ihm in einem Gebüsch aus grünen Zwergakazien Deckung genommen hatte. Ohne den Weg und den Wald aus den Augen zu lassen, den Finger am Abzug seiner MP, fing Roch leise, aber jedes Wort sorgfältig artikulierend, zu sprechen an.

– Pazuti, ich glaube, ich habe dein Versteck ausgemacht. Wenn du mich hörst, antworte nur ein Wort.

– Ich höre gut, chef, antwortete Pazuti prompt; er lag genau da, wo Roch ihn vermutet hatte.

– Gut! Du bleibst, wo du bist. Du antwortest mir nicht, du rührst dich nicht, du schießt nicht mehr.

– Aber . . . unterbrach Pazuti.

– Schnauze! Ich habe gesagt: kein Wort! Ich glaube, daß sie dich nicht entdeckt haben. Du stellst dich tot, das ist ein Befehl. Hörst du: ein Befehl!

Diesmal antwortete Pazuti nicht.

Kreuder und Kraatz hatten den Monolog des Unteroffiziers gehört. Sie begriffen. Sie waren etwas weiter weg von Roch und mußten lauter sprechen, damit er sie hörte.

– Wir sind im Eimer, chef? fragte Kraatz.

– Halt' die Klappe. Das wird sich finden.

Roch wußte, daß seine Gruppe verloren war. Er schätzte den Gegner auf mindestens hundert Mann. Die weiter vorn eingetretene Stille ließ ihn vermuten, daß die Patrouille der Coloniale aufgerieben worden war. Mit seinem Befehl an Pazuti hatte er ein letztes Mal genau nach den Vorschriften der Legion gehandelt: wenn möglich einen Mann in Sicherheit bringen, der Meldung machen kann.

Plötzlich brach ein Höllenfeuer los. Roch wurde klar, daß er sich nicht getäuscht hatte. Außerdem besaßen die Viets automatische Waffen. Die Rinden der Banyans waren von Geschossen zerfetzt, und trotz des ohrenbetäubenden Lärms der Detonationen nahmen die Legionäre das eigentümliche Surren der Querschläger wahr, die von der

Oberfläche des widerlichen Sumpfwassers abprallten, in das sich die Männer geflüchtet hatten.

Um Munition zu sparen, feuerten die Legionäre nur alle fünf Minuten und jeweils nur eine Garbe auf einmal. Sie konnten nur noch eines tun: dem Feind ihre Anwesenheit beweisen und ihn daran hindern, zum Sturm anzusetzen.

Die fünf Männer wußten, daß sie nicht mit Verstärkung rechnen konnten: aus ihrem Hinterhalt waren die Viets in der Lage, eine ganze Kompanie zu vernichten, und weder Cao-Mit noch Giang-Trom besaßen Artillerie.

Hampe entschloß sich, Schluß zu machen. Er stürzte aus seinem Versteck heraus, das MG mit zusammengeklapptem Zweibein an der Hüfte. Aufrecht auf dem Weg stehend, schoß er ununterbrochen und brüllte dabei auf deutsch die wildesten Beschimpfungen. Eine Geschoßgarbe traf ihn in die Brust. Er ging in die Knie. Mehrere Viets schossen sich auf ihn ein, wobei sie den Kopf aussparten, um den Todeskampf zu verlängern. Hampe stützte sich jetzt auf alle viere; durch ein wahres Wunder an Energie fand er die Kraft, eine Handgranate abzuziehen und sie gegen das Schloß seines MG's zu drücken, über dem er zusammenbrach. Wahrscheinlich war er schon tot, als die Granate drei Sekunden später explodierte, und sein Körper sich ein letztes Mal aufbäumte. Hampe hatte sich an die Weisung für den äussersten Fall gehalten: die Waffe vernichten! Die trockene Erde des Weges sog wie ein Löschblatt das Blut des Legionärs auf. Neben dem zerfetzten Körper blieb nur ein hellrosa Fleck zurück.

Kraatz und Kreuder gelang es zwar nicht, die Silhouetten der Viets zu erkennen, aber sie hatten mehrere Feuerstellungen des Gegners ausgemacht. Sie schossen Einzelfeuer mit dem MG, und sergent Roch warf in unregelmäßigen Abständen Handgranaten. Ohne sinnlose Verluste zu riskieren, konnten die Viets einen offenen Angriff nicht wagen. Sie wußten, daß die Legionäre unwiderbringlich in der Falle saßen, weil ihnen in dieser Mondphase auch die Nacht keinen Rückzug ermöglichte. Sie wußten auch, daß sie sich Zeit lassen konnten, ihre Gegner zu erledigen.

Zwischen seinen Granatwürfen blickte Roch schon gar nicht mehr zum Wald hin. Mit dem Rücken an den Stamm des Banyan gelehnt, blieb er sitzen und überließ es Kraatz und Kreuder, ihn vor einem etwaigen Angriff zu warnen. Er hatte eine Zigarette angezündet. Während er die ersten Züge rauchte, streifte er gelassen seine Armbanduhr ab und betrachtete sie einen Augenblick, ehe er sie so weit wie möglich in den Sumpf warf. Kraatz und Kreuder hatten seine Geste bemerkt, ohne sie zu kommentieren.

Wenig später rief Kraatz dem Unteroffizier zu:

– Wir haben Schnaps, chef. Wollen Sie welchen?

– Gern, nur her damit.

Kraatz leerte das Wasser aus einer Feldflasche und füllte sie aus einer zweiten zur Hälfte mit Schnaps. Dann schraubte er sorgfältig den Verschluß zu und warf sie mit gezieltem Schwung dem Unteroffizier ins Versteck.

Die drei Deutschen hatten ihre kurze Unterhaltung auf französisch geführt. Pazuti, der immer noch in seinem Schlupfloch lag, fragte sich, ob das Höflichkeit ihm gegenüber oder einfach Gewohnheit war. Einen Augenblick flüsterten Kraatz und Kreuder miteinander; weder Roch noch Pazuti verstanden, was die »Siamesen« beredeten.

Dann sprach Kraatz wieder lauter und fragte den Unteroffizier:

– Kreuder will versuchen, nach rückwärts durchzubrechen, chef. In zehn Sekunden geben wir ihm Feuerschutz. Einverstanden?

– Nicht die geringste Chance.

– Na und?

– Also, einverstanden.

Fast gleichzeitig ratterten das MG von Kraatz und die MP von Roch, während sich Kreuder in den Sumpf warf. Nach drei Schritten stand ihm das moorige Wasser bis zum Gürtel. Er machte verzweifelte Anstrengungen, voranzukommen, aber er sank mehr und mehr ein. Das Wasser reichte ihm bis zur Brust, als er von mehreren Kugeln in den Rücken getroffen wurde. Er ging senkrecht unter und verschwand für einen Augenblick. Da er sich der Stiefel und Patronentaschen entledigt hatte, erschien sein Körper nochmals für kurze Zeit an der Oberfläche, ehe er endgültig unterging. Kreuder hatte nicht geblutet, und wenig später hätten weder Roch noch Kraatz sagen können, wo er verschwunden war.

Die beiden Überlebenden sahen sich nicht an. Roch schraubte seine Feldflasche auf und nahm einen kräftigen Schluck von dem Reisschnaps. Noch eine Stunde lang hielten sie die Viet-Kompanie in Schach; sie geizten mit ihrer Munition und demonstrierten nur, daß sie noch am Leben waren. In seinem Schlupfloch befolgte Pazuti weiterhin die empfangene Weisung: er stellte sich tot.

Es wurde nun schnell Nacht, und ohne vorherige Ankündigung versuchte Kraatz im Schutz des Zwielichts, zu dem Unteroffizier hinüberzuwechseln. In seinem Lauf durch das MG behindert, von dem er sich nicht hatte trennen wollen, wurde er beim zweiten Sprung ausgemacht und unmittelbar vor dem Ziel von einem Geschoß in die Seite getroffen. Dicht neben Roch brach er zusammen und fand mit dessen Hilfe eine geschützte und erträgliche Position. Die Verwundung des Legionärs war nicht tödlich, aber er verlor viel Blut, und Roch hatte nichts, um es zu stillen. Im übrigen wußten beide, daß das nicht das geringste genützt hätte. Sie teilten sich den Rest aus der Schnapsflasche. Roch zog eine neue Zigarette aus der Packung und bot mit einer Kopfbewegung auch dem Verwundeten davon an. Dieser machte eine ablehnende Bewegung. Da packte Roch blitzschnell das MG und feuerte ohne das geringste Zögern eine volle Ladung in den Nacken seines Kameraden; dann zerlegte er die Waffe ganz mechanisch in ihre Einzelteile und warf sie Stück für Stück weit hinaus in den Sumpf. Ohne Pause lud er sodann seine eigene MP und wandte den Lauf gegen seine Schläfe. Sein Daumen blieb um den Abzug gekrampft, bis das Magazin leergeschossen war. Sein Körper sank weich zusammen.

Die Geschoßexplosionen gellten Pazuti noch lange in den Ohren.

Die Viets im Wald hatten verstanden. Mißtrauisch kamen drei von ihnen aus ihren Schützenlöchern heraus. Das Ausbleiben jeder Reaktion und eine summarische Inspektion der Leichen überzeugte sie davon, daß die Patrouille vernichtet war. Einer der Vorposten stieß einen schrillen Schrei aus. Und nun ergoß sich ein brüllender Haufen über den Weg. Die Viets stürzten sich auf die Leichen und zertrümmerten ihnen mit dem Gewehrkolben die Schädel.

Schaudernd nutzte Pazuti ihre Erregung aus, um im Morast robbend sein Versteck zu verlassen. Schuhe und Helm hatte er weggeworfen und von seinen Waffen nur den Dolch behalten. Nach wenigen Metern glitt er in den Sumpf. Obwohl ihm das Wasser nicht einmal bis zum Gürtel reichte, hielt er nur den Kopf aufgetaucht und rutschte kniend auf dem schlammigen Untergrund vorwärts. Auf diese Weise brauchte er eine Stunde, um etwa hundert Meter zurückzulegen. Dann faßte er wieder Fuß auf weichem, grasbedecktem Boden. Vor sich im Mondlicht erkannte er einige verrottete Strohhütten, die unbewohnt schienen. Mit unendlicher Vorsicht machte er sich heran, stellte fest, daß sie leer waren und ließ sich erschöpft in einer von ihnen niedersinken. In der Kate wimmelte es von Ratten, die sich von dem Legionär überhaupt nicht stören ließen. In einer Ecke bemerkte er eine etwas erhöhte Liege auf Holzklötzen. Ihr gegenüber stand ein Reissilo mit Deckel. Pazuti schlüpfte hinein und zog den Deckel über sich zu.Dank seiner kleinen Statur fand er zusammengekauert Platz in dem Behälter, der – primitiv konstruiert und stark beschädigt – die Luft durchließ, aber doch vor den Ratten schützte. Durch einen Spalt in Richtung zur Tür hatte Pazuti genügend Blickfeld, um jede Annäherung auszumachen.

Eine Stunde lang passierte nichts, und Pazuti begann, Hoffnung zu schöpfen. Plötzlich riß ihn anwachsender Lärm aus seiner optimistischen Ruhe: wie ein Heuschreckenschwarm fielen die Viets über die Strohhütten her. Schaudernd sah Pazuti, wie eine Gruppe die an den Füßen zusammengebundenen Leichen seiner vier Kameraden hinter sich herschleifte. Die Kadaver wurden an zwei Ästen aufgehängt; der Schein eines von den Rebellen entzündeten Holzfeuers projizierte unheimliche Schattenspiele auf die Hüttenwände. Pazuti hatte seinen Dolch aus der Scheide gezogen. Wie man es ihn gelehrt hatte, setzte er die Spitze zwischen zwei Rippen in Höhe des Herzens an. Er wartete, entschlossen, sich nicht auszuliefern, wenn er entdeckt würde.

Im Schein des Feuers bemerkte Pazuti mehrere Frauen. Sie trugen dieselbe Kluft wie die Rebellen und waren bewaffnet. Noch eine Stunde verging. Dann kam ein Paar in Pazuti's Hütte. Die Frau lachte. Sie zog den Viet am Ärmel. Pazuti drückte den Dolch fester gegen seine Brust. Er verletzte sich, ohne es zu bemerken. Das Paar richtete sich auf der Pritsche ein. Unter Lachkaskaden zog die Frau den Soldaten aus.

Die Miststücke wollen vögeln, dachte Pazuti. Wenn ich durch ein Wunder herauskomme, wird mir das keiner glauben.

Mehrere Männer lösten sich auf der Liege ab. Sie schienen es so gewöhnt zu sein. Dann nahm eine andere Frau den Platz der ersten ein, und die sexuelle Belustigung ging die ganze Nacht hindurch weiter.

Kurz vor Morgengrauen verschwand die ganze Truppe. Pazuti wartete noch eine halbe Stunde, ehe er sich zu rühren wagte. Als er schließlich aus dem Silo kroch, zitterte er vor Kälte und Angst. Seine Glieder waren wie gelähmt. Ohne es zu merken, hatte er die ganze Nacht geblutet. Dennoch gelang es ihm, zu gehen. Einen Augenblick zögerte er, ob er die Stricke durchschneiden sollte, an denen seine toten Kameraden hingen. Aber er hielt das für ein unnötiges Risiko. Die Viets hatten den Sektor verlassen, und Pazuti konnte versuchen, den Posten von Giang-Trom zu erreichen.

Den ganzen Tag über bewegte sich Pazuti in kleinen Sprüngen vorwärts, wie ein gehetztes Tier auf jedes verdächtige Geräusch lauschend. Immer wieder verharrte er völlig unbeweglich am Boden, ohne die Mückenstiche zu spüren und gleichgültig gegen die Ameisen, die sich scharenweise in seinen Hosenbeinen einnisteten. Er orientierte sich nur nach dem Gefühl.

Als er endlich die Lichter des Postens sah, war es fast 20 Uhr; die Nacht war hereingebrochen, und er mußte noch eine weitere Schwierigkeit überwinden: er kannte das Losungswort nicht und wußte, wie mißtrauisch die Posten der Coloniale waren. Auf ein mit stark arabischem Akzent gerufenes »Wer da?« antwortete er schlicht: »Die Legion.«

Eine MG-Garbe war die sofortige Antwort. Die Kugeln prallten an einem Felsen ab, kaum zwei Meter von ihm entfernt. Pazuti gingen die Nerven durch; er warf sich platt auf den Bauch, die Hände über dem Schädel verschränkt, die Nase auf dem Boden plattgedrückt. Konvulsivisches Zucken schüttelte ihn, er stöhnte, er heulte.

Der Posten gab nun Einzelfeuer in die Richtung, aus der die Klagelaute kamen. Wie durch ein Wunder wurde Pazuti nicht getroffen. Zu seinem Glück fanden sich auf die Schießerei hin ein caporal-chef und bald darauf ein sergent bei dem Posten ein. Obgleich äußerst mißtrauisch, ließen sie das Feuer einstellen und versuchten, eine Verständigung in Gang zu bringen. Der sergent brüllte:

–Wer da?

Pazuti brauchte mehr als eine Minute, um sich zu fassen und zurückzurufen:

–Pazuti, Légion Étrangère! Nicht schießen, mon lieutenant! Nicht schießen!

Noch immer auf der Hut, rief der sergent:

–Was treibst du hier?

Nun faßte sich Pazuti vollends, er begann plötzlich, wieder zu hoffen.

–Überlebender der Gruppe Roch, 8. Kompanie, 3. Étranger.

Das wirkte offensichtlich: der sergent wußte über den gestrigen Überfall genau Bescheid. Dennoch war eine Finte nicht auszuschliessen. Die Viets konnten die von dem Legionär herübergerufenen Einzelheiten beim Durchsuchen der Leichen oder durch Folterung eines Überlebenden in Erfahrung gebracht haben.

Pazuti war noch zu weit weg, um von dem Strahl des tragbaren Scheinwerfers erfaßt zu werden, den die Kolonialinfanteristen auf ihn gerichtet hatten.

–Siehst du das Ende des Lichtstrahls? rief der sergent dem Legionär zu.

–Ja, mon lieutenant, ich bin nicht weit weg davon.

–Stell' dich mit dem Gesicht ins Licht! Nackt, hörst du, nackt. Wenn du auch nur deine Armbanduhr anbehälst, knall' ich dich ab wie ein Kaninchen.

–Verstanden, mon lieutenant, schrie Pazuti und riß sich die Kleider vom Leibe. Nackt, völlig nackt. Verstanden.

–Und die Hände hoch, Finger gespreizt, fügte der caporal-chef hinzu.

Im Bewußtsein der drohenden Gefahr, tat Pazuti genau wie ihm geheißen. Nackt wie ein Neugeborenes ging er langsam auf den Lichtstrahl zu. Bei jedem seiner Schritte nahm die Spannung auf der anderen Seite ab. Pazuti seinerseits gewann trotz der grotesken Situation wieder Selbstvertrauen. Als er nur noch fünf Meter entfernt war, beseitigte sein Anblick jeden Zweifel. Der caporal-chef, ein *pied-noir*[2], bemerkte sarkastisch:

–Zartes Fleisch haben sie in der Legion; die reinste Wachtel, der Jüngling!

Aber als Pazuti schließlich den Unterstand betrat, hatte niemand mehr Lust, zu witzeln: den Kopf in den Händen, brach der kleine Legionär zusammen, erneut von nervösen Konvulsionen befallen. Der sergent zog sein Hemd aus und half Pazuti, es überzustreifen. Dann brachte er ihn ins Unteroffizierskasino. Dorthin kam auch capitaine Joliot, um als erster Pazuti's Bericht entgegenzunehmen, der dann mit allen Einzelheiten im Regimentstagebuch des 3. Étranger Aufnahme fand.

Allerdings hatte Pazuti die Exklusivrechte an seinem Bericht nicht

---

[2] Schwarzfuß – Von den früher oft barfuß gehenden Arabern für die schwarz beschuhten Algerienfranzosen geprägter Spitzname.

für das Militärarchiv reserviert. Er hielt regelrechte Kantinenkonferenzen ab, in denen er das tragische Ende seiner Kameraden mimte und vortrug. Die Geschichte mit dem Reissilo und die Orgien der Viets schilderte er mit solcher Überfülle an Details, daß er von den Legionären der 8. Kompanie den Spitznamen »der Voyeur« erhielt.

Dieser Spitzname blieb ihm und wurde später sogar von Leuten benutzt, die keine Ahnung von seinem Abenteuer hatten.

Drei Jahre später wurde Pazuti an der chinesischen Grenze verwundet, repartriiert und als dienstunfähig entlassen. Er ist jetzt Gastwirt in seiner Heimatstadt Catania auf Sizilien.

3.

Die Überfälle wiederholten sich, heftig und grausam, in immer kürzeren Abständen. Aber die Legionäre, die das Jahresende 1946 in Kotschinchina erlebten, behielten es in angenehmer Erinnerung. Die Hölle, die sie durchzumachen hatten, lag noch vor ihnen.

Das 2. Étranger hatte schon vor dem 3. Regiment im Fernen Osten Stellung bezogen. Auch seine Bataillone und Kompanien waren über ganz Kotschinchina verteilt worden. In Saigon, am Nordrand der Stadt, lag nur eine rückwärtige Stammkompanie.

Bei dieser Kompanie, der achten, die durchweg aus Veteranen der afrikanischen und italienischen Feldzüge bestand, hatte lieutenant-colonel Babonneau, stellvertretender Kommandeur des 2. Étranger, sein Stabsquartier. Selbst ein Veteran von Bir-Hacheim und des Italienfeldzugs, hatte er dort seinen Ruf als waghalsiger Draufgänger untermauert. Im Gefecht exponierte er sich oft nutzlos; er glaubte, daß dieses Risiko durch den entsprechenden Prestigegewinn bei seinen Leuten reichlich ausgeglichen würde.

Die Waffentaten des lieutenant-colonel Babonneau sind in die Legionsgeschichte eingegangen. Aber die Legende, die sich um ihn gewoben hat, verdankt er nicht nur seinem Mut im Gefecht.

Seine Extratouren hatten seiner Karriere geschadet, und höheren Ortes war er nur mäßig geschätzt. Dafür gab es beim 2. Étranger keinen Legionär, der nicht für ihn durch's Feuer gegangen wäre. Seine

Militärpapiere wiesen neben den brillantesten Auszeichnungen die merkwürdigsten Rügen auf.

Babonneau war von mittlerer Größe, besaß aber ungewöhnliche Körperkräfte. Er war ein jähzorniger Sanguiniker und fröhlicher Zecher, der den bilderreichen, singenden Dialekt der Gascogne sprach. Trotz seines Dienstgrades und Alters ging er noch oft mit seinen Männern auf Patrouille. Er marschierte dann an Stelle eines Unteroffiziers, mit einem langen Stock in der Hand, an der Spitze der Gruppe.

Aber darauf beschränkten sich seine Extravaganzen nicht. Jeden Samstag nach Dienstschluß ging der colonel, im Rock und weißen Käppi des einfachen Soldaten, mit seinen Legionären in die Stadt. Er machte mit ihnen die Runde in den Kneipen und Bordells und beteiligte sich an gigantischen Saufereien, die meist auf den Gendarmerieposten endeten.

Vierundzwanzig Stunden lang nannten ihn seine Männer »Babs« und duzten ihn ohne Ziererei oder Hintergedanken. Keiner versuchte, die Situation auszunutzen, um einen persönlichen Vorteil herauszuschlagen. Niemals wurde während des Dienstes die geringste Anspielung auf die wöchentlichen Kneiptouren des Offiziers gemacht.

An einem drückend heißen Abend im Juni 1946 saß der colonel über einer routinemäßigen Schreibarbeit, als unerwartet der Legionär Boris Volpi erschien und einen Meter vor der geöffneten Bürotür salutierte.

Volpi war für den Oberstleutnant kein Unbekannter: seit Jahren brachte ihm der Offizier ein Wohlwollen entgegen, das oft in Schwäche ausartete; ein Umstand, den der Legionär unbewußt immer und immer wieder ausnutzte.

Volpi war ein riesiger, muskulöser Pole. Er hatte ein makeloses Gesicht und besaß den Charme, der oft von solchen slawischen Kolossen ausgeht. Seit seinem Eintritt in die Legion – vor acht Jahren – hatte Volpi den Ruf eines Frauenhelden erworben und gerechtfertigt. Die Liste seiner im Stich gelassenen Eroberungen verlängerte sich laufend. Da Volpi lange Zeit sein Bursche gewesen war, mußte der colonel regelmäßig die verschiedensten Klagen über das Betragen des langen Polen entgegennehmen: enttäuschte Liebeshoffnungen, verratenes Vertrauen, gebrochene Versprechen, blamierte Ehemänner, entehrte Eltern. Bei all diesen Beschwerden zeigte der Offizier Mitgefühl und versprach, den Schuldigen zu bestrafen, was er auch tat. Aber zuvor ließ er sich durch Volpi, von Mann zu Mann, den Hergang schildern. Es machte ihm ein diebisches Vergnügen, die Bekenntnisse des Legionärs anzuhören, der sich linkisch zu verteidigen suchte, wobei er eine höchstpersönliche Moralauffassung entwickelte.

Heute hatte Volpi ein blaues Auge, und der colonel rechnete mit einer pikanten Geschichte.

– Herein! sagte er. Was willst du?

– Mon colonel, ich hab' wieder eine Dummheit gemacht!

– Das kann ich mir denken, man braucht bloß deine Visage anzusehen.

– Es ist nicht zum Lachen, mon colonel, diesmal ist es 'was Ernstes!

– Ich höre.

– Mon colonel, ich war gerade mit einer Frau im Bett . . .

– Deine Geschichten fangen immer so an.

– Es ist nicht zum Lachen, mon colonel, es ist ernst.

– Also, schieß' los.

– Es war die Congai[3] von so einem Heini von der Coloniale. Da kommt doch der Kerl daher und fängt gleich zu schreien an und haut mir, mir nichts, dir nichts, eine in die Schnauze. Also ich natürlich, ich verpaß ihm auch eine, und er fliegt drei Meter weit. Und da fängt er wieder an zu schreien, er ist colonel und er bringt mich vor's Kriegsgericht. Und da schau' ich ihn genauer an, und da seh' ich, daß es stimmt, nämlich er ist wirklich colonel. Also, da hau' ich nochmal stärker hin, damit er sich endlich beruhigt. Da fängt das Frauenzimmer auch noch zu kreischen an, und da schmier' ich ihr auch eine und zieh' mich an und hau' ab, und laß' die beiden schlafen. Und dann nachher, da hab' ich gedacht, daß ich vielleicht Schwierigkeiten kriegen könnte.

Babonneau hatte dem Legionär aufmerksam zugehört; sein Gesicht blieb unbewegt, und es war unmöglich, zu wissen, was er empfand. Innerlich war der Offizier entzückt. Die Vorstellung, die Volpi's Erzählung in ihm geweckt hatte, amüsierte ihn höchlich. Andrerseits schien es ihm keineswegs ausgeschlossen, daß der verprügelte colonel die Sache totschweigen würde, statt sich dem bösen Gespött auszusetzen, das eine offizielle Untersuchung zwangsläufig mit sich brächte. Dennoch hielt er es für besser, gewisse Vorsichtsmaßnahmen zu ergreifen.

[3]Annamitisch für Frau.

Am 31. März 1946 gingen 1740 Legionäre des 3. Etranger in Marseille an Bord der »Johan de Witt«, eines von den Holländern gecharterten Passagierschiffes

Krieg oder Frieden – gekauft wird immer

Eine Fähre – wenig vertrauenerweckend, aber typisch

Ohne ein Wort zu Volpi ließ er den Wachunteroffizier kommen, der alsbald erschien:
– Sperr' mir Volpi ein, ordnete er an. Und vermerk' im Wachbuch den gestrigen Tag als Aufnahmedatum.
– Arrestgrund? fragte der sergent.
Babonneau zuckte die Schultern.
– Wie üblich: Päderastie. Schreib' irgend etwas.
Der sergent grinste breit.
– Zu Befehl, mon colonel.
Dann, zu Volpi gewandt:
– Allez, komm' mit, Suse!
Volpi ballte die Fäuste. Es war nicht das erste Mal, daß der colonel diesen Trick anwandte, um ihm aus der Klemme zu helfen. Auf diese Weise wurden den Beschwerdeführern ihre Argumente aus der Hand geschlagen, und außerdem amüsierte sich die ganze Kompanie auf Kosten des Don Juan's.

Gegen 10 Uhr abends mußte Babonneau feststellen, daß er sich getäuscht hatte: ein Anruf der Militärpolizei informierte ihn, daß gegen einen seiner Legionäre Anzeige wegen tätlichen Angriffs auf einen höheren Offizier erstattet worden war. Es sei ausgeschlossen, den Vorfall niederzuschlagen, da der Anzeigeerstatter von rasender Wut erfüllt sei.
Kurz darauf rief colonel X. selbst bei Babonneau an. Er war höflich, aber völlig unzugänglich. Er sei überzeugt, so erklärte er, seinen Angreifer wiederzuerkennen, zumal er ihm mit Sicherheit durch einen heftigen Schlag das rechte Auge gekennzeichnet habe.
Er fügte hinzu, er werde am folgenden Morgen in Begleitung von Militärpolizei erscheinen, um den Schuldigen zu identifizieren, falls das Babonneau nicht vorher gelungen sein sollte.
Nachdem er dem Offizier der Coloniale seine Unterstützung zugesagt hatte, legte Babonneau beunruhigt den Hörer auf. Volpi dem Kriegsgericht auszuliefern, kam nicht in Frage. Denn eine der goldenen Legionsregeln besagt, daß schmutzige Wäsche innerhalb der Familie zu waschen ist. Die in ihren Bataillonen ausgesprochenen Strafen sind nicht weniger hart, oft sogar härter; aber die Schuldigen werden im Legionsgeist, und damit auf einer anderen moralischen Basis

abgeurteilt. Gegen dieses Prinzip zu verstoßen, wäre schwerwiegend, darüber war sich Babonneau im klaren.

Er brauchte nicht ganz eine Viertelstunde, um sein Verteidigungssystem auszuklügeln. Als er mit großen Schritten das Büro verließ, zeigte sein Schmunzeln, daß er zufrieden war.

Es war beinahe Mitternacht, als der colonel die Kompanie im Hof der Kaserne antreten ließ. Die rund hundert Mann brauchten eine knappe Viertelstunde, um in voller Montur, in vier Kolonnen ausgerichtet, anzutreten. Ein Oberleutnant, vier Feldwebel und etwa zehn Unteroffiziere hatten den Appell überwacht.

Ehe er rühren ließ, erklärte der Oberstleutnant:

– Legionäre, ich brauche Freiwillige . . .

Die ganze Kompanie trat einen Schritt vor, getreu einer anderen, geheiligten Legionsregel. Der Ehrenkodex will, daß man einen Offizier, der nach Freiwilligen fragt, unterbricht, ehe er sagt, worum es sich handelt. Auf diese Weise soll betont werden, daß bei der Legion alle Freiwillige für alles sind.

– Danke, rührt euch, befahl Babonneau. Was ich von euch erwarte, ist ziemlich eigenartig. Einer von euch hat sich heute in eine Situation gebracht, für die das Kriegsgericht zuständig ist. Ich kann ihn nicht decken, weil er an seinem geschwollenen, rechten Auge kenntlich ist. Und morgen wird die Militärpolizei eine Inspektion der Kompanie durchführen, der ich mich nicht widersetzen kann.

– Verstanden, mon colonel, unterbrach ihn der lieutenant. Ausführung in Zehnergruppen. Ohne daß es ausartet, schlagt ihr euch gegenseitig auf das rechte Auge.

Vergnügt nahmen die Legionäre den Befehl zur Kenntnis. Die Aussicht, einen Faustschlag auf's eigene Auge zu bekommen, wurde hinreichend dadurch kompensiert, daß sie selbst einen austeilen durften.

Am anderen Morgen waren colonel X. und die Feldgendarmen starr vor Staunen. Babonneau spielte mit perfekter Verstellungskunst den Überraschten und gab zu verstehen, daß diese Maskerade sicher vom Schuldigen inszeniert worden sei.

– Was soll man da machen, sagte er zu colonel X. In der Legion halten die Männer zusammen, aber Sie können für die weitere Untersuchung auf mich zählen.

Colonel X. erklärte indessen in aller Form, Volpi wiederzuerkennen, und löste damit die zweite Phase des Verteidigungsplanes aus.

– Volpi! lachte Babonneau, da müssen Sie sich aber täuschen. Er ist die »Tunte« des Regiments. Der bloße Anblick einer Frau erfüllt ihn mit Abscheu. Im übrigen sitzt er seit vierundzwanzig Stunden im Arrest. Ich habe das Motiv nicht nachgeprüft, aber es ist sicher wieder eine Homo-Geschichte.

Nun wurde sich colonel X. plötzlich darüber klar, daß er zum allgemeinen Gespött würde, wenn sich die Affäre herumspräche. Er machte auf dem Absatz kehrt und entfernte sich grußlos. Babonneau sollte nie mehr von ihm hören. Volpi blieb sechs Wochen in strengem Arrest. Außerdem wurde ihm – wie jedesmal – angedroht, beim nächsten Streich werde man ihn kastrieren.

Lieutenant-colonel Babonneau sollte nicht mehr lange in Indochina bleiben: kurz nach diesem Zwischenfall wurde er repatriiert und zwar auf Grund einer Verletzung, die trotz ihrer Schwere nicht in seinen Militärpapieren vermerkt ist.

Nach einem besonders bewegten Abend mit seinen Männern ging er eine Wette ein, er werde im Jeep den D-Zug Saigon–Hanoi überholen und vor ihm den unbeschrankten Bahnübergang bei dem etwa zwanzig Kilometer entfernten Posten Kan-Hoa überqueren.

Beinahe wäre es ihm gelungen. Unglücklicherweise jedoch wurde der Jeep noch am Heck vom Zug erfaßt und zehn Meter weit fortgeschleudert. Seine vier Insassen fanden sich im Lazarett von Saigon wieder. Die Karriere von lieutenant-colonel Babonneau nahm damit ihr Ende.

Für die Legion dagegen sollte der Krieg demnächst beginnen.

4

Am 18. November 1946 sammelte sich das 3. Étranger wieder in Saigon, um nach Tongking eingeschifft zu werden. In ganz Kotschinchina brachen die Legionäre ihre Zelte ab; es war ein Abschied für immer. Wieder einmal wurden hastig Souvenirs zusammengetragen und vor dem Aufbruch der traditionelle Großputz veranstaltet. Die meisten Männer lebten mit einer Congai; der Abschied war oft herzzerreißend und von Versprechungen begleitet, an die niemand glaubte. Selbst die Dienstgrade kannten ihren Bestimmungsort nicht, aber das kümmerte sie wenig. Sie wußten auch nicht viel über die Art der Kämpfe, die ihnen bevorstanden; auch das war ihnen gleichgültig. Die 3., 4., 5. und 6. Kompanie des I. Bataillons gingen am 20. November in Saigon an Bord des Hilfskreuzers *Jules Verne*. Einige Stunden später erfuhren die Männer ihr Ziel: Haiphong.

Der dritte und letzte Tag der Überfahrt war eine Quälerei für die Legionäre. Die *Jules Verne* hatte bei Morgengrauen den Golf von Tongking erreicht. Der Kreuzer rollte und stampfte in der aufgewühlten See. Ein starker Wind von achtern drückte den Rauch auf das Deck, auf dem die Männer schlapp herumhingen. Gegen 18 Uhr passierte der Kreuzer das Kap Doson und das Meer beruhigte sich; an der Mündung des Cä-Can-Flusses, der zum Hafen von Haiphong führt, wurde es zu einem regelrechten See.

Die Legionäre brauchten eine knappe Stunde, um sich wieder zu erholen. Als die *Jules Verne* gegen 20 Uhr in den Hafen einlief, entdeckten die erwartungsvollen Männer – stumm vor Staunen – die zerstörte Stadt, die vielen noch schwelenden Brände, die Ruinen und das in Asche gelegte tongkinesische Industriezentrum.

Seit fast einem Jahr wurde in Haiphong gekämpft. Chinesische Truppen, die plündernd und sengend durch Tongking zogen, waren zu Beginn des Jahres 1946 in die Stadt eingefallen. Damals hatte Tschiang Kai-schek beschlossen, den Viet-minh zu vernichten und Ho Schi Minh sah sich widerwillig gezwungen, das französische Expeditionskorps zu Hilfe zu rufen.

Im Einvernehmen mit dem Viet-minh landete im Frühjahr 1946 die Division Leclerc, unterstützt von Marineartillerie, in Haiphong. Sie vertrieb die Chinesen in blutigen Gefechten, wobei die Stadt vollends zerstört wurde.

Die folgenden Monate waren ruhiger. Aber das Nebeneinander von französischen und Viet-Truppen schuf eine sonderbare Situation, die sich von Tag zu Tag verschlechterte. Als sich im Herbst der Druck des Viet-minh auf die französischen Truppen verstärkte, ging das Expeditionskorps in Haiphong zum Angriff über und nahm in Besitz, was von der Stadt übriggeblieben war. Zur Verstärkung landete am 21. November die Fremdenlegion.

Auf dem Kai sammelten Klauss, Bianchini, Favrier und Lantz die Männer der 4. Kompanie. Lieutenant Mattei war nicht bei ihnen. Er lag in Saigon im Lazarett, Opfer einer Attentatsart, die damals vielen französischen Offizieren das Leben kostete: er hatte eine chinesische Suppe gegessen, die Bambusfasern enthielt – eine einfache und unauffällige Methode, einen Magendurchbruch herbeizuführen.
Sergent-chef Klauss erfuhr, daß er während Mattei's Abwesenheit allein für die 4. Kompanie verantwortlich sein, und daß eine Patrouille der Division Leclerc ihn zu seiner vorläufigen Unterkunft auf den Höhen vor der Stadt führen werde.
Die Legionäre der 4. Kompanie marschierten durch die zerstörten Straßen. Leichenhaufen verbreiteten einen bitteren, pestilenzartigen Geruch. Hunderte von Toten waren unbestattet geblieben und verwesten, von Ratten und von ausgehungerten Hunden zerfressen.
Die Kompanie Klauss wurde in der Nähe der zum Flughafen Catby führenden Straße in einem teilweise noch unzerstörten Viertel am Stadtrand untergebracht. Die erstaunten Legionäre betraten einen geräumigen, prunkvollen Herrensitz, Nachahmung eines chinesischen Palais', der die ungewöhnliche Situation in Haiphong deutlich widerspiegelte. Das wertvolle Mobiliar war intakt, endlose Teppiche bedeckten die Fußböden, riesige Wandspiegel warfen das Bild der Männer zurück. Der erste Stock war ebenso luxuriös eingerichtet: eine Flucht von Schlafgemächern und Badezimmern, überall Marmor und Lack; es fehlte nur das Wasser.
Die Mannschaft richtete sich im Erdgeschoß ein und schlug dort ihre Betten auf; die vier Unteroffiziere verlosten unter sich die Zimmer im ersten Stock.
Am folgenden Tag wich die Euphorie dieses ersten Eindrucks einer gewissen Unsicherheit: wie lange würde diese unerwartete Situation

anhalten? Welche Aufgabe hatten sie? Von wo drohte Gefahr und wie sehr mußte man auf der Hut sein? Erst im Lauf der Zeit sollten die Legionäre Antwort auf diese Fragen erhalten; mehrere Tage vergingen ohne Zwischenfall.

Die Viets waren überall. Sie traten aber nicht in Erscheinung und ließen die französischen Streifen unbehelligt durch die Stadt patrouillieren. Klauss' Männer stellten die Verbindung mit dem Rest des Bataillons her; ein dreimaliger Streifendienst pro Tag wurde eingerichtet. Eine Streife schaffte die Verpflegung herbei, die lediglich aus sogenannten »Pazifik-Rationen« bestand; die beiden anderen erkundeten die Umgebung.

Trotz dieser täglichen Bewegung wurde die Kompanie von einer wachsenden Apathie befallen und dämmerte in Langeweile dahin. Vor allem machte sich ein Bedürfnis bemerkbar und wuchs sich bald zur fixen Idee aus: der Alkohol. In ganz Haiphong war es nicht möglich, auch nur eine Flasche Bier aufzutreiben. Die Soldatenheime wurden nicht beliefert, und die Wellen von Soldaten, die im Verlauf eines knappen Jahres über die unglückliche Stadt hereingebrochen waren, hatten alle Keller zerstört und geplündert.

Favrier und Lantz kamen auf die Idee, einen »Pastis« zu fabrizieren. Dazu nahmen sie einen Liter 90%igen Alkohol (im Feldlazarett gestohlen) und ein Fläschchen tinctura opii benzoica, das ihnen sechs–angeblich von einer Darminfektion befallene–Legionäre beschafft hatten. Der Genuß dieses Gebräus brachte ihnen nicht den gewünschten Effekt. Unter den schadenfrohen Blicken mehrerer Kameraden, mit denen sie nicht hatten teilen wollen, krümmten sie sich einen ganzen Tag lang vor Schmerzen. Zwei andere hatten einen Liter Kölnisch Wasser hinuntergekippt; ihnen erging es nicht besser.

In den ersten Dezembertagen lernten Klauss' Männer Ki kennen. Ki war ein kleiner Eurasier, dreizehn oder vierzehn Jahre alt. Eines Morgens erschien er beim Wachtposten des Palais'. Seine Kleidung bestand aus Lumpen, aber das Französisch, in dem er die Wache ansprach, war fehlerlos und akzentfrei.
–Ich möchte den General der Fremdenlegion sprechen.
Klauss war in der Nähe, und die Wache wandte sich an ihn:
–Mon général, Sie werden verlangt.

Klauss sah sich das Bürschchen an.

– Was willst du, Knirps?

Ki ließ sich nicht aus der Fassung bringen.

– Ich kenne die Dienstgrade der französischen Armee. Sie sind sergent-chef, ich möchte den General sprechen.

– Hier gibt es keinen General. Hier kommandiere ich. Also pack' aus oder verschwinde!

Unentschlossen zögernd starrte der Bursche den sergent-chef an. Dann erklärte er:

– Ich möchte in die Fremdenlegion eintreten.

Schallendes Gelächter beantwortete diese Mitteilung.

Gekränkt insistierte der Junge:

– Ich kann durchaus Soldat werden, ich kann chinesisch, französisch und spanisch lesen und schreiben. Ich kann mit Waffen umgehen und ich bin zwanzig Jahre alt.

Das Gelächter nahm noch zu.

Außer über sein Alter hatte Ki jedoch nicht gelogen. Als fünfjähriges Waisenkind war er von spanischen Missionaren des San Felice Ordens aufgenommen worden. Sie hatten ihn erzogen und unterrichtet. Dann lungerte er mehr oder weniger unfreiwillig bei chinesischen und Viet-Truppen herum, wo er sein Brot durch die ausgefallendsten Dienstleistungen erwarb. Zuletzt war er sechs Monate lang das Maskottchen einer Kompanie der Division Leclerc. Hier empfahl ihm ein Offizier, sein Glück bei der Legion zu versuchen; er erklärte ihm, daß er so zu einem Namen kommen und später die französische Staatsangehörigkeit erlangen könne.

Ein großer Ungar spottete:

– Das ist hier kein Säuglingsheim, geh' lieber wieder zu deiner Amme!

Mit der Behendigkeit einer jungen Katze machte Ki einen Satz, stieß den Legionär in Gürtelhöhe nach rückwärts und brachte ihn mit einem Absatztritt hinter das Bein aus dem Gleichgewicht. Der überraschte Soldat saß plötzlich auf dem Boden. Ki ging rückwärts in die Defensive und riß ein Messer aus der Tasche, dessen feststellbare Klinge er aufschnappen ließ.

– Gib mir das Messer, kleiner Idiot! brüllte Klauss.

Gemächlich klappte Ki das Messer wieder zu und reichte es dem Unteroffizier.

– Ich hätte ihm nichts getan; ich wollte euch nur zeigen, daß ich Soldat werden kann.

Der große Ungar war wieder aufgestanden und ging auf den Buben zu.

– Ich werd' ihm den Arsch versohlen, verkündete er.

– Schluß jetzt, entschied Klauss und fragte den Jungen: hast du gegessen?

– Zuerst will ich Soldat werden.

– Darüber reden wir später. Komm essen.

Von diesem Augenblick an blieb Ki bei der 4. Kompanie, machte sich da und dort nützlich und amüsierte alle durch ein Gemisch aus Liebenswürdigkeit und Verschlagenheit. Ständig redete er von seinem Eintritt in die Legion, erntete damit aber nur Spott. Klauss hatte zwar seinen Vorgesetzten die Idee des Jungen vorgetragen; diese hatten sie auch nicht a priori verworfen, sondern erklärt, man werde höheren Ortes berichten. Aber als Ki sich darüber klar wurde, daß die Legionäre im Augenblick nichts tun konnten, um seine Aufnahme in die Armee voranzutreiben, änderte er die Taktik. Er sprach nicht mehr von seinem Eintritt in die Legion, sondern verlangte eine Uniform. Dieser neue Wunsch wurde wiederum Gegenstand sarkastischen Gespötts, das der kleine Kerl über sich ergehen ließ, ohne den Mut zu verlieren.

Täglich verbrachte Ki mehrere Stunden damit, in der Stadt herumzustreunen, wo er in aller Ruhe spazierenging und wie ein junger Hund überall herumschnüffelte. Etwa vierzehn Tage waren seit seinem Auftauchen vergangen, als der Zufall ihm eine Gelegenheit in die Hand spielte, sich bei seinen neuen Kameraden bestens zu revanchieren.

Es war Mittag. Die Patrouille kam gerade zurück; die Männer legten ihre Waffen ab und reihten sich unter die Legionäre, die nach ihren »Pazifik-Rationen« Schlange standen.

Im Garten stand ein langer Holztisch auf Böcken. Wer zuerst kam, setzte sich dorthin; die andern lehnten sich an einen Baum oder lagerten auf der Steinterrasse. Mit einem unzählige Male wiederholten Handgriff öffnete jeder seine Packung, die den ewigen »singe«[4], ein paar Kekse und einen seifigen Käse enthielt. Auch Ki bekam seine Ra-

---

[4]Affe – Soldatenausdruck für die in der französischen Armee gebräuchliche Fleischkonserve.

tion. Am Morgen hatte er murrend rund zwei Dutzend Stiefel geputzt und die Wäsche der Unteroffiziere gewaschen – seine Gegenleistung für die ihm zugeteilte Verpflegung. Vergeblich bat er immer wieder um vornehmere Aufgaben, erntete aber jedesmal nur Gelächter und Klapse auf das Hinterteil.

Ki wählte einen Platz in der Nähe von sergent Favrier. Er trug einen Brotbeutel umgehängt und setzte sich mit harmlosem Gesichtsausdruck auf den Boden. Dann wandte er sich ganz leger an den Unteroffizier:

– Könnten Sie mir eine Minute Ihr Messer leihen, sergent?

Ohne auch nur aufzublicken, warf ihm Favrier sein Schweizer Messer zu.

Nun demonstrierte Ki sein phantastisches Schauspielertalent. Als handle es sich um die natürlichste Sache der Welt, zog er aus seinem Brotbeutel eine Flasche Bordeaux – Jahrgang 1942 – und begann, sie mit den Gesten eines Profis zu entkorken.

Erst auf das *nom de Dieu* eines Legionärs hob Favrier den Blick und starrte sprachlos auf das Spektakel. In Sekundenschnelle wich das Stimmengewirr totalem Schweigen; die Männer umringten den Buben, der sich gerade damit befaßte, ein paar Korkreste aus dem Flaschenhals zu entfernen. Perfekt spielte er weiterhin den Gleichgültigen und Harmlosen. Favrier packte ihn an seinem zerlumpten Hemdkragen.

– Wo hast du das gefunden, kleiner Dreckaffe?

Mit vollendeter Kunst mimte Ki den Erstaunten und sah Favrier unschuldsvoll an.

– Erregen Sie sich doch bitte nicht so, sergent, es ist doch nur eine lächerliche Flasche Rotspon. Ich gebe Ihnen gern ein Glas davon ab, wenn Sie das beruhigen kann.

Da explodierte Favrier und entriß dem Jungen die Flasche. Klauss mischte sich mit ruhiger Stimme ein:

– Favrier, schämst du dich nicht?

Der sergent riß sich zusammen. Zähneknirschend gab er dem Kleinen die Flasche zurück; der erklärte entzückt:

– Los, bringt eure Becher.

Die Flasche wurde unter die zehn Männer verteilt, die am schnellsten reagierten. Favrier erhielt einen Fingerhut voll, den er genüßlich schlürfte. Dann bemächtigte er sich der leeren Flasche und betrachtete sie.

-Himmel, Arsch und Zwirn! Die ist nicht in Saigon abgefüllt; das ist Direktimport aus Frankreich.
Er hatte sich vollkommen beruhigt und wandte sich anerkennend an Ki.
-Im Grunde bist du kein schlechter Kerl, du hast noch nicht mal was für dich behalten. Du magst wohl keinen Wein?
Darauf hatte Ki nur gewartet und jetzt ließ er seine Bombe hochgehen:
-Doch, sergent, ich mag das wahnsinnig, aber ich hab' ja genug davon!
Wieder folgte abruptes Schweigen; sogar Klauss war nähergetreten. Er begann zu ahnen, was der Junge im Schilde führte.
-Was willst du damit sagen? fragte Favrier mit von Erregung entstellter Stimme.
Ki merkte, daß sein Opfer noch viel heftiger anbiß, als er gehofft hatte.
-Sehr einfach, sergent. Ich habe nicht eine Flasche, sondern ein ganzes Lager gefunden.
Favrier sprang auf und packte den Kleinen wieder am Hemd, fast riß er ihn vom Boden.
Diesmal lachte Klauss laut heraus. - Aber, aber, Favrier, vor lauter Durst verlierst du die Pedale. Du hast scheint's nicht begriffen. Mir ist nur noch nicht klar, ob die Rotznase blufft oder nicht. Aber eins ist sicher, er fädelt eine ganz hübsche Erpressung ein.
-Was ist das, Erpressung, Chef? fragte Ki.
-Das ist, wenn man eine Sache hat und eine andre will und man sagt: »Wenn du mir gibst, was ich will, kriegst du, was ich habe.«
-Genau, genau, gab Ki vergnügt zu. Aber das ist keine Erpressung, das ist Handel.
-Ich weiß vielleicht ein anderes Mittel, um ihn zum reden zu bringen, unterbrach Favrier.
Klauss zuckte die Achseln.
-Du würdest schön dumm aus der Wäsche gucken, wenn ich's dich versuchen ließe. Dann, zu Ki gewendet:
-Also los, deck' die Karten auf. Was schlägst du vor?
-Sie wissen es doch, Chef. Ich will eine Uniform, einen Tornister, alles. Sogar ein Gewehr.
-Am besten sag' ich dir's gleich: ein Gewehr, nichts zu machen. Eine Uniform, das kann man versuchen.

44

Hoffnungsfroh setzte Favrier hinzu:
– Ich könnte in der Intendantur-Baracke eine kleine Größe besorgen.
Man könnte angeben, Alfieri sei im Drahtverhau hängengeblieben.
Alfieri war ein winziger Italiener mit ungefähr der gleichen Statur
wie der Junge. Er näherte sich interessiert.
– Ich hab' überzählige Klamotten. Ich kann mich direkt mit dem Klei-
nen einigen.
– Schnauze, fuhr Favrier dazwischen. Hier verhandle ich, sonst nie-
mand.
Klauss hatte seine gute Laune bewahrt:
– Ihr redet Blech, ihr Säuferbande! Ihr wärt zu allem fähig.
An Ki gewandt fügte er hinzu:
– Du willst ja wohl nicht einen Unteroffizier der Legion für dumm
verkaufen? Das wäre gerade der richtige Moment.
Favrier zeigte wenig Sinn für diesen Scherz. Klauss fuhr fort:
– Ich werde eine Anweisung für die Kleiderkammer ausschreiben. Es
ist ganz normal, daß man den Jungen einkleidet: schließlich leistet
er uns Dienste. Und außerdem kann man sagen, er befinde sich im
Stadium der Inkorporation.
– Nun sagst du uns also, wo die Flaschen versteckt sind, schlug
Favrier vor.
– Nichts zu machen, erwiderte Ki. Gegen meine Uniform bringe ich
euch zehn Flaschen. Danach wird man weiter sehen.
Favrier war von der Idee, zehn Flaschen Bordeaux auftauchen zu sehen, derart überwältigt, daß er die Folgen dieses Handels völlig verkannte; er lieferte sich damit auf Gnade und Ungnade den künftigen
Forderungen des Kleinen aus. Klauss dagegen war sich dessen durchaus bewußt, aber das Spiel interessierte ihn und er war sogar bereit,
es zu fördern. In der Tat behielt er in den folgenden Tagen alle Fä-
den in der Hand: er sorgte dafür, daß der Kleine nicht zu viel Wein
heranschleppte und gleichzeitig, daß er die Situation nicht allzusehr
ausnutzte, denn die Legionäre wären bereit gewesen, sich für eine Flasche Wein ihre Goldzähne herauszureißen.
Einige versuchten vergeblich, Ki zu folgen und das Versteck zu entdecken; aber der Junge schüttelte sie immer mit Leichtigkeit ab. Erst
nach etwa einem Monat, am Vorabend des Aufbruchs aus Haiphong,
offenbarte er sein Geheimnis.
Die Flaschen lagerten im Keller der Villa selbst, hinter einer doppel-
ten Mauer verborgen. Durch ein Loch, eben groß genug um ihn pas-

sieren zu lassen, schlüpfte Ki zwischen der eigentlichen und der Schutzmauer hindurch. Diese wurde alsbald niedergerissen und die Legionäre fanden dahinter Champagner, Whisky und Markenkognak. Klauss ließ jedem Mann drei Flaschen zuteilen und den Rest mit Handgranaten sprengen.

Er wußte, daß am folgenden Tag ein langer Marsch auf sie wartete.

5.

Seit der Wiederbesetzung Haiphong's durch die französische Garnison herrschte mit dem Viet-minh in Tongking de facto Kriegszustand. Am 19.Dezember 1946 brach der Krieg offiziell aus. In dieser Nacht überfiel der Viet-minh planmäßig alle Städte und alle französischen Posten. Hanoi hatte am schwersten unter dem furchtbaren Angriff zu leiden; selbst Frauen und Kinder blieben nicht verschont. Ho Schi Minh rechnete mit dem Überraschungseffekt, um einen schnellen und vollständigen Sieg zu erringen. Er scheiterte. Die Massaker vom 19.Dezember führten nicht dazu, die Franzosen aus Tongking zu verjagen. Überall hatten sich Posten halten können, und die Verteidigung organisierte sich schnell.

Gleich nach dem Viet-Überfall wurden in jeder Kompanie der Legion einige Männer ausgewählt. Man übertrug je fünf oder sechs Legionären die Verantwortung für etwa zwanzig einheimische Milizsoldaten und verteilte sie auf kleine Posten entlang dem Kinh-Mon-Fluß, der sich zwischen Hanoi und Haiphong hinschlängelt. Der Generalstab nannte diese kleinen, anfälligen Stützpunkte »P.K.« (Postes kilométriques = Kilometerposten). Meistens waren sie im Schnellverfahren von Pionieren angelegt worden, und die erste Aufgabe der neuen Besatzungen bestand darin, sie in Verteidigungszustand zu versetzen. Die Legionäre brauchten eine knappe Woche, um die P.K. in wirkliche Bastionen zu verwandeln, deren Zweck es war, die Präsenz Frankreichs in einem vollständig vom Viet-minh kontrollierten Gebiet zu demonstrieren.

Der Dschungel um die Posten herum war so dicht, daß man sie nicht verlassen konnte. Im Wald waren die Viets die Herren. Allerdings wagten sie sich nicht in's offene Gelände, besonders nicht längs der

Bahnlinie Haiphong-Hanoi und entlang dem Fluß, auf dem leichte, artilleriebestückte Marineeinheiten ständig patrouillierten.

Die L.C.T., eine Art langer, gepanzerter Landungsboote, waren die einzige feste Verbindung der Posten mit der Außenwelt. Sie sicherten den Nachschub und machten gleichzeitig jeden Angriff auf die Posten zu einem Himmelfahrtskommando: In wenigen Stunden konnten sie Verstärkung heranschaffen, wenn ein P.K. über Funk einen Überfall meldete.

Die Posten lagen fünf bis zehn Kilometer auseinander, aber es war den Männern verboten, sie zu verlassen und sei es auch nur, um sich zu treffen. Als einziger Kontakt blieb ihnen der Funk und bald beunruhigte ihre Untätigkeit das Oberkommando: Man mußte diese Legionäre beschäftigen, damit sie nicht in nachlässige Gleichgültigkeit verfielen.

Die wiederholten Anschläge auf die Bahnlinie brachten die Lösung dieses Problems. Am 3. Februar 1947 traf der Befehl ein: das I. Bataillon des 3. Étranger sah sich mit der gefährlichsten, undankbarsten und demoralisierendsten Aufgabe des Indochinakrieges betraut – der Freihaltung der Bahnlinien.

Der P.K. 36 lag ganz in der Nähe der Fähre von Laikhé. Klauss und Bianchini führten das Kommando; fünf Legionäre halfen ihnen, die Disziplin unter den rund zwanzig Milizsoldaten aufrechtzuerhalten, die die Besatzung des Postens vervollständigten. Fünf Kilometer östlich davon, bei dem Dorf Pham-Xa, befand sich der in jeder Hinsicht gleiche P.K. 30. Er stand unter dem Befehl von Lantz und Favrier.

Die Order vom 3. Februar wurde durch Kapitänleutnant d'Alnois übermittelt. Im Morgengrauen von Haiphong aufgebrochen, fuhr er mit dem L.C.T. flußaufwärts und erklärte jedem Postenkommandanten innerhalb fünf Minuten die ihm zugewiesene Mission.

Der Marineoffizier hatte das von Klauss angebotene Bier abgelehnt.

– Sie verstehen, ich muß noch mehr als zwanzig Posten aufsuchen ...

Dem Unteroffizier schmeckte sein Bier plötzlich schal.

– Geht es oft in die Luft, das Gleis? fragte er.

– Fast täglich.

– Merkwürdig, hier scheint alles ruhig. Seit unserer Ankunft fahren die Züge vorbei.

– Nach jedem Sabotageakt wird sofort repariert: Hinter jedem Zug fährt ein Ausbesserungstriebwagen.
Die nächste Frage stellte Klauss nur zögernd.
– Viel Verluste an Menschenleben?
Der Marineoffizier hatte Mühe, den Blick des Unteroffiziers auszuhalten.
– Praktisch keine, antwortete er schließlich.
Klauss lächelte:
– Sie scheinen das zu bedauern, commandant[5].
– Der Auftrag, den ich Ihnen übermittelt habe, wäre leichter zu erklären.
Sie brauchen mir die Befehle nicht zu erklären, commandant. Ich habe sie nicht zu kommentieren. Ich habe sie nur auszuführen.

Am Abend versammelte Klauss seine Leute im Aufenthaltsraum des Postens. Es waren der sergent Bianchini und drei Gefreite: Benoit, ein Franzose, Ruhmke, ehemaliger Wehrmachtsfeldwebel und Kalisch, vor dem Krieg Legionär, dann Angehöriger des Afrikakorps und seit 1945 wieder bei der Legion. Dazu kamen noch zwei einfache Legionäre: Der Holländer Vinkel und Lefevre, ein Pariser Gassenjunge.
Klauss entkorkte eine Flasche Kognak und verteilte den Inhalt auf die sieben Becher, die er auf den Tisch gestellt hatte. Dann entwickelte er seinen Plan:
– Wir sind sieben. Von morgen an brechen wir täglich um 6 Uhr 30 auf. Eine Patrouille nach Osten in Richtung Haiphong, zwei Männer und sergent Bianchini; eine Patrouille nach Westen in Richtung Hanoi, zwei Männer und ich. Immer umschichtig bleibt einer von uns im Posten. Die Patrouillen gehen auf dem Gleis, die eine zum P.K. 30, die andere in der Gegenrichtung zum P.K. 41. Marschstrecke: Die halbe Entfernung zum Nachbarposten, der die gleichen Instruktionen hat. Von dort brechen zum selben Zeitpunkt drei Leute in unsrer Richtung auf. Sofort nach der Begegnung wird umgekehrt.
Die Männer stellten ihre leeren Becher hin. Ohne die weiteren Erklärungen von Klauss abzuwarten, warf Lefevre ein:

[5] Anrede für den Kapitän eines Kriegsschiffes (während »mon commandant« die Anrede für einen Major ist).

–Bekennen Sie doch Farbe, Chef. Sie hätten doch nicht eine Flasche Kognak geopfert, um uns mitzuteilen, daß wir von jetzt ab jeden Tag eine Stunde Frühgymnastik machen.

Klauss zog ein zerknittertes Päckchen Zigaretten aus der Tasche, zündete sich eine an und fuhr fort:

–Abstand zwischen den drei Mann hundertfünfzig Meter. Der Vordermann wechselt jeweils nach einem Kilometer. Alle zehn Schritt ein Schlag auf das Gleis mit dem Vorschlaghammer.

Die sechs Legionäre hatten plötzlich begriffen.

–Zum Kotzen, warf Bianchini ein. Das ist kein Krieg mehr, das ist russisches Roulette.

–So lautet der Befehl, unterbrach ihn Klauss. Wir sitzen alle im gleichen Schiff. Außerdem ist unser Sektor ruhig, seit wir hier sind. Denkt daran, daß heute abend in andern Posten Kumpels sitzen, die den Zug schon mehrmals haben hochgehen sehen und die morgen früh die gleiche Arbeit machen müssen wie wir.

Nun hakte Lefevre wieder ein.

–Nach allem, was man hört, geht der Zug täglich mal hier, mal da in die Luft. Das bedeutet, daß von morgen ab jeden Tag mindestens einer von uns von der Versorgungsliste gestrichen werden kann.

Ruhmke unterbrach:

–Zwischen Hanoi und Haiphong werden wir ungefähr hundertzwanzig sein, die auf die Gleise klopfen. Das heißt, in fünf Monaten sind alle abserviert.

–An Männern fehlt es nicht. Die Lücken werden aufgefüllt, antwortete Klauss.

Ruhmke schimpfte:

–Das ist ja wohl nicht die Möglichkeit, das ist ja schon mehr als zum Kotzen. Man könnte ja wenigstens die Milizsoldaten zwingen, das Risiko mit uns zu teilen. Das würde unsre Chancen vergrößern.

Klauss zuckte die Achseln.

–Sie würden auf der Stelle zur andern Seite desertieren und mit denen da drüben Minen verlegen. Nein, wir werden das Problem nicht lösen. Es gibt nur eins: ausführen und Kopf hinhalten.

–Das fragt sich noch; könnte man nicht Loren vor sich herschieben?

–Nicht schwer genug, sagen die Techniker, und die Steigungen ...

Und überhaupt, Scheiße. Seid ihr Männer, oder?

–Eben, sagte Benoit. Das ist keine Arbeit für Männer.

Klauss war mit seinen Argumenten am Ende. Er dachte wie seine

Kameraden und sagte abschließend:
–Schluß, Schnauze! Ihr denkt zuviel. Antreten morgen früh 6 Uhr.
Ein MG pro Gruppe. Gut' Nacht.

Der Morgen des 4. Februar war trübe. Ruhmke war dazu bestimmt
worden, im Posten zu bleiben. Die sechs anderen gingen schweigend
den sandigen Pfad zur Bahnlinie hinunter. Zwei von ihnen trugen einen schweren, langstieligen Hammer auf der Schulter. Am Gleis angekommen, machten sie eine Pause. Klauss hielt eine Erklärung für
angebracht:
–Die Hammerschläge können eine Mine schon auf weite Entfernung
zum Hochgehen bringen: selbst bei einer Explosion ist der vorderste Mann nicht mit Sicherheit erledigt.
Er überzeugte keinen. Benoit packte den Hammer und sagte:
–Lassen Sie nur, chef! Wir haben verstanden ...
Er zog seine Brieftasche heraus, streifte Armbanduhr und Siegelring
ab und übergab alles dem Unteroffizier (kein anderer sollte ihm das
nachmachen). Dann ging er langsamen Schrittes ostwärts. Nach hundert Metern blieb er stehen und schlug mit weitausholender Bewegung kräftig auf die Schiene. Dann nahm er seinen Marsch wieder auf,
zählte zehn Schritte und schlug wieder zu. Klauss und Kalisch folgten im Abstand von je hundertfünfzig Metern. In der Gegenrichtung marschierte Vinkel – mit dem Vorschlaghammer – an der Spitze,
gefolgt von Lefevre und Bianchini.
Hinterherzugehen war für Klauss und Kalisch nicht angenehmer, als
an der Spitze zu sein. Es war ihnen unmöglich, von dem Gedanken loszukommen, daß der vorausmarschierende Kamerad jeden Moment vor ihren Augen zerrissen werden konnte. Außerdem wußten
sie, welch ideale Zielscheibe sie einem im Wald zu ihrer Linken
versteckten Schützen boten. (Jedoch erfolgte in den zwei Monaten,
in denen diese Operation täglich wiederholt wurde, kein direkter Angriff auf die Legionäre. Die wahrscheinlichste Erklärung dafür war,
daß der Feind versuchte, die Moral dieser Truppe zu untergraben,
deren Haltung ihn verwirrte. Die Viets wollten den Legionären keine Gelegenheit geben, sich – wenn auch aussichtslos – zu schlagen.)
Nach einer halben Stunde brüllte Klauss:
–Halt! wir kommen zu dir vor.

50

Benoit schmiß den Vorschlaghammer hin und setzte sich auf die Schiene. Er war in Schweiß gebadet. Mit den aufgekrempelten Ärmeln wischte er sich das Gesicht ab. Als der Unteroffizier bei ihm ankam, sagte er nur:
– Was für eine Sauerei!
Klauss nahm den Hammer. Er mußte den von Benoit's Schweiß glitschig gewordenen Stiel abwischen. Dann machte er sich selbst an das üble Geschäft. Nach einem Kilometer dieses Höllenmarsches ließ er sich von Kalisch ablösen. Während Kalisch an der Reihe war, wurden die Hammerschläge der Patrouille von P.K. 30 immer deutlicher hörbar. Schließlich tauchte in einer Kurve ihr Vordermann auf; die Männer beschleunigten den Schritt und bald war die Begegnung hergestellt. Die Legionäre verzehrten ihr Frühstück und ruhten sich aus. Die vier Männer vom P.K. 30 wurden von einem caporal-chef angeführt (ihr Posten war etwas größer; seine Besatzung bestand aus zwölf Legionären). Nach einer halben Stunde setzte sich jede Gruppe wieder in Richtung auf den eigenen Posten in Marsch. Am 4. Februar 1947 konnte der Zug zwischen Laikhé und Pham-Xa passieren; die Strecke war nicht vermint.
Im Laufe dieses ersten Tages gab es nirgends einen Zwischenfall. Die Bahnlinie zwischen Haiphong und Hanoi war nicht vermint gewesen, aber rund hundert Männer hatten Qualen der Angst ausstehen müssen, um sich dessen zu vergewissern.

Drei Tage später eröffnete der spanische Legionär Antonio Ortez die Liste der bei diesem Himmelfahrtskommando Geopferten. Bei Kilometer 50, gerechnet ab Hanoi, in der Nähe des Dorfes Cao-Xa, löste er die Explosion einer Mine aus und wurde vor den Augen seiner Kameraden zerrissen, die wie durch ein Wunder unverletzt blieben. Naiverweise hatten die Männer angefangen, Hoffnung zu schöpfen. 42 Legionäre fanden den Tod und sechs wurden zu Krüppeln, ehe das Oberkommando am 2. April dieser »Offenhaltung der Bahnlinien« ein Ende machte.
Die Viets hatten sich die Regelmäßigkeit der Marschzeiten und -strecken der Legionäre zu Nutze gemacht und diesen Sektor in ein wahres Experimentierfeld verwandelt, auf dem sie die Wirksamkeit ihrer Sprengsätze und Tarn-Minen erprobten.

Ruhmke, von der Gruppe Klauss, verlor das linke Bein auf schreck-liche Weise: der Sprengkörper, dessen Opfer er wurde und der hier erstmals auftauchte, sollte noch jahrelang Verheerungen anrichten.
Er bestand aus einer Gewehrpatrone und einem kleinen Nagel als Schlagbolzen. Der Apparat wurde senkrecht in den Boden gesteckt, die Spitze genau an der Erdoberfläche. Der Druck des marschieren-den Fußes auf die Spitze der Kugel genügte, um die Explosion auszu-lösen. Bei Ruhmke drang die Kugel durch die Fußsohle ein, durch-schoß das Bein der Länge nach, trat durch das Knie wieder aus und zerriß es. Sein Leben verdankte er nur Klauss' Geistesgegenwart, der beschloß, auf der Stelle mit den gerade greifbaren Hilfsmitteln zu am-putieren.
Auch die Legionäre zeigten sich erfinderisch in ihren Versuchen, die Anschläge des Feindes zu vereiteln. So streuten sie entlang den Glei-sen Kalk, so daß jeder Schritt einen Abdruck hinterließ. Dieses Sy-stem erwies sich mehrere Tage lang als wirksam, aber zahlreiche Sol-daten erlitten durch die Sonnenrückstrahlung Augenverbrennungen und mußten ins Lazarett. Daraufhin färbte man den Kalk blau oder rot. Drei Wochen vergingen, aber dann hatten sich die Viets auf un-erfindliche Weise dasselbe Produkt beschafft und konnten so die Spu-ren ihrer Sabotageakte verwischen.
Schließlich kam die Gegenorder. Sie war ebenso unerwartet wie vor-her der Befehl. Die Legionäre kehrten in ihre Stammkompanien zu-rück und überließen es starken, aus dem Süden herangeführten Ein-heiten der Coloniale, die Bahnlinie zu sichern.
Die Rückeroberung Tongkings war nun in vollem Gange.

6.

Am 2. Januar 1947 um 18 Uhr 30 wurde die 4. Kompanie des 3. Étran-ger in Haiphong in Alarmbereitschaft versetzt. Sie sollte sich für eine gefährliche Operation in einer andern Gegend bereithalten.
Am 3. Januar um 8 Uhr 30 fanden sich die Offiziere der beteiligten Einheiten im Gefechtsstand von lieutenant-colonel Stroeber ein. Sie erfuhren, daß am folgenden Tag die Operation »Dädalus« ausgelöst würde, deren Ziel es sei, die in Nam-Dinh eingekesselte französi-

sche Garnison zu entsetzen und zu evakuieren. An dem Unternehmen seien Fallschirmjäger, Marine, Luftwaffe, Kolonialtruppen, Panzer und Pioniere beteiligt. Die erste Aufgabe dieser enormen Kräftemassierung sei die Einschiffung der seit fast vierzehn Tagen von der Außenwelt abgeschnittenen, zahlreichen Zivilisten und Verwundeten. Nam-Dinh war ein wichtiges Industriezentrum mit 40 000 Einwohnern. Die tongkinesische Stadt liegt am Westufer des Roten Flusses, gut hundert Kilometer südlich von Hanoi und 150 Kilometer südwestlich von Haiphong. Bis zu dem Überraschungsangriff vom 19. Dezember 1946 lag dort fast ein ganzes Regiment der Coloniale (ungefähr 2 000 Mann), mehr schlecht als recht mit einer zahlenmäßig weit überlegenen, regulären Viet-minh-Armee koexistierend.

Trotz der Heftigkeit des Viet-Überfalls war es den Soldaten der Coloniale gelungen, Widerstandsnester zu bilden, die es seit einem halben Monat ablehnten, sich zu ergeben. Dadurch schützten sie die Zivilisten, die dem Massaker entkommen waren.

Lieutenant-colonel Stroeber entwickelte in großen Zügen den Plan der Hilfsaktion: Eine regelrechte Armada von leichten Landefahrzeugen der Marine (L.C.M. und L.C.T.) werde die Truppen teils von Hanoi den Roten Fluß abwärts, teils von Hai-Duong auf einem Nebenfluß, zum Sammelpunkt Vu-Dien bringen. So könne bei der Fähre von Thu-Tri, nordwestlich der einzuschließenden Stadt, eine ganze Armee landen.

Militärisch war die Aufgabe verständlich und hörte sich gut an. Trotzdem blieb für die versammelten Offiziere ein Punkt dunkel. Kapitänleutnant François, der die Landeoperation leiten sollte, stellte als erster die Frage, die alle beschäftigte.

– Mon colonel, ich wundere mich, daß wir eine Stadt von der strategischen Bedeutung Nam-Dinh's aufgeben wollen.

– Ein diesbezüglicher Plan wird gegenwärtig geprüft, antwortete Stroeber kurz. Wollen Sie sich bitte darauf beschränken, den Auftrag auszuführen, mit dem man Sie betraut.

In Abwesenheit von Mattei, der noch immer in Saigon im Lazarett lag, befehligte lieutenant Mulsant die 4. Kompanie der Legion. Er stellte die nächste Frage:

– Mon colonel, ich verstehe nicht recht, warum nur eine einzige Kompanie der Legion an der Operation teilnehmen soll, obwohl mehrere Bataillone in Haiphong verfügbar sind.

Stroeber zögerte einen Moment. Dann antwortete er:

– Sehr einfach. Ihre Kompanie wird in Nam-Dinh bleiben.
Mulsant nahm den Befehl unbewegt entgegen. Lieutenant de Franclieu, der den Pionierzug der 4. Kompanie führte, flüsterte ihm ins Ohr:
– Auf diesen Coup warte ich schon seit fünf Minuten.
Mulsant fragte weiter:
– Mon colonel, wenn ich recht verstehe, sollen die 95 Mann, aus denen meine Kompanie besteht, eine Aufgabe meistern, die zu erfüllen einer zwanzigmal stärkeren Truppe nicht möglich war?
– Nicht unbedingt, widersprach Stroeber. Eine Kompanie der Coloniale liegt in der »Bank von Indochina«, die sie in eine kleine Festung verwandelt hat. Sie soll dort bleiben, während es Ihre Aufgabe sein wird, die Baumwollspinnerei in der Nähe des Landepunktes zu halten. Sie werden also zahlenmäßig nur zehnmal schwächer sein als die derzeitige Garnison.

Am 4. Januar verließen die Legionäre Haiphong in Richtung Hai-Duong. Mehr als 2 000 Mann legten auf Lastwagen die Strecke zwischen den beiden Städten zurück.
Die 4. Kompanie verbrachte die Nacht unter freiem Himmel am Flußufer, rund hundert Meter vom Einschiffungspunkt entfernt.
Gegen 4 Uhr morgens sahen die Wachen, wie die ersten L.C.T., die glatte, graue Wasseroberfläche durchfurchend, langsam näherkamen. Die zarten Geräusche des erwachenden Tages wurden von dem gleichmäßigen Brummen der Dieselmotoren überlagert, dessen Echo sich in der Tiefe des Dschungels verlor.
In der Morgenfeuchte fröstelnd, rasierten und wuschen sich die Männer; einige badeten im Fluß. Die Kälte kam ihnen wie ein schon fast vergessener Luxus vor.
Kapitänleutnant François hatte das Lager der Legionäre ausgemacht, das für seine großen »Krebse« leicht zugänglich war. Er ließ die beiden ersten L.C.T. auf den Strand auffahren und ihre gepanzerten Laderampen auf die Böschung niedergehen. Hier traf der Marineoffizier auf die lieutenants Mulsant und Franclieu.
– Wir werden Ihre Leute auf der Stelle verladen, erklärte er. Diese zwei L.C.T. sind für sie bestimmt. Zwecklos hier lange herumzustehen. Andrerseits dachte ich, ein heißer Kaffee könnte ihnen nicht

schaden. Schicken Sie sie in kleinen Gruppen an Bord, man wird ihnen welchen ausschenken.

Eine halbe Stunde später setzten sich die beiden L.C.T. mit den Legionären an die Spitze des Konvois. Die Männer waren enttäuscht: Vierundzwanzig Stunden an Bord eines L.C.T. – das ist keine Vergnügungsfahrt wie auf einem Ausflugsdampfer. Die Legionäre waren auf dem Boden der leichten Schiffe zusammengepfercht. Sie konnten nichts als den Himmel sehen und wußten, daß sie beim nächsten Herabgehen der Laderampe anderes zu tun haben würden als die Landschaft zu bewundern.

Gegen 10 Uhr morgens erreichte der Konvoi die Einmündung in den Roten Fluß. Die lange Kette der aus Hanoi kommenden Boote schloß sich ihnen an und der langsame Vormarsch ging weiter. Mittags wurde der Konvoi von etwa zwanzig Dakotas überflogen, die zwei Kompanien Fallschirmjäger über Nam-Dinh absetzen sollten.

Am 6. Januar um 3 Uhr 30 morgens erschien die Armada an der Einmündung des nach Nam-Dinh führenden Kanals; die Fahrt war ohne Zwischenfälle verlaufen.

Das Kommando-L.C.T. fuhr dreihundert Meter voraus. Die anderen Boote folgten einander in wesentlich geringerem Abstand.

Lieutenant Mulsant und rund fünfzig seiner Leute waren an Bord des ersten Bootes. Vier Matrosen bedienten die Bordartillerie. Kapitänleutnant François stand im Heck, aufrecht neben dem Steuermann; er leitete das durch starken Nebel erschwerte Manöver.

Urplötzlich einsetzendes, heftiges Feuer, mit dem niemand gerechnet hatte, schuf einen Augenblick lang totale Verwirrung. Werfergranaten deckten die Boote ein. Zum Glück bot der Nebel dem Konvoi einigen Schutz.

Die 7,5 cm Schiffsgeschütze feuerten nun ebenfalls. Sie schossen blind und es gelang ihnen nicht, die Intensität des Viet-Feuers zu brechen.

Plötzlich erhielt das dritte L.C.T. einen Granatwerfer-Volltreffer und bekam Schlagseite; sein Kommandant dirigierte es zum Ufer, das es erreichen konnte. Immer noch aufrecht stehend, gab Kapitänleutnant François weiterhin seine Befehle. Beim ersten Werferschuß hatte er lediglich den Sturmriemen seiner Mütze unter's Kinn gezogen und mit theatralischer Geste eine Zigarette in seine lange Bernsteinspitze gesteckt. Durch seine Größe gehandicapt, war François der einzige, der nicht Deckung nehmen konnte.

Lieutenant Mulsant kam ins Heck zu dem Kapitänleutnant, der ihm erklärte:

– Ich denke, wir sollten auch zu landen versuchen, sonst werden die Überlebenden des auf Strand gesetzten L.C.T. niedergemacht.

– Zu Befehl, antwortete Mulsant. Um sich verständlich zu machen, brüllte er:

– Kompanie, fertigmachen zur Landung! Werferzug nach vorn! Feuer sobald wie möglich!

Die Männer standen auf, schnallten die Tornister um, überprüften ihre Waffen, spuckten die Zigarettenstummel aus, machten ihre Gewehre schußfertig und die Handgranaten griffbereit.

Als das L.C.T. das Ufer nahezu erreicht hatte, wurde Kapitänleutnant François von einer Kugel ins Herz getroffen. Er kippte vornüber und fiel auf die Legionäre. Mulsant beugte sich über den Marineoffizier, schaute auf die Uhr und wandte sich zum Funker.

– Übermitteln Sie: Kapitänleutnant François um 3 Uhr 52 von einer Kugel tödlich getroffen. Kapitänleutnant Gallet übernimmt das Kommando.

In der Eile fand Mulsant nichts, womit er den Toten zudecken konnte; so begnügte er sich damit, ihm die Marinemütze über das Gesicht zu ziehen.

An einem Stoß erkannten die Legionäre, daß ihr L.C.T. Grund hatte. Langsam senkte sich die gepanzerte Rampe, sie ließ nur dicken Nebel erkennen. Alsbald begann das dumpfe Bellen der im Bug aufgestellten Granatwerfer; ihre Projektile zerrissen für Sekunden die undurchsichtige Brühe, die sich augenblicklich wieder zusammenzog, dicht und beunruhigend.

Lieutenant Mulsant brüllte:

– Landung! Brückenkopf nach fünfzig Metern! Feuer in Marschrichtung! Vorwärts!

Die Männer stürzten blind vorwärts, über die kleinsten Hindernisse stolpernd. Nur die vordersten feuerten, die andern fürchteten, sich gegenseitig zu verletzen. Zum Glück schoß der Feind ebenso konfus wie sie, und die Legionäre konnten sich hinter zufällig ertasteten Deckungen festsetzen.

Im Schutze einer Akazie suchte Mulsant die Stärke des Gegners abzuschätzen. Er glaubte, die Viets seien im Begriff, meisterhaft zu bluffen. Wahrscheinlich hatten sie nicht mehr als drei automatische Waffen und einige Gewehre. Aber ihr glänzend bedientes 7,5 cm Geschütz konnte für sich allein die Kompanie vernichten, sobald sie ausgemacht wurde. Für den Augenblick gingen die Geschosse noch rund um die Landungsboote ins Wasser.

Auf der Suche nach Weisungen hatte sergent-chef Maniquet den Offizier erreicht.

–Mon lieutenant, sollte man nicht wegen der Kanone was tun?

–Nimm einen Zug und mach' sie fertig.

–Wenn Sie erlauben, geh' ich nur mit einem Mann. Dann klappt's oder es klappt nicht.

–Einverstanden. Tu' dein bestes.

Maniquet entfernte sich. Hinter den alle drei bis vier Meter kauernden Legionären pfiff er kurz die ersten vier Noten der V. Symphonie von Beethoven, dem Erkennungszeichen seines Zuges. Nach einem Augenblick antwortete ihm derselbe Pfiff und wiederholte sich alle zehn Sekunden; mit dem Gehör fand er so seine Männer. Als er seine Legionäre erreicht hatte, fragte er kurz:

–Schmidt hier?

–Hier, chef, antwortete der Elsässer.

–Du kommst mit, wir gehen ins Kino. (Die Herkunft dieses in der Legion für Himmelfahrtskommandos gebräuchlichen Ausdrucks ist unbekannt.)

Die beiden Männer entfernten sich. Zuerst versuchten sie, sich nach dem Mündungsknall zu orientieren, dann erkannten sie durch den Nebel das Mündungsfeuer, das jeder Detonation folgte. Nach jedem Abschuß machten sie einen Sprung nach vorn. Nachdem sie sich eine halbe Stunde vorgearbeitet hatten, gelang es ihnen, die Geschützstellung auszumachen. Sie befand sich in einer Lichtung. Die 7,5 wurde von drei Viets bedient; sie waren deutlich zu erkennen, denn sie benutzten eine Taschenlampe, um das Geschütz zu laden und zu richten.

–Das reinste Festessen, murmelte Schmidt.

–Sieht ganz so aus, aber die andern dürften nicht weit sein. Ich nehme den Typ mit der Lampe, du nimmst die beiden andern.

Bei der Präzision der Enfield-Gewehre konnten sie auf diese Entfernung ihr Ziel nicht verfehlen. Die drei Viets fielen fast gleichzeitig und Maniquet sprang vor. Er machte zwei Handgranaten scharf, die er an zwei bestimmten Stellen des Geschützes plazierte. Ihre Explosion würde alle Bedienungskabel der Kanone unbrauchbar machen.

Maniquet warf sich hinter einer Böschung in Deckung. Die Handgranaten zündeten und zerstörten das Viet-Geschütz. Der sergent stand gerade wieder auf, als wenige Meter von ihm entfernt eine Werfergranate explodierte (leider war sie aller Wahrscheinlichkeit nach von der Coloniale abgefeuert worden, die von der Mission der beiden Legionäre nichts wußte). Maniquet wurde von einem Splitter in den Bauch getroffen. Er fiel auf die Knie, seine Hände instinktiv auf die offene Wunde pressend; dann rollte er auf die Seite, die Oberschenkel gegen den Bauch gedrückt. Sein Körper wurde von Zuckungen geschüttelt und sein Kopf wackelte haltlos hin und her.

Gegen jede Vernunft stürzte Schmidt ungedeckt vor. Er zog den Unteroffizier in den schützenden Wald. Er hatte ihn unter den Achseln gepackt und ließ den Körper auf der Erde schleifen. Maniquet hielt sich noch immer den Bauch, die Knie in Kinnhöhe. Sobald Schmidt sich in Sicherheit glaubte, versuchte er das Ausmaß der Verwundung festzustellen. Maniquet war bei vollem Bewußtsein geblieben. Er stammelte:

–Oh verdammt, das brennt! Oh verdammt, das brennt .....

Der Verwundete wollte Klarheit. Er nahm die Hände weg, und die beiden Männer sahen zu ihrem Entsetzen, daß die Därme freilagen und im Begriff waren, herauszuquellen.

Wie in einer Vision sah Schmidt den Narvik-Feldzug wieder vor sich. Derselbe Fall: Ein Hauptmann mit Bauchschuß. Derselbe schreckliche Anblick. Die Därme. Schmidt sah wieder den Sanitäter, seine unverzügliche Reaktion, seine präzisen Bewegungen. Er hatte den Bauch mit dicken Wattepaketen vollgestopft. Um die so abgedichtete Wunde hatte er mehrere Koppel geschnürt, und der Offizier war zurückgeschafft worden. Schmidt zögerte einen Moment; natürlich hatte er keine Watte, aber es war undenkbar, den Verwundeten in seinem Zustand auch nur einen Meter zurücklegen zu lassen. Hierzubleiben wäre andrerseits der reine Selbstmord gewesen: die Viets konnten jede Minute da sein. Als Schmidt seine Entscheidung traf, wußte er nicht, ob er damit seinen Kameraden töten oder retten würde, aber er hatte seinen Entschluß in wenigen Sekunden gefaßt: es blieb keine Wahl.

Schmidt riß sich das Hemd vom Leib, es war mit Schweiß und

Schmutz getränkt, in den Taschen klebten Tabak-Krümel, es war der reinste Dreckfetzen. Trotzdem machte Schmidt einen dicken Tampon daraus und stopfte ihn dem Unteroffizier in den Bauch. Dann nahm er sein Koppel und das seines Kameraden und verschnürte diesen unwahrscheinlichen Verband. Er konnte nun den Verwundeten mehr schlecht als recht auf den Rücken nehmen und im heraufdämmernden Morgenlicht zur Kompanie zurückkehren.

Angespornt vom warmen Atem und dem Stöhnen Maniquet's, dessen Lippen sein Ohrläppchen berührten, dachte Schmidt nicht an die Viets, die von überall her kommen konnten. Ohne Vorsichtsmaßnahmen marschierte er, von einer einzigen Idee getrieben: Den Kameraden zurückzubringen.

Für den knappen Kilometer bis zum Flußufer brauchte er weniger Zeit als auf dem Hinweg. Er konnte die Formen um sich her erkennen und ungefähr sehen, wohin er trat.

Als er sich dem Ziel nahe glaubte, begann er, das Erkennungszeichen seines Zuges zu pfeifen. Nach wenigen Worten war er identifiziert und drei Mann sprangen ihm zu Hilfe. Die Legionäre hatten ihre Stellungen ausgebaut; sie konnten sich hinter ihrer Verteidigungslinie bewegen. Im übrigen hatten sich die Viets seit der Ausschaltung ihres Geschützes nicht mehr bemerkbar gemacht.

Lieutenant Mulsant war zu dem Verwundeten getreten; der Anblick des von Schmidt angelegten Verbandes warf ihn schier um.

– Ich weiß nicht, ob ich es recht gemacht habe, stammelte der Legionär, aber ich wußte nicht, was ich sonst hätte tun sollen. Er ist hier und er lebt .....

– Ich hätte gehandelt wie du, antwortete Mulsant und fragte sich, ob er überhaupt auf die Idee gekommen wäre.

Ein Arzt der Coloniale kam hinzu und operierte Maniquet auf der Stelle. Seit er von dem Splitter getroffen war, hatte der Unteroffizier keinen Augenblick das Bewußtsein verloren. Er wurde mit Morphium- und Penicillinspritzen gespickt und mit dem ersten Schub zurückgeschafft.

Fünf Monate später kehrte Maniquet – frisch wie eine Rose – zum Bataillon zurück; zusammen mit Schmidt war er im Armee-Tagesbefehl erwähnt worden.

Gegen 8 Uhr 30 löste sich der Nebel auf; die Legionäre konnten nun ihre Lage überblicken: Sie befanden sich genau gegenüber von dem Punkt, an dem sie hätten sein sollen, höchstens hundert Meter davon entfernt. Nur: sie waren auf der falschen Seite des Kanals. Auf dem gegenüberliegenden Ufer erkannten sie deutlich den Landungssteg der Spinnerei, die ihnen als Ziel zugewiesen war. Mit Bitterkeit stellten sie fest, daß keine Spur von den Fallschirmjägern zu sehen war, die die Fabrik hätten besetzen sollen. Auch sie hatten es offenbar nicht leicht gehabt.

Dabei war der Plan klar und eindeutig: Die Fallschirmjäger sollten sich in den Besitz der Baumwollspinnerei und ihres Landungssteges setzen. Die 4. Kompanie der Legion sollte als erste an Land gehen und den Brückenkopf verstärken, um das Anlandgehen der übrigen Truppen und später die Wiedereinschiffung der ganzen Garnison zu ermöglichen. Nur an den Nebel hatte man nicht gedacht. Und zu dem Zeitpunkt, zu dem die Evakuierung der Zivilbevölkerung beginnen sollte, standen über 2000 Mann massiert auf dem jenseitigen Ufer und die Fallschirmjäger waren inmitten von Viet-Truppen verloren.

Mulsant, Gallet und de Franclieu konnten nur die Tatsachen konstatieren. Sie fragten sich, wie sie den Kanal bis zum Landesteg überqueren sollten. Die Antwort erfolgte schnell: Aus der Spinnerei wurden sie mit automatischen Waffen beschossen. Die Viets hatten sich dort verschanzt, gut gedeckt und solide bewaffnet.

Mulsant und de Franclieu sahen ein: es gab nur eine Lösung und die würde zur Tragödie werden. Die Spinnerei konnte nur vom Fluß her genommen werden. Nur ein einziges L.C.T. konnte aber versuchen, vor ihren Gebäuden anzulegen. Die als erste an Land gesetzten Männer würden ungefähr fünfundzwanzig Meter ohne Deckung vorgehen müssen. Und es kam nicht in Frage, die Landung durch Artilleriefeuer vorzubereiten, weil die Gebäude der Spinnerei der 4. Kompanie als Verschanzung dienen sollten.

Mulsant befragte Kapitänleutnant Gallet.

– Wieviel Mann kann man für eine Kanalüberquerung in ein L.C.T. hineinstopfen?

– Ohne Gefahr das Doppelte des Vorgesehenen, das heißt rund hundert Mann. Sie werden zusammengepackt sein wie die Sardinen, aber die Tragfähigkeit des Schiffes reicht dafür ohne weiteres.

– Gut, das löst alle Probleme. Die 4. Kompanie an Bord! Fertigmachen zur Landung auf dem Steg in einer Viertelstunde!

De Franclieu ließ sich vernehmen:
– Für die da drüben wird das das reinste Tontaubenschießen werden.
– Hast du was Besseres vorzuschlagen? fragte Mulsant bitter.
Alle Legionäre der 4. Kompanie waren alte Soldaten, an schwierige, ja verzweifelte Aktionen, an das Pfeifen der Kugeln, an berstende Granaten gewöhnt. Aber was sie jetzt zu unternehmen hatten, flößte ihnen dennoch Unbehagen ein. Eine mathematische Gewißheit stieß sie ab: Sie wußten, daß eine bestimmte Anzahl von ihnen in einer Viertelstunde tot sein würde. Und wenn sie auch witzelten und Zigaretten oder Kaugummi austauschten, so konnte sich doch keiner von dem Gedanken freimachen: Welche werden es sein? Du? Ich? Der, der pissen gegangen ist? Der, der auf dem Rücken ausgestreckt mit der Zigarette im Mund zum Himmel starrt?...

An Bord des L.C.T drängten sich die Männer. Es waren 96. Das einsetzende Feuer der Viets prallte wirkungslos an dem gepanzerten Boot ab. Dann senkte sich erneut der Schutzschild. Vor sich sahen die Legionäre die lange Strecke aus rohem Holz, über das die feindlichen Geschosse hinstrichen; kleine Holzsplitter spritzten umher.
Der MG-Schütze Steck sprang als erster hinaus; er wurde sofort von mehreren Kugeln in die Brust getroffen; aber er fand die Kraft, sich hinter sein MG zu werfen und vier Kameraden Feuerschutz zu geben, die bepackt mit Handgranaten nach vorne stürmten. Nach sechs Sprüngen ließen sie sich vorwärts fallen, fingen ihren Sturz mit dem linken Arm auf und warfen zugleich in rascher Körperdrehung mit dem rechten ihre Granaten. Hinter ihnen organisierte sich der Angriff wie ein gut einstudiertes Ballett, während Steck, über seinem verstummten MG verkrampft, mit dem Tode rang; sein Blut rieselte durch die schlecht verbundenen Holzbohlen in den Fluß.
Um 9 Uhr 40 fielen die ersten feindlichen Verschanzungen in die Hand der Legionäre. Die Heftigkeit der Kämpfe war unbeschreiblich; oft schlugen sich die Männer mit der blanken Waffe. In ihrem Rücken landete mit den folgenden L.C.T.'s die Coloniale zur Verstärkung.
Als die Viets merkten, daß sie den wachsenden Strom der französischen Soldaten nicht eindämmen konnten, zogen sie sich plötzlich zurück und überließen der 4. Kompanie ihr Angriffsziel.

Ohne erst Befehle abzuwarten, organisierten die Männer der 4. Kompanie sofort ihre Verteidigung. Sie handelten dabei ganz automatisch. Um 10 Uhr 05 gelang es capitaine Ducasse, dem Chef der Fallschirmjäger, eine Verbindung herzustellen. Auch bei ihnen war nicht alles glatt verlaufen. Verluste bei der Landung und ein leichter Irrtum bezüglich des Absprunggebietes hatten sie zu einem unvorhergesehenen Manöver genötigt; sie waren außerstande gewesen, die Spinnerei von der Landseite her anzugreifen. Jedoch kontrollierten sie zur Stunde den Boulevard Paul-Bert, der zur Avenue Francis-Garnier führte, an der die von der Coloniale gehaltene »Bank von Indochina« lag.
Um 10 Uhr 15 traf auch commandant d'Aboval an der Spitze eines Zuges ein. Er befehligte die zu evakuierende Garnison und faßte die Lage wie folgt zusammen:
– Wenn wir sehr schnell machen, haben wir eine Chance, alle auf die Boote zu bringen, ohne wieder angegriffen zu werden. Die Viets sind von dieser Kräftemassierung zweifellos beeindruckt. Aber sobald sie begreifen, daß wir räumen, werden sie möglicherweise das Feuer auf die Nachzügler eröffnen. Sie sind überall, in jedem Haus, in jedem Keller, auf allen Dächern, in kleinen Gruppen und bis zu den Zähnen bewaffnet. Ein ganzes Regiment würde Wochen, wenn nicht Monate brauchen, um sie zu vertreiben oder zu vernichten.
– Vor allen Dingen, antwortete Mulsant, müssen wir die Verbindung zu der Kompanie der Coloniale herstellen, die die »Bank von Indochina« hält.
– In diesem Fall, bemerkte d'Aboval, müssen wir die Avenue Francis-Garnier auf die 150 Meter freikämpfen, die zwischen der Ecke Boulevard Paul-Bert und der Bank liegen.

Eine Gruppe von sechs Legionären lieferte nun beispielhaften Strassenkampf. Alle Erdgeschosse der Avenue Francis-Garnier wurden von ihnen aufgebrochen und besetzt, gerade so, als handle es sich um ein hundert Mal wiederholtes, völlig gefahrloses Manöver.
Zwei MG's wurden in Stellung gebracht, eins auf dem rechten, das andere auf dem linken Gehweg. Sie eröffneten das Feuer gleichzeitig, jedes in die ladenlosen Fenster der gegenüberliegenden Strassenseite. Scheiben, Fensterkreuze und -griffe flogen in Fetzen. Dann schwiegen die MG's; im selben Augenblick sprang auf jeder Seite ein

Legionär vor und warf eine Handgranate in das Hausinnere. Gegen die Außenmauer gepreßt, warteten sie die Explosion ab. Dann sprangen sie mit katzenhafter Geschmeidigkeit ins Haus, gaben einen Feuerstoß in die Runde, sprangen zurück und zeigten mit einer Handbewegung nach rückwärts an, daß das Erdgeschoß frei war. Die zwei MG-Schützen gingen einige Meter vor und eröffneten das Feuer auf die nächsten beiden Fenster; ihre Kameraden wiederholten ebenfalls ihr Manöver und so wurde die Straße allmählich gesäubert.

Aus zwei Erdgeschossen hatten Viets in höhere Stockwerke fliehen können; in einem dritten wurde eine Gruppe von vier Viets niedergemacht. Alle anderen gesäuberten Räume waren leer. Dem Stoßtrupp auf den Fersen folgend, besetzte die Kompanie die Zimmer und sicherte damit die Straßenpassage. Um 11 Uhr stellte sergent-chef Osling die Verbindung mit sous-lieutenant Colin her, der die Coloniale-Kompanie in der Bank befehligte.

Die Legionäre amüsierten sich über die Einrichtung. Einige Schalter waren noch intakt. Abgesehen von den Sandsäcken zum Schutz der Öffnungen, war die große Halle sauber und gepflegt. Die klassischen Aufschriften waren geblieben: »Kasse«, »Wertpapiere«, etc. Ein grosser, verschlossener Panzerschrank hinter dem Kassenschalter erregte die Aufmerksamkeit zweier Legionäre, die sinnend nähertraten. Lieutenant Colin beraubte sie ihrer Illusionen:
– Strapaziert eure Gehirnwindungen nicht unnötig, um die nötige Plastikmenge abzuschätzen; nehmt lieber den Schlüssel.
Erstaunt nahm einer der Legionäre von dem Offizier den Schlüssel entgegen, steckte ihn ins Schloß und öffnete die schwere Tür. Der Schrank war mit »Pazifik«-Rationen gefüllt. Der Legionär schloß wieder zu, gab den Schlüssel zurück und wandte sich angeekelt ab.

Osling und Colin richteten sich im Direktionsbüro ein. Der sergent-chef erklärte dem Leutnant, daß die Legion die Aufgabe habe, die Spinnerei zu halten. Colin wußte schon, daß seine Kompanie ihre Stellungen beibehalten sollte. Außer der Bank hielt die Coloniale die zwei Nachbargebäude besetzt, von denen eines das Eckhaus einer

Querstraße war. Sie hatten genügend Proviant und Munition, um einer langen Belagerung standzuhalten. Osling und der Leutnant legten die Einzelheiten ihres künftigen Funkverkehrs fest und machten aus, daß jeden Tag eine Patrouille versuchen sollte, die Passage zwischen den beiden Stützpunkten offenzuhalten. Auf dem Schachbrett der Belagerung waren die Figuren plaziert.

Die Evakuierung der Zivilisten ging die ganze Nacht weiter, ohne daß ein Schuß fiel. Commandant d'Aboval hatte sich nicht getäuscht. Die Viets hatten keinerlei Interesse, sich in Kämpfe einzulassen, solange man nicht versuchte, sie aus ihren Stellungen zu vertreiben. Sie wußten natürlich nicht, daß zwei französische Stützpunkte zurückblieben und mußten annehmen, daß sie in wenigen Stunden alleinige Herren der Stadt sein würden. Die Viets meinten, sie seien im Begriff, ohne das geringste Risiko einen Sieg davonzutragen.
Die Zivilisten und Verwundeten wurden in die Boote gepfercht, die sich in schneller Folge am Landesteg der Spinnerei ablösten. Hier und im Zentralhof der Fabrik warteten ganze Familien auf ihren Abtransport. Ihre verängstigten Gesichter trugen immer noch die Spuren des Schreckens, aber es gab weder Panik noch Nervosität. Diese Menschen gehorchten mit blindem Vertrauen denen, die gerade ihre Befreiung erkämpft hatten.
Im Morgengrauen des 7. Januar verließ das letzte L.C.T. ohne Zwischenfall Nam-Dinh. Die Legionäre hatten achtundvierzig Stunden lang nicht geschlafen und es waren total erschöpfte, verdreckte Männer, die hier zurückblieben – von der Außenwelt abgeschnitten und von einem zehnfach überlegenen Feind eingeschlossen.

7.

Die erste Sorge der belagerten Legionäre war es, ihre Toten zu begraben. Vor versammelter Mannschaft verlas sergent-chef Osling mit erhobener Stimme die Verlustliste:
»Gefallen: Die Unteroffiziere Boer und Monnier, caporal-chef

Buckowski, die Legionäre Napiera, Steck, Volinsky, Chassagne und Bruges.

»Verwundet; schwer: Die Unteroffiziere Caussade und Vaffel.

»Leicht: Sous-lieutenant Landel und die Legionäre Inbach und Cinoli.

»Zurückgeschafft: Die sergents-chefs Ponticaccia und Maniquet, caporal Boulinguez, die Legionäre Broesse, Hisler, Wolff, Swinzikowski, Heler und Rabke.«

Acht Gräber wurden in einem improvisierten Friedhof nahe dem Kanalufer ausgehoben. Ein Zug präsentierte das Gewehr. Der Trompeter blies ein Signal; Osling sprach ein paar konventionelle, aber zu Herzen gehende Worte.

Das Leben von sergent-chef Karl Osling verdient, erzählt zu werden. Als einziger Sohn eines Militärarztes und einer Ärztin, beide Deutsche, kam er 1910 in Stuttgart zur Welt. Fünf Jahre später fiel sein Vater im Krieg.

Gleich nach Kriegsende heiratete Frau Dr. Osling einen französischen Chirurgen und der kleine Karl ging von nun an in Frankreich zur Schule. Ab 1929 studierte er in Paris Medizin und heiratete kurz darauf–knapp zwanzig Jahre alt–eine Kommilitonin, Françoise Simond, Tochter eines jüdischen Zahnarztes[6]. Ein Jahr darauf bekamen sie einen Sohn, Pierre Osling. Aber Karl Osling hatte nie auf seine deutsche Staatsangehörigkeit verzichtet und sich, obwohl er weiter in Frankreich studierte, für den aufkommenden Nationalsozialismus begeistert.

Im Jahre 1932 starb seine Mutter an Tuberkulose. Ihr viel älterer Ehemann überlebte sie nur um einige Monate. Dr. Simond unterstützte von nun an Schwiegersohn und Tochter, um ihnen die Fortsetzung ihres Studiums zu ermöglichen. Die jungen Oslings und der kleine Pierre bewohnten zusammen mit dem jüdischen Zahnarzt ein Appartement am Boulevard Voltaire. 1936 promovierte Karl zum Dr. med. Aber die häusliche Situation war unhaltbar geworden; Karl und Françoise ließen sich scheiden.

Während der fünfjährige Pierre in der Obhut seiner Mutter blieb,

---

[6] Osling ist der Legionsname des Unteroffiziers. Auch der Name Simond ist nicht authentisch.

ging Karl Osling nach Deutschland, wo er kurz darauf Truppenarzt wurde. Den ganzen Krieg über quälte ihn ein Gewissenskonflikt: Er war ohne Nachricht von dem jüdischen Zahnarzt, der sein Studium bezahlt hatte, von seiner geschiedenen, jüdischen Frau und von seinem halbjüdischen Sohn, nach dem er während der Besetzung Frankreichs heimlich und vergeblich gesucht hatte.

Im Frühsommer 1944, in der Toskana, hatte es der Stabsarzt Osling nicht mehr aushalten können. Er desertierte und es gelang ihm, bei der 13. Demi-Brigade der Fremdenlegion einzutreten, der es an Sanitätern und Dolmetschern mangelte. Mit der Legion nahm er an der Landung in Südfrankreich teil und erhielt die Unteroffizierstressen sowie mehrere Auszeichnungen.

Kurz vor der Versetzung nach Indochina versuchte Osling während eines Urlaubs nochmals, etwas über seinen Sohn zu erfahren. Er suchte die zahnärztliche Praxis am Boulevard Voltaire auf und fand dort zu seiner Verblüffung seine frühere Frau, seinen Ex-Schwiegervater und seinen nun vierzehnjährigen Sohn. Françoise Simond hatte kurz vor dem Krieg wieder geheiratet. Ihrem Mann war es gelungen, die Simonds und den kleinen Pierre Osling während der Besetzung versteckt zu halten. Alle hatten Karl für tot gehalten und nicht mehr an ihn gedacht. Der alte jüdische Zahnarzt beschimpfte seinen Ex-Schwiegersohn und warf ihn vor den Augen seines Sohnes aus dem Hause. Der Legionär machte sich wieder auf den Weg nach Marseille, um sich beim 3. Étranger, seinem neuen Regiment, zu melden.

Seitdem schrieb er seinem Sohn jede Woche, ohne eine Antwort zu bekommen und lebte nur in der Hoffnung, ihn eines Tages wiederzusehen.

Karl Osling war jetzt siebenunddreißig Jahre alt. Er war übergroß und wäre wahrscheinlich mager gewesen, wenn er nicht seine Muskulatur mit äußerster Gewissenhaftigkeit im Training gehalten hätte. Die kurz geschorenen Haare waren seit Jahren schlohweiß, und nur eine lange Narbe auf der linken Wange verunstaltete seine regelmäßigen Gesichtszüge. Die Lebhaftigkeit seiner grauen Augen kontrastierte mit einem ständig melancholischen Gesichtsausdruck.

Gegen 14 Uhr ging Osling mit großen Schritten zu dem in der Elektrizitätszentrale untergebrachten Posten Jung.

Ein jüdisches Ehepaar, Michel und Salah Sannanès, war mit den belagerten Legionären zurückgeblieben. Salah hatte nur noch wenige Augenblicke zu leben. Vier Tage zuvor von Granatsplittern schwer verletzt, rang sie mit dem Tode und war für nicht transportfähig erklärt worden. Michel hatte es abgelehnt, seine Gefährtin zu verlassen. Seit drei Jahren lebten sie in Nam-Dinh, er als Volksschullehrer, sie gab Musikunterricht.

Osling betrat die improvisierte Krankenstube, in der die Unglückliche auf einem Feldbett lag; ihr Mann saß neben ihr auf einem Hokker, hielt ihre Hand und bemühte sich, seine Bewegung zu verbergen. Eine Viertelstunde später konnte der sergent-chef nur noch ihren Tod feststellen. Ein neuntes Grab wurde am Fluß ausgehoben und Salah Sannanès in der Abenddämmerung darin beigesetzt.

Nach der kurzen Zeremonie nahm der ehemalige Wehrmachtsarzt den kleinen jüdischen Lehrer väterlich um die Schulter und führte ihn vom Grabe weg. Um ihn nicht allein zu lassen, schlug er ihm ein Feldbett in dem Zimmer auf, das er mit sergent Leroy teilen sollte.

Und dann begann die Belagerung.

Der Stützpunkt setzte sich aus zahlreichen, über ein größeres Gelände verteilten Gebäuden der Spinnerei zusammen. Die Umfassungsmauer der Fabrik bot nur ungenügenden Schutz, aber die Legionäre hatten mehrere Wohngebäude in regelrechte Blockhäuser verwandelt, deren Kreuzfeuer jede feindliche Annäherung unmöglich machte.

Dagegen erwies sich das Verlassen des Lagers als tödlich. Die vorgesehene tägliche Verbindung mit der in der Bank verschanzten Coloniale-Kompanie führte zum Tod von vier Legionären und mußte aufgegeben werden. Nur der Funkkontakt verband noch die Eingeschlossenen.

Die Legionäre gewöhnten sich jedoch an ihr neues Leben. Die Gebäude, in denen sie Tag und Nacht auf Draht sein mußten, waren kühl; es mangelte nicht an Bier und Tabak und man konnte sich, ohne viel zu riskieren, zum Fischen ans Kanalufer wagen. Noch ein anderer Faktor machte die Einschließung erträglich: Während die Garnison eingeschifft wurde, hatten drei französische Prostituierte sergent-chef Osling ihren Fall vorgetragen.

»Verstehst du, mein Kleiner«, hatte Therese, eine dicke Savoyardin erklärt, »für uns könnte das die Chance sein, genügend Kohlen für die Rückkehr nach Frankreich zu sammeln. Wenn wir bei euch bleiben, wird man uns als vermißt abschreiben und wir könnten der Organisation entwischen, die uns ausnimmt.«

Osling war die Zukunft dieser Damen völlig gleichgültig, aber er dachte an seine Legionäre. Natürlich würde die Anwesenheit von drei Huren in dem Stützpunkt eine Quelle für Reibereien werden. Aber die Vorteile überwogen und er nahm es auf seine Kappe, den Mädchen die Erlaubnis zum Bleiben zu geben. Er hatte sich nicht getäuscht. Therese, Yvonne und Sonja hoben bei allen die Moral, mehr durch ihre Gegenwart, ihre gleichmäßig gute Laune und durch ihre Spöttereien, als durch die eigentliche Ausübung ihres »Berufes.«

Allerdings waren sie keineswegs arbeitslos.

Das wurde Osling nur zu klar, als ihn Therese, die Sprecherin des Trios, um eine Rücksprache bat.

– Was willst du? Ich habe keine Zeit zu verlieren, erklärte er trokken.

– Also es ist Folgendes, mein Kleiner, die Männer sind pleite.

– Wieso denn?

– Tja, das ist doch ganz leicht zu verstehen, vor einer Woche, als sie ankamen, hatten sie alle etwas Kies, jetzt haben sie keinen mehr.

Osling lachte herzlich:

– Da man Geld im Posten nur bei euch Dreien loswerden kann, muß ich daraus schließen, daß das ganze Geld von rund hundert Mann innerhalb einer Woche in eure Handtaschen geflossen ist. Bravo, ihr seid nicht faul.

– Nu übertreib' mal nicht, mein Kleiner, unter deinen Helden sind fast ein Dutzend Hundertfünfundsiebziger!

– Vier, und die kenne ich, unterbrach Osling; was erwartest du von mir?

– Will ich dir sagen: Yvonne, Sonja und ich, wir wären bereit, auf Kredit zu arbeiten, wenn du was Sicheres findest, wie wir nachher zu unserm Geld kommen.

– Jetzt hör' aber auf, bei dir piept's wohl? Glaubst du vielleicht ich lege eine Buchhaltung an, wie oft meine Männer mit dem dritten Bein schlenkern? Für was hältst du mich eigentlich? Arrangiert euch selbst mit ihnen! Wenn ihr ihnen Kredit geben wollt, bitte, das geht mich nichts an; sie werden euch in Haiphong auszahlen, wenn sie ihren Sold kriegen.

68

–Du machst wohl Witze, sergent! Siehst du uns vielleicht mit Schuldscheinen hinter deinen Legionären herrennen? Da wären wir schön angeschmiert. Nichts zu machen! Entweder, du findest etwas, was uns unser Geld garantiert oder, sehr einfach: Es wird nicht mehr gebimst....

Woraufhin Therese, ganz Würde und Entschlossenheit, auf dem Absatz kehrtmachte und verschwand. Osling blieb nachdenklich und beunruhigt zurück. Wenn die Mädchen sich wirklich verweigern sollten, konnte das übel ausgehen.

Einige Stunden später entwickelte der Unteroffizier lieutenant Mulsant einen Plan, dem dieser–froh über die Abwechslung–seine Zustimmung gab.

Osling hatte einen Stoß Etiketts der Baumwollmanufaktur von Nam-Dinh gefunden. Eine kurze Untersuchung ergab, daß davon keine weiteren im Stützpunkt existierten. Osling setzte den Wert der Etiketts auf je zwanzig Piaster fest und gab sie an interessierte Legionäre aus; der auf ihren Sold bewilligte Vorschuß wurde notiert.

Gegen Vorlage der Etiketts konnten sich die Mädchen nach dem Ende der Belagerung bei ihm auszahlen lassen. (In Sidi-Bel-Abbès gab es das gleiche System als ständige Einrichtung: Die Legionäre konnten Zink-Jetons kaufen, die im Garnisonsbordell als Zahlungsmittel angenommen wurden.)

Die Etiketts hatten noch einen weiteren Vorteil: sie dienten beim Kartenspiel und beim Würfeln. Ein sonderbarer Handel blühte auf, Armbanduhren wechselten den Besitzer, manchmal wurde der Wachdienst ausgetauscht, einige verzichteten auf Tabak oder Bier. Aber die Grundwährung blieben immer die kurzen Minuten, die man den Damen abkaufen konnte, bei denen sich die Etiketts natürlich häuften.

Die Zeit verging.

Jeden Tag gab es Beschuß–ein paar Salven aus automatischen Waffen und einige Werfergranaten richteten sich gegen den Stützpunkt. Aber Vorsicht und Technik der Legionäre machten diese Unternehmungen der Viets unwirksam und nutzlos.

Der wirkliche Feind war Müßiggang und Langeweile. Offiziere und Unteroffiziere konnten zwar die Männer beschäftigen, aber es war schwierig, sie für im Grunde nutzlose Tätigkeiten zu interessieren.

Eine unerwartete Freundschaft entwickelte sich zwischen Osling und Sannanès.

Für die Legionäre war es bald ein gewohntes Bild, den großen Deutschen und den kleinen jüdischen Lehrer zusammen zu sehen: Sie gingen die paar Meter zum Steg, setzten sich auf die Uferböschung, schauten aufs Wasser und unterhielten sich. Bei einem dieser Gespräche entwickelte Osling folgende Idee:

– Heute nacht habe ich über etwas nachgedacht. Sie hatten doch eine Klasse, die Sie für die Aufnahmeprüfung zur höheren Schule vorbereiteten?

– Ja, das stimmt. Ich hatte sogar in Nam-Dinh vielversprechende Erfolge.

– Ich könnte Mulsant um die Erlaubnis bitten, einen Französisch-Kurs für die Legionäre einzurichten, die gerne Gefreite werden wollen. Würden Sie diese Aufgabe übernehmen?

Der unscheinbare kleine Jude sah Osling überrascht an.

– Sie meinen das doch nicht im Ernst! Sehen Sie mich nur an. Ich habe ja schon Schwierigkeiten, mich als Lehrer bei zehnjährigen Kindern durchzusetzen. Und Sie sehen mich vor Ihrer Horde von Riesen?

– Ich sehe Sie nicht nur, ich bin sogar überzeugt, daß Ihre Autorität respektiert werden wird, zumal wenn ich dabei bin.

– Glauben Sie wirklich, daß es diesen Männern unter den gegenwärtigen Umständen nach lernen zumute ist?

– Was denn für Umstände? Die drei oder vier Werfergranaten pro Tag machen ihnen doch nichts aus. Im Gegenteil, sie brauchen alle eine Ablenkung und die können wir ihnen bieten.

Obwohl skeptisch, war Sannanès bereit, den Versuch zu wagen. Er gelang über alle Erwartungen gut.

Sechsundzwanzig Legionäre, darunter rund zwanzig Deutsche, wurden Schüler des jüdischen Lehrers. Man hatte eine Schultafel und

Kreide aufgetrieben und zur allgemeinen Überraschung zeigten sich die Legionäre vom ersten Tag an aufmerksam und diszipliniert.

Osling und Sannanès wurden sich sehr schnell des von ihnen hervorgerufenen Phänomens bewußt. Die Männer waren nicht nur lernbegierig, sondern auch entzückt, sich in eine Atmosphäre versetzt zu sehen, die sie an ihre Kindheit erinnerte.

Zuerst schüchtern, gewann der kleine Lehrer rasch Selbstvertrauen und fing an, alle Register zu ziehen, mit denen man eine Klasse von Schulbuben bei der Stange hält. Der Kurs hatte bald seine Leuchten und seine Schlußlichter; beide behandelte Sannanès mit viel Sinn für Humor. Berühmtheit erlangte die dem Legionär Schneider auferlegte Strafarbeit; er mußte fünfzigmal den Satz schreiben: »Ich lenke meine Kameraden ab, wenn ich während des Unterrichts mit meinen Handgranaten spiele.« Und das Bild der sechsundzwanzig Legionäre, die in braver Schülerhaltung Fabeln von La Fontaine im Chor aufsagten, blieb den Überlebenden von Nam-Dinh unvergeßlich.

8.

Während seine Kompanie in Nam-Dinh eingeschlossen war, setzte lieutenant Mattei seine Entlassung aus dem Lazarett in Saigon durch und lehnte Genesungsurlaub rundweg ab. Er nahm das erste verfügbare Flugzeug nach Hanoi, in der Hoffnung, wieder zu seinen Männern zu kommen. Zu seiner Erbitterung erfuhr er, daß sein Plan undurchführbar war und daß ihm nichts anderes übrig blieb, als in der Etappe die Entwicklung der Ereignisse abzuwarten. Wütend über die erzwungene Untätigkeit, verbrachte lieutenant Mattei seit Beginn der zweiten Januarhälfte seine Nachmittage auf dem Flugfeld von Hoan-Long, wo die Proviant- und Munitionsabwürfe für die Spinnerei zusammengestellt wurden. Mattei nahm die Gewohnheit an, sich über Funk mit Mulsant oder de Franclieu zu unterhalten und versuchte, sich auf der Karte die Lage seiner Männer zu vergegenwärtigen. Um noch mehr Klarheit zu erhalten, erreichte er es nach einigen Tagen, daß ihn Fliegerleutnant Francis Lecocq als Passagier in der Versorgungsmaschine mitnahm.

Die Maschine war eine alte, asthmatische Junkers aus der Erbmasse der Luftwaffe. Ihr großer Aluminiumrumpf schien den äußersten Abnutzungsgrad erreicht zu haben. Die breiten Flügel waren dem Gewicht der Motoren kaum mehr gewachsen. Einschußlöcher zeugten von Angriffen älteren oder jüngeren Datums.

Vergnügt erklärte Lecocq dem Legionsoffizier:

–Die Viets haben uns ein prima Geschenk gemacht. Vor zwei Wochen haben wir in der Mitte des Bodens in Türhöhe eine Gewehrkugel abgekriegt. Das Loch dient uns jetzt als Ausguck für Abwürfe ohne Fallschirm; auf diese Weise zielen wir viel genauer.

Sechs Mann flogen mit: Lecocq als Pilot, Mattei, ein Funker, ein Navigator und zwei Abwurfschützen.

Das Anlassen der drei Motoren dauerte eine gute Viertelstunde. Bei jedem bedurfte es mehrerer Versuche, und sie reagierten alle drei mit denselben Schwierigkeiten: einige Sekunden drehte sich der Propeller nur zögernd, dann brach ein ohrenbetäubender Lärm los, und dicker, schwarzer Qualm drang aus allen Fugen der Motorhaube. Als die Maschine schließlich ihren Standlauf machte, vibrierte sie dermaßen, daß Mattei sich fragte, ob sie nicht auf dem Rollfeld zusammenbrechen werde. Der Gestank von verbranntem Öl erfüllte die Kabine, aber lieutenant Lecocq schien mit dem Resultat zufrieden. Nach Fliegermanier hob er den Daumen, und zwei Mann zogen die Bremsklötze weg.

Die alte Kiste donnerte über die Startbahn, beschleunigte mit infernalischem Gepolter und hob schließlich schwerfällig vom Boden ab. Im Hinblick auf die Abwürfe hatte man die Kabinentür entfernt, und ein heftiger Zugwind zwang die Männer, sich festzuhalten oder angeschnallt zu bleiben.

Bis Nam-Dinh war die Strecke einfach, man brauchte nur dem Roten Fluß zu folgen, der sich durch den Wald schlängelte. Zwanzig Minuten nach dem Start war die Junkers über der Spinnerei und flog eine Schleife, um an Höhe zu verlieren. Während die Maschine erneut auf den Abwurfpunkt einkurvte, hatten die zwei Abwurfschützen nahe der Türöffnung einen 50-Kilo-Behälter deponiert. Einer legte sich platt auf den Bauch, das Auge gegen das »geschenkte« Guckloch gepreßt. Der andere saß neben ihm auf dem Boden, die Beine angezogen, die Füße gegen den abzuwerfenden Behälter gestemmt. Sein Oberkörper ruhte auf den Armen, seine Hände lagen flach auf dem Boden. Der Beobachter hielt ihn am Handgelenk.

Neugierig verfolgte Mattei das Manöver. Senkrecht über dem Zielkreuz angekommen, drückte der Beobachter auf das Handgelenk seines Kameraden. Dieser streckte ruckartig die Beine aus und stieß sie gegen den Behälter, der zur Tür hinausflog. Mattei verfolgte seinen Fall durch ein Kabinenfenster: mit erstaunlicher Präzision fiel er mitten in den Spinnereihof.

Die Operation wurde dreimal wiederholt. Jedesmal nahm die Maschine ihren Anflug über den Fluß; sofort nach dem Abwurf drehte sie über den Flügel ab. Auf diese Weise war sie für die Gewehre und

MG's der Viets schlecht zu erreichen; dennoch eröffneten sie immer wieder das Feuer.

Nach dem dritten Anflug ging die Maschine wieder höher und nahm Richtung auf Hanoi. Lecocq meldete über Funk die Erledigung des Auftrags.

Mattei, der beim Hinflug in der Kabine geblieben war, ging zu Lecocq in die Kanzel und klopfte ihm auf den Rücken. Lecocq nahm die Kopfhörer ab, ließ sie um den Hals baumeln und hielt dem Legionsoffizier das Ohr hin. Um sich verständlich zu machen, brüllte Mattei:

– Bravo! Absolute Präzision! Sie haben mich verblüfft.

– Gewohnheitssache! antwortete Lecocq.

Am Abend trafen Mattei und Lecocq bei einem Glas Bier in der Bar des Fliegerhorstes wieder zusammen.

– Das heutige Unternehmen hat mich auf eine Idee gebracht, sagte Mattei. Meiner Meinung nach müßte Ihre Zielgenauigkeit es ermöglichen, die Granatwerferstellungen um die Baumwollspinnerei herum mit Bomben zu belegen. Das würde den »Schraubstock« lockern, in dem meine Kompanie steckt.

– *Achtung, Achtung!* antwortete Lecocq auf deutsch. Ich fürchte, Sie vereinfachen das Problem. Heute nachmittag haben wir aus kaum hundert Metern Höhe abgeworfen. Das ließ sich machen, weil wir senkrecht über einer eigenen Stellung waren. Aber wenn wir die Viets angreifen wollten, müßten wir sie überfliegen und böten ihnen damit leichtes Ziel.

– Sie argumentieren zu logisch, erwiderte Mattei. Beim ersten Durchgang wären sie überrascht; beim zweiten wären sie viel zu sehr damit beschäftigt, Deckung zu suchen, als daß sie auf uns schießen könnten.

– Wie auch immer, meine Vorgesetzten würden da nie mitmachen.

– Sie wissen so gut wie ich, Lecocq, daß man eine Sache so oder so vortragen kann. Einen Einsatzbefehl kann man sich immer beschaffen, wenn man ihn haben will.

Lecocq war hin- und hergerissen. Einerseits wußte er, daß er die Erlaubnis zur Bombardierung Nam-Dinh's erbitten könnte, ohne viel Einzelheiten vorzutragen; auch lag ihm daran, dem Legionsoffizier zu zeigen, daß er sich nicht drücken wollte. Andrerseits konnte er aber nicht umhin, die Risiken einer so ungewöhnlichen Operation zu bedenken.

–Wenn wir Bomben transportieren und es erwischt uns eine Kugel an der richtigen Stelle, gibt es das schönste Feuerwerk, meinte Lecocq.
–Wenn man beim Kriegführen immer an das Schlimmste denkt, geht man besser angeln, erwiderte Mattei.
Lecocq konnte da nur zustimmen; er war vom selben Schlag wie Mattei, stets auf gewagte Aktionen aus, egal wie gefährlich.

Der Pilot brauchte achtundvierzig Stunden, um eine etwas vage formulierte Genehmigung zu erhalten. Seine Vorgesetzten hatten sich zunächst etwas bitten lassen. Aber sie gaben schließlich zu, daß er ein Unternehmen über dem Terrain, das er aus vielen geglückten Operationen durch und durch kannte, besser als sie beurteilen konnte. Nicht ohne Erstaunen (jeder wußte, daß in dieser Periode–Anfang 1947–in ganz Indochina kein Bombenflugzeug stationiert war) versprach das Munitionsdepot, Hundertkilobomben bereitzustellen. In der Morgenfrühe des 20. Januar wurden vier Bomben wie gewöhnliche Pakete an Bord der *Junkers* geschafft und ohne besondere Vorkehrungen nahe der Türöffnung abgelegt.
Über die Absichten der beiden Offiziere informiert, zeigte sich die Besatzung nicht gerade begeistert; aber bis zum Abflug hatten sie bereits Geschmack an der Sache gefunden und die damit verbundene Gefahr vergessen.
Man beschloß, daß Mattei selbst auf das Zeichen des Beobachters die Bomben mit dem Fuß hinausstoßen sollte.

Die Legionäre in der Baumwollspinnerei waren informiert worden und drängten sich möglichst weit entfernt von den Abwurfstellen zusammen, die entlang dem Kanal vorgesehen waren. Die erste Detonation ließ sämtliche Gebäude erzittern. Splitter fielen in den Hof. Osling und sergent Leroy warfen sich instinktiv auf den Bauch, während sie zusahen, wie die Junkers in der Ferne abdrehte.
Zornig machte Leroy seiner Entrüstung Luft:
–Das Ding hat kaum fünfzig Meter von uns weg eingeschlagen. Die Spinner! Die geringste Abweichung, und wir hätten den Apparat auf die Schnauze gekriegt .....

– Ist dir klar, wer sich da oben amüsiert? fragte Osling.

– Leroy starrte seinen Kameraden neugierig an.

– Erst vor einer Viertelstunde hat mir's der Leutnant gesagt: Dem Chef ist es in Hanoi zu langweilig geworden und deshalb hat er dieses kleine Fest für uns organisiert.

– Mattei? So eine Gemeinheit, der weiß wirklich nicht, was er noch alles erfinden soll .....

Hier unterbracht Osling seinen Kameraden und drückte ihm schnell den Kopf auf die Erde: Wieder kam die *Junkers* dicht über den Dächern herangebraust und warf eine weitere Bombe ab, die mitten in eine Granatwerferstellung der Viets fiel. Die beiden folgenden Bomben waren weniger wirksam, fielen aber auch in feindliches Gebiet. Die Operation war ein voller Erfolg. Dennoch wurde sie nicht wiederholt. Man scheute das Risiko: » Eine Kugel an der richtigen Stelle, und es gäbe das schönste Feuerwerk ... «

Gegen Ende Januar war es Osling, der seine Erfindungsgabe unter Beweis stellte.

Der Funker in der Bank gab eines Morgens durch, daß soeben eine Werfergranate in der Nähe des Benzindepots eingeschlagen und einen Brand verursacht habe; die einzige schwere Folge sei der Totalverlust an Zigaretten- und Tabakreserven. Die Besatzung der Bank habe nichts mehr zu rauchen und erwarte Hilfe.

Mulsant, den man unterrichtet hatte, lehnte es kategorisch ab, das Leben auch nur eines einzigen Mannes aufs Spiel zu setzen, um Tabak in die Bank zu schaffen. Dies, obwohl er Raucher war und nachempfinden konnte, welche Qualen die Bedauernswerten auf unbestimmte Zeit würden aushalten müssen. Unter den Legionären machte die Lage ihrer Kameraden schnell die Runde. Alle waren zu dem Versuch bereit, ihnen Tabak zu bringen; sie meinten, das sei nur ein Risiko wie bei andern Aktionen auch. Aber Mulsant blieb unzugänglich. Zwei Leute der Coloniale versuchten nachts - ohne Befehl - von der Bank zur Spinnerei zu gelangen. Nur einer kam durch. Der andere trat hundert Meter vor der Spinnerei auf eine Mine und wurde auf der Stelle getötet.

Mulsant verweigerte dem Überlebenden die Erlaubnis zur Rückkehr und die Situation blieb unverändert.

Am frühen Morgen meinte Osling, die Lösung gefunden zu haben. Warum nicht mit dem Granatwerfer Tabakgranaten hinüberschießen? Man brauchte sich bloß einzuschießen, indem man Ballast im Gewicht der Zigarettenpackungen verwendete. Mit den nötigen Vorbereitungen verging der ganze Tag. Das Ziel war das Dach der Bank. Gegen 18 Uhr schien es zu klappen. Mit fünf Kilo Baumwolle gefüllte Granaten trafen durchweg das Dach der Bank. Begeistert funkte die Coloniale:
–O.K. Ihr könnt den Tabak losschicken.
Von drei Zigarettengranaten kamen zwei richtig bei der Coloniale an. Ein durchaus ernsthafter Bericht über das angewandte Verfahren wurde aufgesetzt, denn den Offizieren schien es eindeutig, daß das System auch unter andern Umständen von Nutzen sein konnte.

9.

Im Morgengrauen des 22. Januar wurde der vor sich hindösende Wachtposten Bofelli durch eine von der Bank abgefeuerte gelbe Leuchtkugel aufgerüttelt. Es war 5 Uhr 30. Jeder kannte die Bedeutung dieses Signals: Die Coloniale verlangte sofortigen Funkkontakt. Ohne seinen Posten zu verlassen, weckte Bofelli einen der drei Legionäre, die im Wachlokal schliefen.
–Raymond, sag' dem Funker, die von der Coloniale wollen Kontakt.
Raymond war sofort wach; er tauchte den Kopf in einen Eimer Wasser, streifte Hemd und Hose über und verließ schlurfend den Raum. Das Funkgerät war im Zentralgebäude untergebracht. Trotz der Enge des Raumes schliefen hier umschichtig zwei Techniker. Bei Raymond's Erscheinen waren sie gerade dabei, sich Tee zu machen.

–Die Coloniale hat gerade eine gelbe Leuchtkugel abgeschossen, gab Raymond bekannt. Ihr müßt auf Empfang gehen.
Einer der Funker setzte sich ans Gerät, betätigte einen kleinen Bakelithebel und begann mit der üblichen Litanei:
–»Onkel Tom« ruft »Bankier« - »Onkel Tom« ruft »Bankier« - bitte kommen.
Der Funker ließ den Sprechhebel los, den er durch Druck auf den

Handgriff des Mikrophons betätigt hatte, und wartete auf die Antwort, die nicht kam. Gleichgültig zündete er sich mit dem Feuerzeug eine Zigarette an und begann erneut sein monotones »Onkel Tom« ruft »Bankier« - »Onkel Tom« ruft »Bankier« - bitte kommen.
Dieses Mal antwortete die Coloniale. Die Verbindung war schlecht wie jedes Mal, wenn nicht vom Dach der Bank gesendet wurde.
– Hier »Bankier«. Ich höre euch 3 bis 5. Wie hört Ihr mich?
– Ich höre euch auch 3 bis 5. Bitte kommen.
Jetzt meldete sich eine funkungewohnte Stimme:
– Hier Sanitätsobergefreiter Leroyer. Wir haben zwei Kranke, die uns Sorge machen. Ihr habt doch scheint's einen Arzt. Könnt ihr mich mit ihm verbinden? Bitte kommen.
Die drei Männer schauten sich fragend an. Das überstieg ihre Zuständigkeit. Der diensttuende Funker ergriff die Initiative.
– Es ist 5 Uhr 50. Nehmt um 6 Uhr wieder Kontakt auf. Wir wollen mal sehen.
– Haben wir einen Medizinmann hier? fragte Raymond.
– Aber gewiß doch, mein Freund, antwortete der zweite Funker. Das Dumme ist nur, daß er nichts von der Medizin hören will.
Drei Minuten später machte der Funker in vorschriftsmäßiger Haltung bei lieutenant de Franclieu Meldung.
– Wecken Sie Osling, antwortete Franclieu schlaftrunken. Wenn er protestiert, sagen Sie ihm, es sei ein Befehl. Ich komme auch.
Osling schimpfte, aber er gehorchte.
Als er in der Funkerbude ankam, war es genau 6 Uhr und der Kontakt bereits hergestellt. Osling nahm das Mikrophon und begann:
Hier sergent-chef Osling, der Empfang ist gut. Bitte kommen.
Osling warf einen Blick auf die drei Männer, die ihn erwartungsvoll anstarrten. Lieutenant de Franclieu war gerade eingetreten. Seine schlechte Laune kaum verbergend, antwortete Osling schließlich:
– Ich bin Arzt. Bitte kommen.
– Ach Verzeihung, Herr Stabsarzt, ich hatte falsch verstanden, begann der Sanitäter. Es ist so: Hier sind zwei Leute, die seit gestern abend kotzen und behaupten, sie hätten nicht heimlich was gegessen; und dann sagen sie, es täte ihnen überall weh.
– Hören Sie, antwortete Osling, ohne sie zu sehen, kann ich nichts sagen. Haben Sie keine anderen Symptome festgestellt?

– Nein, Herr Stabsarzt. Sie spucken, das ist alles.

– Hören Sie auf, mich Stabsarzt zu nennen, verdammt nochmal, brüllte Osling außer sich. Sehen Sie sich die Kerle genau an, nehmen Sie die Temperatur und beobachten Sie sie bis 8 Uhr. Dann wird man weitersehen.

– Zu Befehl, mon capitaine, Ende, schloß der Sanitäter, verduzt über Oslings Anpfiff.

Um 8 Uhr begann der närrische Dialog von neuem.

– Es gibt was Neues, kündigte der Sanitäter an.

– Ich höre.

– Sie haben Durchmarsch.

– Das beweist nichts. Die Temperatur?

– Hat man vergessen.

Um 10 Uhr: neue Bemühungen. Bei einem dritten Soldaten traten jetzt die gleichen Symptome auf.

Den ganzen Tag über wurden die Funkkontakte stündlich fortgesetzt, ohne daß Osling sich eine Meinung bilden konnte. Schließlich, gegen 20 Uhr, kam eine Präzisierung, die ihn alarmierte.

– Es gibt was Neues, kündigte der Sanitäter an. Einer hat eine Schnauze wie ein Käse ....

– Was für eine Sorte Käse? fragte Osling. Sehen Sie es sich genau an, das ist wichtig.

– Ich habe es nicht selbst gesehen, ich übergebe an den lieutenant.

– Hier Colin, meldete sich der Offizier. Tatsächlich ist bei einem der Patienten das Gesicht pickelig gefleckt; meine Männer sprachen von Roquefort. Das trifft es ziemlich genau.

Osling überlegte einen Augenblick und fuhr dann fort, ohne lieutenant de Franclieu mit den Augen loszulassen:

– Sobald es Nacht geworden ist, werde ich versuchen, zu kommen. Wenn ich die Erlaubnis meiner Vorgesetzten erhalte.

– Ist es ernst? fragte Colin.

– Wie soll ich das wissen? Um das festzustellen, will ich ja gerade versuchen, hinüberzukommen. Ende.

Nun wandte sich Franclieu an Osling.

– Sie denken an eine bestimmte Diagnose, wenn Sie ein solches Risiko eingehen! Ich nehme an, es ist ernst?

– Bitte verstehen Sie, mon lieutenant, ich muß mit dem Schlimmsten rechnen. Das ist der Grund, warum ich beschlossen habe, mich an Ort und Stelle zu überzeugen. Lassen wir die Diagnose für später.

– Sie könnten mir wenigstens sagen, woran Sie denken, wenn Sie vom Schlimmsten sprechen.

– An nichts Bestimmtes, mon lieutenant. Wenn Sie mir erlauben, zu gehen, würde ich gerne fünf Legionäre mitnehmen, die mir auf dem Rückweg eventuell als Krankenträger dienen könnten.

Wenige Augenblicke später schwärzten sich Osling und fünf Legionäre Gesicht und Füße mit Schuhcreme und zogen schwarze Uniformteile an, die man toten Viets abgenommen hatte. Dann schlichen sie barfuß, nur mit leichten Waffen versehen, in je fünf Meter Abstand voneinander, in die Nacht hinaus. Ohne Zwischenfall erreichten sie die Bank, und Osling ließ sich sofort zu den Kranken führen. Ein Blick genügte ihm, um zu erkennen, daß er sich nicht geirrt hatte. Er murmelte zwischen den Zähnen:

– Mein Gott! Das hat gerade noch gefehlt.

Hinter ihm wartete lieutenant Colin ängstlich auf das Verdikt. Osling nahm einen der Kranken beim Handgelenk und zählte den Puls. Dann klopfte er dem Unglücklichen auf die Schulter und erklärte ihm lächelnd:

– Das bringen wir schon in Ordnung, mach' dir keine Sorgen. Ihr geht alle Drei auf Urlaub. Ihr habt Schwein, das kann man wohl sagen.

Osling drehte sich zum Leutnant um und machte ihm Zeichen, ihm zu folgen.

– Lassen Sie drei Tragbahren bereitstellen, sagte er. Die Leute müssen in die Spinnerei geschafft werden.

Sobald sie den Raum verlassen hatten, fuhr Osling fort:

– Das ist geradezu infam, mon lieutenant. Die Cholera. Man muß sie, koste es, was es wolle, nach Hanoi evakuieren und für uns alle, durch Fallschirmabwurf, Serum zur Nachimpfung heranschaffen. Ihre drei Männer sind erledigt, wenn nicht ein Wunder geschieht.

– Sie sind Ihrer Diagnose sicher?

– Kein Zweifel!

Die drei Tragbahren waren schnell entfaltet und die kleine Gruppe verschwand wieder in die Nacht hinaus. Wie beim Hinweg hatte sie das Glück, unbemerkt zu bleiben und erreichte die Spinnerei ohne Schwierigkeiten.

Mulsant und de Franclieu wurden sofort über die Lage in Kenntnis gesetzt, und der Stab in Hanoi wurde gegen 22 Uhr von der Gefahr verständigt, in der die beiden Kompanien in Nam-Dinh schwebten. Kurz nach Mitternacht kam die Antwort: Beim Morgengrauen werde man den Impfstoff über der Spinnerei abwerfen. Dagegen sei es unmöglich, eine Evakuierung der drei Kranken ins Auge zu fassen. Ein Motorboot würde im Kanal von Nam-Dinh bemerkt werden und hätte keine Chance, bis zum Landesteg der Spinnerei durchzukommen.

In dem improvisierten Aufenthaltsraum gesellten sich Mulsant, de Franclieu und Osling zu ein paar Unteroffizieren und ließen sich Bier geben. Die Neuigkeit war schon durchgesickert und hatte eine lastende Atmosphäre geschaffen, zu der die Schweigsamkeit der Offiziere nur noch beitrug. Schließlich erklärte Osling:

– Eine Woche werden die Drei wohl brauchen, bis sie krepiert sind. Aber man wird ja wohl nicht bloß zuschauen, ohne etwas zu tun.

– Medikamentös kann man hier nichts versuchen? fragte Mulsant.

– Nichts. Die Krankheit ist zu weit fortgeschritten. Selbst wenn man sie nach Hanoi evakuieren könnte, bliebe ihre Lage kritisch. Die einzige Möglichkeit wäre der Versuch, sie zum Roten Fluß zu bringen. Dort könnte die Marine sie ohne Gefahr übernehmen.

– Wie stellen Sie sich das genau vor, Osling? Präzisieren Sie.

– Sehr einfach. In ein- bis zwei Stunden kann man ein primitives Floß zusammenbasteln. Zwei Legionäre können versuchen, nachts auf dem Kanal die zwei Kilometer hinunterzufahren, die uns vom Fluß trennen. Bei Morgengrauen wären sie an der Kanalmündung und könnten mit einem von Hung-Yen auslaufenden Schnellboot zusammentreffen.

– Damit würde man das Leben von zwei Männern riskieren, um drei zu retten, konstatiert Mulsant.

– Etwas scheinen Sie nicht zu bedenken, mon lieutenant: Der Todeskampf der drei Cholerakranken würde in der Kompanie nicht unbemerkt bleiben. Das würde eine Psychose schaffen: die Legionäre würden vermeintliche Symptome bei sich entdecken und glauben, sie seien angesteckt worden. Die Moral des ganzen Lagers wäre bedroht. Ich habe derartige Situationen kennengelernt. Ich möchte sie nicht noch einmel erleben.

– Gut, entschied Mulsant. Sie haben sicher recht. Organisieren Sie den Abtransport nach Ihren Vorstellungen.

Osling ließ sein Bier im Stich, stürzte in den Funkraum und alarmierte Hung-Yen. Im Kopf hatte er überschlagen: Zwei Stunden für den Bau des Floßes. Wenn alles glatt ging, müßten bei Berücksichtigung der Strömung zwei weitere Stunden genügen, um das Floß an die Kanalmündung zu bringen. Bei Arbeitsbeginn um Mitternacht könnte man den Kontakt auf 4 Uhr 30, also vor Tagesanbruch, festsetzen.

Hung-Yen antwortete, ein L.C.T. könne pünktlich um 4 Uhr 30 am Treffpunkt in der Mitte des Roten Flusses sein; es werde bis Tagesanbruch auf das Floß warten.

Osling ging die sechs Mann wecken, die er für den Bau des Floßes vorgesehen hatte. Unter ihnen waren ein Zimmermann und zwei Seeleute. An Material mangelte es nicht und das kleine Team brauchte nicht einmal die vorgesehenen zwei Stunden, um ein Floß herzustellen, das an den Enden der drei Verstrebungen durch sechs Kanister stabilisiert war.

Blieben noch die zwei Legionäre auszuwählen, die die Kranken begleiten sollten. Die beiden an der Arbeit beteiligten Seeleute meldeten sich freiwillig, aber einen von ihnen schied Osling aus, weil er ein Dienstgrad war. Der andere, Felix Baucher, ein Belgier aus Antwerpen, wurde akzeptiert; er durfte seinen Begleiter selbst vorschlagen.

– Emil Roux. Wissen Sie, chef, der kleine Bretone aus dem Zug Jung. Er wiegt nicht viel, aber er hat in Audierne schon beim Kabeljaufang mitgemacht ..... und außerdem, ich mag ihn, fügte er nachdenklich hinzu.

Osling verstand. Das war so, als habe Baucher erklärt: »Mit dem zusammen krepiere ich lieber als mit einem anderen.«

– Gut. Geh' ihn wecken, sagte er einfach.

Kurz vor zwei Uhr früh wurde das Fahrzeug vom Landesteg aus zu Wasser gelassen. Die drei Schwerkranken wurden in der Bootsmitte auf Luftmatratzen gelagert. Sie begriffen das Unternehmen der Legionäre nicht recht, hatten aber nicht die Kraft zu irgendeiner Reaktion. Man hatte ihnen nur empfohlen, sich ruhig zu verhalten und auf keinen Fall zu stöhnen.

Glücklicherweise war es stockdunkel. Die Männer, die halfen, das Floß zu Wasser zu lassen und die Kranken darauf zu betten, hatten kein Wort gesprochen. Das Fahrzeug erreichte die Kanalmitte, ohne die Aufmerksamkeit des Feindes auf sich zu ziehen.

Das Floß glitt gut; nur gelegentlich gab Baucher am vorderen Ende einen Paddelschlag und überließ es im übrigen der Strömung, sie lautlos voranzubringen. Hinten machte Roux den Steuermann. Er bemühte sich, in der Kanalmitte zu bleiben, wobei er die Ufer mehr ahnte als sah.

Die beiden Legionäre hatten das Gesäß im Wasser, während die Kranken dank ihren Luftmatratzen im Trockenen lagen. Nach einer halben Stunde bemerkte Baucher auf dem rechten Ufer ein Feuer, das seinen Schein aufs Wasser warf. Er drehte sich zu Roux herum. Der murmelte nur:

– Gesehen. Wird umfahren.

Ohne die Gefahr zu ahnen, fing einer der Kranken zu stöhnen an und verlangte nach Wasser. Roux preßte ihm die Hand auf den Mund, beugte sich über ihn und flüsterte ihm ins Ohr:

– Schnauze, kapiert? Schnauze, oder ich schmeiß' dich ins Wasser. Dann machte er ein Taschentuch naß und drückte es dem Sterbenden auf den Mund.

In Höhe des Feuers erkannten sie die Silhouetten von Viets. Auf ungefähr hundert Meter glitt das Floß am andern Ufer entlang, dann gewann es lautlos wieder die Kanalmitte. Die Fahrt verlief ohne Zwischenfall, aber die Zeit verging und es brach schon die Dämmerung an, als Baucher feststellte, daß der Kanal sich verbreiterte. Nach weiteren zehn Minuten konnten die Legionäre im frühen Morgenlicht die Einmündung in den Roten Fluß genau ausmachen. In der Mitte des Flusses erwartete sie das Marinefahrzeug. Nun änderten sie ihre Taktik und begannen, mit aller Kraft zu paddeln.

Das L.C.T. wurde vor ihnen entdeckt und vom Ufer her mit automatischen Waffen beschossen. Den Matrosen konnte auf diese Entfernung nicht viel passieren, aber es war klar, daß das Floß nicht zu ihnen gelangen konnte. Oberleutnant zur See Legouhy traf nun die Entscheidung, die ihm eine Arreststrafe einbringen sollte. Wider seinen ausdrücklichen Befehl fuhr er dem Floß entgegen und exponierte so sein Schiff in gefährlicher Weise. Er erreichte das Floß in wenigen Minuten, aber die Übernahme der Kranken mußte unter intensivem Beschuß durchgeführt werden. Diese blieben unverletzt, aber

Baucher erhielt einen Kopfschuß und versank augenblicklich in dem sumpfigen Wasser. Einer der Seeleute wurde schwer verletzt, was die Sache des Oberleutnants noch verschlimmerte. Schließlich entfernte sich das L.C.T.; in seinem Kielwasser schaukelte das leere Floß.

Roux stand an Bord des L.C.T., die Hände auf dem Rücken. Er dankte dem Offizier kurz. Dieser schüttelte den Kopf und sagte:

– Sie haben sich gut zu helfen gewußt, sind Sie Seemann?

– Ich bin aus Audierne.

– Aha, und Ihr Kamerad?

– Er war aus Antwerpen.

– Pech gehabt. Tut mir sehr leid, mein Lieber.

Einer der drei Kranken starb vor der Ankunft in Hung-Yen. Die beiden andern überlebten.

Zum Ausgleich für den Tadel, den Oberleutnant zur See Legouhy von seinen Vorgesetzten erhielt, ernannte ihn das 3. Étranger zum Legionär ehrenhalber.

Am Morgen des 23. Januar wurde der Impfstoff über der Spinnerei abgeworfen. Beim Transport der für die Bank bestimmten Ampullen verlor die dazu eingesetzte Patrouille einen Mann. Dann setzte die Monotonie der Belagerung wieder ein.

Die beiden Kompanien in Nam-Dinh schlugen alle Viet-Angriffe zurück, bis sie am 13. März durch wesentlich stärkere Kräfte abgelöst wurden. Die Belagerung hatte die 4. Kompanie des 3. Étranger zwanzig Tote und ungefähr ebensoviele Verletzte gekostet.

Die Legion hatte die Spinnerei zwei Monate und sechs Tage gehalten.

10.

Nach der Belagerung von Nam-Dinh übernahm lieutenant Antoine Mattei wieder das Kommando der 4. Kompanie. Er sollte während dieser Periode des Indochina-Krieges zu einer wahrhaft legendären Figur werden. General Gaultier sagte über ihn:
– Er ist einer von jenen Soldaten, die von allen höheren Offizieren gefürchtet und bewundert werden. Stur wie ein Maulesel, beispiellos tapfer und ein blinder Draufgänger. Dabei hat er unverschämtes Glück.....Aber führen Sie ihn nicht als typischen Legionsoffizier an! Er war ein undisziplinierter Bandenführer, der eine Art Privatkrieg führte und nur tat, was ihm in den Kopf kam; die Befehle, die er empfing, betrachtete er als harmlose Hirngespinste des Oberkommandos. Wäre er nicht bei der Legion gewesen, hätte man ihn vor's Kriegsgericht gebracht.
Als ich General Gaultier im Verlauf unsrer Unterhaltung etwas später fragte, welchen Offizier er wegen seiner Führung im Indochinakrieg am meisten bewundert habe, antwortete er ohne Zögern:
– Mattei, selbstverständlich.

Im Mai 1947 versuchte lieutenant Mattei mehr und mehr, seine Kompanie vom Bataillon unabhängig zu machen. Der Zufall kam ihm zu Hilfe: Da die 4. Kompanie in Nam-Dinh nahezu drei Monate auf sich selbst gestellt war, hatten sich die Legionäre daran gewöhnt, nur von ihren unmittelbaren Vorgesetzten abhängig zu sein. Thu-Dien, wo sie nun vorübergehend stationiert waren, erschien ihnen als Paradies. Ein geheimnisvoller schwarzer Markt versorgte das Chinesenviertel aufs beste. Man konnte in den Straßen flanieren und in die Kneipen gehen, in denen immer ein paar Gelegenheits-Prostituierte herumsaßen; es gab sogar ein Spielkasino.
Dieser friedliche Marktflecken wurde zur Geburtsstätte einer bis dahin unbekannten militärischen Funktion. Lieutenant Mattei verordnete sich einen Leibwächter. Und was für einen Leibwächter! Adam Ickewitz, ein Ungar, war 1 m 92 groß und wog 120 Kilo. Sein animalischer Instinkt und seine Geschicklichkeit am MG, mit dem er wie mit einem leichten Karabiner jonglierte, machten ihn zu einem ge-

fährlichen Kämpfer. Wenn er betrunken war, brauchte man zehn Mann, um ihn zu bändigen, aber nüchtern war er sanft und gefühlvoll. Die Liebe, die er seinem Leutnant entgegenbrachte, kannte keine Grenzen und sein Stolz auf die ihm anvertraute Aufgabe wurde von seinen Kameraden belächelt. Indessen wurde die Gefahr eines neuen Attentats auf Mattei durch die Anwesenheit des Riesen vermindert, der mit sturer Genauigkeit alles überwachte.

Bei seiner Aufgabe stand ihm caporal Juan Fernandez, der Bursche des Leutnants, zur Seite. Spanischer Ex-Republikaner, war er im Gegensatz zu Ickewitz ein ausgesprochen heller Kopf, ein durchtriebener, trickreicher Schwindler. Ehrlich war er nur gegen Mattei und sein einziger Freund war Ickewitz; eine Freundschaft, welche lebhaft an die der beiden Helden in Steinbecks *von Mäusen und Menschen* erinnerte. Fernandez war schmächtig und dürr, aber von unglaublicher Ausdauer. Die beiden glichen sich nur in einem Punkt: ihrer Leidenschaft für den Alkohol.

Ickewitz hatte einen extrem ausgeprägten Sinn für militärische Förmlichkeiten, der besonders zum Ausdruck kam, wenn er etwas Verbotenes getan hatte oder wenn er eine Gunst erbitten wollte. Mattei fürchtete ein wenig die vorbildlichen Ehrenbezeigungen des Riesen und seine mit Stentorstimme gebrüllten Meldungen:

– Legionär Adam Ickewitz I. Bataillon, 4. Kompanie bittet um die Erlaubnis, sich besaufen zu dürfen.

Und das mit tierischem Ernst, als handle es sich um die natürlichste Sache der Welt. – Im übrigen antwortete Mattei im selben Ton: »abgelehnt« oder »genehmigt«.

Wenn der Oberleutnant von Fernandez das Versprechen erhalten hatte, während der maßlosen alkoholischen Ausschweifungen des Ungarn nüchtern zu bleiben, ging die Sache im allgemeinen ohne Zwischenfall vor sich. Aber wenn die beiden sich einen gemeinsamen Vollrausch in den Kopf gesetzt hatten, blieb Mattei nichts anderes übrig, als einen ganzen Zug zu mobilisieren und einem Unteroffizier aufzutragen, den Schaden in Grenzen zu halten.

In den letzten Märztagen kam Mattei nach einer Abwesenheit von achtundvierzig Stunden nach Thu-Dien zurück. Er war auf einer Dienstreise in Hanoi gewesen.

Vor seiner Bürotür traf er Adam Ickewitz in Ausgehuniform (Blaue Leibbinde und Epauletten) in Habachtstellung. Er starrte ihn einen Augenblick an und knurrte dann:

–Gehst du zu einer Hochzeit? Was soll der Zirkus?

Der Ungar blieb bewegungslos stehen; mit kaum geöffneten Lippen ließ er sich vernehmen:

–Mon lieutenant, Sie müssen mir in die Fresse hauen und mich einlochen.

Mattei antwortete nicht, betrat sein Büro und ließ den bewegungslosen Ungarn an der Tür zurück.

Fernandez heuchelte Überraschung. Über seinen Papierkram gebeugt, versuchte er den Eindruck zu erwecken, als habe er nicht gehört, wie der Jeep des Offiziers unter seinem Fenster anhielt.

Er sprang auf und rief:

–Was für eine Überraschung, mon lieutenant! Wir haben Sie erst gegen Abend erwartet!

–Lügner, antwortete Mattei. Du hälst mich wohl für einen Vollidioten? Ich will dir sagen, was du gemacht hast: du· hast seit Stunden mit dem Feldstecher die Anhöhe beobachtet, um die Ankunft meines Jeeps zu melden, damit dein Genosse seinen Auftritt inszenieren kann. Also hör' mit der Komödie auf und erklär' mir lieber, in welche Scheiße er jetzt schon wieder getreten ist.

Fernandez spielte den von einem Gewissenkonflikt Gequälten. Mattei stürzte auf ihn zu, packte ihn am Hemd und schrie wütend:

–Ich gebe dir zehn Sekunden.....

–In Ordnung, mon lieutenant; er hat die Moneten aus der schwarzen Kasse geschüttelt.....

Verdutzt ließ Mattei den Legionär los.

–Es waren beinahe 10 000 Piaster!

–9 300, berichtigte Fernandez.

–Was hat er damit gemacht?

–Er hat alles verspielt, im *Backouan* bei Vang.

–Du willst behaupten, er hat sich rupfen lassen wie ein Huhn? Verdammt! Das Geld der Kompanie in der Tasche dieses Kupplers! Ich glaube wirklich, ich muß diesen großen Idioten erschießen lassen.

Schüchtern versuchte Fernandez, seinen Kameraden zu entschuldigen.

–Wissen Sie, der Ickewitz, der denkt nicht viel. Gestern abend hatte er mit seinem eigenen Geld gewonnen und dann hat er gedacht, mit einer Anleihe bei unsrer Kasse könnte er die Bank des Chinesen sprengen.

– Ach! Das ist ja ganz was neues! Und du konntest ihm nicht sagen, daß dieser Halsabschneider und seine Komplizen falschspielen?

– Ich hab' erst nachträglich von dem Ganzen erfahren, mon lieutenant, das können Sie sich doch denken......

Das war sicher wahr. Fernandez hätte den Diebstahl verhindert, wenn er die Pläne seines Kameraden geahnt hätte.

Mattei verließ das Büro wie eine Rakete. Als er vorbeischoß, rief ihm Ickewitz erneut zu:

– Mon lieutenant, Sie müssen mir in die Fresse hauen und mich in Arrest stecken.

Mattei stoppte:

– Ganz gewiß nicht, Ickewitz! Typen wie dich ignoriert man, man bestraft sie noch nicht einmal. Ich bin der Schuldige, ich hätte das Geld nicht in Reichweite eines Diebes lassen dürfen. Los, verschwinde!

Mit zitternden Lippen blieb der Riese unbeweglich stehen, er suchte nach Worten, die er nicht fand. Schließlich wiederholte er eigensinnig:

– Mon lieutenant, Sie müssen mir in die Fresse hauen und mich in Arrest stecken.

Mattei machte auf dem Absatz kehrt und entfernte sich zum Hof der Kaserne. Ickewitz folgte ihm in zehn Meter Abstand. Mattei drehte sich mehrmals um; jedesmal erwies der Riese eine Ehrenbezeigung. Schließlich blieb der Oberleutnant stehen und brüllte:

– Ickewitz! Verschwinde! Das ist ein Befehl, ich will dich nicht mehr sehen! Verstanden?

Verzweifelt gehorchte der Koloß und ging mit schweren Schritten zu Fernandez ins Büro zurück.

– Er hat mich einen Dieb genannt, erklärte er beim Eintreten.

– Das erscheint mir ziemlich logisch, konstatierte Fernandez.

– Er hat mich nicht einmal zusammengeschlagen, er sagt, er will mich nicht bestrafen.

– Das ist schon schlimmer, gab Fernandez zu.

Ickewitz senkte den Kopf, dann murmelte er, als zerreiße ihm diese Einsicht das Herz:

– Es ist ganz klar, er mag mich nicht mehr!

Fernandez konnte sich ein Lächeln nicht verkneifen.

– Komm, komm, du redest wie ein sitzengelassenes Mädchen. Du wirst schon sehen, das arrangiert sich wieder.

– Wenn er sich weigert, mich zu bestrafen, arrangiert sich das nie mehr.

In der Legion zieht ein Fehler Bestrafung nach sich, die meist sofort und heftig erfolgt; Schikane gibt es dagegen nicht. Eine bestrafte Verfehlung ist erledigt, man spricht nicht mehr davon, und alles ist wieder in Ordnung. Die heutige Haltung des Leutnants zeigte deutlich, daß er nicht verzeihen wollte; Ickewitz fühlte sich deshalb völlig verwirrt.

Nach einer andern Legionsregel muß jeder Offizier über das Fachwissen eines jeden seiner Männer, gleich auf welchem Gebiet, unterrichtet sein. Breite Fächerung der Spezialkenntnisse macht eine Kompanie perfekt; das war bei der vierten der Fall.

Heute war es weder ein Zimmermann, noch ein Seemann, noch ein Flaschner, was Mattei suchte, sondern zwei Pokerbrüder, ehemalige Ganoven in ihrem jeweiligen Heimatland: Griechenland und Italien.

Seit langem hatten die Männer der 4. Kompanie auf alle Spiele verzichtet, an denen »Simon der Grieche« und »Folco der Itaker« teilnahmen. Die beiden waren dadurch genötigt, sich wechselseitig zu betrügen oder Patience zu spielen, um bis zu einem Kontakt mit anderen Einheiten nicht aus der Übung zu kommen.

Mattei fand Simon im *Petit Tonkinois*.

– Weißt du, wo Folco ist, frage er?

– Ich erwarte ihn, mon lieutenant, antwortete der Grieche, Haltung annehmend.

– Gut, wir werden zusammen auf ihn warten. Was trinkst du?

– Ein Bier, gerne, antwortete Simon aufs Geratewohl, erstaunt und beunruhigt.

– Wir drei werden ein kleines Pokerspielchen machen, sagte Mattei ruhig.

– Simon starrte den Oberleutnant an; verblüfft fragte er sich, ob der Offizier nicht plötzlich von geistiger Umnachtung befallen worden sei.

– Hör' auf, mich so anzuglotzen, bei der Geschichte soll nicht ich gerupft werden, sondern Vang! Er hat bei Ickewitz 9 000 Piaster herausgekitzelt; die will ich wiederhaben.

– Da macht der niemals mit.

– Aber ja, überlaß' das nur mir, ihn dazu zu bringen.

– Aha, ich verstehe, mon lieutenant, es wird einen Spaß geben.

– Hör' zu. Mir geht es darum, das Geld wieder zu kriegen, das der krumme Hund geklaut hat. Wenn man das korrekt machen kann, ist mir's umso lieber. Wenn euer Ruf begründet ist, habt ihr es noch nicht einmal nötig, zu betrügen; die Chinesen sind mittelmäßige Pokerspieler.

– Vang spielt jammervoll, aber er weiß es. Es wird schwer sein, ihn zu überreden.

– Das laß' nur meine Sorge sein.

Folco's Ankunft unterbrach die Unterhaltung der beiden Männer. Der Italiener wurde schnell ins Bild gesetzt. Offensichtlich begeisterte ihn die Idee des Leutnants.

Gegen 20 Uhr erschienen die drei Legionäre in der Spelunke des Chinesen. Vang war über das ungewohnte Auftauchen des Offiziers überrascht. Dennoch unterzog er sich der überhöflichen, rituellen Begrüßungszeremonie.

Mit tiefster Verbeugung, die Hände vor dem Bauch zusammengelegt, murmelte er:

– Welche Ehre, mon lieutenant, Sie in meinem bescheidenen Etablissement empfangen zu dürfen.

– Ich danke Ihnen für Ihre Begrüßung, erwiderte Mattei. Wir wollen eine Partie Poker machen und zählen auf Sie, uns einen Vierten zu finden.

– Wissen Sie, mon lieutenant, wir sind mit Ihren westlichen Spielen wenig vertraut ......

– Nicht möglich! Da haben Sie ein unverhofftes Glück, Vang! Ich habe gerade zwei Spezialisten bei mir. Sie werden sich ein Vergnügen daraus machen, Sie einzuweihen. Nur beim schmieden wird man Schmied, mein Lieber.

Dann wandte er sich an die Legionäre und fuhr fort:

– Ich habe unsern vierten Mann gefunden, Leute. Vang ist ganz scharf darauf, sich in den abendländischen Spielmethoden zu vervollkommnen.

– Nein, nein, Sie haben mich mißverstanden, mon lieutenant, ich müßte fürchten, meine Fehler würden Ihre Partie ganz uninteressant machen.

Im Hintergrund hatte sich Folco an der Bar gerade ein Glas Reisschnaps eingeschenkt. Demonstrativ ließ er die volle Flasche zu Boden fallen, wo sie zerbrach.

– Entschuldigen Sie, mon lieutenant, ich bin von erschreckender Ungeschicklichkeit.

Mattei platzte vor Lachen.

– Es ist nicht zu fassen, Folco, jedesmal, wenn man dir widerspricht, wirst du krankhaft nervös; erinnere mich daran, daß ich mit dem Stabsarzt darüber rede.

– Ich glaube, ich werde mit Ihnen spielen, sagte Vang traurig; er hatte sich von Anfang an keinen Illusionen hingegeben.

Die Partie dauerte über zehn Stunden. Es wurde absolut korrekt gespielt und Vang verlor, dank seiner übergroßen Vorsicht, jeweils nur kleine Beträge. Gegen 7 Uhr morgens hatte er dennoch über 10 000 Piaster an die drei Männer abgegeben. Nun verlor Mattei demonstrativ 700 Piaster, um die Rechnung glatt zu machen und um bei dem Chinesen jeden Zweifel über den Zweck des Unternehmens auszuräumen.

Im übrigen zeigte sich Vang als guter Verlierer. Er gratulierte seinen Mitspielern und erklärte:

– Ich wüßte gerne, mon lieutenant, was passiert wäre, wenn wunderbarer Weise ich gewonnen hätte.

– Sehr einfach, antwortete Mattei, ich hätte es gemacht wie du, ich hätte gemogelt.

Die Sonne war schon aufgegangen, als die drei Männer den Kasernenhof überquerten. Verblüfft blieben sie bei dem Anblick stehen, der sich ihnen hier bot.

Am Fuß des Fahnenmastes schien ein Kopf mit weißem Käppi auf dem Boden zu liegen. Entsetzt entdeckten Mattei und die beiden Legionäre, daß der dazugehörige Mann bis zum Kinn senkrecht eingegraben war.

– Herrgott nochmal, rief der Oberleutnant, holt mir eine Schaufel. Er war nicht weiter erstaunt, als er beim Näherkommen Ickewitz erkannte, der ihn gespannt anblickte.

– Was hast du denn jetzt wieder ausgebrütet, du verdammter Schwachkopf? grollte Mattei.

– Das ist die Bestrafung, mon lieutenant. Sie wollten mir keine geben und da hab' ich sie selbst gefunden.

– Wer ist der Narr, der dich da eingegraben hat?

– Sag' ich nicht, mon lieutenant.

– Das war ich, mon lieutenant, ich hab' geglaubt, ich mach' es recht; er hat so gebettelt!

Die Antwort kam von dem herbeilaufenden Fernandez. Mattei wußte nicht mehr, wie er sich verhalten sollte, obwohl die Situation in seinen Augen völlig klar war. Die alte Sitte, einen Mann beim Fahnenmast einzugraben und ihn – je nach Schwere seines Fehlers – zwölf oder vierundzwanzig Stunden Sonne und Regen auszusetzen, existierte schon seit über einem halben Jahrhundert nicht mehr. Diese Methode hatte einstmals zu den grausamen Traditionen der Fremdenlegion gehört und bei seinen häufigen Wutanfällen verstieg sich Mattei dazu, seine Männer damit zu bedrohen, so wie man den »Schwarzen Mann« bemüht, um die Phantasie eines Kindes zu beeindrucken. Er ging sogar soweit, zu behaupten, er bedaure die Abschaffung dieses Systems, das angeblich so wirkungsvoll und wohltätig gewesen sei.

Da hatte er nun die Folgen. In seinem Spatzenhirn hatte Ickewitz die Lösung seines Problems gefunden. Er hatte sich für seinen Fehler selbst die gräßlichste Strafe auferlegt. Also würde er Verzeihung erlangen.

– Grab' ihn aus, befahl Mattei; das weitere werde ich anordnen.

– Bitte nicht, mon lieutenant, unterbrach Ickewitz, ich will ohne zu trinken bis zum Abend bleiben.

– Seien Sie großmütig, mon lieutenant, lassen Sie ihn, sekundierte ihm Fernandez.

Plötzlich wurde sich Mattei klar, daß Ickewitz' Tat auch sein eigenes Problem gelöst hatte. Er war sehr in Verlegenheit gewesen, welche Haltung er dem Riesen gegenüber einnehmen sollte. Wenn er die von Ickewitz selbst gewählte Bestrafung akzeptierte, könnte er noch heute abend einen Strich unter die Diebstahlsaffaire ziehen: das kam ihm im Grunde sehr gelegen.

– Gut, stimmte er zu, du bleibst bis Sonnenuntergang. Ich werde den Medizinmann schicken, er soll dich jede Stunde kontrollieren, und ich erlaube dir, Wasser zu trinken, soviel du willst.

– Ich werde nichts trinken, mon lieutenant.

Gegen Mittag wurde die Sache schreckenerregend. Das aufgedunsene Gesicht des Legionärs war von Schmerz verzerrt. In endlosem Tanz umsurrten die Mücken seinen Kopf. Rund um seinen Hals zeichnete der Schweiß einen feuchten Kreis auf den Boden. Ickewitz hatte alle Versuche seiner Kameraden zurückgewiesen, ihn zum Trinken zu bringen. Er hatte auch abgelehnt, sich Eimer mit Wasser über den Kopf schütten zu lassen. Er hatte nicht mehr die Kraft, zu sprechen, aber bis zum letzten Moment schüttelte er verneinend den Kopf, wenn man ihm irgendwelche Hilfe anbot.

Gegen 16 Uhr wurde er ohnmächtig. Man grub ihn sofort aus und vier Männer trugen ihn ins Revier. Adam Ickewitz war fast neunzehn Stunden in seinem Loch geblieben; er brauchte zwei Tage, um sich zu erholen.

11.

Die berühmte Antwort: »Davon will ich nichts hören«, die man im allgemeinen den Kompaniefeldwebeln zuschreibt, ist in der Fremdenlegion nicht üblich. Statt ihrer gibt es einen Satz, den jeder Legionär im Schlaf kennt, weil er ihn unzählige Male von seinem direkten Vorgesetzten gesagt bekommen hat; es ist das klassische: »Sie sind Legionär, helfen Sie sich selber.«

Gleichgültig ob dieser Satz von einem Obergefreiten an einen Gefreiten oder von einem Oberst an einen Oberstleutnant gerichtet wird, tut man gut daran, zu wissen, daß nicht eine Antwort, sondern Nachdenken und meistens die Ausarbeitung einer sinnreichen Idee erwartet wird. Weiter sollte man wissen, daß es sich empfiehlt, nicht ertappt zu werden, sofern diese sinnreiche Idee etwas außerhalb der militärischen Moralnormen liegt. Schließlich und vor allem heißt es, den Kopf hinhalten und schweigen, wenn unglücklicherweise eine von einem Vorgesetzten suggerierte Unkorrektheit herauskommt. Die seltenen Pechvögel, die über diese Regel im Unklaren waren und konstatierten: »Aber, chef, Sie haben doch selbst gesagt: du bist Legionär, hilf dir selber«, hatten ihre Logik oft monatelang zu bereuen.

Am 1. April 1947 führte Antoine Mattei mit dem Stab in Hanoi ein Telefongespräch, das sein Gesprächspartner, commandant Laimay, mit ebendieser Formel beendete:

– Mein Bester, Sie sind Legionär, helfen Sie sich selbst....

Und doch hatte alles ganz harmlos begonnen:

Um 9 Uhr morgens war der tägliche Kontakt mit Hanoi hergestellt worden. Er beschränkte sich im allgemeinen auf den Austausch routinemäßiger Berichte und die Übermittlung zweitrangiger Befehle.

An diesem Morgen aber verlangte commandant Laimay Mattei selbst am Telefon.

–Mattei, die Aufständischen haben heute nacht einen blutigen Überfall auf Thai-Binh gemacht. Die Stadt steht in Flammen; Zivilisten müssen evakuiert werden; nach den ersten Meldungen haben sich die Viets nach ihrer Razzia wieder zurückgezogen, aber es muß dort kein schöner Anblick sein. Begeben Sie sich sofort an Ort und Stelle.

–Zu Befehl, mon commandant, Ich wußte nicht, daß in Thai-Binh Zivilisten zurückgeblieben sind.

–Das Kloster des St. Vincent-de-Paul-Ordens, rund hundert Nonnen, die offenbar davongekommen sind, mindestens zum Teil; aber die zu ihrem Schutz eingesetzte marokkanische Einheit wurde aufgerieben. Ach, und ich vergaß, dann sind da noch über hundert Kinder, die die Schwestern bei sich aufgenommen haben.

–Verstanden, mon commandant. Wir sind etwa zehn Kilometer davon entfernt und wir müssen die Straße meiden, aber ich glaube, wir können Ihre Nonnen und Ihre Kinder bis zum Abend hierherschaffen. Wie wollen Sie sie dann übernehmen? Schicken Sie mir LKW's?

–Nichts da, mein Lieber! Sie behalten sie bis auf weiteres in Thu-Dien.

–Waaas?

–Sie haben mich vollkommen richtig verstanden.

–Aber, mon commandant, wo soll ich denn die Nonnen schlafen lassen? Wir haben schon jetzt wenig Platz, und dann noch die Kinder?

–Mattei, Sie sind Legionär, oder nicht? Na also, helfen Sie sich selbst.

Der Leutnant schluckte kurz, damit hatte er ja rechnen müssen, das war selbstverständlich. Der commandant fügte noch hinzu:

–Ich hatte Gelegenheit, die Schwester Oberin in Saigon kennenzulernen. Behandeln Sie sie respektvoll; sie ist ein großes Tier, vor ihren Beziehungen würden Sie das Zittern kriegen. Ihr Ordensname ist Marie-Clotilde.

–Verstanden, mon commandant, bestätigte Mattei ziemlich verdattert.

–Ach, und dann noch was, die andern Schwestern sind annamitische Novizen, die älteste von ihnen dürfte kaum mehr als zwanzig Jahre alt sein.

Die Vorstellung, die dieser Nachsatz einen Augenblick lang bei Mattei hervorrief, war überwältigend.

–Mon commandant, aber sind Sie sich bewußt ....?

Er unterbrach sich gleich selbst.

–Ich weiß, ich weiß, mon commandant, ich bin Legionär, ich habe mir selbst zu helfen, in Ordnung. Wir setzen uns augenblicklich in Marsch, ich halte Sie über den Ablauf des Unternehmens auf dem Laufenden. *Mes respects,* mon commandant.

Von seinem Schreibtisch aus hatte Fernandez die Unterhaltung mitangehört. Er starrte auf den Leutnant, ein seliges Lächeln im Gesicht, das seine wenigen gelblichen Zähne entblößte.

–Was hast du zu grinsen wie ein Idiot, du? brüllte Mattei. Benachrichtige lieber die Zugführer, daß wir uns in einer halben Stunde auf die Socken machen und enthalte dich jeden Kommentars über das, was du gerade gehört hast.

Klauss und Bianchini waren von ihrem abgelegenen P.K. zurückgekommen. Zusammen mit Osling feierten sie das Ereignis beim Frühschoppen mit Bier. Mattei gesellte sich zu ihnen.

–Wir sollen Thai-Binh räumen, kündigte er an, Nonnen und Kinder, die wir bis auf weiteres bei uns unterbringen müssen.

–Wieviel sind es? fragte Osling.

–Etwa hundert Schwestern, hundert Waisenkinder–im Prinzip.

–Aber wohin sollen wir die stecken, mon lieutenant? erkundigte sich Klauss.

–Sie sind Legionär, helfen Sie sich selbst.

–Wir haben nicht ein überzähliges Bett, erklärte Bianchini. Da man die alten Betschwestern nicht gut auf Strohsäcken auf den Boden legen kann, müssen die Männer ausziehen, wenn ich recht verstehe?

–So ist es ungefähr, bis auf eine Kleinigkeit: Es handelt sich nicht um alte Betschwestern, sonder um zarte Jungfrauen.

Sofort ging ein Leuchten über die Gesichter von Klauss und Bianchini. Osling dagegen schaute den Leutnant bedenklich an, wie dieser von der unerwarteten Katastrophe beeindruckt.

–Es sind Gelbe, mon lieutenant?

–Annamitinnen unter der Obhut einer französischen Oberin.

–Das wird ein schöner Sauhaufen sein; aber allen Ernstes, wo sollen wir sie unterbringen? Wir haben nur einen Schlafsaal und wenn er auch riesengroß ist ....

Mattei unterbrach den Unteroffizier.

–....Weiß ich. Aber es gibt keine andre Lösung, Schwestern und Kinder auf der einen Seite, die Legionäre auf Strohsäcken auf der andern.

–Die Nonnen sollen sich also jeden Abend unter den Augen der Männer ausziehen?

–Ach was, Scheiße! wir haben Krieg, bei dem feuchten Wetter will ich die Männer nicht im Freien schlafen lassen. Im übrigen muß man sie zuerst einmal zusammenrufen. Lassen Sie die Kompanie antreten, ich werde vor dem Abmarsch zu den Leuten sprechen.

–Zu Befehl, mon lieutenant, antworteten die drei Unteroffiziere wie aus einem Mund.

Zwanzig Minuten später war die Kompanie in Shorts und kurzärmeligen Hemden im Hof angetreten.

Nach einem gewohnheitsmäßigen Blick auf die Uniform ließ Mattei rühren. Die Männer nahmen bequeme Haltung ein. Sie wußten, daß Mattei sie über den bevorstehenden Einsatz kurz informieren würde. Das war zwar nicht Vorschrift, gehörte aber zu den Gewohnheiten des Oberleutnants. Heute fühlte sich Mattei keineswegs wohl in seiner Haut, begann aber seine Darlegungen scheinbar unbeirrt:

–Legionäre. Wir haben heute etwa hundert Schwestern vom St. Vincent-de-Paul-Kloster in Thai-Binh zu evakuieren. Nach Durchführung dieser Aufgabe werdet ihr einige Zeit mit diesen Nonnen zusammenwohnen müssen. Ich verlange von euch eine ganz besondere Korrektheit ihnen gegenüber; ich mache euch darauf aufmerksam, daß ihr sie nicht als Frauen zu betrachten habt. Die geringste Unkorrektheit euererseits werde ich unnachsichtig bestrafen. Das ist alles.

Beim Sprechen war Mattei vor den Leuten auf und abgegangen. Auf den meisten Gesichern zeigte sich verschmitztes Lächeln. Mattei zögerte und fuhr dann fort:

–Für diejenigen, die mich nicht recht verstanden haben sollten: Der erste, der versucht, eine zu vernaschen, bekommt es mit mir persönlich zu tun. Weggetreten!

Es war das erste Mal, daß die Kompanie sich nach Thai-Binh begab. Mattei hatte beschlossen, durch den Dschungel einen Pfad schlagen zu lassen, mit dem der Gegner nicht rechnen konnte. Der Wald war dichter als vorhergesehen. Die Vorhut bahnte sich ihren Weg mit dem Buschmesser. Zahlreiche Wasserläufe waren zu überqueren. Das Wasser war viel tiefer als der Leutnant gedacht hatte, und die Männer versanken mehrmals bis zur Brust in dem schlammigen Wasser. Nach zwei Stunden hatten sie kaum die Hälfte des Weges hinter sich gebracht und bekamen nun den ekelhaften Geruch in die Nase, der von der brennenden Stadt ausging. Die von dem undurchsichtigen Qualm verschleierte Sonne warf ein dämmriges Licht und veränderte während des Vormarsches die grellen Farben des Dschungels immer aufs neue. Als sie die Stadt erblickten, brannte sie noch. Thai-Binh war an den Abhang einer hohen, kahlgeschlagenen Kuppe gebaut. Mattei entdeckte sogleich das Kloster, das seine dicken Steinmauern vor der Feuersbrunst bewahrt hatten. An sich hatte der Feind die Stadt verlassen, aber zur Sicherheit ließ Mattei die Kompanie fächerförmig ausschwärmen, mit fünf Metern Zwischenraum von Mann zu Mann. Langsam erstiegen die Legionäre den steinigen Hügel. Auf halbem Wege bemerkten sie drei Männer, die demonstrativ ungedeckt und wild gestikulierend, ihnen den Abhang hinunter entgegenliefen. Es waren Soldaten der marokkanischen Einheit. Einer von ihnen, ein großer caporal, der ein paar Worte französisch radebrechen konnte, verkündete gelassen:

– *Mon lit'nant, tout l'monde il i mort* – Herr Ob-leitnant, alles hier tot.

Seine Mitteilung schien ihm nicht besonders nahezugehen, was Mattei sich zunutze machte, um sich mehr schlecht als recht die Schrekkensnacht und ihre Folgen schildern zu lassen. Aus der mühseligen Rede des Marokkaners ging hervor, daß seine Einheit nur etwa vierzig Mann stark gewesen war. Sie waren gegen Mitternacht angegriffen worden. Die Viets schienen zwar zahlenmäßig kaum überlegen, hatten aber vom Überraschungseffekt profitiert.

Der caporal und vier seiner Kameraden befanden sich im Moment des Angriffs im Kloster. Jeden Abend hatten hier fünf Männer Wachdienst – was drei von ihnen das Leben gerettet hatte. Ihre automatischen Waffen waren durch die Mauern des Klosters wirkungsvoll geschützt und die Viets hatten die Erstürmung nach dem dritten Versuch aufgegeben.

96

Dagegen war der Rest der Stadt systematisch geplündert und angezündet worden. Die Kompanie durchkämmte vorsichtig die Straßen,
ehe sie sich zum Kloster aufmachte. Da und dort lagen die Überreste
der in Stücke gehauenen, aufgeschlitzten Marokkaner, die mit Übelkeit erregender Bestialität verstümmelt worden waren. Erst nachdem
er an den strategisch wichtigen Punkten Wachen postiert hatte, begab
sich Mattei mit dem Zug Osling zum Kloster.
Die kleine Spitzbogenpforte aus massivem Holz stand halb offen. Einer nach dem andern betraten die Männer den großen, verlassen liegenden Klostergarten und warfen einen Blick auf die beiden weit-
läufigen, sauberen und unbeschädigten Gebäude. Das eine war von einem Kreuzgang umgeben und diente offenbar zu Wohnzwecken, das
andere als Speise- und Aufenthaltsraum. An seinem einen Ende befanden sich Kirchenfenster. Mit einer Handbewegung machte Osling
den Leutnant auf sie aufmerksam.
–Die Kapelle, da sind sie sicher drin.
Mattei nickte zustimmend und befahl den Männern, ihm zu folgen.
Der Zug durchquerte den Speisesaal. Von der strengen Schmucklosig-
keit des Raumes beeindruckt, gingen die Männer ungewohnt leise.
Der Oberleutnant betätigte den Riegel der Kapellentür und öffnete
sie lautlos. Einen Augenblick verharrte er regungslos, erstaunt über
den Anblick, der sich ihm bot. Die Nonnen lagen auf den Knien, ihre
schwarz-weißen Silhouetten vornübergebeugt, schienen sie der Welt
entrückt. Die Kinder saßen ihnen brav zur Seite, nur einige offen-
barten Zeichen von Ungeduld.
Mattei und Osling hatten die Kopfbedeckung abgenommen. Von ihren Waffen behindert, konnten die Männer es ihnen nicht nachmachen.
Mehr aus Routine als aus Vorsicht befahl der Oberleutnant:
–Zwei Männer an die Fenster auf jeder Seite.
Die Kirchenfenster konnte man nicht öffnen. Ohne Zögern schlugen
die vier Männer sie mit den Gewehrkolben ein und pflanzten sich
als Beobachter auf.
Eine große Nonne erhob sich und drehte sich dabei um. Sie warf
einen vernichtenden Blick auf die Eindringlinge, ging ein paar
Schritte bis zum Mittelgang, beugte das Knie und bekreuzigte sich
vor dem Altar. Dann wandte sie sich erneut um und ging mit stren-
ger Miene auf den Offizier zu.
In der linken Hand hielt sie einen soliden Ebenholzstock, auf den

sie sich beim Gehen stützte. Sie war groß, mager und vertrocknet; ihre grauen, strengen und fiebrigen Augen unterstrichen die Herbheit des eckigen Gesichts.

Als sie bei Mattei angekommen war, sprach sie mit kräftiger, rauher Stimme, als wolle sie demonstrieren, daß sie allein das Vorrecht habe, die Stille des Raumes zu stören.

– Ich nehme an, Lieutenant, daß Sie für die blasphemische Handlungsweise dieser Männer verantwortlich sind.

– Hören Sie, Schwester .... stotterte Mattei.

– ....Mutter Oberin.

– Mutter Oberin, verbesserte der Oberleutnant, der sich immer ungemütlicher fühlte, ich habe Weisung erhalten, für Ihre Sicherheit zu sorgen. Ich bin gezwungen, ohne Rücksicht auf die Örtlichkeit die militärischen Sicherheitsmaßnahmen zu treffen.

– Lieutenant, Sie sind hier im Hause Gottes! Der Herr genügt, um unsre Sicherheit zu garantieren. Ich bitte Sie, sich zu entfernen, Sie und Ihre Leute.

Plötzlich packte Mattei der Zorn. Das Unsinnige der Situation und besonders die Tatsache, daß sie alle kostbare Zeit verloren, erbitterten ihn in höchstem Maße:

– Hören Sie, Mutter Oberin, draußen sind Soldaten einer marokkanischen Einheit, die heute nacht dem Herrn kräftig zur Hand gegangen sind. Da ich weder das Leben meiner Männer noch das Ihrer Schützlinge zu riskieren gewillt bin, bitte ich Sie mit allem Respekt, mir zu folgen und für Ordnung in den Reihen Ihrer Novizen und Zöglinge zu sorgen.

Das Gesicht der Oberin verzerrte sich. Mattei fragte sich einen Moment, ob er nicht einen Hieb mit dem Stock bekommen werde, aber die Nonne beherrschte sich. Sie erklärte nun ruhiger:

– Da es Gott gefallen hat, mir diese Prüfung aufzuerlegen, werde ich Ihren Anordnungen folgen. Regeln Sie also die Einzelheiten mit Mutter Marie-Madeleine. Wenn Sie mich benötigen, finden Sie mich in meinem Zimmer, Mutter Marie-Madeleine wird Sie führen.

Mit einer unzweideutigen Stockbewegung wies sie Mattei und Osling zur Seite. Ihr Abgang rief sogleich lebhafte Unruhe auf den Bänken hervor. Die Novizen standen auf und schauten schwatzend und kichernd nach den Legionären; hier und dort klang schüchternes Gelächter auf, während die Kinder, entzückt über den Wechsel der Atmosphäre, in Bewegung gerieten. Mutter Marie-Madeleine, vor der

98

Mattei hatte beschlossen, durch den Dschungel einen Pfad schlagen zu lassen, mit dem der Gegner nicht rechnen konnte. Der Wald war dichter als vorgesehen. Die Vorhut bahnte sich ihren Weg mit dem Buschmesser.

*Legionäre und Jeeps sind
noch stärker als Schlamm...*

*... bei den schweren G.M.S.
muß noch die Winde helfen.*

die Novizen überhaupt keine Angst zu haben schienen, ging auf Mattei und Osling zu. Mattei war überrascht, weil man ihm nur von der Anwesenheit einer französischen Nonne in Thai-Binh gesprochen hatte.

Mutter Marie-Madeleine war das genaue Gegenteil der Oberin. Sie hatte ein rosiges, rundes und volles Gesicht, das gut zu ihrer kräftigen, bäuerlichen Statur paßte. Eine randlose Brille änderte nichts an dem sanften Ausdruck ihrer schalkhaften Augen. Sie trug die Ärmel bis über die Ellenbogen aufgekrempelt und ließ ihre kräftigen Arme sehen; in der Taille war ihre Tracht von einem Pfadfindergürtel zusammengehalten. Ihre Stimme war sanft, sie sprach leichten Gascogner Dialekt und schien beim Reden ständig zu lächeln. Ehe sie sich Osling und Mattei zuwandte, klatschte sie in die Hände, um die aufgescheuchten Novizen zu beruhigen. Dann sagte sie zu den beiden Männern:

– *Bonjour, messieurs,* wollen Sie bitte die Undiszipliniertheit der Kinder entschuldigen; sie ist eine Folge der schlimmen Stunden, die hinter uns liegen.

– Ich verstehe vollkommen, ma Mère, antwortete Mattei lächelnd.

– Wollen Sie mir bitte zum Speisesaal folgen, ich werde Tee und Reis zubereiten lassen. Das wird Ihren Männern recht sein, denke ich, und wir können uns unterhalten.

– Vielen Dank, ma Mère, sehr gerne.

Mattei machte dem Posten ein Zeichen; gefolgt von den Novizen und den Kindern gingen die Legionäre in den großen Speisesaal. Mutter Marie-Madeleine gab den Schwestern Anweisungen für die Zubereitung einer leichten Mahlzeit und fragte Mattei dann:

– Haben Sie vielleicht einen Arzt bei sich, monsieur? Eines der jungen Mädchen hat heute nacht einen Nervenschock erlitten, seitdem liegt sie völlig entkräftet und macht mir Sorgen.

– Der sergent ist Arzt, antwortete Mattei und wies auf Osling. Sie können ihn zu Ihrer Kranken führen, wenn Sie wollen.

Osling bemerkte das Erstaunen der Nonne und zog es vor, zu erklären:

– In der deutschen Armee. Ich war Offizier.

– Ach so, stellte Mutter Marie-Madeleine verwirrt fest, entschuldigen Sie bitte.

Zwischen der Nonne und den Legionären war schnell Kontakt hergestellt. Mutter Marie-Madeleine redete wie ein Wasserfall und war von fröhlichem Optimismus. Am Ende der kleinen Mahlzeit hatte die Unterhaltung zwischen dem Oberleutnant und der Nonne fast vertraulichen Ton angenommen.

–Eigentlich dürfte ich Ihnen das nicht sagen, flüsterte Mutter Marie-Madeleine, aber ich fürchte, Ihr Verhältnis zur Mutter Oberin wird schwierig werden.

–Das können Sie ruhig sagen! Ich hätte das Zertrümmern der Kapellenfenster verhindern sollen!

Die Nonne schien Gewissensbisse zu haben; schließlich entschloß sie sich, zu erklären:

–Sie müssen verstehen, monsieur, es handelt sich nicht nur um die Fenster! Glücklicherweise funktioniert das Telefon noch und bei Tagesanbruch hat man uns mitgeteilt, daß es die Fremdenlegion sei, die uns zu Hilfe kommen werde. Die Ereignisse haben dazu geführt, daß wir in militärischer Beziehung einigermaßen auf dem Laufenden sind und wissen, daß Ihre Einheiten überwiegend aus früheren deutschen Soldaten bestehen ....

Oslings Blick kreuzte sich mit dem der Nonne, die errötend fortfuhr:

–Mutter Clotilde, unsere Mutter Oberin, stammt aus einem vornehmen Lothringer Adelsgeschlecht. Ihre ganze Familie ist von den Nazis deportiert und umgebracht worden. Seitdem versucht sie mit Gottes Hilfe gegen den Haß anzukämpfen, den sie für die Mörder der Ihren empfindet und mit denen sie die ganze germanische Rasse in einen Topf wirft. Sie weiß, daß dieses Gefühl ihrer Tracht und ihres Glaubens unwürdig ist. Und ich weiß genau, daß sie Gott mit all' ihrer Kraft bittet, ihr den Mut zur Verzeihung zu geben. Ich fürchte aber, daß sie noch nicht so weit ist.

–Das sind schöne Aussichten, konstatierte Mattei bitter.

Am Ende des Tisches tönte Ickewitz inmitten einer Gruppe von Novizen, die förmlich an seinen Lippen zu hängen schienen:

–Mit der Legion seid ihr überall in Sicherheit! Wir sind immer die Stärkeren! erklärte er feierlich. Wenn ihr während des Marsches Angst habt, so bleibt nur in meiner Nähe, ich bin der Stärkste der Kompanie und wenn die Viets uns angreifen: ta ta ta ta ta ....

Mit kindlicher Geste beschrieb der Riese einen Halbkreis mit einem imaginären MG. Wütend unterbrach ihn Mattei:

–Hör' auf mit dem Theater, du Hanswurst! Sag' lieber Klauss, er soll antreten lassen. In einer Viertelstunde hauen wir ab.

Ickewitz erhob sich, stand stramm, grüßte gewollt zackig und brüllte martialisch: Zu Befehl, mon lieutenant. Dann entfernte er sich bolzengerade mit langsamem Paradeschritt, während Mattei mit einem ungemütlichen Gefühl zurückblieb. Die meisten Männer würden sich ähnlich aufführen wie Ickewitz, und der Oberleutnant war sich nach einem kurzen Blick auf die jungen Novizen im Klaren, daß sie davon beeindruckt wären; Ordensgewand und Schleier würden nur ein schwacher Schutzwall für ihre religiöse Berufung sein, die offenbar mehr durch die äußeren Umstände als durch innere Überzeugung diktiert war.

Der Oberleutnant schaute auf seine Uhr. Es war 3 Uhr vorbei und man mußte sich beeilen, wenn man vor Einbruch der Nacht nach Thu-Dien zurückkommen wollte. Neben ihm bestaunte ein etwa zehnjähriger Junge fasziniert die Pistole, die er im Futteral am Koppel trug. Als er zum Kreuzgang gehen wollte, streckte ihm der Bub die Hand hin. Er ergriff sie mechanisch, kauerte sich nieder und streichelte das Gesicht des Kindes.
–Hab' keine Angst, junger Mann, wir beiden werden einen schönen Spaziergang miteinander machen, beruhigte er ihn.
Im Kreuzgang angekommen, sah Mattei sofort Mutter Clotilde mit großen Schritten auf sich zuhinken. Sie rauchte wie eine Nikotinsüchtige, indem sie die Zigarette im Mundwinkel hielt und bei jedem Zug den Rauch durch die Nase hochzog. Bei Mattei angekommen, erklärte sie trocken:
–Ich stehe zu Ihrer Verfügung, lieutenant. Ich erwarte Ihre Weisungen. Tragen Sie mir meine Verstimmung nicht nach, sie war die Folge der Scheußlichkeiten, die wir erleben mußten.
Erleichtert antwortete Mattei:
–Wir brechen sofort auf, ma Mère, ich habe Mutter Marie-Madeleine Anweisungen gegeben.
–Darf ich unsern Bestimmungsort erfahren, lieutenant?
Nach einigem Zögern antwortete Mattei:
–Ich habe den Befehl erhalten, Sie so gut es geht bei uns in Thu-Dien unterzubringen. Ich fürchte, es wird nicht sehr bequem sein, aber Sie sind dort in Sicherheit.
Mère Clotilde holte aus den Tiefen ihrer Gewänder ein zerknitter-

tes Päckchen Zigaretten, zog eine heraus, zündete sie mit dem Stummel der vorherigen an und drückte diesen am Ende ihres Stockes aus. Ohne den Leutnant aus den Augen zu lassen, brachte sie den Stummel sorgfältig in einer kleinen Silberbüchse unter. Schließlich sagte sie:
– War das Ihre Idee, uns in diese unpassende und unzumutbare Situation zu bringen?
– Ich führe Befehle aus. Ich scheue diese Situation ebensosehr wie Sie, wenn nicht noch mehr. Aber Hanoi scheint nicht geneigt, Ihren Abtransport auf einer unsicheren Straße ins Auge zu fassen. Das kann ich verstehen.
– Sie müssen begreifen, daß die mir anvertrauten Novizen ihren Weg nur in völliger Abgeschiedenheit finden können. In Ihrer Mitte werden sie zwangsläufig wieder mit der Außenwelt in Berührung kommen. Dadurch könnten sie in ihrem Glauben schwankend werden. Sind Sie sich des Dramas bewußt, das sich da abspielen könnte?
Mattei hatte gute Lust, zu antworten, daß ihm der Glaube der annamitischen Novizen so gleichgültig sei wie sein erstes Käppi. Er sagte jedoch höflich:
– Ma Mère, mein Problem ist es, über Ihr Leben, nicht über Ihre Seelen zu wachen. Dennoch werde ich mein Möglichstes tun, damit meine Männer weder Ihre Gefühle noch Ihre Überzeugungen verletzen.
– Sie geben vor, Einfluß auf das Verhalten dieses Haufens von Halsabschneidern zu haben?
– Ma Mère, ich bitte Sie inständig, diesen aggressiven Ton aufzugeben. Wie auch immer ihre Vergangenheit sei, diese Männer sind mir gegenüber ehrlich und loyal. Ich werde sie stets in Schutz nehmen und kann nicht zulassen, daß man sie beleidigt. Im übrigen ist das Einzige, was gegenwärtig zählt, daß sie Sie in Sicherheit bringen.

Es war beinahe 4 Uhr als sich die sonderbare Kolonne in Marsch setzte. Die Legionäre hatten den Befehl erhalten, die kleineren Kinder zu tragen. Mattei ging neben Mutter Clotilde hinter der Vorhut. Osling marschierte am Ende des Zuges und stützte mit Hilfe von Mutter Marie-Madeleine die junge Kranke. Vorsichtshalber marschierten die Männer in fünf Meter Abstand voneinander, jeder hatte eine Novize zur Seite.

Der beißende Brandgeruch hatte sich seit dem Morgen wesentlich abgeschwächt und die Hitze war bei sinkender Sonne weniger drückend. .

Nach einer halben Stunde ungestörten Vorankommens war der erste Wasserlauf zu überqueren. Mattei ließ Halt machen und fragte Mutter Clotilde:

– Das Wasser ist einen Meter fünfzig tief. Entweder machen Sie sich die Kleider naß, oder die Männer nehmen Sie auf die Schultern oder auf die Arme. Ich überlasse Ihnen die Wahl.

Ickewitz, der hinter ihnen stand, hatte die Frage gehört. Auf den Armen trug er zwei kleine Buben. Auf seinen Schultern schlief ein kleines Mädchen, den Kopf auf sein weißes Käppi gelegt. Er hielt es für angebracht, laut zu sagen:

– Warum gehen sie nicht im Evaskostüm rüber, mon lieutenant? ihre Klamotten könnten wir ja tragen?

Mutter Clotilde warf ihm einen vernichtenden Blick zu und wandte sich an Mattei, den sie offenbar für alles verantwortlich machte.

– Ich hoffe, Sie werden die Unflätigkeit dieses Mannes zu bestrafen wissen?

– Ma Mère, ich habe Ihnen eine Frage gestellt, antwortete Mattei ärgerlich. Wir wollen keine Zeit verlieren.

– Wir werden ohne Ihre Hilfe hinübergehen, erklärte die Nonne feierlich.

Auf ein Zeichen von Mattei wateten die vier Mann der Vorhut mit über den Kopf gehaltenen Waffen ins Wasser; auf dem andern Ufer angekommen, gingen sie sofort in Verteidigungsstellung.

Der Oberleutnant gab nun Ickewitz und der ersten Novize ein Zeichen. Der Koloss watete ebenfalls in das schlammige Wasser und bemühte sich nach Kräften, die Kinder trocken zu halten. Die Novize folgte ihm nach kurzem Zögern und steckte bald bis zum Hals im Wasser. Die Erfrischung schien ihr großen Spaß zu machen und sie stieg lachend ans andere Ufer.

Wie vorauszusehen, raubte der Anblick, den sie bot, Mattei den Atem und ließ Mutter Clotilde erbleichen.

Das dünne Ordenskleid der Novize war klatschnaß; es klebte an ihrem jungen Körper und zeichnete dessen runde, geschmeidige Formen deutlich ab. Ickewitz hatte sich auf einen Stein gesetzt und betrachtete vorgestreckten Halses hingerissen die junge Annamitin. Das immer noch schlafende kleine Mädchen fühlte sich durch die Bewegung gestört und schlug mit seiner kleinen Faust auf das weiße Käppi, dann schlummerte es daumenlutschend weiter.

Trotz ihrer Verlegenheit enthielt sich Mutter Clotilde jeden Kommentars und vermied so das: »Sie haben es selbst gewollt«, das Mattei schon auf der Zunge lag.

– Nun gut, lieutenant, Ihre Leute mögen sie hinübertragen.

Mattei wandte sich an seine Männer:

– Jeder von euch trägt eine Schwester hinüber, dann kommt er zurück und holt die Kinder.

– Der erste Legionär nahm ohne Anstrengung eine Novize auf die Arme. Unter dem Vorwand, sie in der Mitte des Wasserlaufs höher heben zu müssen, patschte er dem jungen Mädchen die Hand unter das Gesäß.

Mutter Clotilde schien am Ende ihrer Kräfte und Argumente.

– Muß ich wirklich diese ordinären Gesten mitansehen, ohne einzuschreiten, lieutenant?

Mattei war nahe daran, zu explodieren. Dennoch befahl er:

– Tragt sie auf den Schultern.

Ein Legionär ließ sich auf alle Viere nieder, machte einer Novize ein Zeichen und erklärte ihr begeistert:

– Sie müssen Ihren Rock hochheben, ma sœur!

Außer sich, brüllte Mattei:

– Nur auf einer Schulter, Herrgott nochmal, und hört augenblicklich mit diesem Unfug auf. Ihr solltet euch schämen, diese Frauen wie Huren zu behandeln!

Erstaunlicherweise schien Mutter Clotilde jetzt toleranter. Sie stellte nur fest:

– Wir müssen und wohl an Ihre Ausdrucksweise gewöhnen, lieutenant. Mattei murmelte:

– Ich bitte um Entschuldigung, ma Mère, das alles ist so unerwartet.

....Ich hoffe, Sie werden zugeben, daß es für Sie leichter wäre, uns zu verstehen und zu tolerieren als für mich, aus meiner Kompanie eine Gruppe von Ministranten zu machen....

Der Oberleutnant und Mutter Clotilde leiteten und überwachten den Übergang und blieben als Letzte am Ufer zurück. Nachdem die ganze Kolonne am andern Ufer angelangt war, rief Mattei Ickewitz zurück.

– Dieser Orang-Utan wird Sie tragen, ma Mère; bei seiner Größe riskieren Sie nicht, naß zu werden.

Mutter Clotilde zuckte gleichgültig die Schultern.

Der Koloß hob die Nonne auf die Arme, zufrieden wie immer, wenn er seine Kraft demonstrieren konnte, und stampfte ins Wasser, der Leutnant hinter ihm her.

In der Mitte des Wasserlaufs, wo er tiefer einsinken würde, blieb er stehen und fragte verlegen:

– Mon lieutenant, entweder ich heb' sie hoch oder sie kriegt einen nassen Hintern....

Die Reaktion der Nonne überraschte Mattei, zum ersten Mal lächelte sie ihm zu. Mit ihrem Stock, der am Rücken des Riesen herunterbaumelte, versetzte sie ihm zwei leichte Klapse und sagte:

– Machen Sie es, wie es am besten geht, junger Mann, aber machen Sie rasch.

Die Kolonne hatte das Wasser genau an derselben Stelle überquert wie auf dem Hinweg. Vor ihnen lag der Weg, den sie sich am Morgen durch den Wald gebahnt hatten. Der Oberleutnant ging allein hundert Meter voraus, dann kam er zurück und warf Klauss einen fragenden Blick zu.

Klauss' Instinkt war berühmt, und der Blick des Oberleutnants war bei den Männern nicht unbemerkt geblieben. Mattei hatte ihn auch nicht zu verbergen gesucht. Bei der Legion ist alles Teamwork. In den meisten Armeen würde es ein Offizier für unter seiner Würde halten, einen Untergebenen um Rat zu fragen, ehe er eine Entscheidung trifft. In der Legion ist es umgekehrt; ein guter Offizier kennt seine Leute und ihre speziellen Fähigkeiten. Diese maximal auszunutzen, hält er für seine Pflicht. Seine Würde leidet darunter in keiner Weise und seine Autorität wird dadurch nicht gemindert. Mattei ging sogar soweit, Klauss die Befehle an seiner Stelle geben zu lassen.

– Wir bahnen weiter westlich einen neuen Weg, erklärte der sergentchef, wobei er auf ein Gestrüpp von Lianen deutete.

Zwei Legionäre nahmen ihre Buschmesser und begannen, einen schmalen Durchlaß durch den Dschungel zu hauen. Wie alle ihre Kameraden, verließen sie sich auf den Instinkt von Klauss.

Nach einer Stunde machte sich bei den Nonnen Müdigkeit und Erschlaffung bemerkbar; sie waren durch ihre Gewänder behindert, die ihnen bis zu den Knöcheln reichten und von den Unebenheiten des Bodens aufgerissen wurden.

Klauss marschierte hinter der Vorhut. Plötzlich feuerte er, ohne sein Gewehr anzulegen. Es ging so schnell, daß man glauben konnte, der Schuß habe sich versehentlich gelöst. Aber zwei Mann sprangen vor und brachten einen Viet-Soldaten angeschleppt, den sie unter den Achseln stützten. Klauss' Kugel hatte ihn in den Oberschenkel getroffen und er blutete stark.

Mattei ließ den Verwundeten auf den Boden legen; Osling machte ihm einen Knebelverband. Der Unglückliche zitterte wie Espenlaub, er war bei vollem Bewußtsein. Fernandez trat neben Mattei.

–Soll er vernommen werden? fragte er.

–Wozu? Daß er hier ist, sagt schon alles. Seine Kameraden dürften am andern Weg im Hinterhalt liegen; ihn haben sie offensichtlich als Späher ausgeschickt. Wir brauchen uns nur noch weiter westlich zu halten und nach rückwärts aufzupassen. Aber ich glaube nicht, daß sie zahlreich genug sind, um uns anzugreifen.

Fernandez, Klauss und Osling nickten zustimmend; sie wußten, daß der Oberleutnant Recht hatte.

Fernandez zog seine Pistole aus dem Etui und lud durch.

–Was soll das? fragte Mattei.

–Ha, ich knall' ihm eine vor den Latz, oder? Wir werden ihn doch nicht von den Viechern auffressen oder von seinen Genossen einsammeln lassen.

–So, so, du schießt ihm vor den kleinen Mädchen eine Kugel in den Kopf! Du meinst wohl, ich habe nicht schon genug Scherereien? Nein, holt eine Trage: Wir nehmen ihn mit.

–Das ist der Gipfel, stellte Fernandez verbittert fest.

Zwei Sanitäter legten den Verwundeten auf eine Tragbahre. Auch er konnte es kaum fassen. Der Knebel hatte die Blutung zum Stehen gebracht und Osling gab ihm eine Beruhigungsspritze. Während die Kolonne sich wieder in Marsch setzte, holte Fernandez demonstrativ vor den Augen des Gefangenen die Patrone wieder aus dem Lauf und sagte:

–So, *mon loulou*, du kannst dich beim lieben Gott der Christen bedanken.

Die Nacht brach herein, als die Kolonne in Thu-Dien ankam.

Mattei führte die Novizen in den Speisesaal und bat die beiden

Französinnen in den Aufenthaltsraum. Für ihn fing das eigentliche Problem erst an.

Er ließ eine Flasche Whisky öffnen und bot der Oberin und Mutter Marie-Madeleine davon an. Zu seinem Erstaunen ließen sie sich einschenken. Nachdem er selbst einen kräftigen Schluck genommen hatte, begann er einen etwas gewundenen Monolog:

– Ma Mère, Sie müssen verstehen, wir haben nur einen einzigen Schlafsaal. Alles, was wir an Betten haben, überlassen wir Ihren Novizen und den Kindern. Aber die Legionäre müssen unter dem selben Dach schlafen. Ich werde Weisung geben, daß Sie und Mutter Marie-Madeleine mein Zimmer bekommen.

Die Reaktion der Oberin war überraschend. Unaufgefordert nahm sie eine Zigarette aus dem Päckchen *gauloises*, das Mattei auf dem Tisch hatte liegen lassen und zündete sie an. Resigniert sagte sie:

– In Ordnung, lieutenant, vielen Dank für Ihr Zimmerangebot, aber wir werden bei den andern schlafen.

Das weitere war verblüffend: Die Legionäre zeigten sich schüchterner und schamhafter als die Novizen, die über die Unterbrechung ihres asketischen Lebens entzückt waren. Die ordinären Scherze und Anzüglichkeiten, die Mattei befürchtet hatte, blieben rar und fanden wenig Anklang. Die meisten Legionäre legten sich angezogen auf ihre Strohsäcke; wer etwas auszog, tat das, nachdem das Licht gelöscht war.

Mattei hatte den Schwestern Khaki-Unterhemden austeilen lassen, die sie im Duschraum anzogen. Die Hemden fielen ihnen bis über die Knie; im Dämmerlicht boten die Mädchen einen vielversprechenden Anblick. Aber die Legionäre, die sich gegenseitig beobachteten, schienen ihre Ehre dareinzusetzen, sich nicht verwirren zu lassen und vor allem, ihre Empfindungen nicht zu zeigen. Man kann allerdings bezweifeln, ob sie in dieser Nacht besonders gut schliefen.

Das ungewöhnliche Zusammenleben sollte zwei Monate dauern. Das Verhältnis zwischen Mutter Clotilde und Mattei gestaltete sich während dieser Zeit immer freundschaftlicher.

Infolge zarter Bande zu Legionären verzichteten etwa zehn Novizen auf ihre Berufung. Aber diese Umkehr in ihrem Leben vollzog sich in aller Offenheit. Wenn die beiden französischen Nonnen die-

ser Metamorphose auch nicht freudig zustimmten, so mußten sie
doch die Ehrenhaftigkeit anerkennen, die die Legionäre in dieser
delikaten Situation an den Tag legten.
Einer von ihnen heiratete offiziell eine der Novizen. Sein Name
ist Jérôme Nielsen. Er ist Schwede und lebt gegenwärtig mit seiner
Frau in der Nähe von Stockholm. Sie haben vier Kinder.
Die große Liebe zwischen einem deutschen caporal, Hermann Bosch,
und einer ganz jungen Novize, Tung, die damals knapp sechzehn
Jahre alt war, verlief weniger glücklich.
Hermann war erst Anfang zwanzig. Vor seinem Eintritt in die Fremdenlegion war er nie Soldat gewesen. Zwischen dem jungen Deutschen und der kleinen Annamitin bildete sich gleich eine Art Al-
terskameradschaft, die sich im Lauf der Tage in eine Liebelei und
schließlich in eine echte Leidenschaft verwandelte.
In Anbetracht des jugendlichen Alters ihres Schützlings lehnte Mutter Clotilde eine Heirat ab. Aber nach ihrer Trennung schrieben sich
die jungen Leute. Bei jedem Urlaub eilte Hermann nach Hanoi, wo
Tung weiter bei den Schwestern lebte, aber einen Sonderstatus genoß. Fünf Jahre lang blieb die Liebe des Paares unwandelbar; nach
dem Kriege wollten sie heiraten. Aber Hermann fiel bei Dien-Bien-
Phu und die untröstliche Tung trat endgültig in den Orden ein.

Mit einem großen Konvoi, der am 10. Juni 1947 abging, wurden auch
die Nonnen nach Hanoi evakuiert. Die Betrübnis der Legionäre war
groß und selbst Mutter Clotilde verließ die 4. Kompanie nicht ohne
eine gewisse Rührung.
Die Abreise der Oberin bekümmerte vor allem Ickewitz.
Er fühlte sich von Mutter Clotilde seltsam angezogen und sie war
ihrerseits von der Naivität des Riesen bezaubert. Die Nonnen befanden sich etwa acht Tage in Thu-Dien, als Ickewitz schüchtern die
Oberin aufgesucht und ihr erklärt hatte:
–Ma Mère, ich möchte beichten.
Mutter Clotilde setzte ihm lächelnd auseinander, daß nur ein Priester
die Beichte abnehmen könne. Als sie aber seine Enttäuschung bemerkte, war sie bereit, anzuhören, was er auf dem Herzen hatte. Der
Legionär, der sich bisher noch nie jemandem anvertraut hatte, verbrachte nun regelmäßig viel Zeit bei der Nonne. Das führte zu einer

ungewöhnlichen Vertraulichkeit, die Mattei erstaunte und amüsierte. Als sich am 10. Juni die LKW' auf dem ungepflasterten Weg in Marsch setzten, rannte der Koloss ein Stück hinterher, wobei er im Laufen mit den Armen fuchtelte. Dann trottete er mit hängendem Kopf und schleppenden Schrittes langsam zum Lager zurück. Sein ungehobeltes Gesicht zeigte rührende Trauer.

12.

Seit seiner Offensive in Tongking hatte das französische Expeditionskorps zahlreiche Fortschritte erzielt und die wichtigsten Zentren zurückerobert: Hanoi, Haiphong, Nam-Dinh, Thai-Binh. Aber im Süden von Tongking blieb eine wunde Stelle – der Alptraum der Behörden. Es war die Stadt Ninh-Binh; durch ihre geographische Lage geschützt, war sie in eine riesige Festung verwandelt worden. Die Viets erklärten die Stadt für uneinnehmbar. Das französische Oberkommando war genau der gleichen Ansicht.

Durch den Dschungel konnte man sich der Stadt nicht nähern: Hunderte von Dämmen waren gesprengt worden, und das Gelände hatte sich in einen regelrechten Sumpf verwandelt, in dem eine ganze Armee aus dem Hinterhalt niedergemacht werden konnte. Ein Angriff vom Fluß her war nicht viel aussichtsreicher. Der Flußarm, der den Zugang nach Ninh-Binh öffnet, ist eng; auf zwei Kilometer Länge macht er nicht die geringste Krümmung und endet an einer fünfzig Meter hohen Felswand, die einen uneinnehmbaren, natürlichen Schutzwall bildet. Die Kalksteinwand ist von Löchern übersät, die von den Viets zu Bunkern ausgebaut worden waren. Zweihundert Meter offenes Gelände trennen die Steilwand vom Fluß, und diese Fläche war selbstverständlich Meter für Meter vermint. Zwei Viet-Bataillone (1500 bis 2000 Mann) hielten die Zitadelle, und in dem Wald längs des Zufahrtskanals befanden sich zahlreiche, getarnte Stellungen mit leichter Artillerie.

Der kombinierte Angriff, den man in Nam-Dinh erfolgreich praktiziert hatte, war in Ninh-Binh unmöglich. Eine frontale Landung mit Hilfe der Marine erschien riskant. Auch gab es in der Umgebung kein Gelände, das für einen Absprung von Fallschirmjägern in Frage kam.

Ein intensives Bombardement der Stadt war wegen der zahlreichen Zivilbevölkerung undurchführbar. Deshalb hatte man höheren Ortes zähneknirschend auf Ninh-Binh als Ziel verzichtet, da man einen blutigen Mißerfolg und den damit verbundenen moralischen Effekt beim Gegner fürchtete.

Am 18.Juni 1947 stellte eine vom Geheimdienst nach Hanoi übermittelte Meldung wieder alles in Frage. Sie war derart logisch, daß niemand an ihrer Richtigkeit zweifelte: Ho Schi Minh und sein Stab hätten ihr Hauptquartier in Ninh-Binh aufgeschlagen. Die Eroberung der Stadt könnte deshalb den Verlauf des Krieges in Indochina verändern.

Am frühen Nachmittag ließ commandant Laimay die Kompaniechefs des I.Bataillons zu sich kommen, das nunmehr wieder vollzählig in Hanoi lag. Er führte aus, daß am 21. ein Angriff auf die Vietminh-Zitadelle versucht werden solle. Nur das I.Bataillon des 3. Étranger werde sich an der Landung beteiligen. Die Offiziere machten sich keine Illusionen, mußten aber die Klugheit dieser Entscheidung anerkennen. Wenn man schon eine Selbstmordaktion versuchte, mußte man wenigstens die Verluste in Grenzen halten. Welle um Welle zum Sturm auf Ninh-Binh vorzuschicken, würde zu nichts führen. Die Marine konnte nur eine begrenzte Anzahl ihrer leichten Einheiten auf dem Flußarm einsetzen. Wenn es der ersten Welle nicht gelänge, die vorgeschobenen feindlichen Stellungen zu erstürmen, würden sie keinerlei Verstärkung brauchen, um ihren Angriff weiter vorzutragen.

In der Nacht vom 20. auf den 21. Juni waren die Legionäre von neuem Passagiere der Marine. Mit rund zwanzig Fahrzeugen ging es den Day-Fluß hinunter. Beim ersten Morgengrauen fuhr die Spitzengruppe der L.C.T.'s in den engen Zufluß ein, der am linken Ufer entlangführt; dort war die Massierung der Viets weniger zu fürchten. Weit vor sich sahen die Männer den Felsen, dessen weißliche Masse sich wie eine Traumvision vom Wald abhob. Mit einem Schlag wurde die erste Phase von commandant Laimay's Plan ausgelöst. Die auf der rechten Seite der Boote konzentrierten Granatwerfer und Maschinengewehre eröffneten schnelles Dauerfeuer. Die Männer hatten Befehl erhalten, nicht zu zielen, nicht sehen oder verstehen zu wollen, sondern nur zu feuern. Feuern in Richtung Wald, so viel wie möglich und so schnell wie möglich. Entsprechende Mengen an Munition befanden sich an Bord.

Ein Stahlgewitter entlud sich über dem Ufer und verschlug dem Feind den Atem; seine Abwehr war unkonzentriert. Auf den kleinen gepanzerten Schiffen erwachte der Kampfeifer der Legionäre. Die Ladeschützen an den Granatwerfern jonglierten förmlich mit ihren Granaten und luden die glühend heißen Rohre in atemberaubendem Rhythmus. Die MG-Bedienungen entfalteten die selbe Virtuosität; die automatischen Waffen ballerten aufs Geratewohl und ohne jede Unterbrechung.

Die Berechnung erwies sich als richtig. Die Viets am Ufer waren in Panik geraten; ihre wenigen, schlecht gezielten Schüsse gingen ins Leere, und die kleine Flotille konnte ihre Fahrt fortsetzen, ohne die Geschwindigkeit auch nur für einen Augenblick zu verringern.

Die vordersten Boote hatten sich dem Strand bis auf etwa dreißig Meter genähert. Zeitlich aufeinander abgestimmt, wechselten die MG- und Werferschützen ins Vorschiff und richteten ihr Feuer auf die breite, sandige Ebene am Fuß des Felsens. Vom Heck der Boote aus nahm das Gros der Legionäre die Steilwand mit ihren Bunkern unter Gewehrfeuer. Aber diesmal erwies sich der Feind als glänzend verschanzt und seine Gegenwehr war wirkungsvoll.

Die L.C.T.'s hatten sich inzwischen gegenüber dem Strand in einer Linie formiert und in jedem von ihnen gab es Verluste. Es war unmöglich, den am Boden liegenden Verwundeten zu helfen; ihre Kameraden mußten in wenigen Augenblicken über sie hinwegsteigen oder auf sie treten, um an den Strand zu stürzen.

Die vielen tausend Schüsse auf den Strand ließen die feindlichen Minen hochgehen. Etwa hundert, in ihren Schützenlöchern völlig unsichtbare Viet-Soldaten verließen in einem Anfall von Panik ihre Stellungen und versuchten, den Fuß des Felsens zu erreichen.

Das Boot mit dem Zug Klauss lag gerade vor der Mitte des Strandes. Sobald seine Laderampe sich senkte, wurden die beiden vordersten Legionäre von gezieltem M.G.-Feuer niedergemäht. Ohne zu zögern, befahl Klauss die Rampe wieder zu schließen und ging dann ruhigen Schrittes zum Funkgerät im Heck des Bootes. Mattei war in einem L.C.T. zehn Meter weiter rechts. Die Verbindung wurde hergestellt.

– Mon lieutenant, wenn wir versuchen, zu landen, gibt es ein Massaker. Da ist ein M.G., das aus einem Bunker genau in unsere Marschrichtung feuert.

– Ich hab's gut gesehen, ich hab' auch wieder zumachen lassen. Wir müssen diesen zentralen Bunker außer Gefecht setzen! Sie sind am nächsten dran; nehmen Sie einen, der sich 'nen Orden verdienen will.

– Versuchen Sie, ihn zu decken, mon lieutenant, das ist die einzige Chance.

– Ich lasse zwölf M.G.'s in Stellung gehen, alle auf das selbe Ziel gerichtet. Feuer frei in vier Minuten. Ihr Kandidat soll sich rechtzeitig sein »Startloch graben«.

Die gepanzerten Rampen von sechs L.C.T.'s (drei auf jeder Seite des Bootes Klauss) öffneten sich eben gerade weit genug, um einen Mann durchzulassen. Aus jedem Schiff spritzten sechs Legionäre heraus, warfen sich auf den feuchten Sand und eröffneten fast im gleichen Moment das Feuer auf den zentralen Bunker.

Nach kurzer Überraschung schossen die Viets zurück, aber die getroffenen Legionäre wurden unverzüglich ersetzt und es gab keine Feuerpause.

Im Boot von Klauss hielt sich ein Franzose, Marcel Bellemare, bereit. An Waffen hatte er nur seinen Dolch und einen Brotbeutel voll Handgranaten behalten. Als die Rampe aufging, hatte er in etwa dreißig Metern Entfernung ein Loch ausgemacht. Das war sein erstes Ziel. Die Augen auf seine Uhr geheftet, gab ihm Klauss das Startsignal; Bellemare sprang über Bord und raste im Zickzack über den sandigen Boden. Um ihn herum pfiffen Querschläger, ohne ihn zu treffen und er schaffte es, sich in das Loch zu schmeißen. Dort landete er auf einem sterbenden Viet; da die Kugeln weiter pfiffen, mußte er auf ihm knien bleiben und nahm dem Unglücklichen so den letzten Atem.

Immer unter dem zweifelhaften Schutz der zwölf M.G.'s machte Bellemare einen neuen Sprung zu einem anderen Loch. Wie durch ein Wunder kam er hin; diesmal war das Schützenloch leer und der Legionär konnte etwas verschnaufen. Der Sand klebte an seinem schweißgetränkten Hemd und bedeckte plattenweise seine Wangen, seine Stirn und seine Brust.

114

Im Laufen hatte er die Entfernung bis zur Wand geschätzt. Beim dritten Sprung mußte er sie erreichen. Einmal dort angelangt, würde er für ein paar Sekunden einigermaßen in Deckung sein. Alles würde dann davon abhängen, wer zuerst eine Handgranate warf: er oder die Viets am M.G. Sie hatten den Vorteil, oben zu sitzen; ihr Nest schien ungefähr zwei Meter über dem Boden zu sein. Er konnte nur auf das Feuer der zwölf M.G.'s bauen und hoffen, daß keines von ihnen zu tief schießen würde.

Bellemare machte zwei Handgranaten fertig und zog sie mit den Zähnen ab. Es waren dafür eingerichtete, italienische Granaten; der Abzug bestand aus Gummi, und solange er sie in der Faust hielt, zündeten sie nicht. Nun sprang er ein drittes Mal. Fast sofort traf ihn eine Kugel in die Schulter, aber er lief mit gleicher Schnelligkeit weiter.

Kaum einen Meter vor dem Felsen wurde er nochmals, diesmal in die Hüfte, getroffen. Ehe er zusammenbrach, konnte er noch zwei Handgranaten in den Bunker werfen.

Nun sah er, wie der Zug Klauss in seiner Richtung vorwärtsstürmte und seine Kameraden wie Kegel umfielen; aber ungefähr zehn von ihnen kamen bis zu ihm durch und konnten ihn in den Bunker hineinheben, in dem vier Viet-Soldaten von seinen Handgranaten zerfetzt worden waren.

Auf dem Boden liegend kamen die Legionäre wieder zu Atem. Die Partie war noch lange nicht gewonnen und die erstürmte Position ermöglichte keine Unterstützung der noch folgenden Angriffswellen. Mit einem walky-talky nahm Klauss mit Mattei's L.C.T. Funkverbindung auf. Die Antwort des Leutnants überraschte ihn nicht:
– Bravo, mein Lieber, aber wir müssen weitermachen, lassen Sie einen Mann den Fels hinaufklettern.
Schon hatte Santini, ein kleiner Italiener, Hemd, Schuhe und Hose ausgezogen und stand im Slip vor seinen Kameraden.
– Falls du glaubst, nackt gehe es besser, soll's mir gleich sein, bemerkte Klauss.
Santini war klein und gelenkig. Wahrscheinlich würde er ihn ausgewählt haben, dachte Klauss, wenn der Italiener ihm nicht zuvorgekommen wäre. Sein komödiantenhaftes Gehabe war einigermaßen

eindrucksvoll: er war glücklich, sich aufspielen und den Kameraden seine Todesverachtung demonstrieren zu können. Seine Glanznummer bestand in den Handbewegungen, mit denen er zwei Granaten in seinen Slip steckte ... und wie er sie dort plazierte. Die zehn Männer brüllten vor Lachen wie Pennäler, aber schnell erstarrten ihre Gesichter: ohne Zaudern hatte Santini den Bunker verlassen und begann, wie ein Affe die Wand hinaufzuklettern. Zum Glück gab es viele Felsvorsprünge und Santini kam schnell unter einem andern Viet-Bunker an. Ohne Schwierigkeiten warf er eine Handgranate. Kaum war sie explodiert, machte er einen letzten Klimmzug, warf einen kurzen Blick um sich und sprang in den Bunker. Santini sah nur einen einzigen Mann darin; die Granate war hinter ihm explodiert und hatte ihm den Nacken zerrissen. In einer Ecke lag, solide an einem Felsvorsprung befestigt, eine Strickleiter. Ohne den Kopf herauszustrecken, brüllte Santini vom Innern des Bunkers aus:
– Chef, können Sie mich hören?
Trotz der unaufhörlichen Explosionen vernahm er die Stimme von Klauss.
– Alles in Ordnung, Santini?
– Bestens, ich schmeiß' Ihnen 'ne Treppe runter.
Santini warf die Strickleiter, die genau unter dem tieferen Bunker ankam. Als erster kam Klauss zu ihm hinauf.
– Nur ein Mann pro Bunker, stellte er fest. Wenn das in den anderen ebenso ist, kommen wir vielleicht durch.
Die Neuigkeit wurde zum Bataillon durchgegeben, das gleich darauf zum Sturm ansetzte.
Die Verluste waren schwer, aber der größte Teil der Truppe erreichte den Fuß der Felswand. Ein oder zwei Mann aus jedem Zug erstiegen sie, während aus den Viet-Bunkern Handgranaten geworfen wurden, die zu neuen Verlusten unter den Legionären führten. Einige von ihnen brachten es fertig, die Handgranaten im Flug aufzufangen und auf den Strand weiterzuwerfen. In einer knappen halben Stunde war der »uneinnehmbare« Felsen vollständig in der Hand des I. Bataillons, das über 150 Mann verloren hatte. Es blieb die Eroberung der Stadt.
Jenseits des Felsens tauchten in hundert Metern Entfernung an einem Abhang die ersten Häuser von Ninh-Binh auf. Aber dieses Mal gab es zahlreiche Möglichkeiten, Deckung zu nehmen, was den Legionären ein gefahrloseres Vordringen ermöglichte.

Die Viets schlugen sich verbissen, und Haus für Haus mußte im Nahkampf erobert werden. Offensichtlich hatte der Feind eingesehen, daß die Stadt verloren war, versuchte aber – koste es was es wolle – möglichst viel Zeit zu gewinnen, um die Flucht seines Generalstabes zu decken.

Wo die Legionäre vordrangen, fiel die Stadt in Trümmer; die Viets zündeten alles Brennbare an und auch die Legionäre verschonten nichts. Die Zivilisten hatten irgendwo Unterschlupf gefunden, denn sie traten nicht in Erscheinung, aber später fand man unter ihnen zahlreiche Opfer.

Im Lauf des Abends fiel Ninh-Binh, rund hundert Viets ergaben sich. Kurze Ermittlungen erwiesen, daß die Meldungen richtig gewesen waren: Ho Schi Minh und sein Stab befanden sich tatsächlich in der Zitadelle. Sie hatten den Vormittag damit verbracht, Archive in einen alten Citroen zu verstauen. Das Fahrzeug und ungefähr dreißig Mann waren nach Süden (der einzig möglichen Richtung) aufgebrochen, als die ersten Felsbunker in die Hände der Legionäre fielen.

Die Verfolgung der Rebellenführer war ein durchaus fragwürdiges Unternehmen; dennoch zögerte commandant Laimay nicht. Nach einer Ruhepause von vier Stunden, und keiner Minute mehr, sollte das Bataillon den Spuren der Flüchtlinge durch den Dschungel und die Reisfelder folgen.

Die Legionäre waren erschöpft; sie hatten sich hingelegt, wo es sich gerade traf, die meisten besaßen nicht einmal die Kraft, etwas zu essen. Die wie durch Zauberei aufgetauchten Zivilisten überstürzten sich, um ihnen ein paar Flaschen Bier oder Reisschnaps zu bringen, und die Offiziere befahlen ihnen, die Toten zu beerdigen, die sich in den Straßen häuften.

Im Hinterzimmer eines Kolonialwarenladens studierte commandant Laimay inmitten der Kompaniechefs die Karte und versuchte sich den Weg vorzustellen, den Ho Schi Minh und sein Stab genommen haben könnten. Mattei fehlte, er befand sich einige hundert Meter weit weg in einer Schule, wo man in aller Eile den Verbandsplatz eingerichtet hatte.

Zusammen mit dem Stabsarzt hatte Osling gerade die Kugeln aus Bellemare's Schulter und Hüfte entfernt; zufrieden drehte er sich zu dem Oberleutnant um, der bei der Operation zugeschaut hatte.

– Er wird es überleben, aber man muß ihn evakuieren. Seine Wunden sind voll Sand, man muß ihn sorgfältig beobachten.

–Darum werde ich mich selber kümmern, antwortete Mattei. Wir verdanken ihm alle verdammt viel.

–Ein prachtvoller Soldat, sagte Osling einfach.

Der Oberleutnant lief durch die Straßen auf der Suche nach dem Zug Klauss. Schließlich fand er seine Legionäre auf den Stufen eines eingestürzten Hauses; der kleine Santini war immer noch im Slip, seine Habachtstellung wirkte grotesk.

–Gedenkst du, den Krieg in Unterhosen fortzusetzen? Was hast du mit deinen Klamotten gemacht? fragte Mattei.

–Mon lieutenant, der chef und zwei Mann sind meine Hose und mein Gewehr holen gegangen. Ich hab' alles in dem Bunker gelassen.

–Gut, der commandant will dich sprechen. Sobald man dich wieder vorzeigen kann, kommst du zu uns. War es sehr hart?

–Mon lieutenant, der Auslösegriff der Handgranate, der hatte sich in meinem Schamhaar verfilzt ... Es hat sehr weh getan, wie ich sie abgezogen habe ...

Eine Stunde vor der festgesetzten Aufbruchszeit, ließ sich Mattei bei commandant Laimay melden. Die zwei Männer waren allein.

–Mon commandant, sagte Mattei, Sie wissen so gut wie ich, daß es ein von vornherein aussichtsloses Unternehmen ist, das Bataillon zur Verfolgung der Flüchtlinge einzusetzen. Wenn sich tausend Mann in diesem Gelände hier fortbewegen, kann man sie ohne Schwierigkeiten einen Tagesmarsch voraus ausmachen und ihnen Fallen aller Art stellen.

–Ich weiß, aber wir müssen alles versuchen, so lautet der Befehl, ich muß die Verfolgung aufnehmen.

–Ich glaube, ich kann Ihnen etwas besseres vorschlagen: Lassen Sie mich dem Bataillon mit ungefähr zwanzig Mann meiner Kompanie vierundzwanzig Stunden vorausmarschieren. Lassen Sie mir freie Hand. Ich wäre viel beweglicher und viel schneller; nur eine leichte Patrouille kann unbemerkt durchkommen.

Der commandant wurde nachdenklich.

–Das erscheint verdammt riskant. Und die Verpflegung? die müßte man Ihnen von einer *Morane* abwerfen lassen und damit wären Sie entdeckt. Diese Verfolgung kann Wochen dauern, vielleicht ein oder zwei Monate.

–Außer Kaffee und Zigaretten würden wir nichts mitnehmen. Sie brauchten uns nicht aus der Luft zu versorgen. Es gibt ja Dörfer; dort würden wir uns eindecken. Was die Viets machen, können wir auch.

–Das glaube ich Ihnen ohne weiteres, aber wir sind Soldaten und keine Räuber.

–Sehr schön. Wenn Sie das beruhigt, werden wir nur Wurzeln kauen, solange es notwendig ist.

–Ich glaube, ich werde Sie die Sache versuchen lassen, Mattei; man könnte Sie alle zwei Tage überfliegen und auf diese Weise in Funkkontakt mit Ihnen bleiben.

–Ich möchte keinerlei Kontakt! Ich weiß nicht, wohin ich gehen werde; Sie würden uns nur behindern, wenn Sie uns zu überfliegen versuchten.

–Also gut! Suchen Sie sich Ihre Männer aus und führen Sie ganz genau Tagebuch. Ich möchte einen Bericht über alle Ereignisse, die Sie auslösen oder miterleben.

–Sie können auf mich zählen, mon commandant. In etwa einer Stunde breche ich auf.

–In der Nacht?

–Allerdings in der Nacht.

Mattei ging eilig zum Zug Klauss und setzte dem sergent-chef seinen Plan auseinander:

–Außer Ihnen will ich Osling, Fernandez und Ickewitz. Suchen Sie weitere fünfzehn Freiwillige aus, die uns begleiten. Es wird keine Vergnügungsreise: Wählen Sie die Leute, die am meisten aushalten. Dazu kommt mir ein Gedanke; suchen Sie den kleinen Handgranaten-Italiener dafür zu interessieren; es wird uns an Unterhaltung fehlen und in Augenblicken der Entmutigung wird es nützlich sein, einen Clown zur Hand zu haben.

–Zu Befehl, mon lieutenant, schmetterte Klauss, den die Aussicht auf ein Kommandounternehmen begeisterte.

13.

Gegen 3 Uhr früh war das Kommando Mattei komplett. Den Oberleutnant und die zwei Unteroffiziere mitgerechnet, waren es neunzehn Mann, die da zu einem tollen Abenteuer aufbrachen.

Die Gefangenen über das Ziel der Geflüchteten zu befragen, war
nutzlos; es lag auf der Hand, daß sie nichts über den Fluchtplan
von »Onkel Ho« und seinem Stab wußten. Sicher war nur die von der
Gruppe gewählte Himmelsrichtung: Süd-Süd-West. Aber die Vielzahl der Wege und die Vertrautheit der Viets mit dem Gelände machten es unmöglich, ihre Route mit hinreichender Genauigkeit vorauszusehen.

Nur zwei Umstände waren für Mattei günstig: Erstens der Omnibus,
der Spuren hinterlassen konnte; zweitens, Klauss' Pfadfinderin-
stinkt, der sich von neuem erweisen mußte. Dennoch machte sich
Mattei keine Illusionen. Ho Schi Minh hatte sicherlich mit dem Fall
von Ninh-Binh gerechnet; seine Flucht erfolgte also nicht improvi-
siert, und er war zweifellos von Spezialisten umgeben, wahren Meistern in der Kunst, einen Verfolger irrezuführen und Spuren verschwinden zu lassen. Der Entschluß des Oberleutnants war schnell
gefaßt: Die ersten achtundvierzig Stunden würde er sich nach dem
Kompaß richten und einfach schnell vorwärtsmarschieren. Bei dieser
Methode spielte zwar der Zufall eine übergroße Rolle. Dessen war
sich Mattei bewußt, aber andrerseits konnte der Feind diese Handlungsweise seiner Verfolger nicht voraussehen – was einen wichtigen
Trumpf darstellte.

Mattei ging an der Spitze, er war unbewaffnet und fegte mit seinem
Knotenstock alle Hindernisse aus dem Weg, die sein Eiltempo beein-
trächtigen konnten. Die Männer folgten ihm schweigend, Atem und
Kräfte sparend. In der Nacht überquerte das Kommando Wasserläufe, tappte in Sumpflöcher und verfing sich in den Lianen des
Waldes, ohne den geringsten Kommentar seitens der erschöpften Legionäre; sie marschierten wie Automaten, mit angespannten Zügen,
mit flackerndem Blick und keuchendem Atem. Jeder hatte nur den
einen Gedanken: dem Vordermann folgen. Die Morgendämmerung
und die beginnende Hitze verminderten das Marschtempo des Oberleutnants nicht. Erst gegen 2 Uhr nachmittags ließ Mattei schließlich Halt machen.

Er setzte sich auf einen Stein, während sich seine achtzehn Begleiter fallen ließen, wo sie gerade standen. Klauss zog aus der Tasche seines Hemdes ein Paket *troupes* und betrachtete es einen Augenblick amüsiert. Die Zigaretten waren derartig schweißdurchtränkt, daß sie nur noch einen feuchten Tabakklumpen bildeten. Klauss warf das Päckchen weg und kramte aus seinem Rucksack ein neues hervor; dann ging er zu Mattei, der die Karte aus seinem Käppi herausgenommen hatte und damit beschäftigt war, darauf den ungefähren Standpunkt des Trupps festzustellen.

– Wenn ich mich nicht täusche, sagte der Oberleutnant, müssen wir etwa zwei Kilometer entfernt von ein paar Strohhütten sein, wo wir uns vielleicht einige Stunden ausruhen und etwas zu essen finden könnten.

Klauss schüttelte skeptisch den Kopf.

– Ehrlich, mon lieutenant, halten Sie etwas von diesem Auftrag?

– Ich glaube, daß es nichts anderes gibt. Der Einsatz ist so enorm, daß wir ruhig alle draufgehen können, wenn unsere Erfolgschancen auch nur eins zu tausend stehen.

– Ja, aber besteht die Chance von eins zu tausend überhaupt?

– Das, mein Lieber, werden wir später wissen.

– Einstweilen heißt es, Marschieren oder Krepieren.

– Genau, Klauss, Marschieren oder Krepieren. Schließlich hab' nicht ich diese Devise erfunden. Machen Sie mir nicht vor, Sie hätten schon nach diesem kleinen Spaziergang den Mut verloren.

– Nein, mon lieutenant. Ich selbst hoffe durchzuhalten, aber die Männer? Glauben Sie, daß alle dieses Tempo durchstehen können?

– Sie haben sie doch entsprechend ausgewählt, oder? Worauf wollen Sie hinaus?

– Das wissen Sie doch. Aber da es Ihnen Vergnügen macht, es mich sagen zu hören, stelle ich Ihnen die Frage, mon lieutenant: was machen wir, wenn einer von uns zusammenbricht?

Wie häufig, legte Mattei die Stirn in Falten und zog die Augenbrauen hoch.

– Was soll's, Klauss! Sie wissen es doch genau: wer ausfallen sollte, wird zurückgelassen. Wenn möglich in der Nähe einer Siedlung.

– Ist Ihnen klar, was das bedeutet?

– Herrgott nochmal, Klauss, erschweren Sie meine Aufgabe nicht! Glauben Sie, mir macht das Spaß? Man wird ihnen eine Waffe zurücklassen. Im übrigen, bereiten Sie sie darauf vor.

– Nicht nötig, mon lieutenant, sie wissen es alle.

– Also, was sollen dann Ihre Fragen?

– Ich wollte wissen, ob Sie unter gar keinen Umständen einen Verzicht ins Auge fassen, mon lieutenant.

– In gar keinem Fall! Und wenn ich allein übrigbleibe. Prägen Sie sich das alle gut ein, und jetzt geht's weiter.

Der Halt hatte nur rund zwanzig Minuten gedauert. Schweigend setzte das Kommando die Verfolgung fort.

Es war kurz vor 17 Uhr - und das Dorf immer noch nicht in Sicht. Klauss und Osling kamen im Laufschritt bei dem Leutnant an.

– Santini erbricht, verkündete Osling. Er ist schon zweimal stehengeblieben und hält nicht Schritt.

Mattei war empört. Ein Mann, der am ersten Tag nicht mithalten konnte, das war eine Schweinerei! Und noch dazu Santini! Ihn nach seiner gestrigen Leistung zurückzulassen, wäre ungeheuerlich. Dennoch blieb Mattei nicht stehen und befragte Osling, ohne den Schritt zu verlangsamen:

– Was hat er? Ist es ernst?

– Er muß zuviel Reisschnaps oder anderen Dreck zu sich genommen haben, mon lieutenant; nach ein paar Stunden Ruhe kann er wieder in Ordnung sein.

– Sagen Sie ihm, daß wir ihm Markierungen hinterlassen werden; er soll uns nachkommen, wenn er kann.

– Mon lieutenant ....

– ....Das ist ein Befehl, Osling. Erschöpfen wir uns nicht mit unnötigen Worten.

Die beiden Unteroffiziere blieben stehen, bis die Kolonne an ihnen vorüber war und sahen überrascht, daß Santini auf dem Rucksack eines Legionärs hockte, der kaum größer war als er selbst. Dennoch schien der Mann diese zusätzliche Last ohne Anstrengung zu tragen. Er machte ein Zeichen mit dem Kopf und sagte einfach:

– Wird schon gehen.

Klauss spurtete erneut zum Oberleutnant:

– Einer von den Leuten trägt Santini, mon lieutenant. Ich glaube, das wird funktionieren.

Diesmal blieb Mattei stehen.

– Er soll ihn sofort absetzen! Ich möchte nicht Zwei zurücklassen müssen.

Der Oberleutnant ließ das Kommando an sich vorbeiziehen und

überprüfte Mann für Mann mit einem raschen Blick. Schließlich erschien der Schlußmann, beladen mit dem kleinen Santini. Er schien sich nicht mehr anstrengen zu müssen als die anderen und hielt mit Leichtigkeit Schritt.

– Hat man dir den Befehl gegeben, Santini auf den Rücken zu nehmen? fragte Mattei.

– Es macht gar nichts, mon lieutenant, er wiegt kaum mehr als eine Katze.

Der Dialekt des Legionärs traf Mattei ins Herz.

– Wie heißt Du?

– Clary, Antoine, mon lieutenant.

Mattei lächelte. Wären sie allein gewesen, hätte er ihn umarmt.

– Wo bist du her?

– Aus Bastia, mon lieutenant.

Mattei musterte seinen Landsmann.

Clary war nicht groß, aber fast ebenso breit wie lang. Seine kurzen, muskulösen Arme ließen seine Kraft ahnen. Unter seinem weit ausgeschnittenen Hemd kam eine enorme Brusttätowierung zum Vorschein. Mit der Spitze seines Stockes schob Mattei den Ausschnitt noch weiter auf. Die Tätowierung stellte Christus am Kreuz dar; der Querbalken des Kreuzes reichte von einer Schulter zur andern, der Längsbalken vom Hals bis zum Nabel. Die Christusfigur war gut gemacht. Die riesige Tätowierung trug die Inschrift: »Wenn du gelitten hast, ich tat es auch!«

Mattei wandte sich lächelnd an Klauss.

– Hätten Sie mir nicht sagen können, daß er Korse ist? Ich hätte ihm ohne anzuhalten erlaubt, Santini zu tragen! Sie stehlen mir die Zeit, Klauss!

Entzückt über seine Ungerechtigkeit, ließ Mattei den deutschen Unteroffizier starr vor Staunen zurück und setzte sich wieder an die Spitze der Kolonne, ohne sein Höllentempo zu verlangsamen.

Um 19 Uhr stieß die Patrouille plötzlich auf das Dorf. Es waren ein paar armselige Strohhütten, die im Halbkreis auf einer Lichtung standen. An die zwanzig Eingeborene, ältere Frauen und magere Kinder, die sich beim Herannahen der Legionäre überrascht und ängstlich zu verstecken suchten. Das Lächeln und die freundlichen Gesten des

Oberleutnants schienen sie nicht zu beruhigen. Eine kurze Inspektion durch die Unteroffiziere zeigte, daß die Flüchtlinge hier nicht durchgekommen waren. Und die paar Haustiere, die in dem Weiler umherliefen, bewiesen deutlich, daß er seit einiger Zeit von keiner Viet-Einheit besetzt gewesen war.

Befehle erwartend, trat Klauss zum Leutnant.

– Was ist vorhanden? fragte Mattei.

– Drei Schweine, eine Ziege, ein paar Hühner und einige dreißig Kilo ungeschälter Reis, mon lieutenant.

Schweren Herzens befahl Mattei:

– Lassen Sie ein Schwein schlachten und drei Kilo Reis abkochen. Und warnen Sie die Leute: Der erste, der plündert, und sei es nur ein Ei, bekommt eine Kugel in den Kopf. Wir ruhen uns vier Stunden aus, dann geht's weiter.

Ickewitz, der einzige, dem der Gewaltmarsch nichts ausgemacht zu haben schien, ging auf den Oberleutnant zu und fragte, als sei es die natürlichste Sache von der Welt:

– Dürfen wir ficken, mon lieutenant?

– Kommt nicht in Frage, verdammt nochmal! Damit fängst du nicht an, Ickewitz, brüllte der Leutnant.

Nach einiger Zeit fragte er:

– Du würdest diese Großmütter ficken, du Dreckschwein?

– Bah, mon lieutenant, ich mag auch Schweine nicht, und trotzdem esse ich davon. *C'est la guerre.*

Mattei antwortete nicht. Er trat zu Antoine Clary und dem kleinen Santini, der an einem Baum kniete und sich die Hand halb in den Mund steckte, um erbrechen zu können.

– Hast du oft solche Anfälle?

– Jedesmal, wenn ich mich besaufe, mon lieutenant. Jetzt wird es zu Ende sein.

– Wir brechen in vier Stunden wieder auf und marschieren die ganze Nacht: Wenn du dich nicht wohl fühlst, bleibst du besser da, du hast eine Chance, davonzukommen.

– Es wird schon gehen, mon lieutenant, ich gehe mit Ihnen.

Das Schwein wurde von einem der Legionäre geschickt zerlegt und die Stücke sorgfältig in saubere Leinwand eingewickelt, die man in den Hütten gefunden hatte. Mattei ordnete an, die sofort gekochten Stücke mit den Dorfbewohnern zu teilen.

Die Männer stürzten sich auf das halbgare Fleisch und schlangen es gierig hinunter, um möglichst schnell damit fertig zu werden. Kaum war der letzte Bissen geschluckt, ließen sich die Legionäre, Lippen und Hände fettig von Reis und Schweinefleisch, wie abgeschnittene Marionetten auf der Stelle fallen und versanken in tiefen Schlaf.

Um Mitternacht verließ die Patrouille das Dörfchen und setzte den Marsch nach Südwesten fort. Trotz Mondscheins und obwohl der Wald jetzt weniger dicht war, ging es nur langsam vorwärts; man machte immer wieder Halt, weil der Oberleutnant die Karte konsultieren mußte. Osling marschierte als Schlußmann, Klauss ging seit dem Aufbruch neben dem Leutnant an der Spitze. Während der kurzen Pausen stellte Klauss keine Fragen; er wußte, daß Mattei sich nötigenfalls an ihn wenden würde. Beim Morgengrauen machte das Kommando eine Stunde lang Rast. Über seine Karte gebeugt, gab Mattei - sichtlich verblüfft - dem Unteroffizier ein Zeichen.
– Sehen Sie mal, hier ist der Ort, wo wir gestern abend geschlafen haben. Wenn wir weiter nach Südwesten marschieren, werden wir drei oder vier Tage lang auf kein anderes Dorf stoßen. Wenn wir dagegen mehr nach Westen halten, müssen wir heute abend eine Siedlung erreichen, die größer ist als die von gestern. Was halten Sie davon?
– Wieviel Stunden würde uns dieser Umweg kosten, mon lieutenant?
– Sechs bis sieben, vielleicht auch acht, wenn meine Berechnungen stimmen.
– Dann würde ich gehen: Es ist besser, die Männer nicht allzu plötzlich in das absolute Nichts zu stürzen.
– Das stimmt, Sie haben sicher recht, Klauss. Sagen Sie den Legionären, daß wir den ganzen Tag angestrengt marschieren, aber fast die ganze Nacht in dem Dorf bleiben werden.
Das Dorf wurde früher erreicht, als Mattei berechnet hatte. Gegen 4 Uhr nachmittags stieß die Patrouille auf einen einigermaßen instand gehaltenen Weg, der offensichtlich dorthin führte. Der Marsch auf einem relativ ebenen und festen Boden war für die Männer eine wahre Erleichterung. Nach knapp einem Kilometer erblickten sie ein Haus aus Stein, das von etwa zehn Strohhütten umgeben war.
Klauss, der an der Spitze ging, blieb plötzlich, gleich einem Jagdhund, wie festgewurzelt stehen; mit einer Armbewegung gab er dem

Leutnant zu verstehen, daß ihn etwas beunruhigte.

Mattei trat zu ihm und flüsterte:

– Was hast du gesehen?

– Nichts, mon lieutenant, aber es kommt mir zu ruhig vor.

Mattei wandte sich um und gab mit beiden Händen ein kurzes Zeichen.

Mit raschem Sprung warfen sich die Männer auf beiden Seiten des Weges in der dichten Vegetation zu Boden und spähten umher. Klauss und Mattei folgten ihnen. Mit einem Blick erspähte der Leutnant Ickewitz und murmelte:

– Ickewitz?

Der Ungar hob den Kopf. Mit einer Daumenbewegung gab ihm der Leutnant zu verstehen, was er von ihm erwartete, und der Riese bewegte sich vorsichtig auf das Dorf zu, die Pistole in der Faust. Alle zehn Meter ging er in Deckung, beobachtete und bereitete den nächsten Sprung vor. Nach einer Minute war er verschwunden.

Angespannt spähten die Männer umher, während in der Stille seltsamerweise nicht einmal die natürlichen Geräusche des Dschungels zu hören waren.

Die Wartezeit wurde immer lastender, bis Ickewitz nach mehreren Minuten wieder auftauchte. Er ging langsam und ohne Deckung; seine Pistole hatte er wieder weggesteckt, was bewies, daß nichts zu befürchten war. In Hörweite angekommen, rief er:

– Sie können rauskommen, mon lieutenant.

Mattei und Klauss näherten sich dem Späher, der ungewöhnlich blaß war.

– Was ist los, Ickewitz, hast du Angst gehabt?

Der Riese hob die Schultern.

– Das müssen Sie sich selbst ansehen, mon lieutenant! Die reine Schlächterei! Alles mußte dran glauben: Frauen, Kinder, Viecher, alles haben sie umgebracht, die Schweinehunde! Und das stinkt, mein Gott, das stinkt, mon lieutenant!....

Gefolgt von Klauss und Osling ging Mattei langsamen Schrittes auf den Kadaverhaufen zu.

Als den drei Männern der widerliche Leichengeruch in die Nase stieg, banden sie sich Taschentücher vor Mund und Nase. Der makabre Anblick, der sich ihnen bot, gab eine Vorstellung von den Ereignissen, die sich hier vor höchstens vierundzwanzig Stunden abgespielt haben mußten.

Es war offenkundig, daß die Opfer, denen allen die Hände auf dem Rücken zusammengebunden waren, nacheinander in Gegenwart ihrer Leidensgenossen umgebracht worden waren und so wechselseitig ihre Ermordung und ihren Todeskampf miterleben mußten. Die meisten hatten die Augen noch offen und die Gesichter waren in Todesangst erstarrt. Kinder, fast noch Säuglinge, waren dem Massaker nicht entgangen.

Mattei wandte sich an seine Männer und befahl mit einer Stimme, die seine Bewegung zu verbergen suchte:
– Sie müssen alle beerdigt werden. Macht schnell. Eine einzige Grube. Alles macht mit.

Kreideweiß im Gesicht näherte sich Santini dem Offizier.
– Darf ich mich entfernen, mon lieutenant? Ich fühle micht immer noch nicht wohl und dieser Geruch ....
– In Ordnung, von der Arbeit befreit, aber geh' nicht zu weit und sei vorsichtig.

Santini schämte sich ein wenig. Er wußte genau, daß er seine Übelkeit vom Vortag völlig überwunden und daß er sie nur ausgenutzt hatte, um sich vor dem widerlichen Geschäft zu drücken. Wie zur Rechtfertigung seiner Handlungsweise ließ er sich auf die Knie fallen und steckte drei Finger in den Mund, um Erbrechen zu erzwingen. Er hatte das Gefühl, als drehe sich ihm der Magen um; schließlich bekam er Magenkrämpfe, und Tränenbäche liefen ihm die schmutzigen Bakken hinunter. Ausgepumpt ging er ein paar Schritte und ließ sich dann auf den Rücken fallen, stoßweise atmend, sauren Geschmack im Mund und außerstande, einen klaren Gedanken zu fassen. Er lag gut hundert Meter von dem Leichenhaufen entfernt. Der Geruch war weniger durchdringend und er kam wieder zu Sinnen.

Eine Viertelstunde war vergangen, als Santini plötzlich durch das Rascheln von Blättern aus seiner Apathie gerissen wurde. Prompt reagierten seine Sinne und es kam ihm zum Bewußtsein, daß er sich ohne eine Schußwaffe entfernt hatte. Er zog sein feststellbares »Vendetta«-Messer, von dem er sich nie trennte, aus der Tasche, und robbte vorsichtig in die Richtung, aus der das Geraschel gekommen war.

Einen Augenblick später richtete sich der Legionär auf, betrachtete verblüfft seine Entdeckung und klappte mit gewohntem Griff sein Messer wieder zu. In ein Gebüsch gekuschelt, schaute ihn furchtsam und stumm ein Baby an. Seine haselnußbraunen Augen waren weit aufgerissen und es schien bei bester Gesundheit. Das Kind trug ein grobes Baumwollhemd, das vom Bauch ab mit einem langen, seidigen Schal umwickelt war, der jede Bewegung der Beine verhinderte.

Santini war einen Augenblick sprachlos, dann redete er mit dem Kind, als ob es ihn verstehen könne.

–Wart' auf mich, hab' keine Angst, ich komm' zurück und hol' dich. Im Laufschritt kehrte er zu seinen Kameraden zurück, die gerade dabei waren, das Massengrab zuzuschaufeln.

Instinktiv wandte er sich an Clary, den Mann, dem er wahrscheinlich das Leben verdankte. Mit einer Handbewegung bat er den kleinen korsischen Koloß zur Seite.

–Was ist jetzt schon wieder los? fragte Clary ärgerlich.

–Sei nicht böse, Antoine! Ich habe einen *bambino* gefunden.

–Na und? bring ihn her, wir begraben ihn mit den andern.

–Du verstehst nicht, er ist nicht tot.

–Dann müssen wir es Osling sagen, er wird sehen, ob man ihn behandeln kann.

–Du verstehst immer noch nicht, er ist nicht einmal verwundet. Verblüfft schaute Clary auf.

–Bist du sicher? Du mußt geträumt haben.

–Bei der Heiligen Jungfrau, Clary, er ist so wohlauf wie du und ich, ich habe ihn kaum hundert Meter von hier im Gebüsch gefunden.

–Das schau' ich mir an, komm' mit.

Clary rief Klauss zu:

–Laß dich begleiten und seid vorsichtig, antwortete der sergent gleichgültig.

Mit einem Klaps auf Santini's Arm gab Clary das Zeichen zum Aufbruch.

Das Baby war immer noch ruhig und Clary konnte sich von seinem Anblick kaum losreißen. Schließlich fragte er, als sei das von Wichtigkeit:

–Ist es ein Junge oder ein Mädchen?

–Ich weiß nicht, ich habe nicht daran gedacht.

–Wir müssen nachsehen, erklärte Clary feierlich und wickelte den Schal vorsichtig auf.

– Es ist ein Mädchen, verkündete Santini, als sei er stolz auf seine Kenntnisse.

Clary wickelte das kleine Mädchen wieder ein und wurde sich erst jetzt klar, daß das Geschlecht des Kindes nichts am Problem änderte.

– Was sollen wir bloß machen, Madonna, was sollen wir bloß machen!

– Wir müssen es dem Oberleutnant sagen, das ist seine Sache.

– Ach der Oberleutnant, der Oberleutnant, was weiß man denn, was dem Oberleutnant einfallen wird? Er denkt nur an seinen Auftrag .... Er hätte dich gestern wie eine Ratte verrecken lassen, wenn ich nicht gewesen wäre ....

– Aber trotzdem, glaubst du nicht ....

– Ich geh' kein Risiko ein, entschied Clary.

– Was willst du machen?

– Wir stecken das Frauenzimmer in meinen Rucksack, der ist jetzt fast leer.

– Das kommt raus, sie wird schreien, abgesehen davon, daß die kleinen Würmer unentwegt zu essen brauchen!

– Du gehst hinter mir. Wenn sie schreit, singst du und dann geben wir ihr Reis.

– Die werden uns schön zusammenstauchen! lamentierte Santini, wagte aber nicht, seinem Kameraden zu widersprechen.

Vom Dorf her zeigten ein paar Pfiffe an, daß die Patrouille zum Weitermarsch bereit war. Mattei hatte beschlossen, zwei Marschstunden weiter südöstlich zu lagern.

Mit dem Kind beladen, gingen die beiden Legionäre zu den von ihren Kameraden bereits verlassenen Hütten zurück.

Hastig nahmen sie ihre Rucksäcke und Waffen auf.

Santini brachte das kleine Mädchen in dem Rucksack des Korsen unter. Das Baby, immer noch stumm, zappelte einen Augenblick mit den Beinen, um eine bequeme Lage zu finden. Dann, von dem elastischen Schritt des Legionärs beruhigt und eingelullt, schloß es die Augen und schlief ein, während die beiden Männer das Ende der Kolonne einholten.

Während des Marsches konnten Clary und Santini das schlafende Kind verborgen halten, aber gleich nach dem Einrichten des Nachtlagers wurde es entdeckt. Osling wurde als erster auf das Lallen des Säuglings aufmerksam. Mißtrauisch näherte er sich den beiden Komplizen, die sich etwas abseits niedergelassen hatten.

– Was zettelt ihr Zwei da an? Was bedeuten diese Vogellaute?

– Das mache ich, chef, aus Jux, antwortete Santini ohne zu zögern.

– Halt mich nicht für blöd, gab Osling zurück und lüpfte Clary's Decke. (Und als er das Kind entdeckte:) Herrgott nochmal! wo habt ihr das her? Seid ihr verrückt?

– Wir sind verrückt! Das ist gut! Was hätten wir denn tun sollen? Sie erschlagen? explodierte Clary außer sich.

– Meldung machen, Dummkopf. Das hättest du tun müssen. Meldung machen: ihr seid nicht dazu da, Initiativen zu ergreifen.

Von dem lauten Wortwechsel angezogen, kamen Mattei und Klauss auf die Gruppe zu, gefolgt von einigen Männern, deren Neugier stärker als ihre Müdigkeit war.

– Was geht hier vor? brüllte Klauss mit einem fragenden Blick auf Osling.

Statt jeder Antwort wies Osling zögernd auf das kleine Mädchen. Der Unteroffizier und der Oberleutnant blieben einen Moment stumm vor Verblüffung. Schließlich reagierte Mattei und blitzte Clary an:

– Warum hast du das nicht im Dorf gemeldet, Idiot?

– Ich weiß nicht, mon lieutenant, murmelte Clary verlegen.

Mattei überlegte einen Augenblick und sagte dann:

– Osling, glauben Sie, daß man diese Göre zwei oder drei Tage bis zum nächsten Dorf mitschleppen kann?

– Zweifellos. Sie ist mindestens fünfzehn Monate alt und scheint bei bester Gesundheit. Wir können sie mit Reis füttern.

Mattei wandte sich an Clary:

– Du trägst sie weiter, der sergent-chef wird dir sagen, wie man sie füttert.

Der Oberleutnant entfernte sich schnell und ging zu dem verdeckten Feuer, auf dem der Küchenbulle einen zähen Brei aus ungeschältem Reis und Schweinestücken zubereitete. Mechanisch füllte Mattei ein Kochgeschirr und setzte sich abseits unter einen Baum. Gleich darauf setzten sich Osling und Klauss zu ihm und schlangen gierig ihre Portion hinunter, ohne ein Wort zu sagen. Als der letzte Bissen verdrückt war, stand Klauss auf, nahm die drei Kochgeschirre und ging sie abwaschen. Osling unterbrach das drückende Schweigen.

– Einen Schluck Kognak, mon lieutenant? Ich habe in Ninh-Binh eine Flasche gefunden.

– Ja gern, *mon vieux*. In meinem ganzen Leben habe ich ihn noch nie so nötig gehabt.

– Ich glaube, mon lieutenant, ich verstehe Sie.

– Natürlich verstehen Sie mich, Osling. Das ist nicht gerade schwer.

Klauss kam mit der Flasche und drei Metallbechern zurück. Die drei Männer nahmen einen großen Schluck Alkohol. Weniger diplomatisch als Osling, trat Klauss mitten ins Fettnäpfchen.

– Er hatte Angst, Sie könnten das Gör erschlagen, und das bedrückt Sie, nicht wahr, mon lieutenant?

Mattei lächelte über den brutalen Scharfblick des Unteroffiziers.

– Na ja, Klauss, der Mechanismus, der im Gehirn dieses braven Einfaltpinsels ablief, erschreckt mich ein bißchen.

– Ich fürchte, Sie sind im Irrtum, mischte sich Osling ein. Alle Ihre Leute, auch die primitivsten, kennen die Spielregeln, die Sie der Aufgabe wegen durchsetzen müssen. Ich bin überzeugt, daß sie den Mut bewundern, mit dem Sie gewisse Entscheidungen treffen.

– Wie zum Beispiel ein kleines Mädchen umbringen zu lassen, dessen Anwesenheit unseren Marsch zweifellos verlangsamen wird, sagte Mattei bedauernd. Nach einer Gedankenpause fuhr er fort: Ja, ich glaube, ich hätte die Pflicht, es zu tun. Ich glaube, daß das der Preis ist, um den man Kriege gewinnt. Die Gruppe von Ho Schi Minh, hinter der wir her sind, hat uns das gerade überdeutlich demonstriert, indem sie alle Zeugen ihres Durchmarsches beseitigt hat. Und ich, wenn wir in ein paar Tagen auf ein Dorf stoßen, in dem unsre Kunden sitzen, auch ich werde nicht zögern, es mit Granatwerferfeuer einzudecken, genau wissend, daß ich vielleicht an die zehn solcher kleinen Mädchen umbringen werde, wie dieses da. Meine spontane Entscheidung, dieses Gör gegen jede taktische Logik mitzuschleppen, ist im Grunde nur ein Zeichen von Feigheit.

Osling fing an zu lachen.

– Sie denken zu viel für einen Soldaten. Wir sind die letzten Berufssoldaten. Unsre Pflicht ist es, den Krieg zu gewinnen, nicht ihn zu führen. Und wir Legionäre, und vor allem Sie, der Sie mehr Verantwortung tragen als ich, müssen uns nur vor einem hüten: Krieg zu führen, damit man uns bewundert, auch auf die Gefahr hin, ihn zu verlieren. Die Geschichte der Fremdenlegion ist voll von glorreichen Niederlagen; wir sind die glanzvollste Truppe der Welt; wir werden

bewundert und verehrt, weil wir mit dem Ruf »Vive la Légion« glanz-
voll zu sterben wissen, wir ....

–....Worauf wollen Sie hinaus, Osling? Ihre Nazi-Philosophie kotzt
mich an. Wollen Sie mir klarmachen, daß ich unrecht hatte, das kleine Mädchen da zu verschonen? Was würden Sie tun, wenn ich Ihnen
befehlen würde, es verschwinden zu lassen?

–Ich würde mir nicht das Recht anmaßen, Ihre Befehle zu diskutieren oder ihnen zuwiderzuhandeln: Als ich in Ihren Reihen Zuflucht suchte, habe ich mich dazu verpflichtet, Ihre Regeln und Ihre
Gesetze zu respektieren. Ich glaube allerdings, daß ich mich aus
Feigheit umbringen würde; lieber mir selbst eine Kugel in den Kopf
jagen als dem Kind.

–Also stehen wir beide auf dem selben Standpunkt.

–Gewiß, mon lieutenant, ich bin ja auch nicht Hitler!

Einige Meter von ihnen entfernt spielten Clary, Santini und Ickewitz
Amme. Sie drängten sich um das Kind, stritten um das Vergnügen, es
mit ein paar Löffeln Reis zu füttern und versuchten durch zahllose
Harlekinaden, ihm ein Lächeln zu entlocken. Von den drei Männern
war Santini der zungenfertigste. Er hielt dem Kind die reinsten
Volksreden, wobei er ihm goldene Berge versprach. Vor dem lauschenden Baby stürzte er sich in schwungvolle Beschreibungen seiner Heimatstadt Neapel, wohin er es mitzunehmen versprach, sobald
sein Legionsvertrag abgelaufen sein würde.

Der singende Ton und die weiche Stimme des Italieners schienen der
Kleinen zu gefallen. Ihre deutlichen Zeichen von Zufriedenheit wurden von Clary nicht anerkannt. Plötzlich entlud sich seine Eifer-
sucht.

–Bist du noch nicht fertig mit deinem Zirkus, armer Affe, schnauz-
te 'er. Siehst du nicht, daß du ihr auf den Wecker fällst, der Kleinen.
Sie wird noch anfangen zu kotzen, wenn du ihr weiter von deinem
Bettelnest erzählst. Und dann, daß du es nur gleich weißt, wenn wir
sie mitnehmen müssen, dann wird das meine Sache sein. Und sie wird
dann in Korsika aufwachsen, bei meiner Mutter.

Santini sprang auf die Füße, wich einen Meter zurück und ließ mit
der Geschicklichkeit eines Jongleurs sein Messer aufspringen.

–Die Korsen, die sind alle Zuhälter, verkündete er. Wenn du glaubst,
ich lasse dich die Göre mitnehmen, die ich gefunden habe, damit du
sie in einen Puff steckst, wenn sie dreizehn ist, dann träumst du.
Eher laß' ich dich zur Ader.

Clary hatte sich auch erhoben. Obwohl er keine Angst hatte, war er auf der Hut und erklärte lächelnd:

– Das, na das möchte ich sehen. Antoine Clary aus Bastia läßt sich von einem kleinen Hundertfünfundsiebziger schröpfen. Na das möcht' ich wirklich sehen!

Ickewitz brauchte nur sein langes Bein auszustrecken, da kam Santini schon aus dem Gleichgewicht und fiel über ihn. Gelassen drückte er dem Italiener die bewaffnete Hand zusammen und zwang ihn, das Messer fallen zu lassen. Dann stieß er den kleinen Legionär zurück, der zwei Meter weit durch die Gegend flog und zusammensackte. Das Messer klappte er mit einer Hand zu, indem er mit dem Zeigefinger die Arretierung aufmachte und mit dem Daumen den Klingenrücken herunterdrückte.

– Komisch sind die Kerle! stellte er fest. Je kleiner, desto bösartiger. Geht lieber alle beide schlafen. Ihr werdet Kraft brauchen, wenn ihr morgen euer chinesisches Pißmädchen zusätzlich zu euern Waffen tragen wollt ....

Im Morgengrauen des 24. Juni nahm das Kommando seinen Gewaltmarsch wieder auf. Die Legionäre waren ausgeruht und konnten dem von Mattei angeschlagenen Tempo leicht folgen. Die Szenerie blieb die gleiche: Wälder, Reisfelder, Sumpflöcher, Schlamm. Die Gegenwart der Kleinen nötigte die Patrouille, alle zwei Stunden Halt zu machen. Diese Pausen waren den Männern willkommen und nur Mattei schien sie zu bedauern. Ein neuer Zwist war am Morgen zwischen Santini und Clary über den Vornamen des Mädchens ausgebrochen. Santini wollte es Giovanna nennen und Clary war für Marthe, den Namen seiner Mutter. Klauss traf die Entscheidung, und alle waren mit Anne-Marie einverstanden. Die meisten Legionäre hatten sich erboten, Clary abzulösen und ihm eine Weile die zusätzliche Last abzunehmen, die er transportierte. Aber der kleine Korse wies alle Angebote zurück, um das Kind in seinem Rucksack zu behalten und schob seine Kameraden beiseite, wenn sie zu aufdringlich wurden.

Gegen 2 Uhr nachmittags marschierte Klauss an der Spitze. Er zweifelte nicht, daß die Patrouille den Flüchtlingen auf der Spur war und daß sie den selben Weg benutzte. Ohne seinen Schritt zu verlangsamen, beobachtete er und erkannte kaum sichtbare Spuren. Er erahnte das Verhalten der Männer, die ihnen vorausgingen, an zahllosen unbedeutenden Details, die kein anderer als er hätte aufspüren können.

Um 15 Uhr mußte die Kolonne eine gestrüppbewachsene Schlucht durchqueren. Zur Rechten der Legionäre erhob sich ein mehr als fünfhundert Meter langer, mit Büschen bedeckter Hügel. Instinktiv war Klauss langsamer geworden: Wenn er selbst einen Hinterhalt hätte anlegen müssen, so würde er diese Stelle gewählt haben. Er lud seine Maschinenpistole durch und legte den Sicherungsflügel um; alle Männer hinter ihm machten es ihm nach. Nach einigen weiteren Schritten wandte sich der sergent, ohne sich umzudrehen, halblaut an Mattei:

Mon lieutenant, hören Sie mich?

– Ja.

– Zur Rechten im Gras ist ein M.G. Sie sind gerade daran vorbeigegangen. Sie warten die Mitte der Kolonne ab, ehe sie feuern. Wir müssen alle auf einen Schlag in Deckung gehen, sonst gibt es ein Blutbad.

Mattei reagierte augenblicklich und brüllte:

– Alles links in Deckung.

Die tausendfache Wiederholung dieses Manövers während der Ausbildung rettete den meisten Männern das Leben. Der Bruchteil einer Sekunde genügte, und achtzehn von ihnen befanden sich platt auf dem Bauch hinter der Böschung. Nur Adrien Lemoine, ein älterer Franzose, war hilflos auf dem Weg zurückgeblieben. Das augenblicklich einsetzende M.G.-Feuer hatte ihn in Höhe des Magens buchstäblich halbiert.

Klauss, der die feindliche Waffe ausgemacht hatte, warf sich auf die rechte Seite, eröffnete das Feuer auf die Bedienung des Viet-M.G. und durchlöcherte die beiden Männer aus nächster Nähe. Dann setzte er mit zwei Sprüngen zu seinen Kameraden hinüber. Er fiel unmittelbar neben den Leutnant und flüsterte ihm zu:

– Ich glaube, es waren nur zwei und ich habe sie erledigt. Wir können unsere Stellung sichern, mon lieutenant.

Mattei hob leicht die Stimme.

– Sucht Deckung! Grabt euch ein!

Die Männer robbten los und verschanzten sich hinter allem, was Schutz bieten konnte. Auf der andern Seite regte sich nichts.

– Ich glaube, Sie hatten recht, erklärte Mattei. In fünf Minuten schicke ich einen Aufklärer los.

Klauss unterbrach ihn:

– Da hinten bewegt sich was, mon lieutenant.

– Ihre zwei Kerle sind vielleicht nicht tot.

– Unmöglich, ich habe ihnen ein ganzes Magazin in den Schädel gejagt.

Dennoch bewegten sich die Blätter genau an der Stelle, wo das feindliche M.G. in Aktion getreten war.

– Es ist mindestens ein Dritter da.

– Unmöglich, mon lieutenant. Er hätte mich nicht seine Kameraden umbringen lassen, ohne zu reagieren.

– Mein Gott, ich hab's, sagte plötzlich der Oberleutnant.

Ein kurzer Blick genügte Klauss, um seinerseits zu verstehen.

– Ah, die Mistkerle! Was die sich alles ausdenken.

– Dreißig Sekunden, um Deckung zu nehmen, brüllte Mattei. Achtung, jetzt kommt es von oben.

Die von Klauss entdeckte Bewegung im Gebüsch wurde von dem weggleitenden M.G. hervorgerufen:

Von einer langen Schnur gezogen, kletterte es allein den Grashang hinauf.

Wenige Augenblicke später war das M.G. erneut in Stellung gebracht, bedient von zwei anderen Viet-Kämpfern, die rund fünfzig Meter weiter oben versteckt lagen.

– Granatwerfer, befahl Mattei.

Die neue Feuerstellung des Viets lag günstig; die vierte Werfergranate ging in's Ziel und nach ihrer Explosion verstummte das M.G.-Feuer.

Die Legionäre blieben dennoch auf der Hut. Einige Augenblicke herrschte drückendes Schweigen. Es wurde von Clary unterbrochen, der rief:

– Deckung! Sie fangen wieder an, die Arschlöcher!

Wahrhaftig hatte das M.G. seinen Alleingang in dem hohen Gras wieder aufgenommen.

Mattei entspannte sich. Selbst wenn die feindliche Waffe durch den Werferbeschuß nicht beschädigt worden sein sollte, wäre sie auf diese Entfernung weniger wirksam. Offensichtlich war dieser Überfall ein Selbstmordunternehmen; im Überraschungsfalle mochte er eine Erfolgschance gehabt haben, nicht aber unter den jetzigen Bedingungen.

– Glauben Sie, daß dieser Zirkus noch lange weitergeht? fragte Klauss.

– Nein, er ist zu Ende. Das M.G. klettert bis zum Gipfel. Übermitteln Sie dem Granatwerfer, das Feuer zu eröffnen. Wenn ich der Richtung des Seiles folge, kann ich die Viets sehr gut ausmachen.

Das M.G. sollte die vorgesehene dritte Position nicht mehr erreichen. Aller Wahrscheinlichkeit nach waren die Männer, die es zogen, auch ihrerseits von dem Werferfeuer zerrissen worden.

Mattei geduldete sich dennoch eine gute Viertelstunde, ehe er einen Aufklärer losschickte, der vorsichtig den Abhang hinaufkletterte, bis er durch Gesten signalisierte, daß der Feind vernichtet war.

Aus Neugierde gingen Mattei und Klauss den gleichen Weg und überzeugten sich selbst von dem Mechanismus dieses genialen Systems.

– Ich muß zugeben, daß ich nicht auf diese Idee gekommen wäre, murmelte Klauss. Was die bloß in der Birne haben, diese kleinen Teufel, wenn es darum geht, uns in die Scheiße zu bringen!

– Ja, das muß man anerkennen. Wenn Sie sie nicht entdeckt hätten, wären wir alle drangewesen. Übrigens, wie haben Sie sie bemerkt?

– Sie hatten Blätter entfernt, um den Lauf ihrer Waffe durchzustekken.

– Alle Achtung! bekannte Mattei. Das ist die niederträchtigste Idee, die sich je einer ausgedacht hat.

14.

Am späten Nachmittag erfüllte eine Entdeckung von Klauss die Männer mit neuer Hoffnung. Ihr Pfad traf mit einem anderen Weg zusammen und die nun sichtbaren Reifenspuren ließen den feindlichen Fluchtplan klar erkennen.

Ho Schi Minh's Männer hatten sich nach ihrer Evakuierung aus Ninh-Binh getrennt. Die eine Gruppe (der die Legionäre bisher gefolgt waren) hatte ihren Weg quer durch Reisfelder und Wälder genommen; eine zweite - mit dem Auto - hatte einen mysteriösen, aber für ein motorisiertes Fahrzeug benutzbaren Weg gewählt. Die beiden Gruppen hatten sich an dem Punkt vereinigt, an dem sich das Kommando im Augenblick befand und schienen ihren Marsch gemeinsam nach Süden fortgesetzt zu haben.

– Solange sie den Wagen benutzen, können wir ihnen ohne Schwierigkeit folgen, konstatierte Mattei. Das wird unsre Aufgabe wesentlich erleichtern.

– Sofern sie sich nicht des Wagens bedienen, um uns in eine falsche Richtung zu locken, wandte Klauss ein.

– Eine falsche Richtung, das kommt nicht in Frage. Außer im Süden würden sie überall auf unsere Truppen stoßen. Aber natürlich können sie uns auf einen Parallelweg dirigieren. Dieses Risiko müssen wir eingehen. Wir marschieren weiter.

Drei Tage lang folgte das Kommando unablässig den Spuren, die die Flüchtlinge hinterlassen hatten. Die Legionäre machten nur einige Stunden Halt pro Nacht. Das Gelände hatte sich verändert. Es war trocken, steinig und von hohem Gras bedeckt. Nirgends gab es eine Wasserstelle. Das war in diesen Regionen eine so ungewöhnliche Tatsache, daß der Oberleutnant und die Männer erst anfingen, sich zu beunruhigen, als alle Feldflaschen praktisch leer waren.

Am Abend des 27. Juni erklomm die Patrouille eine Hügelkette und machte am höchsten Punkt Halt. Der Leutnant suchte den Horizont mit dem Feldstecher ab, konnte aber nur neue Hügel und eine Landschaft erkennen, die der seit drei Tagen durchquerten in jeder Hinsicht glich. Überall trockenes Gras und nackter Boden. Nicht die geringste Aussicht auf Regen in dieser Jahreszeit. Die Situation drohte kritisch zu werden.

Antoine Clary tauchte neben Mattei auf.

– Mon lieutenant, meiner Tochter darf es nicht an Wasser fehlen. Könnten Sie nicht den Männern sagen, sie sollen mir einen Teil von dem geben, was sie noch übrig haben?

– Alles was ich für dich tun kann ist, ihnen nicht zu verbieten, dir davon abzugeben. Das ist ihre Sache. Sieh zu, wie du mit ihnen zu Rande kommst.

Ein wenig enttäuscht drehte sich Clary um und ging an der Reihe seiner Kameraden entlang, um zu sammeln. Keiner versuchte, sich dem zu entziehen, und bald waren die Feldflaschen von Clary und Santini nahezu voll. Als die Reihe an Osling kam, seinen Beitrag zu leisten, glaubte Clary präzisieren zu müssen:

–Wissen Sie, chef, von dem Wasser trink' ich selber keinen Tropfen.
–Das weiß jeder, Clary. Keiner hat von dir erwartet, daß du das klarstellst.

Nach Araberart sitzend, die Beine unter das Gesäß gezogen, war Mattei völlig vom Studium seiner Karte in Anspruch genommen, die er förmlich mit den Augen verschlang, als bewahre sie ein Geheimnis. Klauss gesellte sich zu ihm und las, auf einem Bein kniend, über die Schulter des Leutnants hinweg, mit. Mit einem Streichholz zeigte er wortlos auf einen Punkt.
–Ich weiß, antwortete Mattei auf die stumme Frage des Unteroffiziers. Es ist nicht weit und da gibt es sicher einen Brunnen.
–Mir scheint, man müßte das Dorf sehen können, mon lieutenant.
–Es ist sicher gleich hinter dem nächsten Hügel. In einer Stunde könnte man es erkennen. Aber bis dahin ist es Nacht.
–Was macht das?
–Versetzen Sie sich in die Lage des Feindes, Klauss. Sie wissen, daß sie verfolgt werden und sie haben wahrscheinlich begriffen, daß wir nur eine kleine Gruppe sind. Das erklärt den Hinterhalt vom Montag. Sie wissen also, daß wir – hier angekommen – Wassermangel haben. Was würden Sie an ihrer Stelle tun?
–Natürlich würde ich den Brunnen unbrauchbar machen.
–Das ist nicht unbedingt durchführbar. Darin liegt unsre einzige Chance. Vergessen wir nicht, daß sie gezwungen waren, rasch die Flucht zu ergreifen. Wahrscheinlich verfügen sie weder über Sprengstoff noch über Rattengift.
–Dann würde ich ungefähr zehn Mann gut plaziert in den Hinterhalt legen, um den Zugang zum Brunnen zu sperren.
–Genau. Nur daß ich nicht glaube, daß sie eine so starke Gruppe zurücklassen. Sie haben am Montag sechs Mann geopfert und sie dürften kaum so zahlreich sein. Nein, ich denke, sie werden ein M.G. dagelassen haben und einen Mann, höchstens zwei oder drei. Aber das kann genügen, uns eine ganze Weile den Zugang zu versperren. Klauss begriff plötzlich.
–Nur ich bin in der Lage, nachts den Weg zu finden, mon lieutenant.
–Ich weiß, Klauss. Und gerade das stört mich. Und doch müssen wir die Stellung vor der morgigen Hitze in unsre Hand bringen, sonst

krepieren wir alle vor Durst. Wir werden deshalb bis zum nächsten Hügel marschieren und das Lager auf seinem Nordabhang aufschlagen. Nach Einbruch der Nacht nehmen Sie zwei Mann und tun, was Sie können. Auf geht's.

Klauss hatte zwei Deutsche zu seiner Begleitung bestimmt. Münch, einen ganz jungen Münchner, und Wolfram, einen ehemaligen Hauptsturmführer der Waffen-SS. Die drei Männer verließen ihre Kameraden gegen 23 Uhr. Sie trugen Cordschuhe, die zur Ausrüstung jedes Kommandounternehmens gehörten und waren beladen mit Handgranaten, führten aber nur eine Maschinenpistole für alle drei mit sich. Der Mond schien so hell, daß Klauss den Weg des Autos erraten konnte. Die drei Männer hielten sich strikt an die Sicherheitsregeln, die für diese Art von Operation gelten. Sie wußten, daß ihr Leben vielleicht von einem Flüstern abhing. Bräche sich einer von ihnen den Knöchel, würde er sich klaglos zu Boden gleiten und seine Kameraden weitergehen lassen, notfalls ohne sie zu unterrichten. Auf diese unerbittliche Disziplin waren sie schonungslos gedrillt worden. Das Dorf war leichter zu finden als Klauss angenommen hatte. Die drei Männer brauchten nicht einmal eine Stunde, bis sie etwa zwanzig Meter vor den ersten Hütten ankamen. Flach auf dem Bauch liegend, spähten die Legionäre angestrengt in die Nacht hinein, um die Basis für einen Angriffsplan zu finden. Nach gut fünf Minuten preßte Klauss Münch's Schulter. Augenblicklich robbte der junge Mann los, alle Sinne angespannt, sogar seine Atmung überwachend. Er bewegte sich wie eine Schlange und kam nur langsam voran. Klauss hatte den jungen Münchner nicht zufällig ausgesucht. Seit ihrer ersten Begegnung hatte er in den leeren und kalten Augen seines Landsmannes all das entdeckt, was aus dieser Sorte von jungen Taugenichtsen gewissen- und problemlose Totschläger macht. Münch gehörte zu jener Art von Menschen, denen es nie gelingt, wirklich gute Soldaten zu werden, die aber einer Kompanie oft unschätzbare Dienste leisten. Münch wurde durch menschliches Schnarchen alarmiert, das aus einer Strohhütte drang. Er wußte, daß ein anderer in der Nähe Wache hält, wenn ein Mann schläft. Den Schnarcher anzugreifen, wäre ein Fehler. Er blieb aufmerksam und unbeweglich, dann kam ihm ein unerwarteter Glücksfall zu Hilfe.

Keine fünf Meter von ihm entfernt erhob sich ein Mann, reckte sich und fing in aller Ruhe zu pissen an; er zeichnete sich gut im Mondlicht ab. Mit einem lautlosen Satz war Münch über ihm. Er preßte ihm die linke Hand auf den Mund und stieß mit der rechten dem kleinen Viet-Soldaten seinen Dolch bis zum Griff ins Kreuz.

Der Mann war tot, als Münch sein Messer herauszog und, den Körper des Soldaten an den Haaren haltend, ihm mit einer überflüssigen Geste die Kehle durchschnitt.

Geschmeidig ließ er den schlaffen Körper des Viet zu Boden gleiten und verhielt einen Augenblick wachsam, auf das geringste Zeichen in der Umgebung lauernd. Das Schweigen wurde nur von dem gleichmäßigen Schnarchen des Schläfers unterbrochen.

Nach einigen Minuten war Münch überzeugt, daß die Viets nur zwei Männer im Dorf zurückgelassen hatten; aber zur größeren Sicherheit inspizierte er eilig zwei oder drei Hütten, die die des Schläfers umgaben. Daß er sie leer vorfand, bestärkte ihn in seiner Überzeugung. Nun schlich er wie ein Wolf in die Richtung der Schnarchtöne. Einen Augenblick lang beobachtete er das Innere der Hütte, um seine Beute auszumachen und sich zu versichern, daß der Mann wirklich allein war. Der Viet-Soldat schlief ausgestreckt auf dem Rücken, auf dem nackten Boden, Arme und Beine weit von sich gespreizt. Münch trat mit kleinen Schritten zwischen die Beine des Mannes, dann ließ er sich abrupt mit den Knien auf dessen Unterleib fallen. Gleichzeitig stieß er seinen Dolch senkrecht in die Kehle des Soldaten. Dann ließ er die Waffe los, kippte sich vornüber, packte den Unglücklichen in Höhe der Ellbogen an den Armen und hinderte ihn so, sich im Todeskampf aufzubäumen. Die Muskelzuckungen, die er unter seinen Fingern spürte, dauerten nur eine oder zwei Sekunden. Dann stand Münch gelassen auf und holte eine Zigarette aus seiner Hemdentasche; ehe er sie anzündete, betrachtete er sein Werk ungerührt im Schein seines Feuerzeugs. Schließlich bückte er sich und zog seinen Dolch aus der Wunde; ein Strom von Blut schoß hervor. Die Zigarette zwischen den Lippen, drehte er den Leichnam mit einer Hand auf den Bauch und wischte sein Messer sorgfältig am Hemd des getöteten Soldaten ab. Vorsichtig verließ er die Hütte, zog eine Handgranate ab, warf sie einige Meter weit von sich und legte sich platt auf den Bauch.

Die Explosion löste keinerlei Reaktion aus, was bewies, daß das Dorf nun wirklich leer war. Laut rief Münch:

– Alles in Ordnung, chef, Sie können kommen.
Sofort tauchten Klauss und Wolfram auf. Mit Hilfe einer Taschen-
lampe nahm Klauss die Szene in Augenschein. Dann stellte er fest:
– Nur zwei Figuren. Der Riecher vom Alten verblüfft mich immer
wieder.
Mit einem Blick auf Münch fuhr er auf deutsch fort:
– Hast dich gütlich getan, was?
Wolfram unterbrach:
– Man braucht bloß seine Visage anzusehen, dem ist doch einer abge-
gangen, dem Drecksack. Er kotzt mich an.
Mit einem Satz stürzte sich Münch auf den Ex-Hauptsturmführer
und beförderte ihn mit einem heftigen Stoß zu Boden.
– Das Miststück bist du, sich in ein Loch verkriechen und nachher
den andern vorwerfen, daß sie die Arbeit erledigen.
Klauss stellte sich zwischen die beiden Legionäre:
– Er hat recht, Wolfram, er hat getan, was von ihm verlangt wurde.
Ihre Ausfälligkeit ist unangebracht. Selbst wenn sie ins Schwarze
trifft. Sei dem wie ihm wolle, hören Sie mit den Kindereien auf und
gehen Sie dem Leutnant melden, daß der Weg frei ist. Sie können ihm
von mir ausrichten, daß ich hoffe, er wird Münch für eine Auszeichnung vorschlagen.

Allein geblieben, nahmen Klauss und Münch die Strohhütten unter
die Lupe, ohne irgendeine verwertbare Spur zu entdecken. Dann blieben sie beim Brunnen stehen. Klauss warf einen Kieselstein. Er vernahm nur ein dumpfes Geräusch.
– Verdammte Tat, es ist kein Wasser drin, sagte Münch.
– Sonderbar, das Dorf muß doch bewohnt gewesen sein. Ich nehme
an, die paar Bauern, die hier wohnten, sahen die Soldaten kommen
und haben sich in der Umgebung versteckt. Die Viets konnten den
Brunnen nicht in ein paar Stunden verschütten.
Münch warf nun auch einen Stein, der den gleichen dumpfen Ton hervorrief.
– Wenn wir ein Seil hätten, könnte man hinuntersteigen, meinte er.
– Ehe der Oberleutnant da ist, kommt das nicht in Frage; der Brunnen
kann vermint sein und das Kommando wird so oder so in einer knappen Stunde hier erscheinen.

In der Tat war Mattei gegen Mitternacht bei der Vorhut. Wie Klauss warf der Leutnant mehrmals Steine in den Brunnen. Dann überdachte er die Lage und befahl schließlich:

– Schmeißt eine Granate runter.

Die Explosion löste keine Folgedetonation aus, aber um sicher zu gehen, verschoß Klauss zwei M.G.-Magazine auf die Innenwände des Brunnens. Nun erklärte Mattei:

– Laßt einen Mann hinunter, man muß nachsehen.

Santini meldete sich selbst und befestigte ein Zugseil um seine Taille. Da weder eine Winde noch ein Pfahl da war, mußten die Legionäre das andere Ende des Seils festhalten, um den Abstieg des kleinen Italieners zu überwachen. Mit der rechten Hand hielt sich Santini am Seil, in der linken hatte er eine Taschenlampe. Oben berechnete Mattei, wieviel Seil ungefähr abgewickelt war; nach drei oder vier Metern gab er ein Zeichen, das Seil anzuhalten und beugte sich über den Brunnenrand.

– Siehst du was?

Santini ließ den Strahl seiner Lampe über den Grund gleiten.

– Ich kann nicht recht sehen, mon lieutenant. Lassen Sie mich noch ein Stück tiefer ab.

Die drei Männer ließen das Seil langsam ablaufen, bis sie plötzlich ein durchdringender Schrei stoppte.

– Holt mich schnell rauf, holt mich rauf ....

Mattei, Klauss und zwei Legionäre sprangen herzu, um den Seilhaltern zu helfen und rissen Santini förmlich nach oben, so daß er sich an der felsigen Brunnenwand aufschürfte und seine Uniform zerfetzte. Oben angekommen schwang er sich selber hinaus, ließ sich auf alle viere fallen und erbrach. In einer Brechpause gurgelte er:

– Da unten ist's voll von Leichen! Zum Knochenkotzen!

– Konntest du sehen, ob Wasser da ist? fragte Mattei gänzlich unbeeindruckt.

– Ich hab' nichts als Leichen gesehen, mon lieutenant. Richtig aufgehäuft.

– Wenn Wasser da wäre, lägen sie am Grund, stellte Osling fest.

– Im Prinzip ja, stimmte Mattei zu. Aber wir müssen uns überzeugen. Und dazu gibt's nur eines: sie heraufholen.

– Ich nicht, mon lieutenant, ich geh' nicht mehr runter, jammerte Santini.

– Schon recht, Santini, wir gehen alle der Reihe nach. Was mich er-

staunt, ist, daß nichts zu riechen war. Stank es unten nicht?
– Ich glaube nicht, mon lieutenant, ich hab' nichts gemerkt.
– Also sind sie noch nicht lange da unten. Richtet ein zweites Seil
her. Ein Mann soll sofort runtersteigen. Er soll die Füße der Toten
in eine Schlaufe stecken, dann kann man sie hochziehen.
Kaltschnäuzig wie immer ging Münch als erster. Als die zwei Seile
etwa fünf Meter abgelaufen waren, rief er:
– Stop.
Eine Minute danach kommandierte er mit gleichmütiger Stimme:
– Holt das zweite Seil hoch und laßt es dann wieder runter, ich
bleibe unten.
Der erste Leichnam wurde hochgeseilt und der Strick wieder herab-
gelassen.
Münch patschte in dem Leichenhaufen herum und entwirrte die Glie-
der, um sie geschwind in die Schlaufe stecken zu können. Mit totaler
Gefühllosigkeit ließ er den Strahl seiner Lampe über die makabre
Szene schweifen.
Als der vierte Leichnam oben ankam, beugte sich Mattei über den
Brunnenrand und fragte:
– Willst du abgelöst werden?
– Es geht schon, mon lieutenant, wir wollen keine Zeit verlieren,
schicken Sie nur das Seil wieder runter.
Es waren neun Leichen im Brunnenschacht, sechs Frauen und drei
Männer. Lauter alte Leute. Wie von Klauss vermutet, hatten offenbar
Männer, Frauen und Kinder, die dazu in der Lage waren, vor der An-
kunft der Viets die Flucht ergriffen und sich irgendwo in der Nähe
im dichten Gras versteckt.
Zwei Bohlen waren kreuzweise über der Wasseroberfläche ange-
bracht worden, um die Leichen am Untergehen zu hindern und den
Anschein zu erwecken, der Brunnen sei versiegt.

Klauss und Osling standen jetzt am Rand des Brunnens.
– Ist Wasser da? rief Osling.
– Es ist Wasser da, aber es ist nicht appetitlich.
Seit einer Weile betrachteten die Legionäre die Toten; sie waren auf
die gleiche Weise wie im vorigen Dorf umgebracht worden, indem
man ihnen die Kehle durchschnitten hatte. Die Männer begriffen alle,

daß das ganze Blut der Opfer in den Brunnen gelaufen war. Immer noch kreidebleich, murmelte Santini:

– Ich, ich krepier' lieber vor Durst, ich rühr' das Wasser nicht an.

Die meisten stimmten ihm zu, und diese Reaktion beunruhigte Mattei. Wenn die Männer sich weigerten, zu trinken, blieb nur noch übrig, kehrt zu machen und zu versuchen, zum Bataillon zurückzukehren; die Mission wäre gescheitert.

Der Leutnant entschloß sich, eine letzte Karte auszuspielen. Er brach in Gelächter aus:

– Ein schönes Freiwilligen-Kommando habe ich da! Das reinste Mädchenpensionat! Wenn ihr wenigstens nur zimperlich wärt, aber ihr seid genauso blöd wie die Dummköpfe, die euch das Wasser verekeln wollten.

Die Männer sahen den Leutnant verdutzt an und er fuhr mit großartiger Verstellung fort:

– Wißt ihr wirklich nicht, daß Blut viel leichter ist als Wasser und daß es dehalb an der Oberfläche schwimmt? Wenn man die Feldflaschen mit Kieselsteinen beschwert und sie an einer Schnur bis auf den Grund hinunterläßt, bekommt man Wasser, so klar wie aus einer Quelle. Im übrigen beweist diese törichte Methode der Viets, daß sie sonst nichts bei der Hand hatten, um den Brunnen unbrauchbar zu machen.

Beim Reden hatte Mattei seine eigene Feldflasche aufgeschraubt und angefangen, kleine Steine einzufüllen. Dann befestigte er an ihrem Ring eine lange Nylonschnur und ließ das Ganze wie ein Angler in den Brunnen gleiten. Nach einer Minute zog er die Flasche so schnell wie möglich wieder hoch.

Osling entnahm einem Flakon eine antiseptische Tablette und reichte sie dem Oberleutnant. Aber Mattei wollte eine durchschlagende Demonstration. Ostentativ lehnte er das Anerbieten des Unteroffiziers ab.

– Das ist unnötig. Ich bin überzeugt, daß dieses Wasser uneingeschränkt trinkbar ist.

Seinen Abscheu überwindend, setzte der Oberleutnant die Flasche an die Lippen und trank in großen Zügen; dann lachte er zufrieden und reichte Osling die Flasche.

– Sie sind sehr zuvorkommend, mon lieutenant, äußerte der sergent und imitierte den Offizier.

Klauss spielte mit.

–He, Alter, wir sind drei, laß' mir auch was davon.

Er nahm seinem Kameraden die Flasche weg.

Das genügte, um die Männer von der Reinheit des Wassers zu überzeugen. Jeder drängte herbei, beschwerte seine Flasche und wartete,
bis er an der Reihe war, sie in den Brunnen zu versenken.

Der Oberleutnant und die beiden Unteroffiziere hatten sich abseits
gesetzt.

–Nun mal wirklich, Osling, fragte Mattei nach kurzer Überlegung,
welches spezifische Gewicht hat menschliches Blut?

–Denken Sie an was anderes, mon lieutenant.

–Ja, Sie haben recht. Haben Sie an dem Wasser einen Geschmack
bemerkt?

–Offengestanden weiß ich es nicht, ich habe es einfach runterlaufen lassen.

–Der Geschmack ist nichts, unterbrach Klauss, aber die Farbe! Ich
glaube, in einem Glas, da hätte ich gepaßt.

–Ach! Schnauze! schnitt Osling ab. Jedenfalls, eins ist wahr, was
der Oberleutnant gesagt hat: das Wasser ist sicher nicht schädlich.

–Du sagst es; es muß sogar kräftigen.

Diese Nacht schliefen die Männer nur zwei Stunden. Beim ersten
Morgengrauen wurde das Nachtlager abgebrochen und wie Automaten nahmen die Legionäre ihre Hetzjagd wieder auf.

Gegen 10 Uhr morgens kam es zu einem Drama. Der sechste Mann
der Kolonne trat auf eine Mine. Klauss, Mattei und drei Legionäre
hatten sie vor ihm passiert – sei es, daß sie alle daneben getreten
waren, sei es, daß die eigensinnige Mine erst nach mehrmaligem
Druck funktioniert hatte. Der Mann, ein Belgier, war auf der Stelle
tot, und ein Franzose hinter ihm brach zusammen. Er hieß François
Descola und war einer der seltenen Romantiker, die aus Liebeskum-
mer zu Legion gehen.

Jeder im Bataillon kannte seine Geschichte auswendig, denn vom
dritten Glas Bier ab erzählte er sie wieder und wieder: Descola wohn-
te in Poitiers und war mit einer Nachbarstochter verlobt, die von einem Schurken verführt wurde und plötzlich verschwand. Fassungslos
machte sich Descola auf die Suche nach seiner verschollenen Liebsten.
Er brauchte ein Jahr, um die Spur des Mädchens in Marseille zu ent-

decken, wo sie im Opernviertel der Prostitution nachging. Descola erwarb ein feststellbares Messer, entschlossen, seinen sonderbaren Rivalen zu töten. Er hatte kaum Zeit, sein brandneues Messer aus der Tasche zu ziehen, als er auch schon mit zerschmetterter Kinnlade am Boden lag. Der Zuhälter stürzte sich auf den jungen Mann, schlug ihm mehrere Zähne ein und zerfetzte ihm die Augenbrauenbogen. In diesem jämmerlichen Zustand präsentierte er sich im Rekrutierungsbüro der Fremdenlegion in Aubagne.

Heute lag Descola auf dem Weg und wand sich vor Schmerzen, betastete seine zahlreichen Wunden und starrte auf den zerfetzten Körper seines Kameraden.

Osling war herbeigeeilt. Noch ehe er den Verwundeten untersuchte, injizierte er Morphium. Ein Blick genügte ihm, um festzustellen, daß der Mann verloren war. Sein linker Oberschenkel war vom Knie bis zu Leiste offen; außerdem hatte er mehrere Splitter im Bauch. Ohne rechte Überzeugung puderte Osling die Wunden mit einem Antibiotikum und verband sie. Erst dann wandte er sich an den Oberleutnant:

– Wir tragen ihn mit einer Bambusstange, mon lieutenant?

– Einverstanden.

Ein Legionär entfernte sich, um ein langes, kräftiges Bambusrohr zu schneiden, das man durch das Hosenbein, unter dem Koppel mit dem Hemd des Unglücklichen durchsteckte; sein Kopf wurde mit einem um das Bambusrohr geknüpften chèche[7] gehalten. Zwei Mann packten die Enden der Stange und legten sie sich auf die Schulter, so daß der Verwundete unter dem biegsamen Rohr hing.

Descola war bei vollem Bewußtsein geblieben. Als die Kolonne ihren Toten begraben und den Marsch wieder aufgenommen hatte, flehte er Osling an, den an der Spitze gehenden Oberleutnant herbeizuholen.

Osling übermittelte die Bitte. Der Leutnant blieb stehen und ließ die Kolonne an sich vorbeiziehen. Als die Träger auf seiner Höhe ankamen, schritt er neben dem Verwundeten her.

– Du wolltest mich sprechen, Descola?

Stoßweise atmend, brachte der Sterbende mühsam hervor:

– Beerdigen Sie mich nicht an Ort und Stelle wie den Belgier, mon lieutenant! Schwören Sie mir, tragen Sie mich bis zu einem Dorf.

– Was soll das Gewäsch? Natürlich wirst du bis zu einem Dorf getra-

---

[7] Vom arabischen chachiya – Turbanschal, der – khaki-farben – zur Ausrüstung des Legionärs gehört.

gen, es ist keine Rede davon, daß du draufgehst.
– Doch, doch, mon lieutenant! Sie wissen genau, daß ich abkratze. Ich habe schon selbst so einen Kandidaten getragen. Solange er lebt, ist es anstrengend. Aber wenn er mal tot ist, wird er starr, und die Träger haben es leichter.
Mattei tat erstaunt. Descola hatte völlig recht und wußte das.
– Wenn dich das beruhigen kann, gebe ich dir mein Wort als Offizier, daß man dich nicht liegenläßt, falls dir was passiert.
– Das ist alles, mon lieutenant, ich glaube Ihnen, danke.
Descola lebte nur noch eine halbe Stunde. Der hintere Träger bemerkte seinen Tod zuerst. Er rief Osling:
– Chef, ich glaube, er ist hinüber.
Osling trat heran, stellte den Tod fest, löste die Erkennungsmarke von Descola's Hals und ging damit zum Leutnant nach vorne. Er reichte sie Mattei hin. Der sagte nur:
– Er wird weitergetragen, wir begraben ihn in dem Dorf, in das wir heute abend kommen müssen.

Abends im Dorf, Wechsel der Szenerie: Alle Einwohner waren da, quicklebendig und zu allerlei vertraulichen Mitteilungen über den Durchzug der Viets bereit. Mattei erhielt präzise Auskünfte. Die Anzahl der Flüchtlinge (etwa zehn), die Marke des Wagens, der genaue Zeitvorsprung der Viet-Truppe (zweiundzwanzig Stunden). Ein Greis, offenbar der Dorfälteste, behauptete, Ho Schi Minh erkannt zu haben.
Plötzlich donnerte Mattei los:
– Ihr haltet mich wohl für schwachsinnig! Ausgezeichnet; ich steck' das Dorf in Brand und vernichte eure ganzen Lebensmittelvorräte.
Auf einen Wink des Leutnants machte Klauss eine Fackel zurecht und zündete in aller Ruhe die erste Strohhütte an.
Der alte Mann fiel vor dem Offizier auf die Knie.
– Lassen Sie einhalten, lieutenant, ich bitte Sie, lassen Sie einhalten, ich will Ihnen die Wahrheit sagen.
– Unnötig! Ich kenne sie. Alles was Sie mir erzählt haben, stimmt, außer der Anwesenheit Ho Schi Minh's; und Ihr Dorf ist nur verschont worden, damit Sie mir was vorlügen konnten.
Der Alte antwortete gar nicht, er nickte nur traurig mit dem Kopf.

Mattei ließ die angezündete Hütte brennen und gab Befehl, nichts weiter zu zerstören. Die Männer beließen es dabei, sich großzügig mit Lebensmitteln zu versorgen.

Im Morgengrauen des folgenden Tages marschierten sie auf gut Glück los. Das Kommando nahm seinen Weg im Zickzack Richtung Süden, in der Hoffnung, zufällig auf einen Pfad oder auf Spuren zu stossen. Wütend legte Mattei ein Höllentempo vor. Jeden Abend, sowie man gerade auf ein Dorf stieß, wurden ein oder zwei marschunfähige Legionäre zurückgelassen. Die meisten hatten blutende Füße, alle hatten an die zehn Kilo verloren und litten an Ruhr; sie wuschen sich nicht mehr, rasierten sich nicht mehr, sie hatten weder die Kraft zu sprechen, noch die Kraft zu denken; sich jammervoll dahinschleppend, folgten sie wie ausgeleierte Roboter einem kleinen, korsischen Offizier, den fanatischer Wille aufrechterhielt.

Am Ende der ersten Woche waren sie nur noch vierzehn. Nach zwei Wochen konnten nur noch sechs Mann dem Offizier und den beiden Sergeanten folgen. Unter ihnen waren Santini und Clary, der sich als der unermüdlichste von allen erwiesen hatte. In seinem Rucksack trug er immer noch die kleine Anne-Marie; stur lehnte er es ab, sie in einem Dorf zurückzulassen. Das kleine Mädchen hatte sich an diese Art der Fortbewegung gewöhnt und unter der tollen Jagd nicht im mindesten gelitten.

Am 20. Juli, fast einen Monat nach Beginn ihrer Expedition, sahen die neun Übriggebliebenen Baï-Naï vor sich liegen, eine Ortschaft mit mehreren hundert Einwohnern. Sie waren nur etwa fünfzig Kilometer Luftlinie von ihrem Ausgangspunkt entfernt, aber sie hatten das Fünffache dieser Entfernung durchmessen, um hier anzukommen. Mitten im Dorf fanden sie das Auto der Viets, dessen Motor noch warm war. Sie erfuhren bald, daß die Männer, denen sie nachjagten, kaum vier Stunden Vorsprung hatten. Die Aufgabe des Wagens in einer Ortschaft war ihr letzter Trick, um ihre Spur zu verwischen.

Vom Fahrersitz aus betrachtete Mattei bitter die acht Jammergestalten, die ihn umringten, bevor er einen Blick in den zerbrochenen Rückspiegel warf. Als er sich darin sah, gab sich der Leutnant geschlagen. Was konnte er noch von seinem Kommando und von sich selbst erwarten? Und Ho Schi Minh konnte schon weit weg sein.

Mattei fragte sich plötzlich, ob er nicht einem Traum nachgejagt war.

In Baï-Naï vollzog sich nun eine seltsame, für die Legion typische Metamorphose.

Während eines Monats hatten diese Männer übermenschlich gelitten. Einen Monat waren sie marschiert, hatten gekämpft und waren wieder marschiert; sie hatten Durst, Entbehrungen, Erschöpfung und jede Pein einer infernalischen Verfolgungsjagd ertragen. Dennoch hatten sie alle ganz unten im Rucksack eine saubere Uniform zum wechseln aufbewahrt. Und nach kaum einer Stunde waren die Spuren der Erschöpfung nur noch an ihren hohlwangigen Gesichtern abzulesen.

Im ersten Stock eines Kolonialwarenladens war eine Unterkunft hergerichtet worden. Clary ging auf die Suche nach Wäsche für die kleine Anne-Marie. Mattei machte sich daran, die Schriftstücke zu ordnen, zu deren Vernichtung die Rebellen nicht mehr die Zeit gefunden hatten. Die andern streiften durch die Straßen und schauten sich nach Mädchen und Bier um.

Erst sechs Tage später traf das Bataillon bei ihnen ein. Die Nachzügler waren aufgesammelt worden. Die Operation wurde als Mißerfolg eingestuft. Der zähe, fanatische Wille eines kleinen korsischen Leutnants hatte den Lauf der Geschichte nicht ändern können. Der Indochina-Krieg ging weiter. Gnadenlos.

15.

Bei der Verlegung des 3. Etranger nach Tonking war das III. Bataillon im Abschnitt Sadec, 180 Kilometer südwestlich von Saigon, zurückgeblieben. Dieses Delta mit seinem schwammigen Boden, der ganz aus allmählichen Anschwemmungen des Mekong besteht, wird von großen Wasserläufen und einem engen Netz von Kanälen durchzogen. Von jeher waren Sampan und Dschunke die Transportmittel der Eingeborenen, und vor dem Krieg sorgten zahllose Dampfschaluppen für regelmäßige Verbindungen zwischen den verschiedenen Zentren.

Bei ihrer Ankunft fanden die Legionäre die Häfen vollgestopft mit alten, aufgegebenen Schiffsgerippen. Zum großen Erstaunen der Behörden ersuchte das 3. Étranger sofort um die Überlassung dieser Wracks, von denen niemand geglaubt hatte, sie noch einmal auf den Flüssen schwimmen zu sehen. Nach langem Papierkrieg erhielt das III. Bataillon dennoch die Genehmigung, die *My Huong*, eine von zwei Dampfmaschinen angetriebene Schaluppe von zwanzig Meter Länge, wieder instandzusetzen.

Capitaine Vergnes, der die 2. Kompanie befehligte, hatte es mit optimistischem Schwung unternommen, die Überreste dieser Schaluppe wieder flottzumachen. Eine Gruppe von zehn Legionären, darunter Spezialisten verschiedener Sparten, brauchte sechs Monate, um eine Aufgabe zu vollenden, die auf den ersten Blick unlösbar schien.

Die beiden Maschinen wurden Teil um Teil auseinandergenommen, die defekten Teile repariert, der Rost Zentimeter für Zentimeter abgekratzt. Der Rumpf wurde abgehobelt und anschließend mit den verschiedensten Holzarten ausgeflickt. Die Bordwände wurden mit Panzerplatten verstärkt, die man von japanischen Tanks demontierte. Als gegen Ende 1946 die ersten Versuche mit der *My Huong* stattfanden, wirkte das Schiff wie eine Vergnügungsjacht. Man teilte es zum routinemäßigen Versorgungsdienst für die Posten ein, die zum Abschnitt Sadec gehörten.

Am 15. März 1947 wurde sous-lieutenant Destors zu capitaine Vergnes befohlen. Er wußte schon, daß er anderntags in aller Frühe das Kommando an Bord der *My Huong* übernehmen sollte; es handelte sich um die Verpflegung der Posten Long-Hung, Vinh-Than, Lap-Vo und Lai-Vung, die alle am rach Lap-Vo lagen.

Capitaine Vergnes empfing den jungen Offizier herzlich (Destors war erst 23 Jahre alt).

– Ich habe Sie hergebeten, erklärte Vergnes, um Sie davon zu unterrichten, daß Sie morgen zwei zusätzliche Passagiere an Bord haben werden. Es handelt sich um den administrateur und seinen jungen Schützling, Mademoiselle Seydoux.

Destors zeigte wenig Begeisterung. Der annamitische administrateur des Abschnitts genoß bei den Legionären kein übermäßiges Ansehen. Es liefen über ihn die verschiedensten Gerüchte um, und obwohl keinerlei Beweis für ihre Stichhaltigkeit vorlag, wurde seine Treue zu Frankreich oft angezweifelt. Eines war sicher, der Fremdenlegion brachte er nur Verachtung entgegen. Geneviève Seydoux war vor knapp einem Monat bei ihm eingetroffen. Die Legionäre wußten, daß sie an einer historischen Abhandlung über den Fernen Osten arbeitete und daß ihre Eltern eng mit dem administrateur befreundet waren, was ihre Unterbringung in Sadec erklärte.

– Gibt es einen besonderen Grund für diese Begleitung? fragte Destors.

– Tourismus! Soviel ich weiß, hat der administrateur dem Drängen des jungen Mädchens nachgegeben; sie soll sich beklagt haben, daß sie nur wenig vom Lande zu sehen bekomme.

– Mon capitaine, der Abschnitt ist ruhig, das gebe ich zu. Aber Sie wissen besser als ich, daß wir vor Überraschungen nicht sicher sind. Kann man diesem Dummkopf nicht unter dem Vorwand der Sicherheit seine Vergnügungsreise verweigern?

– Das habe ich versucht, aber er hat mir ins Gesicht gelacht. Bei dem hohen Posten, den er bekleidet, konnte ich ihn nur auf die Gefahr hinweisen. Ich habe meine Pflicht getan; der Rest ist seine Sache. Im übrigen weiß er genau, daß wir jede Woche zahlreiche Zivilisten an Bord der *My Huong* mitnehmen; meine Weigerung würde er als Affront ansehen und ich möchte meinen Vorgesetzten eine entsprechende Beschwerde lieber ersparen.

– Zu Befehl, mon capitaine, ich werde liebenswürdig sein.

– Nichts anderes erwarte ich von Ihnen, Destors. Viel Vergnügen.

Am 16. März morgens um 6 Uhr 30 gingen die Legionäre im Hafen von Sadec an Bord. Außer etwa zehn einheimischen Hilfswilligen waren sie vierzehn Mann. Unter ihnen befand sich Karl Hoffmann.

Hoffmann, einfacher Legionär, (er hatte es immer abgelehnt, an einem Beförderungskurs teilzunehmen) war eine der Persönlichkeiten des 3. Étranger. Jeder im Bataillon kannte seine wahre Identität: Karl H., ehemals Hauptmann der Luftwaffe. An die zwanzig Luftsiege. Er war ein Fliegerheld und alle Deutschen des Regiments kannten und verehrten ihn.

Als berühmter Jagdflieger hatte Hauptmann H. keinerlei Anlaß, ein Verfahren wegen Kriegsverbrechen zu befürchten. Daß er sich dennoch zur Fremdenlegion meldete, war die Folge eines der zahlreichen Familiendramen, die der Zusammenbruch des Dritten Reiches auslöste: Sein Vater beging 1945 in Hamburg Selbstmord, nachdem er seine Frau und Karl's beide Brüder getötet hatte.

Karl Hoffmann war ein ausgesprochen nordischer Typ mit eckigem Gesicht und klaren Zügen, sehr groß und von athletischem Bau. Sein untadeliges Französisch war wesentlich eleganter als der Jargon, dessen sich die Legionäre als Umgangssprache bedienen (und den sie mit bemerkenswerter Virtuosität gebrauchen, wenn man von ihrer herkunftsbedingten Aussprache absieht). Im III. Bataillon hielt sich Hoffmann an seine Rolle als einfacher Soldat und versuchte nicht, Vorteile aus seiner Vergangenheit zu ziehen.

Der administrateur und Mademoiselle Seydoux erschienen demonstrativ mit zehn Minuten Verspätung. Sie fuhren im Auto vor, von einem Fahrer in makelloser Uniform chauffiert. Der administrateur trug einen eleganten, weißen Anzug, gepunktete Krawatte und weissen Tropenhelm. Seine Begleiterin war zwanzig bis fünfundzwanzig Jahre alt. Ihr Gesicht war freundlich und angenehm, das lange, kastanienbraune Haar trug sie mit einem Seidentuch im Nacken zusammengebunden; sie hatte ein leichtes, cremefarbenes Sommerkleid von betont einfachem Schnitt an, das ihre tadellos schlanke Figur ahnen ließ. Destors, der sie bis dahin nur von weitem gesehen hatte, war von ihrer unerwarteten Schönheit sofort hingerissen. Der administrateur stellte ihn vor, wobei er den danebenstehenden adjudant Naessans geflissentlich übersah.

Destors stellte nun selbst den Feldwebel vor.

Geneviève Seydoux ignorierte die Peinlichkeit und drückte ihm lächelnd die Hand.

Der administrateur ging an Bord und begann sofort, großspurig den Hausherrn zu spielen. Wenn er von den Reparaturen und den Verbesserungen an der *My Huong* sprach, sagte er: »Wir unternahmen.... wir beschlossen ....«, wodurch er den jungen sous-lieutenant vollends in Wut versetzte, weshalb dieser vorzog, sich zu entfernen.

Adjudant Naessans, dem nichts entgangen war, erklärte lachend:

– Bald glaubt er selbst daran, daß er mit dieser Arbeit etwas zu tun hatte, der alte Affe.

– Es reicht, Naessans, fuhr Destors dazwischen. Es ist sein gutes

Recht, radzuschlagen, um die Kleine zu beeindrucken. Ich habe Weisung, liebenswürdig zu sein; ich erwarte, daß Sie alle es auch sind, und wenn er behaupten will, er habe die Schaluppe allein wieder zusammengebaut, so ist mir das schnuppe.

Auf der Hinfahrt begann die Reise ohne nennenswerten Zwischenfall. Die Schaluppe legte dreimal kurz an, ehe sie den letzten Teil ihrer kurzen Reise nach Lai-Vung begann.
Geneviève Seydoux zeigte sich erstaunt über die Wachsamkeit der auf dem Dach des Deckshauses verteilten Beobachtungsposten. In scherzhaftem Ton bemerkte sie zu Destors:
–Man hat den Eindruck, daß Ihre Männer irgendetwas befürchten; es erscheint doch aber alles ganz ruhig.
Destors sah keinen Grund, das junge Mädchen zu beunruhigen.
–Das sind die Weisungen, mademoiselle, und damit basta.
Über die trockene Antwort gekränkt, ging Geneviève Seydoux auf ihren Platz neben dem administrateur zurück und unterhielt sich wieder mit ihm:
–Wenn ich recht verstanden habe, wird der Aufenthalt in unserem Zielhafen Lai-Vung drei Stunden dauern. Ich hoffe, sie zu einem Besuch des Dorfes und seiner Umgebung nutzen zu können.
–Ich sehe keinen Hinderungsgrund; ich selbst werde ein paar Dinge erledigen müssen, aber ich lasse Sie zur Sicherheit von einem Mann begleiten.
Gemütlich rauchend, die Ellbogen auf die Reling gestützt, betrachtete Karl Hoffmann nachdenklich das langsam vorbeiziehende Ufer. Zufällig stand sonst kein Legionär in der Nähe des Paares. Mit befehlerischer Armbewegung wandte sich der administrateur an ihn:
–He! Sie!
Hoffmann trat langsam näher.
–Sprechen Sie französisch?
–Ja.
–Ausgezeichnet. Während des Aufenthalts in Lai-Vung werden Sie mademoiselle Seydoux begleiten; sie hat den Wunsch geäußert, das Dorf und seine Umgebung zu besichtigen.
Ohne das junge Mädchen eines Blickes zu würdigen, antwortete Hoffmann obenhin:

– Ich erhalte meine Befehle von lieutenant Destors.

Dann drehte er sich gleichgültig um und versenkte sich wieder in seine träumerischen Betrachtungen. Der administrateur war einige Sekunden perplex, dann kreischte er mit gellender Stimme:

– Lieutenant!

Destors stürzt herbei.

– Dieser Mann hat es mir gegenüber an Respekt fehlen lassen. Ich möchte Sie bitten, sofort durchzugreifen.

Mit dem Finger hatte er auf den immer noch gleichmütigen Hoffmann gezeigt.

– Was ist vorgefallen, Hoffmann? fragte Destors ärgerlich.

– Dieser Herr hat mir einen Befehl gegeben. Ich habe ihm gesagt, daß ich meine Befehle von Ihnen erhalte; das ist alles.

– In einem Ton, den ich nicht zu akzeptieren gewillt bin, fiel der administrateur ein.

– Wissen Sie, bemerkte der Leutnant, Legionäre und Umgangsformen....

– Ich bat dieses Großmaul, mademoiselle Seydoux auf einem Rundgang durch Lai-Vung zu begleiten und zwar aus Sicherheitsgründen. Da sein Hirn offenbar nur erfaßt, was von Ihnen kommt, bitte ich Sie, ihm Ihr Einverständnis mit diesem unverdient ehrenvollen Auftrag zu bedeuten.

– Also gut, Hoffmann, gab Destors nach. Er war dieser Diskussion müde. Sie werden mademoiselle Seydoux während des Aufenthalts begleiten.

– Zu Befehl, mon lieutenant, antwortete Hoffmann absolut gleichgültig.

Während des Spaziergangs beschränkte sich Hoffmann darauf, neben dem jungen Mädchen herzugehen. Ihre zahlreichen Fragen beantwortete er ohne jeden Kommentar nur mit ja oder nein.

Als die jungen Leute zum Landeplatz zurückkamen, sagte Geneviève trocken:

– Vielen Dank für Ihre Liebenswürdigkeit!

Hoffmann entfernte sich ohne Antwort.

Auf der Rückfahrt verwandelte sich die *My Huong* in eine Arche Noah. In Lai-Vung stiegen drei Familien mit ihren Kindern und lebenden Tieren zu; an der Fähre von Vam-Cong schickte der Bezirksadministrateur von Long-Xuyen dreizehn Ortspolizisten an Bord, deren Bestimmungsort der Posten Lap-Vo war. Schließlich, in Vinh-Than, nahmen die Legionäre ihr Maskottchen an Bord: den kleinen Pham Van So, ein annamitisches Waisenkind von dreizehn Jahren, der einige Tage bei Freunden verbracht hatte. Er brachte zwei Ziegen und sechs Hühner mit.

Um 16 Uhr 30 fuhr die *My Huong* in den rach Lap-Vo ein. Auf dem Dach überwachten der Legionär Phily hinter einem s.M.G. und der Legionär Beguain hinter einem l.M.G. – je einen Hilfswilligen zur Seite – die Ufer.

Um 16 Uhr 40 erreichte die überladene Schaluppe in langsamer Fahrt den rach Vai-Son. Da, plötzlich und unerwartet, kam der Angriff. Vom Nordufer her eröffneten drei automatische Waffen intensives Feuer.

Die erste Garbe erwischte drei Männer, die tödlich getroffen zusammenbrachen; es waren die Legionäre Fusco und Streck und der caporal Klein.

Unter den Passagieren an Bord brach Panik aus. Die Zivilisten warfen sich längelang zu Boden und zerdrückten bei ihrem Sturz mehrere Kinder. Die Maschinengewehre auf dem Dach erwiderten sofort das Feuer, aber sie schossen ungezielt, während der gut getarnte Gegner sich mit erstaunlicher Präzision auf sie einschoß. Einer der Hilfswilligen, der als Ladeschütze diente, wurde getötet. Ein Geschoß durchschnitt den Patronengurt des einen Maschinengewehrs; das zweite wurde durch einen Treffer in die Lafette außer Gefecht gesetzt.

Die Schaluppe fuhr langsam weiter, aber entlang der Böschung waren noch mehr automatische Waffen verteilt, die diesmal auf das Steuer zielten und es sehr rasch funktionsunfähig schossen. Steuerlos geworden, trieb die *My Huong* nach backbord – in Richtung des Ufers, auf dem sich die Angreifer befanden. Destors brüllte den Befehl, die Maschinen zu stoppen. Unglücklicherweise machte die Schaluppe noch Fahrt; mit dem Vordersteven lief sie genau vor den Vietstellungen auf Grund.

Im Schutz der gepanzerten Reling feuerten die Legionäre unentwegt auf das Laubwerk, hinter dem der Feind unsichtbar blieb.

Da Destors in dem Durcheinander die Verteidigung organisieren mußte, hatte er keine Zeit, sich um die Zivilisten zu kümmern, die sich instinktiv ins Schiffsinnere flüchteten, wo sie sich zwischen den gestoppten Maschinen zusammendrängten. Geneviève Seydoux suchte es ihnen gleichzutun; sie kroch auf allen vieren über Deck, um den Niedergang zum Maschinenraum zu erreichen. Als sie an Hoffmann vorbeikam, packte er sie wortlos am Arm und zog sie an seine Seite; dann feuerte er weiter.

–Sie sind verrückt, schrie das junge Mädchen, lassen Sie mich Deckung suchen.

–Legen Sie sich hinter die Reling, sie ist gepanzert, da riskieren Sie nichts.

–Ich wär' besser unten, widersetzte sich das junge Mädchen, und wollte weiterkriechen.

Von neuem packte Hoffmann sie und brachte sie zurück.

–Hiergeblieben! Es ist das letzte Mal, daß ich Ihnen das sage, ich hab' was anderes zu tun.

Geneviève Seydoux zögerte eine Sekunde; aber, beeindruckt von dem sicheren Ton des Legionärs, gab sie nach und kauerte sich hinter die Panzerplatte, von der sie den Kugelregen abprallen hörte.

Nach einer Weile bemerkte sie, daß der kleine Pham Van So und sie die einzigen Zivilisten an Deck waren; ein anderer Legionär schien mit dem kleinen Maskottchen ebenso verfahren zu sein wie Hoffmann mit ihr.

Ohne sich aufzurichten rief sie Hoffmann zu:

–Glauben Sie, daß es unten gefährlich ist?

–Jetzt werden keine Reden gehalten! antwortete Hoffmann und schoß weiter.

Hoffmann hatte Geneviève Seydoux aus Intuition zurückgehalten; nach wenigen Minuten erkannte er, daß er sich nicht getäuscht hatte. Im Maschinenraum explodierte ein Dampfkessel. Ungefähr zehn Zivilisten waren auf der Stelle tot, die meisten anderen erlitten fürchterliche Verbrennungen; wer Glück hatte, verbrühte sich nur oberflächlich. Der administrateur war nur leicht an Armen und Beinen verletzt, tauchte aber dennoch vor Angst brüllend im Freien auf.

Die Situation wurde kritisch. Lahoz, der Funker, erschien an Deck: das schon von den ersten Geschoßgarben getroffene Funkgerät war irreparabel, so daß er keinerlei Nachricht hatte durchgeben können.

Lahoz stand aufrecht, um seine Meldung zu schreien. Er wurde von mehreren Kugeln in den Kopf getroffen und schlug zu Boden. An Bord war keine automatische Waffe mehr verfügbar und der Feind war offensichtlich mindestens hundert Mann stark.

Glücklicherweise war ein etwa fünfzig Meter tiefer Uferstreifen unbewachsen. Das ließ die Viets mit einem Sturmangriff zögern, dessen Ausgang jedoch nicht zweifelhaft sein konnte. Die Rebellen waren sich über die verzweifelte Lage der Schaluppen-Besatzung im klaren und hatten nicht das geringste Interesse, sich dem Feuer der Legionäre auszusetzen, die Mann an Mann hinter der gepanzerten Reling knieten. Es genügte ihnen, das Schiff in der Falle zu haben: selbst wenn die *My Huong* S.O.S. hatte senden können, so waren Verstärkungen nur vom andern Ufer her zu erwarten; wie stark diese auch sein mochten, so bliebe ihnen doch genügend Zeit, sich abzusetzen.

Hoffmann hatte die Situation klar beurteilt. Er hörte zu feuern auf, legte sein Gewehr hin, drehte sich um, lehnte sich mit dem Rücken gegen die Panzerung und zündete sich zu Geneviève Seydoux' Erstaunen ganz gelassen eine Zigarette an. Dann rief er, genügend laut, um nicht von dem Lärm der Schießerei übertönt zu werden, nach dem Leutnant.

– Ich höre, Hoffmann, antwortete Destors, der einige Meter weiter vorne kauerte.

– Wir müssen versuchen, die Maschinengewehre vom Dach zu holen und sie wieder in Gang zu bringen, mon lieutenant! Sonst werden sie uns massakrieren, wann es ihnen paßt.

– Ich weiß, Hoffmann, aber niemand gelangt lebend aufs Dach, es liegt genau in ihrem Schußfeld.

– Wenn alle Männer sich auf einen Schlag aufrichten und stehend schießen, könnten sich die Viets einen Augenblick ablenken lassen und sich nur mit Scheibenschießen beschäftigen.

– Sind Sie sich darüber klar, was Sie mir da vorschlagen?

– Sind Sie sich darüber klar, was in weniger als einer Stunde passiert, wenn wir uns weiter damit begnügen, in der Defensive zu bleiben?

Nach kurzer Überlegung antwortete Destors:

– Wollen Sie gehen?

– Wenn Sie wollen, ich oder sonst wer!

– Herhören! Alles herhören! brüllte Destors mit aller Kraft. In dreissig Sekunden richte ich mich auf. Im gleichen Moment macht Ihr alle dasselbe. Feuer frei auf alles, was sich bewegt. Stehend schießen. Fertigmachen!

Einer der Milizsoldaten warf sein Gewehr weg und stürzte auf die andere Seite des Schiffes. Er schwang sich über die Reling und sprang ins Wasser – so weit weg, wie er konnte. Mit unglaublicher Fixigkeit war ihm adjudant Naessans gefolgt und schoß ihm mitten im Sprung zwischen die Schulterblätter; dann kehrte er blitzgeschwind an seinen Platz zurück und brüllte nun seinerseits:

– Zuhören, Scheiß-Milizsoldaten! Wenn einer von euch hocken bleibt, schieß' ich ihn auf der Stelle über den Haufen.

Die Drohung erwies sich als überflüssig, niemand versuchte mehr, zu fliehen, und als sich der Leutnant aufrichtete, folgten ihm alle.

Hoffmann schnellte vor. Mit einem einzigen Satz erreichte er die Umlaufstange des Daches und schwang sich mit affenartiger Gelenkigkeit hinauf. Er packte das s.M.G. an der Lafette, ließ es am ausgestreckten Arm auf das Deck hinunterhängen und ließ es dann los. Nun robbte er zum l.M.G., wiederholte die Prozedur und sprang schließlich selbst auf die dem Südufer zugewandte Deckseite.

Hoffmanns Rechnung erwies sich als richtig: von dem Verhalten der Legionäre und Milizsoldaten überrascht, konzentrierten die Viets ihr Feuer auf die unverhofften Ziele und bemerkten zu spät den Mann, der sich auf das Dach geschwungen hatte. Die Operation war geglückt, aber ihre Bilanz war tragisch; die Hälfte der Verteidiger war gefallen: sechs Tote, darunter vier Legionäre, vier Kampfunfähige und zwei Leichtverwundete. Zur Verteidigung der Schaluppe blieben nur rund zehn unversehrte Männer.

Zusammen mit adjudant Naessans untersuchte Hoffmann die Maschinengewehre. Das leichte war erheblich beschädigt, aber das s.M.G. hatte nur Ladehemmung, die in einer Minute behoben war. Nun wurde alles an Bord zusammengetragen, was irgend zum Bau eines provisorischen Unterstands taugte. Das s.M.G., für das es genügend Munition gab, wurde so aufgestellt, daß es die gesamte freie Fläche vor den Schlupflöchern des Feindes bestreichen konnte.

Mit einer aufs Geratewohl abgefeuerten M.G.-Garbe demonstrierte Hoffmann, daß sie jetzt über eine funktionierende automatische

Waffe verfügten. Ein Mann wurde als Wache beim MG eingesetzt, die andern stellten ihr nutzloses Feuern ein und blieben in Deckung.

Da die Viets ebenfalls zu schießen aufhörten, trat völlige Stille ein, die womöglich noch beunruhigender war als der Lärm der Explosionen. Ein Milizsoldat näherte sich dem Leutnant.

– Da ist ein Soldat, der gleich stirbt, mon lieutenant.

Destors warf einen Blick in die Richtung von Geneviève Seydoux, die die unausgesprochene Bitte des Offiziers verstand. Sie kroch zu dem Verwundeten und legte ihm die Hand auf die Stirn.

Der Mann hatte die Kraft, zu lächeln. Er blickte das junge Mädchen mit seinen verschleierten Augen an und versuchte zu sprechen, es gelang ihm aber nur, seine stoßweise Atmung zu beschleunigen; wie um sich zu entschuldigen, schüttelte er den Kopf. Geneviève hatte die Hand des Sterbenden ergriffen. Ein Strom von Blut brach aus seinem Mund und der Mann verschied mit einem letzten Röcheln. Seine weit aufgerissenen Augen blieben auf Geneviève gerichtet. Schweißüberströmt und blutbefleckt wandte sie sich langsam von dem Toten ab. Einen Augenblick versuchte sie, Haltung zu bewahren, dann brach sie in Tränen aus und suchte an Hoffmanns Schulter Schutz. Der Deutsche war fassungslos. Er warf dem Leutnant und seinen Kameraden verlegene Blicke zu. Er schämte sich seines schweißgetränkten, stinkenden Hemdes, in das Geneviève ihr Gesicht vergrub. Schließlich zog er ein dreckiges Taschentuch aus der Hosentasche und reichte es dem Mädchen, das sich plötzlich wieder besann, sich die Nase putzte und mechanisch dem Legionär den schmutzigen Lappen zurückgab.

– Entschuldigen Sie, sagte sie schlicht.

Gegen 18 Uhr 30, bei Einbruch der Nacht, versuchten die Viets einen Sturmangriff. Etwa zwanzig Mann stürmten brüllend über den Strand. Sie wurden vom Feuer des s.M.G. dezimiert, aber vier von ihnen gelangten so nahe an die Schaluppe, daß sie Handgranaten werfen konnten.

Ein Vietkämpfer wurde vorher erledigt, aber die drei andern hatten noch Zeit, ihre Granaten zu werfen, ehe sie zusammenbrachen.

Zwei Handgranaten fielen ins Wasser, die dritte schlug auf dem Deck auf. Der Legionär Levagueresse warf sie zurück, ehe sie explodierte.

Die Legionäre hatten ihren Angreifern bewiesen, daß die Schaluppe noch immer uneinnehmbar war.

Destors trat auf Naessans und Hoffmann zu und sagte, ohne selbst recht daran zu glauben:
– Sobald es völlig Nacht ist, muß einer von uns versuchen, über den Fluß zu schwimmen, um den Posten Lap-Vo zu alarmieren. Unsre Munition reicht nicht ewig.
– Es ist Vollmond und keine Wolke am Himmel, ließ sich der adjudant vernehmen. Man wird heute Nacht wie am hellichten Tag sehen und ein Schwimmer würde bemerkt werden.
– Dann schicken wir einen zweiten, konstatierte Destors, wir haben keine Wahl.
Adjudant Naessans gab sich nicht geschlagen:
– Wir sind nicht mehr als zehn Kilometer Luftlinie vom Posten Lap-Vo entfernt. Sie müssen die Schießerei gehört haben, vielleicht kommen sie uns sowieso zu Hilfe.
– Lap-Vo steht unter dem Kommando von sergent-chef Oesterreicher. Er hat den strikten Befehl erhalten, seinen Posten unter keinen Umständen zu verlassen, und ich kenne ihn als guten Soldaten.
– Er kann Sadec über Funk alarmiert haben.
– Sadec wird sowieso anfangen, sich über unser Ausbleiben zu beunruhigen, aber während der Nacht werden sie keine Verstärkung losschicken. Das wäre Selbstmord: es ist möglich, daß die Viets nur darauf warten. Und dann können sie nicht ahnen, daß unsre Situation derart kritisch ist.
– Wenn die Verstärkung morgen früh von Sadec aufbricht, wird sie gegen zehn Uhr hier sein.
– Und das ist zu spät. Im Morgengrauen werden die Viets mit uns Schluß machen, unsre Munition wird dann zu Ende sein. Nein; wir müssen heute nacht von hier wegkommen oder alle gehen drauf.
Mit kläglicher Stimme flehte Geneviève Seydoux:
– Lieutenant, schwören Sie mir, daß Sie mich ihnen nicht lebendig in die Hände fallen lassen.
Caporal Le Bohec hielt es für geistreich, zu bemerken:
– Ach wissen Sie, die sind gebaut wie kleine Buben, die tun Ihnen nicht sehr weh.

160

Wütend donnerte Destors:
– Du machst vierzehn Tage Bau, Idiot.
– Mit Vergnügen, erwiderte Le Bohec in skeptischem Ton. An das junge Mädchen gewandt, fügte er hinzu: Entschuldigen Sie, mademoiselle, das war nur ein Witz.

Gegen 9 Uhr abends stellte Destors bitter fest, daß der Mond eine ausgezeichnete Sicht erlaubte. Auf ein Zeichen des Leutnants sammelten sich die Überlebenden um ihn. Mit leiser Stimme fragte er.
– Könnt ihr alle schwimmen?
Die Männer bejahten.
– Wer kann am längsten unter Wasser schwimmen?
– Am besten probieren wir es aus, schlug Naessans vor. Alles hält den Atem an, und man sieht, wer am längsten durchhält.
Destors stimmte zu; die Männer, die nicht den Mut hatten, die gefährliche Überquerung zu versuchen, konnten so ehrenhaft ausscheiden.
Begin hielt die Luft am längsten an und schien von seinem Erfolg begeistert.
– Ich geh' im Slip, kündigte er an, das vereinfacht die Sache.
Schweigend zog er Schuhe, Hemd und Hose aus. Seine Haut war bräunlich und der weiße Slip hob sich im Halbschatten auffallend davon ab; alle bemerkten es.
– Ich kann aber doch nicht nackt gehen!
– Doch, genau, entschied Naessans.
– Na gut! im Grund ist mir das wurscht.
Gelassen und ohne sich von der Gegenwart des jungen Mädchens stören zu lassen, zog er seinen Slip aus, was ein paar Lacher auslöste. Aber als er sich an einem Seil ins Wasser gleiten ließ, beobachteten ihn alle Männer atemlos.
Begin holte tief Luft und tauchte. Gegen den Schiffsrumpf gestemmt, stieß er sich mit aller Kraft ab und schwamm unter Wasser mit weitausholenden, kraftvollen Bewegungen los; er schwamm, bis ihm die Schläfen klopften. Dann kam er an die Oberfläche, atmete ruhig aus und ein und tauchte wieder. Ein Kugelregen spritzte über das Wasser. Begin hörte zwar nicht die Detonationen, bemerkte aber den Aufschlag der Geschosse auf dem Wasser. Mit einer Hüftdrehung wech-

selte er die Richtung. Das rettete ihn: die Schützen hatten erwartet, ihn auf der direkten Linie zum Südufer wieder auftauchen zu sehen. Bevor sie reagierten, war Begin von neuem getaucht. Er behielt seinen Zickzack-Kurs bei. Mit wachsender Entfernung stiegen seine Chancen. Das feindliche Feuer war jedoch unglaublich heftig; mindestens zwanzig Gewehre waren auf den Schwimmer gerichtet, und ein Maschinengewehr bestrich pausenlos die Wasseroberfläche.

Begin brauchte eine gute Viertelstunde, um das gegenüberliegende Ufer zu erreichen. Es gelang ihm, sich in dichtes Schilf gleiten zu lassen, wo er unsichtbar war; hier blieb er an die zehn Minuten unbeweglich, bis Atmung und Herzschlag sich wieder normalisierten. Das Feuer vom andern Ufer hatte nicht aufgehört, aber die Viets vermuteten den Schwimmer wesentlich oberhalb seiner tatsächlichen Position. Zum Glück unterschätzten sie die Strömung, die Begin mindestens zwanzig Meter abgetrieben hatte.

Als Begin sich überzeugt hatte, daß seine Position nicht ausgemacht war, bewegte er sich, das Schilf vorsichtig auseinanderbiegend, langsam vorwärts; schließlich erreichte er festen Boden und verschwand lautlos im Dschungel.

Er war immer noch splitternackt, aber die Vorstellung amüsierte ihn mehr als sie ihn erschreckte und er bemühte sich nur, beim Gehen seine Füße zu schützen.

An Bord der Schaluppe hatte man Begin nicht über die Mitte des Flusses hinaus beobachten können, und niemand wußte, ob er das Südufer erreicht hatte, oder ob sein Leichnam jetzt den Fluß hinabtrieb.

– Man kann nur abwarten, stellte Destors fest. Gebt auf einen etwaigen Angriff acht und betet, daß Begin durchgekommen ist.

Begin hatte einen Pfad gefunden, auf dem er jetzt zügig vorwärtsmarschierte. Offensichtlich führte dieser kaum gebahnte Weg nach Lap-Vo; wenn alles gut ging, mußte er den Posten in ein bis zwei Stunden erreichen.

Der Legionär vermied jeden Laut, seine Füße berührten kaum den Boden. Plötzlich hörte er das Geräusch zahlreicher Schritte, die auf ihn zuzukommen schienen. Sofort warf er sich in einem dichten Gebüsch platt auf den Bauch. Die Schritte kamen näher, aber die Männer waren noch ungefähr hundert Meter entfernt. Freund oder Feind? Das war die Frage. Von seinem Versteck aus stellte Begin erleichtert fest, daß er den Pfad beobachten konnte, ohne Gefahr zu laufen, selbst entdeckt zu werden. Wenn es Viets waren, brauchte er sie nur passieren zu lassen.

Nach kurzer Zeit gab es keinen Zweifel mehr; er hatte den Schritt der Legionäre erkannt, der so ganz anders und viel schwerer war, als der der kleinen Viet-Soldaten. Zur größeren Vorsicht wartete er dennoch, bis die Kolonne in Sicht kam. Er hatte sich nicht getäuscht; sergent-chef Oesterreicher marschierte an der Spitze einer Gruppe von etwa fünfzehn Mann. Ohne dabei seine Deckung aufzugeben, rief Begin:

– *A moi, la Légion!*

Das genügte nicht, um das Mißtrauen der Patrouille auszuräumen; waffenklirrend warf sie sich augenblicklich zu Boden. Der sergent-chef brüllte:

– Wer da?

– Begin, chef, II. Bataillon, Zug sous-lieutenant Destors. Ich nehm' beim Rauskommen die Hände hoch, ich bin nackt.

Jede heftige Bewegung vermeidend, stand Begin auf und kam mit den Händen über dem Kopf hervor.

Oesterreicher erkannte ihn und ließ seine Leute wieder aufstehen.

– Was ist denn das für ein Aufzug? Hast du gepokert?

– Ich hab' rüberschwimmen müssen! Als er mich im Slip gesehen hat, hat der Leutnant gesagt, ich hätte keinen Hintern, sondern 'ne Zielscheibe. Das ist es!

Begin schilderte im Detail den Angriff auf die *My Huong* und die tragische Lage der Überlebenden. Die Patrouille hatte sich wieder in Marsch gesetzt. Begin war immer noch nackt, aber man hatte ihm ein Gewehr gegeben und einen Patronengürtel, den er sich über die Schulter hängte; dadurch wirkte er noch verblüffender und die Männer hatten ihren Spaß an ihm. In einer knappen Stunde erreichte die Gruppe das Südufer des Flusses. Alle Legionäre zogen die Schuhe aus und versteckten sich im hohen Gras.

Sergent-chef Oesterreicher sah gegenüber deutlich die gestrandete Schaluppe; das feindliche Feuer hatte aufgehört.

– Die Misthunde! Die warten die Morgendämmerung ab, um zum Halali zu blasen, flüsterte er. Sie sind mindestens hundert, sagst du? Begin nickte.

Der Unteroffizier ließ Ehrnberg und Gonzalès kommen:

– Setzt die Holzsäge zusammen: wir müssen eine große Akazie fällen. Sucht einen fünf Meter langen Stamm aus und nagelt die Äste quer darüber, seht zu, wie ihr noch Handgriffe drankriegt. Kapiert?

– Aber sicher, chef! Die Äste als Bahre für die Verwundeten, die Griffe, damit die Schwimmer den Baum leicht manövrieren können.

– Genau; tummelt euch.

Bei einer andern Einheit hätte dieser Plan nicht so schnell ausgeführt werden können, aber bei der Legion führt selbst eine leichte Patrouille stets (meistens umsonst) Material mit, das ihr erlaubt, mit den ungewöhnlichsten Situationen fertig zu werden.

Gegen Mitternacht war das sonderbare Floß fertig. Etwa zehn Mann trugen es soweit flußaufwärts, daß die Überquerung mit Hilfe der von Begin geschätzten Strömung von statten gehen konnte. Obwohl das Floß den Viet-Stellungen fast genau gegenüber zu Wasser gelassen werden mußte, bemerkte der Feind nichts davon.

Zwei Männer zogen sich aus und stießen schwimmend den schweren Baumstamm in Richtung des jenseitigen Ufers. Sie hörten Schreie und dann die ersten Feuerstöße; deutlich vernahmen sie den Aufprall der ins Holz eindringenden Geschosse. Aber die dicke Akazie bot ihnen Schutz.

An Bord der *My Huong* hatte Destors begriffen. Er bereitete ein langes Tau vor, das er nach Seemannsart zwischen gespreiztem Daumen und Zeigefinger und dem angewinkelten Ellenbogen aufschoß.

Als das Floß in Reichweite kam, warf er das Tau. Er mußte das Manöver dreimal wiederholen, ehe einer der Schwimmer die Leine erwischte. Dann war es nur noch ein Kinderspiel, den Stamm bis zum Schiff heranzuziehen.

– Wieviel Verwundete? fragte einer der Schwimmer.

– Acht.

Neben Destors, an Deck, besah Naessans das Behelfsfahrzeug.

– Nicht dumm, sagte er, aber die Äste werden niemals das Gewicht von acht Verwundeten tragen können. Man müßte Schwimmer an den Enden anbringen.

– Unten sind Ölkanister, sagte Destors. Leert sie aus, und die Sache ist geritzt.

164

*Der 81-mm-Granatwerfer
auf dem Panzerzug*

Der Panzerzug des 2. R. E. I.

Pioniermaterialwagen des Panzerzugs mit Schienen und Schwellen

Ein Moi-Posten im Gebirge. Es waren Rhadès, eine Rasse die von den Moi abstammt und die als die besten Soldaten Asiens gelten

Sechs Kanister wurden paarweise an den Enden der Äste festgezurrt. Das Floß gewann so an Stabilität. Die Verwundeten wurden recht und schlecht abgeseilt und im Schutz der Schaluppe aufeinandergelegt.

Der Legionär am MG war auf seinem Posten geblieben, um einen Angriff abwehren zu können. Da das Floß von der Schaluppe gedeckt war, hatten die Viets das Feuer eingestellt.

Auf der *My Huong* blieben drei Kinder und an die zehn erwachsene Zivilisten zurück. Es wurde Befehl gegeben, ins Wasser zu springen. Die meisten protestierten und gaben vor, nicht schwimmen zu können. Destors drohte, die Zaudernden zu erschießen. Daraufhin stürzten sich alle über Bord und paddelten auf den Baumstamm zu.

Destors versammelte die kampffähigen Legionäre, Geneviève Seydoux und den administrateur um sich:

– Einer von uns muß am MG bleiben, sagte er, sonst kommen wir nie auf die andere Seite.

– Ich bleibe, entschied Hoffmann.

Schweigen folgte seiner Erklärung, dann fuhr Destors fort:

– Sie wissen, daß Sie keinerlei Chance haben, Hoffmann!

Unbeirrt erklärte Hoffmann:

– Wir können das Deck mit dem Beil in Stücke schlagen und daraus ein Floß machen, schwer genug, um unsre Toten darauf festzubinden; sie würden mir als Schutz dienen, wenn ich die Überquerung versuche. Es wäre ohnehin scheußlich, sie hier zu lassen; die Viets würden sie in kleine Stücke hauen.

Wortlos trugen die Männer alles Holz und alle schwimmfähigen Gegenstände zusammen, die sie sonst finden konnten. Sie befestigten die sechzehn Leichen daran, verbanden dieses zweite Floß durch ein Seil mit der Schaluppe und warfen es ins Wasser.

Nun sprangen Geneviève Seydoux, der administrateur und die Legionäre in den Fluß. Im Schutz des Baumstammes begann die Überquerung.

Hoffmann hatte sich hinter das Maschinengewehr gelegt.

Er wartete darauf, daß die Viets das Feuer auf den schwimmenden

Baumstamm eröffnen und die vermeintlich aufgegebene Schaluppe stürmen würden.

Innerlich jubilierend ließ der ehemalige Jagdflieger sie ungedeckt herankommen. Bedächtig gab er dann Dauerfeuer, was zu einem wahren Gemetzel und zum überstürzten Rückzug der wenigen Überlebenden führte.

Von seinem Posten konnte er das Vorankommen des Baumes und seiner Kameraden nicht verfolgen. Aber dem feindlichen Feuer war zu entnehmen, daß sie sich immer noch auf dem Fluß befanden. Nach etwa zehn Minuten wurde das Feuer schwächer.

Hoffmann verließ seinen Posten und sprang auf die andere Seite der Schaluppe; auf dem anderen Ufer erkannte er deutlich den Baumstamm. Blitzgeschwind riß er sich die Kleider vom Leibe, ergriff das Tau, an dem das Totenfloß festgemacht war, nahm das Tauende zwischen die Zähne und ließ das Schiff mit einem Startsprung so weit wie möglich hinter sich. Als er wieder auftauchte, befand er sich noch im Schutz der Schaluppe; er zog am Tau, um das Behelfsfloß heranzuholen, das sich jedoch kaum bewegte. Die Leichen lagen in zwei Schichten übereinander und waren gut festgebunden; ihre Masse deckte den Legionär, der den bis zum Mund getauchten Kopf gegen die untere, vom Wasser überspülte Schicht preßte.

Sobald das seltsame Fahrzeug in ihrer Schußlinie erschien, eröffneten die Viets das Feuer. Die Leichen wurden mit Kugeln übersät. Hoffmann bemerkte es nicht einmal; er nahm alle Kraft zusammen, um die schwere Ladung zur Flußmitte zu dirigieren. Von da an trieb sie die Strömung von selbst ans andere Ufer. Ausgepumpt ließ er sich weit stromabwärts an Land treiben.

Die Gruppe Oesterreicher hatte sein Manöver verfolgt und die fünfzehn Mann stürzten zu ihm. Ihre Zahl reichte gerade aus, um das Floß mit den sechzehn Toten zu tragen. Im Slip folgte Hoffmann dem ungewöhnlichen Leichenzug und eilte unverzüglich zu den andern Überlebenden der *My Huong*, die alle den Fluß unversehrt hatten überqueren können.

Destors befand sich in einem Gewissenkonflikt: Der Transport der Toten würde den Marsch beträchtlich verlangsamen, was für die Verwundeten verhängnisvoll sein konnte. Er beschloß, die Gefallenen an Ort und Stelle zu beerdigen und befahl, ein Massengrab auszuheben.

Kaum war die letzte Schaufel Erde auf das riesige Grab geworfen, als die Männer auch schon die Geräte einsammelten und wortlos – die erschöpften Zivilisten in ihrer Mitte – zum Posten zurückmarschierten.

Bei der Ankunft in Lap-Vo waren die ersten Worte des Leutnants Vorwürfe an Oesterreicher, weil dieser ihnen unter Mißachtung seines Befehls zu Hilfe gekommen war. Der sergent-chef regte sich darüber wenig auf; er hatte nichts anderes erwartet und wußte, was folgen würde. Eine Disziplinarstrafe und zum Ausgleich eine Auszeichnung. Beides war ihm gleichgültig.

In den folgenden Monaten blieb die Kompanie Destors in Sadec stationiert. Zwischen Hoffmann und Geneviève Seydoux bahnten sich freundschaftliche Beziehungen an. Im Juli 1947 wurde Hoffmann wegen einer brandigen Wunde oberhalb des Knies amputiert. Als dienstunfähig entlassen, wurde er nach langem Lazarettaufenthalt in Saigon auf der *Pasteur* repatriiert. Geneviève Seydoux war ihm nach Saigon gefolgt und brachte es fertig, ihn auf dem Lazarettschiff zu begleiten. Ihre Spur endet hier: niemand in der Legion kennt den Ausgang ihrer Romanze.

16.

Während das 3. Étranger an der Schwelle seines tongkinesischen Abenteuers stand, und seine Einheiten sich bereitmachten, im Norden an der chinesischen Grenze die unseligen Städte That-Khé, Dong-Khé und Cao-Bang zu besetzen, die ihr Grab werden sollten, wurden zwei andre Formationen der Fremdenlegion damit beauftragt, den Schutz von Kambodscha, Zentral-Annam und Süd-Annam zu übernehmen. Die 13. Halb-Brigade wurde in Kambodscha, das 2. Étranger in Süd-Annam stationiert.

In ganz Indochina galt die Hauptsorge des französischen Generalstabs der Sicherheit der Verkehrswege. In Süd-Annam hatten die Viets in ihrer Zerstörungswut das Straßennetz Meter um Meter ausgelöscht. Die Kolonialstraße, die sich – auf der Höhe von Phang-Rang und Phan-Thiet entlang der Küste – 300 Kilometer weit von Ninh-Hoa nach Song-Phan erstreckte, war unbenutzbar geworden. Das einzige Verkehrsmittel, das noch eine gewisse Sicherheit bot, war die parallel zur Straße verlaufende Eisenbahnlinie. Stichbahnen verbanden die Hauptstrecke Ninh-Hoa – Suoi-Kiet (ungefähr 290 km) mit den wichtigsten Küstenstädten: Phan-Thiet, Ninh-Hoa, Nha-Trang; Pendelverkehr sicherte die Versorgung dieser Küstenorte.

Die Schienenschlacht begann. Hinterhalte, Sabotageakte und Zerstörungen folgten einander in immer schnellerem Tempo, und Ende 1947 war auch das gesamte Eisenbahnnetz von Süd-Annam total unsicher geworden.

Am 13. Februar 1947 fuhr ein Zug von Phan-Thiet ab, um bei Dakao die Hauptstrecke zu erreichen. Er bestand nur aus vier Wagen. Drei von ihnen waren mit Zivilisten besetzt, der vierte war für die Begleitmannschaft reserviert: ein Halbzug Legionäre (knapp zwanzig Mann), für die dieses tägliche Hin und Her zur vergnüglichen Routine geworden war. Der Pendelverkehr war niemals angegriffen worden. Nicht etwa, daß es in dem umliegenden Gelände an Gelegenheiten für Fallen aller Art gefehlt hätte, sondern einfach weil diese Nebenstrecke in den Augen der Viets nur von geringer Bedeutung war. Beide Seiten waren sich dieser Situation bewußt, was erklärte, warum die Wachsamkeit der Legionäre etwas nachgelassen hatte.

Für die zwanzig Kilometer, die Phan-Thiet von der Hauptstrecke trennen, brauchte man im allgemeinen zwei Stunden. Die Höchstgeschwindigkeit des Konvoi's überstieg nie 20 km/h, und an manchen Steigungen fuhr die alte Lokomotive sogar weniger als Schrittempo.

Im Geleitwaggon waren nur vier Mann an den Fenstern schußbereit; auch sie drehten sich oft um und beteiligten sich am Gespräch und den Spielen ihrer Kameraden. Ein Unteroffizier und zwei Gefreite waren die einzigen Dienstgrade der Gruppe, der unter anderen Oskar Quint, ein Legionär ungarischer Abstammung angehörte.

Die meisten Männer kannten die Strecke auswendig. Sie wußten, daß sie ungefähr auf halbem Wege weniger als zwei Kilometer an dem befestigten Viet-Minh Lager Tan-Xuan vorbeikamen; gleich danach mußte die Lokomotive die stärkste Steigung überwinden, was sich durch einen entsprechenden Anlauf ankündigte. Die zwei Kilometer lange Steigung begann ganz allmählich und wurde dann immer stärker. Wenn die Lokomotive den höchsten Punkt erreicht hatte, schien sie einer Explosion nahe, und der Konvoi setzte seine Fahrt so langsam fort, daß man sich manchmal fragte, ob man überhaupt noch fuhr.

Genau an dieser Stelle begann am 13. Februar 1948 um 09 Uhr 02 das

Feuer des Feindes, der kaum fünf Meter von den Waggons entfernt im Walde versteckt lag.

Es war das reinste Gemetzel. Die Viets hatten sich nur auf der rechten Seite gruppiert. Die Wirksamkeit ihres Feuers machte jede Abwehr unmöglich. Die Waggons wurden wie Siebe durchlöchert. Handgranaten durch jedes Fenster erledigten, was die automatischen Waffen übriggelassen hatten. Dann kamen die Viet-Kämpfer aus dem Wald heraus, stürzten sich in den Zug und machten die wenigen Überlebenden mit der Maschinenpistole nieder.

Oskar Quint wurde von sechs Kugeln getroffen, aber er lebte und war bei Bewußtsein. Er lag auf dem Rücken, geschützt von den Leichen zweier Kameraden. Er stellte sich tot.

Vier weitere Legionäre lebten noch, zwei von ihnen waren nur oberflächlich verletzt. Die Viets zogen sie aus dem Zug, banden ihnen Hände und Füße zusammen und legten sie neben die Böschung. Der Waggon war derart von Kugeln durchlöchert, daß Quint – machtlos – den Ablauf des Geschehens verfolgen konnte. Er bemerkte einen Soldaten, der sich seinen Kameraden näherte. Der Viet trug Rangabzeichen auf seiner schwarzen Bluse und hatte eine Pistole in der Hand; einen Augenblick lang betrachtete er die Gefangenen. Quint dachte, er werde sie mit einer Kugel in den Nacken erledigen; statt dessen gab es eine Beratung. Quint verstand nur das Wort »Fremdenlegion«, das mehrmals wiederkehrte.

Die vier Verwundeten wurden nicht sofort niedergemacht: An Füßen und Schultern hochgehoben, verschwanden sie aus Quint's Blickfeld. Einige Sekunden später erstarrte Quint vor Entsetzen: Ein unmenschliches, verzweifeltes Gebrüll schlug an sein Ohr. Der sich verbreitende Geruch machte ihm klar, welches Schicksal seinen vier Kameraden zuteil geworden war.

Einen nach dem anderen, hatte man sie lebend in den Kessel der Lokomotive geworfen.

Oskar Quint und zwei Zivilisten wurden wie durch ein Wunder gerettet. Die zahlreichen Verwundungen des Legionärs blieben ohne nachhaltige Folgen, er wurde aber nie wieder ganz normal. Sobald er in Phan-Thiet das Bewußtsein wiedererlangt hatte, erstattete er einen zusammenhängenden Bericht über den Angriff; als er aber zu dem Ende seiner vier Kameraden kam, wurde Quint von Zittern und dann von regelrechten Konvulsionen ergriffen, die nie wieder völlig verschwinden sollten. Nach einjährigem Aufenthalt in einer psychiatrischen Klinik wurde er als dienstunfähig entlassen.

Nach dem Massaker auf der Strecke nach Phan-Thiet holte colonel Le Pulloch, Kommandant des Abschnitts Süd-Annam, Pläne für einen Panzerzug aus der Schublade, die ihm früher einmal ein Pionieroffizier unterbreitet hatte. Das Projekt war bisher nur vage und unklar; die Konstruktion eines riesigen Schienenpanzers war nur belächelt worden, und die meisten der befragten Spezialisten hatten sie für die Extravaganz eines ehrgeizigen Offiziers gehalten. Seit dem schrecklichen Überfall vom 13. Februar 1948 sah die Sache anders aus. Es mußte etwas geschehen, und colonel Le Pulloch kam rasch zu drei Schlußfolgerungen: nur das Projekt des Panzerzugs gab ihm eine Chance, die Schlacht um die Schienen zu gewinnen; nur die Legion konnte eine Idee verwirklichen, bei der sich Mut und Phantasie, Bastlergeist und Disziplin vereinen mußten; nur ein außergewöhnlicher Offizier konnte das Kommando führen.
Nach ein paar Tagen hatte colonel Le Pulloch den Mann gefunden, den er brauchte.
Capitaine Raphanaud hatte soeben seinen Dienst bei der Fremdenlegion in Indochina wieder aufgenommen. Seine militärische Vergangenheit und seine Auszeichnungen waren eindrucksvoll. Außerdem kam er gerade von einer Kommando-Schule und galt als besonderer Spezialist für den Guerillakrieg. Zur Zeit befand er sich in Phang-Rang und wartete auf seine Verwendung.
Colonel Le Pulloch befahl Raphanaud unverzüglich nach Nha-Trang in sein Stabsquartier und erklärte ihm alle Pläne für die etwaige Schaffung eines Panzerzuges.
Raphanaud war erstaunt, aber die Idee faszinierte ihn sofort. Wenn er dennoch Vorbehalte anmeldete und sich skeptisch gab, so geschah das nur in der Hoffnung, ein Maximum an Befehlsgewalt und mehr Geldmittel zu erhalten, als der colonel vorgesehen hatte.
Der Papierkrieg wurde in einer knappen Woche erledigt. Raphanaud hatte sich in drei Punkten durchgesetzt, die ihm wesentlich erschienen. Erstens die uneingeschränkte Unterstützung der indochinesi-

schen Eisenbahnen; zweitens die Abstellung eines Zivilingenieurs der Eisenbahngesellschaft, Philippe Labrice; drittens das Recht zur freien Auswahl der Offiziere, Unteroffiziere und Mannschaften, die die Besatzung des Panzerzuges bilden sollten, aus dem 2. Étranger.

Gegen Ende Februar begab sich capitaine Raphanaud zum Eisen-bahn-Zentraldepot von Nha-Trang. Es war seine erste Unterredung mit Ingenieur Labrice.

Raphanaud stammte aus der Champagne, hatte das Gesicht eines Sanguinikers und außer seiner schmetternden Stimme nichts vom Typ des Legionsoffiziers. Dennoch lief ihm eine regelrechte Legende vor-aus: Auf sein Konto kamen acht Ausbrüche während der deutschen Besetzung, darunter einer aus dem Gefängnis von Moulins in der Nacht vor seiner Hinrichtung.

Die Erscheinung von Ingenieur Labrice paßte dagegen vorzüglich zu seiner Tätigkeit. Kaum größer als der capitaine, war er vorzeitig kahl geworden und trug eine dünne, randlose Brille, durch die er noch mehr wie ein gewissenhafter, strebsamer Schüler wirkte.

Zwei Stunden genügten dem Offizier, um dem Ingenieur den Plan zu erklären. Eine Frage blieb allerdings offen: die Arbeitskräfte.

Raphanaud, der darüber von Anfang an bestimmte Vorstellungen hat-te, erklärte:

–Man hat mir eine Pionierkompanie zur Verfügung gestellt, die unter Ihrem Befehl arbeiten wird. Aber ab morgen werde ich die Legions-posten in Süd-Annam inspizieren und es müßte mit dem Teufel zuge-hen, wenn ich dabei nicht etwa zehn Spezialisten fände, die Ihnen helfen können.

Raphanaud hatte die Möglichkeiten der Legion nicht überschätzt. Im I.Bataillon nannte man ihm einen caporal-chef, Emil Kaunitz, ehe-maligen Ingenieuroffizier der deutschen U-Bootwaffe. Als geborener Bastler und geschickter Techniker, wurde Kaunitz sofort zum Stell-vertreter von Ingenieur Labrice bestimmt. Er war es auch, der das scheinbar unlösbare Problem der Panzerung des zukünftigen Zuges löste. Einige Kilometer von Nha-Trang entfernt, entdeckte der deut-sche U-Bootmann am Strand das Wrack eines japanischen L.S.T.[8];

---

[8] Landing Ship Tank – großes gepanzertes Landungsschiff.

seine mit dem Schneidbrenner zerschnittenen Panzerplatten dienten zur Armierung der vierzehn Waggons, aus denen die Geheimwaffe der Legionäre bestand.

Auf dem Dach jedes Waggons wurde ein mit einem schweren Maschinengewehr bestückter, drehbarer Turm angebracht. An den Wagenwänden wurden die Panzerplatten mit Ziegelsteinen und Zement verstärkt. Zwei Reihen versetzt übereinanderliegender Schießscharten für achtzehn Schützen ermöglichten es, jeglichen Angriff abzuwehren. Vier schwere Waffen (8,1 Granatwerfer) waren an den beiden Enden des Zuges postiert. Zwei Wagen waren nicht bewaffnet; sie waren für die Pioniere vorgesehen und enthielten Material, um sofort jegliche Gleissabotagen reparieren zu können, und eine große Menge Schienen für den Fall, daß ein längeres Gleisstück zerstört sein sollte. .

Nach sechs Monaten intensiver Arbeit verließ der Zug die Werkstätten von Nha-Trang. Sein Anblick war verblüffend. Gespickt mit Schutzplatten aller Art, mit den verschiedensten Panzerungen ausgeflickt, konnte das Ungeheuer selbst den schwersten Waffen unbeschadet trotzen, über die der Feind verfügte.

Der seltsame Zug umfaßte:

2 gepanzerte Lokomotiven,

14 Waggons, darunter 8 Gefechtswagen,

1 Befehlswagen für die Offiziere,

1 gepanzerten Lazarettwagen,

2 Pioniermaterialwagen mit Schienen und Schwellen,

1 Küchen- und Speisewagen.

Die Tender und die Kessel der Lokomotiven waren ebenfalls gepanzert und enthielten 6 000 Liter Wasser, was die Unabhängigkeit des Zuges für 72 Stunden sicherte.

An automatischen Waffen waren vorhanden:

8 Zwillings-MG auf fahrbarer Lafette,

1 schwenkbare 4 cm Beaufors-Kanone,

1 drehbare 2 cm Flak mit Infrarot-Zieleinrichtung,

1 Werfer für gleichzeitigen Abschuß von 10 Granaten,

2 Granatwerfer vom Kaliber 8,1 und 6 cm.

Das Ganze war so montiert, daß die Bedienungsmannschaften vor feindlichem Beschuß geschützt waren.

Außer einer Funkanlage bestand Telefonverbindung zwischen allen Wagen und der Lokomotive.

Eine spezielle Weisung gab dem Panzerzug absolute Vorfahrt vor allen anderen Verbindungen.

Seine Höchstgeschwindigkeit betrug: auf gerader Strecke bei freier Sicht, 20 km/h; in der Kurve, 10 km/h; bei Nacht, 4 km/h.

Außerdem war vorgeschrieben, daß der Zug vor jeder mehr als sechs Meter langen Brücke und vor jedem Tunnel anhielt. Eine bewaffnete Patrouille hatte dann die Tunnels mit Fackeln abzuschreiten.

Während Ingenieur Labrice und caporal-chef Kaunitz ihren Zug zusammenbastelten, suchte sich Raphanaud Elitesoldaten für die Besatzung aus.

Zwei Offiziere sollten ihm zur Seite stehen. Lieutenant Lehiat war sein persönlicher Freund. Was den sous-lieutenant Ernst Noack anbetraf, so fiel er ebensosehr aus dem Rahmen, wie Raphanaud unauffällig war.

Noack, verliebt in seine eigene Person, ehemaliger deutscher Offizier, maß 1.95 m und wog 120 kg. Er ging ständig mit nacktem Oberkörper und hielt seine Hosen mit ledernen Hosenträgern fest, in denen auf Brusthöhe zwei Kommandodolche steckten. An seinem Koppel hingen stets drei Feldflaschen mit Alkohol. Ließ sich einer seiner Männer etwas zuschulden kommen, ohrfeigte er ihn meist so, daß er meterweit flog, aber selbst in Augenblicken der Wut bewies er immer gleichbleibend gute Laune, die sich in grabesdumpfem Lachen äußerte. Die Alkoholmenge, die er täglich absorbierte, schien weder seine Gesundheit noch sein Verhalten zu beeinflussen.

Die Rekrutierung der Unteroffiziere und Legionäre hatte Raphanaud einem Mann anvertraut, den er gut kannte, und der sofort bereit gewesen war, sich ihm anzuschließen: dem adjudant Parsianni. Wie Mattei, war Parsianni Korse. Er war aus derselben Kommandoschule hervorgegangen wie capitaine Raphanaud und hatte sich dort in ungewöhnlicher Weise hervorgetan. Parsianni suchte die Kompanien des 2. Étranger auf, sah die Personalakte jedes einzelnen Mannes durch und prüfte, wo sie gekämpft und wie sie sich dabei verhalten hatten. Seine Recherchen schloß er mit ausführlichen Befragungen ab und hatte schließlich rund hundert außergewöhnliche Soldaten beisammen.

Am 10. November 1948 war der Panzerzug fertig. Er galt immer noch als Geheimsache und stand in den Werkstätten von Nha-Trang. Die drei Offiziere, Raphanaud, Noack und Lehiat wohnten recht komfortabel im Speisewagen. Damit der Legionstradition gemäß auch der Humor zu seinem Recht kam, hatte Noack Reklameplakate aufgegabelt, die – auf die Panzerplatten geklebt – die Annehmlichkeit des Reisens per Bahn priesen; vor den Schießscharten hingen elegant plissierte Vorhänge. Zwei Tage zuvor waren fünfzig Milizsoldaten als zusätzliche Besatzung eingetroffen und hatten die ihnen zugeteilten Wagen in Besitz genommen. Auch ihre Auswahl war nicht dem Zufall überlassen worden. Es waren *Rhadès*, eine Rasse, die von den *Moi* abstammt und die als die besten Soldaten Asiens galten. Sie wurden von einem Unteroffizier und zwei Gefreiten der Legion befehligt. Aber das wichtigste Ereignis war erst für den Abend vorgesehen: die Ankunft von adjudant Parsianni und seinen 96 Legionären. Jubilierend erklärte Raphanaud, ein Glas Whisky in der Hand, seinen Leutnants:

–Die Fremdenlegion besteht aus den besten Regimentern, die die Welt kennt. Unter diesen Regimentern hat das 2. Étranger lauter ausgewählte Altgediente; innerhalb dieses 2. Étranger ist das I. Bataillon seit zwei Jahren der Star; und unter diesen Männern hat Parsianni nach genauer Prüfung die besten ausgewählt. Stellt euch bloß vor, was für eine Kompanie wir da zu führen haben; die Super-Löwen unter den Löwen.

–Von den *Rhadès* ganz zu schweigen, fügte Lehiat hinzu. Ich hab' sie gestern abend inspiziert; sie scheinen mir zum Töten geboren.

–Ich kenne die Rasse, stimmte Raphanaud zu, sie werden uns nicht enttäuschen.

Um 18 Uhr verließen die drei Offiziere ihren Waggon und gingen zu einem Nebengleis. Der Zug mit der Kompanie lief pünktlich ein. Schon ehe er anhielt, sprang Parsianni vom ersten Wagen und machte vorschriftsmäßig Meldung. Noack und Lehiat bemerkten mit Erstaunen, daß der Feldwebel, trotz peinlich genauer Beachtung des militärischen Protokolls, den Hauptmann duzte.

–Mon capitaine, soll ich auf dem Bahnsteig antreten lassen?

–Nein, führ' sie erst zum Eisenbahndepot, es sind nur fünf Minuten Marschzeit. Ich lege Wert darauf, ihnen einige Worte über ihre neue Waffe und deren Benützung zu sagen.

–Wie du befiehlst, mon capitaine.

Während sie die Waggons verließen, beobachtete Raphanaud seine Legionäre. Sie waren alle wie aus dem Ei gepellt, die Hemden makellos, die drei vorgeschriebenen Rückenfalten scharf gebügelt, keine Spur von Müdigkeit auf den frisch rasierten Gesichtern; Hände und Fingernägel waren sauber; aus den Rucksäcken hing nicht das kleinste Fädchen und die Waffen blitzten nur so. Raphanaud lächelte.

– Du hast deinen Auftritt gut vorbereitet, Parsianni!

– Mon capitaine, diese 96 Mann funktionieren wie e i n Uhrwerk. Schau' sie genau an, ich glaube, das sind die besten Soldaten der Welt.

Selbst Noack, der sich gegenüber der von Raphanaud eingeschlagenen Rekrutierungsmethode skeptisch gezeigt hatte, war von dem Ergebnis beeindruckt. Sergent Célier befehligte den Abmarsch zum Depot.

– Wieviel Prozent Deutsche? fragte Raphanaud.

– Sechsundzwanzig Deutsche, mon capitaine. Zwölf Italiener, drei Russen – altgediente Leute –, einundzwanzig Franzosen. Die andern so ein bißchen von überallher. Der Koch ist Ungar, er heißt Laszlo Vad, war drei Jahre Küchenchef in einem New-Yorker Luxuslokal. Man sollte ihm einen oder zwei Gehilfen beigeben.

– Parsianni, du gefällst mir. Fressen ist heilig, warf Noack ein.

Am Panzerzug angekommen, standen die Männer aufmerksam und unbeweglich. Raphanaud ließ sich die Legionäre einen nach dem andern vorstellen. Dann ließ er rühren und wegtreten zum einrichten.

In einer knappen Viertelstunde hatten sich die Legionäre mit den Örtlichkeiten vertraut gemacht. Reibungslos und ohne Streitereien fanden sie ihre Plätze und lernten die Kampfpositionen kennen. Auf Anhieb begriffen sie, wie das Ganze funktionierte und was man von ihnen erwartete.

Jeder Gefechtswagen war für fünfzehn Mann vorgesehen, die in dreistockigen Liegen zu schlafen hatten. Je zwei Mann hatten einen Spind, in jedem Wagen standen ein Tisch und sechs Hocker. Der beschränkte Raum zwang zu peinlichster Sauberkeit. Das Leben im Panzerzug mußte sich in jeder Beziehung abspielen wie an Bord eines Schiffes: die selbe Disziplin, die selben Vorschriften.

Am 13. November kam die Pionierkompanie hinzu und richtete sich ein. Und im Morgengrauen des 15. startete das gepanzerte Monstrum zu seinem ersten Einsatz.

17.

Während der ersten drei Wochen fuhr der Panzerzug vor wichtigen Zügen her, die der Feind nun nicht mehr angriff. An nennenswerten Zwischenfällen gab es nur ein paar Sabotageakte am Gleis, das von der Pionierkompanie augenblicklich repariert wurde. Aber Raphanaud machte sich nichts vor; er wußte, daß die Viets nur überrascht und perplex waren, sie aber beobachteten und auf Gegenmaßnahmen sannen.

Als Spezialist für Kommandoaktionen versuchte es der capitaine nun mit einer neuen Taktik. Täglich brach eine Patrouille in den Dschungel auf, um nach Feindspuren zu suchen; durch Funk mit dem Zug verbunden, entfernte sie sich oft zehn Kilometer weit. Wieder ein Schlag ins Wasser. Auch die Patrouillen bekamen keine Feindberührung: die Viets waren offensichtlich auf der Hut, und die Legionäre kehrten unangefochten zum Zug zurück.

Am 5. Dezember gegen 6 Uhr morgens verließen sechs Mann und sergent Célier zwischen Mong-Duc und Van-Lam den Zug. Seit zirka zehn Minuten standen sie auf den Trittbrettern und warteten auf eine geeignete Stelle zum Abspringen. Wo sie sprangen, spielte keine große Rolle, vorausgesetzt daß der Zug nicht anhalten mußte. Dagegen kannten die Männer den genauen Punkt, an dem sie den Zug abends wieder besteigen sollten.

Gleich nach einer Kurve sprang Célier ab, unmittelbar gefolgt von den sechs Legionären. Die sieben Mann verschwanden sofort im Wald und begannen ihren Marsch so ruhig, als seien sie auf Hasenjagd. Sie mußten einen kleinen, gestrüpp-bewachsenen Pass überqueren und auf der andern Seite wieder auf das Gleis stoßen, das einen großen Bogen nach Van-Lam machte.

Gegen Mittag kam die Patrouille auf dem Kamm an und man beschloß, vor der Rast auf der anderen Seite noch rund hundert Meter abzusteigen. Reszke, ein Pole, der als Schlußmann marschierte, meldete sich plötzlich:

–Sergent! Hier war heute morgen jemand!

Célier schaute umher.

–Was hast du? Bist du Hellseher?

–Nein. Es riecht nach Scheiße.

Alle lachten. Der sergent reagierte wütend:

–Glaubst du, wir hätten Zeit zu verlieren? Weißt du nicht, daß es hier haufenweise Tiere gibt? Ich rieche nichts, und wenn, würde das nicht das geringste beweisen.

Ohne Befehl und in aller Ruhe setzte sich Reszke auf einen Stein und sah den Unteroffizier und seine Kameraden scharf an.

–Der Fehler in diesem Verein ist, daß man sich nicht genügend kennt, sagte er würdevoll. Aber ihr müßt mir schon glauben. In der 2. Kompanie, aus der ich komme, war ich berühmt. Bis hin zum colonel wußte jeder, daß ich menschliche Scheiße kilometerweit riechen kann.

Die Heiterkeit der Legionäre stieg. Nur Célier blieb ernst und nachdenklich.

–Hör zu, wenn du mich auf den Arm nimmst, kannst du was erleben, das garantiere ich dir.

–Sergent, aus dieser Richtung kommt es, protestierte Reszke, nach Südwesten zeigend. Ich hab' auch keine Lust, zusätzliche Kilometer runterzureißen, aber ich versichere Ihnen, daß Menschen weniger als fünfhundert Meter von hier gekackt haben, und zwar heute morgen.

Durch die Selbstsicherheit des Polen umgestimmt, beschloß der sergent, einen Umweg zu machen und sich dabei von dem Geruchssinn des Legionärs leiten zu lassen. Die Männer waren unzufrieden. Nur ihr Sinn für Disziplin hinderte sie, heftiger zu protestieren oder eine Diskussion über den Befehl des Unteroffiziers zu beginnen. Als einer von ihnen eine Zigarette herauszog und sie gerade anzünden wollte, reagierte Reszke scharf und verächtlich. Wie ein Künstler, der sich an einen Laien wendet, rief der Pole:

–Du hast wohl nicht alle Tassen im Spind! Willst wohl meine Arbeit sabotieren, oder?

–Schon gut, es wird nicht geraucht, entschied Célier, obwohl er wenig überzeugt war.

Wütend warf der Legionär seine Zigarette weg und zuckte die Achseln.

Reszke war befriedigt, daß der Unteroffizier zu seinen Gunsten eingegriffen hatte; er bewegte sich vorwärts wie ein Schmierenkomödiant, blieb immer wieder stehen und blähte die Nasenflügel. Zwanzig Minuten später konnte er seinen Triumpf genießen und sich an der fassungslosen Bewunderung seiner Kameraden weiden. Er hatte die Gruppe mitten in ein eben aufgegebenes Lager geführt, das von einem Pfad durchquert wurde.

Der Legionär mit der Zigarette entschuldigte sich in aller Form.

– Das ist ja eine Himmelsgabe, die du mitbekommen hast, mein Lieber! Das ist ja nicht zu fassen. Also, ich rieche immer noch nichts.
Reszke zeigte auf ein etwas entferntes Gebüsch.
– Hinter dem haben sie abgeprotzt. Das nächste Mal glaubt ihr mir wohl hoffentlich.
Der sergent ging zu dem bezeichneten Platz und überzeugte sich.
– Er hat recht. Das ist kein Mensch, der Kerl ist ja ein Hund.

Sergent Célier wurde sich plötzlich bewußt, daß er mit dem Abweichen vom Weg gegen seine Befehle verstoßen hatte. Während er seine Karte ausbreitete, um die gegenwärtige Position festzustellen, befahl er dem Funker, Kontakt mit dem Zug aufzunehmen, der ständig auf Empfang geschaltet hatte. Sobald er seine Position durchgegeben hatte, mußte er den Grund für seinen Umweg angeben:
– Wir haben einen Pfad gefunden. Wir befinden uns in einem aufgegebenen Lager, in dem eine kleine Gruppe die letzte Nacht verbracht hat.
– Wie habt ihr das gefunden?
– Das würden Sie mir nicht glauben. Ich erkläre es Ihnen heute abend. Der Pfad scheint in Richtung Van-Lam zu führen. Sollen wir ihm folgen?
– Einverstanden. Keine Unvorsichtigkeiten. Berichten Sie über jedes Vorkommnis.
– Verstanden. Ende.
Célier wandte sich an seine Männer.
– Auf! Beeilung! Wir wollen versuchen, schnell vorwärtszukommen und ihnen noch vor dem Abend auf den Pelz rücken.
Die Gruppe brach wieder auf. Keiner der Männer hatte die geringste Einwendung erhoben, obwohl sie keine Ahnung hatten, wie stark die verfolgte Viet-Gruppe war. Der Pfad war nicht breit, aber vorzüglich angelegt und befestigt; dennoch wäre er aus einer Entfernung von nur zehn Metern nicht zu entdecken gewesen.
In ganz Süd-Annam hatten die Viets auf diese Weise den Wald zerschnitten und durch den Dschungel ein regelrechtes Wegenetz angelegt, das ihnen erlaubte, sich im Schutz der Vegetation schnell und unbemerkt fortzubewegen.
Nachdem sich der Weg eine Stunde lang ständig dahingeschlängelt

hatte, kam die Truppe an den Beginn einer langen Geraden. Sie fiel zuerst leicht ab, dann kam eine heftige Steigung. Auf dem Kamm, in der Ferne, bemerkten die Legionäre ein schwarzes Etwas, das sich bei ihrem Auftauchen hinlegte, und gleich darauf pfiff eine Kugel, die bei der beträchtlichen Entfernung wenig Chancen hatte, ihr Ziel zu erreichen. Dann verschwand der Viet-Soldat.

– *Maulen!*[9] Im Laufschritt! Los! Beeilung! rief Célier. Da sind sie. In einer knappen Stunde haben wir sie eingeholt. Die sechs Mann spurteten hinter dem Unteroffizier her, abwechselnd im Laufschritt und in weit ausgreifendem Geschwindmarsch.

Einige Meter vor dem Ende des Gefälles verfielen die Legionäre wieder in Laufschritt, um Anlauf für die Steigung zu nehmen. Da brach die Katastrophe herein. Durch ihr Tempo beflügelt, fielen die Männer in eine glänzend getarnte, riesige Falle. Die Grube war kaum einen Meter tief, aber ihr Boden war mit scharf geschliffenen Stahlharpunen gespickt, jede fest auf einer Holzplatte montiert.

Vier Legionäre, darunter sergent Célier, wurden mit den Fußsohlen aufgespießt. Ihre dicken Schuhsohlen wurden durchbohrt wie ein Blatt Papier. Die drei andern Legionäre hatten das Glück, zwischen die Harpunen zu fallen. Fast gleichzeitig explodierte zehn Meter von der Gruppe entfernt eine Werfergranate.

Trotz seiner wütenden Schmerzen reagierte Célier augenblicklich.

– Sie schießen einen Granatwerfer auf die Grube ein. Wenn wir hier bleiben, sind wir erledigt. Wir müssen weg. Die drei Unverletzten ziehen die Verwundeten! Ich helf' mir selber.

Ohne auf die andern zu warten, stemmte sich der sergent mit den Armen aus dem Loch heraus und begann wie ein Krebs zu kriechen, indem er sich auf die Ellenbogen stützte und mit dem Knie seines unverletzten Beines vorwärtsstieß.

Die drei andern Verwundeten ließen sich von ihren Kameraden zehn Meter weit ziehen und brachten es dann fertig, Célier nachzuahmen. Mit zusammengebissenen Zähnen krochen die vier Verletzten weiter, während der Granatwerfer immer noch auf die Falle schoß, da sich die Viets auf die Reaktion ihres seltsamen Wildes noch nicht eingestellt hatten.

Mit Hilfe seines Gewehres erhob sich Célier und blieb einen Moment auf seinem intakten Bein stehen; dann stellte er seinen durchbohrten

[9] Schnell.

Fuß auf den Boden, schloß die Augen und ließ mit zusammengepreßten Zähnen sein volles Gewicht darauf lasten. Die Harpune trat in der Mitte des Unterschenkels aus. Den furchtbaren Schmerz überwindend gelang es ihm, mehrere Schritte zu tun, ohne eine Blutung hervorzurufen. Als er sich am Rande einer Ohnmacht fühlte, ließ er sich geschlagen zu Boden fallen.

Die drei Unverwundeten halfen ihren Kameraden bis zu ihm hin; schweigend streckten sich die sieben Legionäre auf den Boden.

Célier riß sich zusammen und gab seine Befehle. Er wandte sich an Reszke, einen der drei Unverletzten.

– Das Funkgerät! Wir müssen den Zug informieren.

Auch dem Funker war der Fuß durchbohrt worden. Reszke half ihm, die Riemen abzustreifen, an denen er das Gerät auf dem Rücken trug. Ein Blick genügte: das Gerät war unbrauchbar. Ein Granatsplitter hatte ein faustgroßes Loch gerissen, aus dem die Drähte heraushingen.

Célier fluchte zwischen den Zähnen und betrachtete die schmerzverzerrten Gesichter seiner drei Kameraden, offensichtlich waren sie kaum mehr bei Bewußtsein. Von neuem wandte er sich an Reszke:

– Ihr drei nehmt alle unsre Waffen, einschließlich Handgranaten, und laßt uns zurück! Seht zu, daß ihr schnellstens den Zug erreicht. Macht Meldung, sie werden das Nötige veranlassen. Wir können nicht von der Stelle.

– Sergent, man könnte sich doch einigeln, protestierte Reszke.

– Macht, was ich gesagt habe, verdammt nochmal. Ich hab' wahrhaftig nicht die Kraft, zu diskutieren.

– Behalten Sie doch Ihre Waffen, wenigstens eine.

– Macht, daß ihr wegkommt alle drei! Wenn wir eine Waffe behalten, fällt sie ihnen in die Hände.

Reszke gehorchte. Wortlos verschwanden die drei Unverletzten im Laufschritt und ließen die vier Verwundeten waffenlos zurück.

Célier bemerkte, daß einer der Legionäre langsam Blut verlor. Der Mann preßte seinen Oberschenkel mit aller Kraft zusammen, die er noch in den Händen hatte. Er weinte schluchzend wie ein Kind.

Der sergent kroch zu ihm, löste sein Koppel und band ihm damit den Oberschenkel ab.

– Blutest du schon lange?

– Schon die ganze Zeit, ich werd' krepieren.

– Wir krepieren alle. Dein Blut hat Spuren hinterlassen, sie werden

182

kommen. Hör' mit dem Weibergeplärr auf.
– Ich heul' nicht aus Angst, sondern vor Schmerz.
– Na ja, schon gut. Hört man alle drei zu. Wir werden denen in die
Hände fallen. Wir können nichts mehr machen. Es ist also sinnlos,
uns in den paar Minuten, die uns noch bleiben, selbst zu bemitleiden.
Ich meinerseits hab' noch an allerhand zu denken. Macht's wie ich.
Wer will eine Zigarette?
Alle drei schüttelten ablehnend den Kopf.
– Wasser?
Sie nickten. Die Feldflasche des Unteroffiziers machte die Runde; als
sie wieder bei ihm ankam, leerte er sie und warf sie dann weg. Dann
zog er ein Päckchen *Mic* aus der Tasche und zündete eine zerknit-
terte Zigarette an. Dabei starrte er unentwegt auf seine Uhr.
Es war jetzt zehn Minuten her, daß Reszke und die beiden andern Le-
gionäre sie verlassen hatten. In einer knappen Stunde mußten sie den
Zug erreicht haben. Wenn die Viets sich wider alles Erwarten abgesetzt hatten, könnte in zweieinhalb Stunden eine Rettungspatrouille
da sein.

Nach fünf weiteren Minuten fühlte Célier instinktiv, daß die Viets in
der Nähe waren. Er war überzeugt, daß er und seine Kameraden beobachtet wurden. Er flüsterte:
– Es ist soweit. Sie haben uns eingekreist. Ade, Jungs.
Aber es vergingen noch einige Minuten, ehe die vier Verwundeten
sich plötzlich von zwei Dutzend kleinen, schwarz gekleideten Soldaten umringt sahen, die die Gewehre auf sie richteten. Schweigend
kamen zwei Viet-Soldaten heran und tasteten die Verwundeten geschickt nach Waffen ab. Dann wandten sie sich ruckartig an den
Mann, der der Chef zu sein schien und meldeten kurz, daß nichts zu
befürchten sei.
Der Chef steckte seine Pistole weg, ging auf Célier zu und sprach
ihn in dem singenden, nasalen Französisch an, das allen Legionären
vertraut war:
– Sie sind ein guter Soldat, sergent, mutig und intelligent. Sie haben
begriffen, daß es nichts an Ihrem Schicksal geändert hätte, Ihre Waffen zu behalten, daß diese dann aber uns in die Hände gefallen wären.
Célier antwortete nicht und zuckte nur die Achseln.

–Ich habe euch einen Vorschlag zu machen, fuhr der kleine Viet-Chef fort. Eure Verwundungen sind zwar sehr schmerzhaft, aber nicht schwer. Wir können euch pflegen und sehr rasch heilen. Was mich betrifft, so brauche ich Auskünfte über euren Panzerzug, und unsere Armee braucht Ausbilder, wie ihr es seid. Ihr seid Soldaten ohne Vaterland, was kann es euch ausmachen, im einen oder im andern Lager zu kämpfen? Ich gebe euch eine Minute zum Überlegen.

–Leck' mich am Arsch! brummte Célier.

Speck, ein deutscher Gefreiter,[10] entschloß sich sofort.

Er wagte nicht, Célier ins Gesicht zu sehen und wandte sich an den Viet:

–Ich mach' mit. Machen Sie mir die Sauerei vom Fuß weg.

Unter Célier's wütenden Blicken äußerten sich die beiden andern Verwundeten im gleichen Sinne. Sehr befriedigt, wandte sich der kleine Viet-Chef demonstrativ auf französisch an seine Untergebenen:

–Macht unseren neuen Freunden Morphium- und Penicillinspritzen und operiert sie sofort.

Selbstzufrieden wandte er sich dann herablassend an Célier:

–Diese Medikamente haben wir aus Ihrer Heimat. Geschenke der *Union des Femmes Françaises*.[11] Sie sehen, Ihre Kameraden sind nicht die einzigen Franzosen, die in unsren Reihen kämpfen.

Mit aller Kraft spuckte der sergent in die Richtung des Viets, ohne ihn zu treffen. Impulsiv sagte er zu Speck:

–Dich mach' ich fertig, Speck! Ich find' dich wieder und mach' dich fertig.

–Zu meinem Bedauern muß ich Ihnen Ihre Illusionen nehmen, sergent, fuhr der Viet dazwischen, aber ich fürchte, ich habe nicht das Recht, Sie am Leben zu lassen. Es sei denn, natürlich, mein Vorschlag interessiert Sie....

–Leck' mich am Arsch! wiederholte Célier.

–In diesem Fall muß ich bedauern, äußerte der Viet und zog die Pistole.

–Augenblick mal! unterbrach Speck. Wenn Sie ihn töten, mach' ich nicht mehr mit, Sie können mich dann auch umbringen, obwohl ich Ihnen unschätzbare Dienste leisten könnte. Ich war Ausbildungs-Offizier in der deutschen Wehrmacht. Jetzt bin ich es, der Bedin-

---

[10] Die zwei andern waren Franzosen; colonel Raphanaud hat gebeten, ihre Namen nicht zu nennen.

[11] Linksorientierte Frauenorganisation

gungen stellt: Das Leben des sergent gegen meine Kollaboration.
Der Viet-Chef ließ ein nervöses Lachen hören, verstaute aber seine
Pistole wieder.
– Sie sind ziemlich kompliziert, ich muß darüber nachdenken. Inzwischen wird man Sie jedenfalls mal operieren.
Zwei Sanitäter begannen mit geschickten und präzisen Bewegungen,
die Füße der drei Legionäre unter Lokalanästhesie aufzuschneiden.
Sie brauchten über eine halbe Stunde, um die Harpunen zu extrahieren und kunstgerechte Verbände anzulegen. Der Chef hatte sich
nachdenklich abseits gehalten. Als die Operationen beendet waren,
trat er wieder zu der Gruppe; auf seinem strahlenden Gesicht war
deutlich boshafte Befriedigung abzulesen. Den sergent ignorierend,
wandte er sich an Speck:
– Nun habe ich Ihnen wieder einen Vorschlag zu machen. Ich bin
bereit, den sergent am Leben zu lassen, aber ich habe nicht das
Recht, einen Soldaten freizulassen, der in ein paar Wochen wieder
die Waffen gegen uns ergreifen würde. Also, wenn Sie einverstanden
sind, werde ich ihn zum Krüppel machen, damit er niemals wieder
Soldat sein kann.
Trotz seiner zunehmenden Schwäche war Célier immer noch vollständig bei Bewußtsein und hatte den Vorschlag des Viet mitangehört. Speck warf ihm einen flehenden Blick zu, dann murmelte er
mit gesenktem Kopf:
– Ich hab' keine Lust, wie ein Idiot zu krepieren und eine Kugel
ins Genick zu kriegen, sergent!
Célier antwortete nicht. Er sah den neben ihm liegenden Kameraden
nicht an. Für den kleinen Viet-Chef war die Frage entschieden; er
trat zu dem sergent und hockte sich neben ihn. Dann nahm er eine
Flasche vom Gürtel und reichte sie Célier.
– Trinken Sie, soviel Sie wollen, es ist hochprozentiger Alkohol. Ich
werde Ihnen zwei Kugeln ins Knie jagen. Ihre Freunde werden bald
da sein, man wird Ihnen das Bein amputieren, aber Sie werden am
Leben bleiben.
Célier nahm die Flasche und zwang sich, den Reisschnaps in großen
Schlucken die Kehle hinunterlaufen zu lassen. Die zwei Pistolenschüsse knallten, während er trank. Seine Kniescheibe zerriß, die
Flasche entfiel ihm und der Schnaps lief ihm über die Brust. Es gelang ihm nicht, das Bewußtsein völlig zu verlieren. Wie hinter einem
Nebelschleier sah er die Viet-Soldaten hin- und hergehen und seine

Kameraden abtransportieren. Er schloß die Augen, zwang sich, daran zu denken, daß er lebte, daß ihm ein gesundes Bein blieb, daß er nach der Amputation nicht mehr leiden und daß er nie mehr Krieg führen müßte – und allmählich fiel er in Ohnmacht.

Als sergent Célier wieder zu sich kam, hatten die Schmerzen nachgelassen; er stellte fest, daß seine zerschmetterte Kniescheibe ihn hinderte, die Harpune zu fühlen, die immer noch sein Bein durchbohrte. Es wurde Nacht, er sah auf die Uhr, es war 19 Uhr 30. Die Schnapsflasche lag noch auf seiner Brust, sie war nicht ganz ausgelaufen, und Célier trank den Rest. Er hatte noch Zigaretten und Streichhölzer; er rauchte. Er war verzweifelt einsam und versuchte zu rufen, brachte aber nur einen dumpfen Klagelaut hervor; die Rettungspatrouille konnte nicht mehr weit sein. Es sei denn, capitaine Raphanaud hatte beschlossen, sie aufzugeben.

Nein, das war unmöglich, er verwarf diesen Gedanken. Er zündete eine Zigarette mit dem Stummel der vorhergehenden an, und bald darauf hörte er die Patrouille kommen. Schattenhaft sah er ein Dutzend Legionäre mit Reszke an der Spitze; hinter ihm ging lieutenant Noack, wie immer mit nacktem Oberkörper, wie immer das Monokel im Auge.

Vier Rhadès-Soldaten transportierten die Tragbahren.

– Die andern? fragte Noack mit seiner Grabesstimme.

– Zu den Viets übergegangen, mon lieutenant.

– Himmel, Arsch und Zwirn! brüllte Noack. Die Super-Löwen unter den Löwen! Das fängt ja gut an!

– Speck hat mein Leben erkauft, ehe er desertierte.

Noack gab keine Antwort. Er ließ Célier auf eine Tragbahre legen, und die Patrouille machte sich im Eilschritt auf den Rückweg.

Der Panzerzug befand sich nur etwa zehn Kilometer von Cana, einem kleinen Hafen am chinesischen Meer, wo er für den Rest der Nacht stehenbleiben sollte. Aber leider verfügte die Hafenbesatzung über keine bessere chirurgische Ausrüstung als der Zug. Infolgedessen entschloß sich Stabsarzt Lambert, Célier sofort zu amputieren.

Der kleine Viet-Chef hatte die Folgen seiner Handlungsweise genau richtig eingeschätzt: unter derart unzulänglichen Verhältnissen war nicht daran zu denken, das Bein des Unteroffiziers zu retten.

186

Zum Glück verfügte das Zuglazarett gerade über eine genügende Menge Antibiotika. Das war nicht immer der Fall; und als Célier später im Detail erzählte, wie den Deserteuren Erleichterung und Pflege mit Medikamenten zuteil geworden war, die von einer französischen Organisation stammten, rief das bei seinen Zuhörern Bestürzung und Abscheu hervor. In seinem Bericht betonte Stabsarzt Lambert, die Entrüstung der kämpfenden Truppe gelte nicht dem Umstand, daß der Feind aus Frankreich Penicillin erhalte, sondern der Tatsache, daß täglich französische Soldaten sterben müßten, weil für sie keines vorhanden sei ....

Weniger als einen Monat nach der Fahnenflucht der drei Legionäre wollte es der Zufall, daß die beiden Franzosen wieder der Fremdenlegion in die Hand fielen.
Ein im Abschnitt Hau-Sanh (ungefähr fünf Kilometer vom Leidensort der Gruppe Célier) patrouillierender Zug der 3. Kompanie stieß auf eine Höhle. Dort gingen die drei Deserteure unter dem Schutz von einem Dutzend Viet-Kämpfern ihrer Genesung entgegen.
Als die feindliche Gruppe sich entdeckt sah, teilte sie sich. Vier Mann, mit dem caporal Speck auf einer Tragbahre, ergriffen die Flucht. Ihre Kameraden deckten den Rückzug und zögerten den Sturmangriff der Legionäre möglichst lange hinaus. Unter dem Befehl eines adjudant-chef brauchten die Legionäre eine gute Viertelstunde, um die feindliche Stellung zu nehmen. Nur noch zwei Mann waren am Leben, dazu die zwei französischen Deserteure, die auf Pritschen im Hintergrund der Höhle lagen.
Der adjudant jagte den beiden Viets eigenhändig eine Kugel in den Nacken. Mit der Pistole in der Faust trat er dann zu den beiden Deserteuren, deren Geschichte er kannte. Die sieben Legionäre seines Trupps kamen hinter ihm her.
Einer der Deserteure begriff; mit gleichgültiger Stimme sagte er:
–Wir haben nicht die Waffen gegen euch ergriffen, sie haben uns gleich hierher gebracht und uns gepflegt. Sie waren etwa zu zehnt; sie haben sich gerade aus dem Staub gemacht und Speck mitgenommen. Wenn ich sonst noch Auskünfte geben könnte, würde ich es tun.
Der zweite suchte in seiner Panik nach einer letzten Ausflucht. Mit von Todesangst entstellter Stimme stammelte er:

–Ich wäre zu meiner Kompanie zurückgegangen, sobald ich gekonnt
hätte, mon lieutenant[12] . Nie hätte ich gegen meine Freunde, meine
Brüder gekämpft....Glauben Sie mir....Ich schwöre es....
Der adjudant nahm keine Notiz von ihm. Er wandte sich nur an den
Mann, der, den Tod vor Augen, seine Würde bewahren wollte:
–Wenn du mir das widerliche Geschäft abnimmst, das hier auf mich
wartet, würde ich zusehen, einen Bla-Bla-Bericht durchzubringen,
der euch beide reinwäscht.
Der Deserteur verstand; er nickte zustimmend.
Der adjudant entsicherte seine Pistole, warf sie auf die Pritsche des
Legionärs, drehte sich um und machte seinen Leuten Zeichen, ihm zu
folgen.
Gleich darauf knallten drei Schüsse. Der Deserteur hatte seinem Ka-
meraden zwei Kugeln in die Schläfe geschossen; dann hatte er den
Colt gegen sich selbst gerichtet, den Lauf in den Mund gesteckt und
mit aller Kraft darauf gebissen.
Einige Sekunden später mußte der adjudant mit beiden Daumen kräftig auf die Kiefergelenke des Toten drücken, um seine Waffe wieder
an sich nehmen zu können....
Die Leichen der beiden Deserteure wurden zum Bahnhof Hoa-Trinh
gebracht, wo der Panzerzug sie vierzig Stunden später an Bord nahm.
Obwohl jedermann Bescheid wußte, wurde der Bericht des adjudant
von capitaine Raphanaud akzeptiert und bestätigt. Auf seinen Befehl
wurden die beiden Legionäre mit militärischen Ehren auf dem Friedhof von Phan-Thiet beigesetzt.
Sie ruhen dort inmitten von rund tausend ihrer Kameraden vom
2.Étranger.

18

Im Januar und Februar 1949 hatten der Panzerzug und seine Besatzung eine friedliche Zeit.
Die Jagd wurde zur Hauptbeschäftigung der Legionäre, die schnell
Meister in der Kunst wurden, wildreiche Stellen auszumachen und
herauszufinden, wann man auf den Anstand gehen mußte. Fünf- bis

---

[12]So werden Feldwebel bzw. Wachtmeister nur in der Kavallerie angeredet; hier ist es pure Schmeichelei.

sechshundert Kilo Wild wurde jeden Tag geschossen. Die Strecke (wilde Büffel, Fasanen, Pfauen, Hirsche – im Fernen Osten kleiner als ihre europäischen Brüder, aber ebenso schmackhaft) wurde auf den Waggondächern getrocknet. Legionsposten, die nicht allzu weit von der Eisenbahnlinie entfernt lagen, nahmen die Gewohnheit an, jedesmal kleine Versorgungstrupps zu entsenden, wenn der Panzerzug seine Anwesenheit signalisiert hatte.

An einem Vormittag Ende Januar befand sich der Zug einige Kilometer vor Vin-Hao. Hier verliefen Straße und Eisenbahnlinie entlang der Küste, die sich von Kap Padaram bis Tui-Phong erstreckt. In der Morgenfrühe dieses Tages war die Jagd besonders erfolgreich gewesen, fast eine Tonne Wild lag zum Trocknen auf den Waggondächern.

Die Funkzentrale ließ capitaine Raphanaud benachrichtigen. Sie hatte durch Zufall den für die Admiralität in Saigon bestimmten Funkspruch eines U-Bootes aufgefangen, das sich – nach der Güte des Empfangs zu schließen – sehr nahe beim Zug befinden mußte. In Klartext teilte das Unterseeboot mit, daß es zu Versorgungszwecken Saigon anlaufen werde.

Raphanaud schaltete sich ein, gab sich und seine Position zu erkennen und schlug vor, den Seeleuten die gewünschte Menge Frischfleisch zu überlassen.

Korvettenkapitän Daigremont glaubte zunächst an einen Scherz, ließ sich aber überzeugen, als der Legionsoffizier Einzelheiten mitteilte. Es wurde ein Treffpunkt vereinbart, den Zug und Schiff in weniger als einer Stunde erreichen konnten. Begeistert über diese Abwechslung, konnten die Legionäre sehen, wie das U-Boot nur hundert Meter vor der Küste auftauchte und zwei Dingis an Land schickte.

Kapitän Daigremont saß in einem von ihnen. Bass erstaunt ließ er sich durch den Panzerzug führen und nahm dann das versprochene Wildbret entgegen. Als Gegengabe überreichte er den Legionären eine Kiste Kognak und zwanzig Liter französischen Wein.

Raphanaud und seine Männer nutzten die Gelegenheit zu einem ausgedehnten Bad im Meer und ließen sich in der Sonne trocknen, bevor sie das Ufer des Chinesischen Meeres von neuem mit den unheimlichen Wäldern Annams vertauschten.

Die Ruhe und die Regelmäßigkeit, mit der der Zug in aller Gemüt-lichkeit über die Gleise zwischen Ninh-Hoa und Suoi-Kiet zuckelte, erzeugten bei den Legionären eine Art Euphorie. Sie redeten sich all-mählich ein, daß der Feind vor der Macht ihrer fahrbaren Waffe kapi-tuliert habe. Nur Raphanaud und seine Leutnante Noack und Lehiat teilten diesen Optimismus nicht.

Am 13. März erhielten sie in Phan-Thiet von einer Einheit der colo-niale eine Nachricht, die sie in der Überzeugung bestärkte, daß die gegenwärtige Entspannungsperiode nur das Vorspiel zu einer Offen-sive darstellte.

Nach den Angaben verschiedener Gefangener befehligte caporal Speck, der überlebende Deserteur der Patrouille Célier, ein vietna-mesisches *Bo-Doî* (ein Bataillon von etwa 1000 Mann). Er instruierte den Gegner und bereitete Operationen großen Stils vor. Diese droh-ten wirksam und mörderisch zu werden, weil der Verräter nicht nur große militärische Erfahrung, sondern auch eine genaue Kenntnis der Stellungen, Gewohnheiten, Bewegungen und Reaktionen der ver-schiedenen Einheiten des 2. Étranger in seinem Abschnitt besaß. Um sein Prestige bei den ihm unterstellten Viet-Kämpfern zu erhöhen, war Speck außerdem mit der Tochter eines *Moi*-Häuptlings »ver-mählt« worden.

Die erste größere Aktion, die der Feind auf Veranlassung und unter Führung von caporal Speck startete, erzeugte beim 2. Étranger Wut und Verzweiflung: es war der Angriff auf den Posten Phu-Hoi – ein Posten, in dem Speck mehrere Monate gelegen hatte und dessen Bela-gerung nur dank seiner genauen Ortskenntnisse Erfolg haben konnte. Am 21. März 1949 wurde capitaine Raphanaud gegen 6 Uhr früh be-nachrichtigt, daß der Posten von Phu-Hoi soeben von einer zwanzig-fachen Übermacht angegriffen werde. Der Panzerzug befand sich ge-rade auf der Nebenstrecke von Muong-Man nach Phan-Thiet. Sofort befahl Raphanaud, mit Höchstgeschwindigkeit rückwärts nach Phan-Thiet zu fahren.

Dort standen auf dem Bahnsteig drei volle Kompanien Legion zur Verladung bereit, denn die Zugbesatzung reichte bei weitem nicht aus, die Belagerten zu entsetzen. Die 250 Mann stürzten sich in den Zug; sie besetzten alle Wagen, zwängten sich in die Küche, ins Zuglazarett, in das Offiziersabteil; die letzten drängten nach, wie U-Bahn-Benutzer während der Stoßzeiten. In jedem Waggon stan-den die Legionäre einer gegen den andern gepreßt; man konnte kaum einen Fuß zu Boden bringen. Ihre Gesichter berührten sich. Es herrschte eine wahnsinnige Hitze, denn wenn man die Türen geöffnet hätte, wären ganze Trauben von Männern hinausgedrückt worden. Die Sonne brannte auf das Panzerblech der Dächer, und die einzigen Öffnungen waren die Schießscharten. Die überhitzte Luft war kaum zu atmen, ihr Schweißgeruch brannte bei jedem Atemzug in der Nase. Es waren nur zirka zehn Kilometer bis zu dem Punkt der Strecke, der dem belagerten Posten am nächsten war, aber der überladene Zug brauchte dafür zwei Stunden. Mehrere Männer mußten urinieren, ohne sich rühren zu können; sie ließen das Wasser in der Hose die Beine hinunterlaufen, aber sie troffen derart von Schweiß, daß ihnen das gar nichts ausmachte.

Endlich hielt der Zug auf freier Strecke an. Die Türen gingen auf und die Legionäre stürzten auf die Böschung. Die Außentemperatur überstieg 30°, aber sie hatten das Gefühl, ein kühles Bad zu nehmen.

Raphanaud und Noack ließen ihnen keine Minute Zeit zum Ausruhen. Sie brüllten den verantwortlichen Unteroffizieren Befehle zu und machten sich auf den Weg, der zum Posten und Dorf Phu-Hoi führte – sechs Kilometer Anstieg quer durch den Dschungel. Alle wußten, daß sich der Posten auf dem Gipfel eines Hügels befand und eine »Reisfelderdreieck« genannte Gegend beherrschte, dieselbe, die später unter dem Namen »Grab des 2. Étranger« in die Legionsgeschichte eingehen sollte.

Je weiter die vier Kompanien vorankamen, deren Kommando Raphanaud provisorisch übernommen hatte, desto mehr fühlte er seine Unruhe wachsen.

Der Posten Phu-Hoi wurde von Eingeborenen-Soldaten gehalten, die alle dem 2. Étranger angehörten. Es waren ungefähr 250 bewaffnete Soldaten, verstärkt durch dreißig europäische Legionäre und befehligt von einem hervorragenden Soldaten: sergent-chef de Lavallée, einem hochgewachsenen Eurasier, Inhaber der *Légion d'honneur*[13] und der *Médaille militaire*.

Und doch hörte man nicht einen Schuß. Es schien, als habe jede Kampfhandlung aufgehört. Hatten die Verteidiger des Postens seit ihrem SOS-Ruf vom Morgen den Ansturm von tausend Viets abschlagen können?

---

[13] Auszeichnung, die nur ganz selten an Unteroffiziere oder Mannschaften verliehen wird.

Als Raphanaud's Kompanien am Waldrand ankamen und den Hügel mit dem Posten darauf vor sich sahen, befahl der capitaine Halt.

Schweigend betrachteten die Männer das unwahrscheinliche Schauspiel, das sich ihnen bot.

Der Hügel war mit Leichen bedeckt. Auf den ersten Blick bemerkte man nur unzählige schwarze Flecken, die von der trüben Einförmigkeit des GeRölls abstachen.

Die Ankunft der Legionäre verscheuchte zwei Dutzend Geier, die sich zu einer finsteren Runde in die Luft erhoben; sie stiegen hoch in den Himmel, ließen sich gleitend wieder fallen, streiften die Leichen schier und stiegen wieder auf; ihr scharfes Kreischen war für die Nerven der Männer noch schwerer zu ertragen, als der schauerliche Anblick.

Raphanaud beobachtete den Posten durch den Feldstecher. Trotz zahlreicher Breschen stand das Hauptgebäude noch. Hoch am Fahnenmast bewegte sich träge eine große, schwarze Flagge, vom schwachen, glutheißen Wind sanft gewiegt. Daß die französische Fahne durch sie ersetzt war, bewies, daß wenigstens ein Überlebender die Kraft gehabt hatte, das Symbol der Tragödie zu hissen.

Immer noch schweigend, übermittelten die Zugführer ihre Befehle durch Gesten. Schweren Schrittes begannen die Männer den Anstieg zum Hügel. Die Lage der Leichen verschaffte den Legionären eine Vorstellung von dem furchtbaren Nahkampf, in dem sich die Männer mit der blanken Waffe zerfleischt hatten. Kein Europäer befand sich unter den Toten, die den Hügel bedeckten, und es fiel schwer, sich den Haß auszumalen, mit dem sich diese Männer gegenübergestanden hatten, die jetzt im Tod einander so glichen, daß man sie nur an ein paar Abzeichen zu unterscheiden vermochte.

Capitaine Raphanaud drang als erster in den Posten vor. Die Gefallenen waren zahllos, alle Wände blutbespritzt. Drei Legionäre waren an einem kleinen Deckenbalken aufgehängt, alle drei den Hals in der gleichen Schlinge. Sechs andere waren an den Füßen aufgeknüpft; ihre Köpfe, mit dem Säbel abgeschlagen, fand man in den Latrinen.

Es gab vier Überlebende: sergent-chef Guidon de Lavallée, einen holländischen caporal und zwei Eingeborenen-Soldaten.

Guidon de Lavallée, der große Eurasier, saß auf einem Stein, er hatte eine Kugel in der Schulter, eine andere im fleischigen Teil des Oberschenkels. Er war verstört und zeigte keinerlei Freude über

192

die Ankunft seiner Kameraden. Als er Raphanaud erkannte, sagte er lakonisch:
– Speck! Er hat mich verschont....
– Wieviel Vorsprung haben sie?
– Gut drei Stunden. Sie haben sich in Richtung Reisfelderdreieck davongemacht. Es waren annähernd tausend.
Ohne sich um die Szenerie zu kümmern, die ihn umgab, breitete Raphanaud seine Generalstabskarte auf dem Boden aus, ließ Lehiat und Noack kommen und erklärte:
– Bei ihrer Flucht haben sie fünf oder sechs Möglichkeiten. Wir können nur eine ins Auge fassen – und hoffen, daß der Zufall uns begünstigt. Ich breche mit einer Kompanie auf, durch die Reisfelder in Richtung Tan-Xuan. Noack, Sie begleiten mich. Lehiat, Sie kehren mit dem Rest der Leute zum Zug zurück, verladen alle und fahren in Richtung Maalam zurück. Dort – Kilometer 6 von Muong-Man aus – lassen Sie alles aussteigen und marschieren uns entgegen. Wenn das der Weg ist, den sie genommen haben, haben wir sie in der Zange.
– In die Zange nehmen mit dreihundert gegen tausend? wandte Lehiat ein.
– Sie mißbilligen meinen Plan?
– Das habe ich nicht gesagt, mon capitaine.
– Also los.
– Die Toten, mon capitaine?
– Dazu ist später Zeit; berichten Sie nach Phan-Thiet, sobald Sie im Zug sind. Sollen die sich drum kümmern.

Die Kompanie Raphanaud brach sofort auf. Zu Beginn bestand über die von dem feindlichen *Bo-Doî* eingeschlagene Richtung kein Zweifel. Die Viets waren den Hügel auf dem andern Abhang zu den Reisfeldern hinuntermarschiert. Sie hatten Tote und zwei Verwundete zurückgelassen, die aber nicht fähig waren, zu sprechen; die Kompanie ließ sie liegen, ohne Zeit zu verlieren.
Beim ersten Wasserlauf angekommen, entdeckte Raphanaud wieder einen Leichenhaufen. Ein Dutzend Viets lagen auf dem Bauch, alle mit einer Kugel im Genick.
Noack untersuchte die Toten einen nach dem andern, wobei er sie rücksichtslos aufhob und umdrehte. Dann eilte er Raphanaud nach.

– Alles völlig klar, sie haben ihre Verwundeten liquidiert. Sie wollten nicht riskieren, sie erst weiter weg aufgeben zu müssen, denn das hätte uns die Verfolgung erleichtern können.

– Offensichtlich, sie führen den Krieg kompromißlos.

Auf ein Zeichen setzte die Kompanie ihren Marsch ins Blaue hinein, quer durch die Reisfelder, fort. Die Legionäre marschierten im offenen Gelände; sie waren erschöpft, seit Tagesanbruch hatten sie keine Minute Ruhepause gehabt.

Um 6 Uhr abends erreichte die Kompanie einen größeren Wasserlauf. Er war etwa zwanzig Meter breit, seine Tiefe wurde von Noack getestet, der ihn als erster überquerte. Dem lieutenant reichte das Wasser bis zum Gürtel, was bedeutete, daß die meisten Männer bis zur Brust einsinken würden. Der Übergang der Kompanie begann; die Männer wateten durch's Wasser, die Waffen mit erhobenen Armen über dem Kopf haltend.

Capitaine Raphanaud und an die dreißig Männer befanden sich mitten im Wasserlauf, als aus den Reisfeldern am anderen Ufer ein Granatwerfer zu feuern begann. Glücklicherweise war er schlecht gerichtet und die Granaten krepierten wesentlich weiter flußabwärts. Aber die Explosion der Granaten erzeugte im Wasser Druckwellen, die den Männern den Leib zusammenpreßten und sie regelrecht lähmten. Im Moment glaubten sich alle getroffen, so heftig war der Schlag.

Raphanaud bemerkte es als erster; er rief:

– Vorwärts! Wir riskieren nichts: die schießen wie Waisenknaben. Schnell raus hier!

Allen Legionären gelang es, am andern Ufer Fuß zu fassen, wo sie einen Augenblick abwartend liegenblieben. Noack kam auf Raphanaud zu.

– Das muß ein Ablenkungstrupp sein, mon capitaine. Ich habe drei Granatwerfer ausgemacht. Wenn sie stärker wären, wären sie längst über uns hergefallen; sie hatten ja Zeit, uns während des Übergangs Mann für Mann zu zählen.

– Das ist genau meine Meinung. Auf alle Fälle wollen wir mal nachsehen.

Die zwei Offiziere ließen die Legionäre vorgehen. Die Granatwerfer feuerten von neuem, aber noch ungenauer. Die Männer kamen voran, ohne aus einer automatischen Waffe beschossen zu werden. Sehr schnell hatten sie die erste Granatwerferstellung erreicht. Die drei Viets, die den Werfer bedienten, hatten nur Buschmesser. Sie wollten sich damit verteidigen, wurden aber überwältigt und getötet. Die zwei andern Werferstellungen waren genauso leicht zu nehmen; ihre Bedienung erlitt das gleiche Schicksal. Der Plan des Feindes gewann für die beiden Offiziere deutliche Umrisse: die rund zehn unerfahrenen Männer und die drei japanischen Granatwerfer eines längst überholten Modells waren aufgeopfert worden. Die Legionskompanie hatte gut eine halbe Stunde verloren, es wurde Nacht, und das Viet-Bataillon setzte seinen Marsch in einer Richtung fort, die unmöglich genau zu bestimmen war.

Raphanaud ließ sich enttäuscht und angewidert zu Boden fallen.

−Das ist verpaßt, murmelte er. Wir brauchen uns bloß noch mit den Kompanien vereinigen, die vom Zug kommen. Beeilung ist unnötig.

Die Legionäre machten es ihrem Chef nach und hauten sich ebenfalls hin. Sie waren erschöpft und am Ende ihrer Nerven. Nur die *Rhadès*-Soldaten blieben in Bewegung. Ohne erkennbare Gemütsbewegung, als handle es sich um die natürlichste Sache der Welt, öffneten sie den Toten die Seite, schnitten die Leber heraus und verstauten sie in ihrem Brotbeutel. Intrigiert beobachtete Noack einen Augenblick ihr Treiben. Dann fragte er sie:

−Was macht ihr denn da? Was habt ihr damit vor?

Einer der *Rhadès*, ein verschlagen aussehender caporal, grinste und zeigte dabei eine Reihe kleiner, blitzender Zähne:

−Das ist zum essen, mon lieutenant; ist sehr gut. Heute abend braten wir sie am Spieß über Holzkohlenfeuer; wenn sie ganz jung sind, wie die da, und gerade erst tot, dann ist das eine Delikatesse; das gibt viel Kraft.

Raphanaud erhob sich entrüstet; er war drauf und dran, diese Leichenverstümmelung zu untersagen, ließ sich aber durch Noack's brüllendes Gelächter zurückhalten. Der Riese schien vom Verhalten der *Rhadès* derart entzückt, daß der capitaine beschloß, sich nicht einzumischen. Er warf nur einen Blick auf die noch warmen Toten und bemerkte traurig:

−Es sind wirklich noch Kinder, das hatte ich gar nicht gesehen.

−Vorsicht, mon capitaine, keine Sentimentalitäten! Denken Sie an die Szene von vorhin. Diese Kinder haben an der Metzelei teilgenommen, vergessen Sie das nicht.

Raphanaud antwortete nicht. Er spuckte auf den Boden und wandte sich ab. Noack ging ihm nach.

−Wissen Sie, was wir tun sollten? Wir sollten 'die nahrhafte

Speise, die unsre braven *Rhadès*-Soldaten zubereiten werden, mit ihnen probieren.

– Noack, Ihre zwei Meter Höhe werden mich nicht hindern, Ihnen in die Fresse zu hauen, wenn Sie weitermachen!

– Entschuldigen Sie, mon capitaine, es war nur ein Scherz.

Ein Unteroffizier trat heran, um zu melden, daß die Kompanien vom Zug in Sicht seien. Raphanaud setzte seine Kompanie in Marsch, und die ganze Truppe war gegen 9 Uhr abends wieder am Bahngleis.

Ehe sie sich wieder in die Waggons zwängten, um nach Phan-Thiet zurückzufahren, hatten die Männer eine Stunde Ruhepause, die sie zum essen benutzten. Die *Rhadès* brieten ihre Menschenleber am Spieß. Mehrere Legionäre nahmen das Angebot der Milizsoldaten an, die Mahlzeit mit ihnen zu teilen und wurden so zu Menschenfressern, ohne es zu wissen. Kaum hatten sie den letzten Bissen geschluckt, setzte sie lieutenant Noack vergnügt ins Bild. Zwei von ihnen gingen abseits, um sich zu übergeben; die anderen machten sich nichts daraus, zeigten sich vielmehr von der Erfahrung begeistert und schworen, keine Gelegenheit auszulassen, sie zu erneuern.

19.

Zwei Tage vor dem traditionellen Camerone-Fest[14] fuhr der Panzerzug gegen 10 Uhr morgens vom Bahnhof Long-Song ab, wo die beiden Lokomotiven Wasser aufgenommen hatten. Während des Aufenthaltes hatte Raphanaud den Legionären eine Mitteilung gemacht, die begeistert aufgenommen wurde: der Zug würde vom 30. ab zwei Tage lang in Phan-Thiet Station machen, so daß die Männer ihren großen Jahrestag feiern könnten, wie es sich gehört. Seit dem Massaker von Phu-Hoi war der Abschnitt ruhig geblieben, und die Legionäre verwandten ihre Geschicklichkeit darauf, das Leben im Zug komfortabler zu gestalten.

Nach der Abfahrt von Long-Song bis zur nächsten Wasserzapfstelle in Nha-Mé war das Gelände eben und zu beiden Seiten der Strecke

[14] Zur Erinnerung an ein mexikanisches Dorf, in dem sich am 30.4.1863 sechzig Legionäre gegen zweitausend Mexikaner schlugen.

vollkommen übersichtlich, soweit das Auge reichte.

Lieutenant Noack hatte eine Decke auf dem Dach eines Waggons ausgebreitet. Ausgestreckt, mit dem Rücken auf der MG-Lafette ruhend, las er in einer vollständigen Ausgabe von Freuds *Psychopathologie des Alltagslebens.* Ab und zu griff er nach seinem Monokel, das an einer Kordel auf seiner nackten Brust ruhte, klemmte es mit einstudierter Geste ins Auge und schien damit seine Aufmerksamkeit für die Lektüre zu verdoppeln. Ob er nun mitten im heftigsten Kampf war, wo er bedenkenlose Verwegenheit an den Tag legte, oder ob er sich, wie gerade jetzt, in einer Phase der Entspannung und Sicherheit befand, immer trug er die gleiche Grundhaltung zur Schau, die einen Wesenszug seines Charakters erhellte: die Begeisterung für das Schauspiel, das er seiner Umgebung bot.

Diesen Sinn für das Dekorum beschränkte der preußische Riese nicht auf seine eigene Person. Er erstreckte sich auch auf seine Ordonnanz, einen riesigen Senegalesen, der ihm seit zwei Jahren wie sein Schatten folgte und den er »Prinz« getauft hatte. Prinz besaß auf Grund seiner Funktionen gewisse Privilegien, die andern Legionären seines Dienstgrades (caporal) keineswegs zustanden. Dafür hatte Noack ihm aber eine Reihe kleiner Nebenpflichten auferlegt: er mußte ständig makellos weiße Handschuhe tragen und selbst im Einsatz das notwendige Gerät zum Mixen von Cocktails und die für die Zubereitung erforderlichen Alkoholika mitführen.

Schlag 12 Uhr mittags stieg Prinz die eiserne Leiter zu dem Waggondach empor, auf dem der lieutenant lagerte. Aus einem Säckchen holte er einen silbernen shaker, ein Kochgeschirr und einen Trinkbecher hervor. Bei dem langsamen Tempo des Zuges konnte er sich mühelos aufrecht halten, während er den shaker mit den Gesten eines Barmixers schüttelte. Dann kniete er hin, um das Gemisch aus Wermut und Gin in den Becher zu gießen. Noack ergriff elegant das Trinkgeschirr, leerte den Inhalt mit einem Zug und erklärte dann verächtlich:

–Zum kotzen! Ist ja lauwarm.

Der große Senegalese war zerknirscht. Er beklagte sich:

–Der capitaine, er hat es wieder abgelehnt, mir Eis zu geben, mon lieutenant. Er sagt, daß es wichtiger ist, das Blutplasma zu konservieren als Ihre dry Martinis zu kühlen.

–Empörend, bemerkte Noack, Raphanaud ist nur ein Soldat, während ich ein Herr bin; ich gestatte dir, ihm das zu wiederholen.

197

– Ach lieber nicht, mon lieutenant. Das letztemal, als ich ihm so was ausgerichtet habe, hat er mir einen Tritt in den Hintern gegeben....

Noack schien plötzlich alles Interesse für seine Ordonnanz zu verlieren und vertiefte sich wieder in seine Lektüre. Als der Zug über die Brücke von Song-Mao fuhr, steckte der lieutenant ein Lesezeichen in sein Buch und schloß es sorgfältig. Die Fahrt ging nun durch die Schluchten von Ninh-Ha; auf über fünfzig Kilometer bohrte sich die Strecke wie ein Dorn zwischen Gebirge und Wälder, die von Viets wimmelten, und es war nicht der geeignete Moment, ihnen eine Zielscheibe zu bieten.

Noack setzte sich im »Speisewagen« zu Raphanaud und Lehiat, die ihn grinsend begrüßten. Raphanaud kam Noack zuvor:

– Ich weiß, Ihr täglicher Cocktail hatte nicht die gewünschte Temperatur!

– Stimmt, mon capitaine. Dieser Krieg wird langsam unmenschlich.

– Trösten Sie sich, mein Lieber. Übermorgen feiern wir alle Camerone in Phan-Thiet.

– Angenehme Aussicht, in der Tat. Wenn Sie gestatten, begebe ich mich einstweilen in den Küchenwagen.

Das war eine Angewohnheit von Noack; vor jeder Mahlzeit ging er in den vor dem Speisewagen laufenden Küchenwagen und prüfte kurz die Speisen, die gerade zubereitet wurden. Er hatte ausgesprochene Hochachtung vor dem Talent des ungarischen Küchenchefs Laszlo Vad, der es verstand, mit unzulänglichen Mitteln herrliche Gerichte zu zaubern. Heute war er dabei, Yamswurzelknollen in Ziegenmilch zu bereiten. Noack klemmte sein Monokel ein und warf einen prüfenden Blick in den riesigen Kessel, griff mit ritueller Geste zum hölzernen Rührlöffel und kostete von der seltsamen Mischung, um dann feierlich zu erklären:

– Eßbar!

Im Begriff, den Waggon zu verlassen, warf er einen zerstreuten Blick auf den riesigen Haufen Yamswurzelknollen im Hintergrund der fahrenden Küche, wobei er im stillen die Künste des Kochs pries, der es verstand, aus diesem so wenig appetitlich aussehenden, tropischen Gemüse eine schmackhafte Mahlzeit zu bereiten.

Da fiel dem Offizier ein Verrutschen des Gemüsehaufens auf, das nicht von dem Rütteln des Zuges herzurühren schien.

Neugierig setzte Noack seine Beobachtung fort.

198

Die Grube war kaum einen Meter tief, aber ihr Boden war mit scharf geschliffenen Stahlharpunen gespickt, jede fest auf einer Holzplatte montiert

Der Übergang der Kompanie begann: die Männer gingen durchs Wasser, die Waffen mit erhobenen Armen über dem Kopf haltend

Die Berge, die zu beiden Seiten der Strecke aufragten, waren von reicher Vegetation überzogen, Bäume, Sträucher und dichtes Gebüsch

– Vad! Zum Donnerwetter! Unter dem Yamswurzelhaufen sind Ratten, kannst du nicht aufpassen, Schweinskerl ....

– Aber nicht doch, mon lieutenant, der Zug bringt den Haufen in Bewegung.

– Nichts da, du hältst mich wohl für blöd! Ich sage dir, da sind Ratten! Leer' den Haufen sofort um.

– In Ordnung, mon lieutenant, wird gemacht, Sie können in den Speisewagen gehen, ich sag' Ihnen nachher Bescheid....

– Ich geh' nirgendswo hin, ich seh' dir zu. Sag' deinen Gehilfen, sie sollen dir zur Hand gehen und schafft mir das zur Seite, damit ich mich selbst überzeugen kann. Wenn du glaubst, daß ich Deinen Fraß runterschlinge, ohne hier Klarheit zu schaffen, kennst du mich schlecht!

Vad war käsebleich geworden und stotterte:

– Mon lieutenant, das kann ich unmöglich machen.

Noack witterte Unrat, er näherte sich dem Gemüsehaufen und sagte:

– Schön, schön, ich werde dir helfen.

Vad fiel ihm in den Arm.

– Mon lieutenant, ich will's Ihnen lieber gleich sagen, das sind keine Ratten, das sind Mädels.

– Wie bitte?....

– Es sind zwei Nutten, mon lieutenant. Wir haben sie in Nha-Trang aufgegabelt, ihr Geschäft florierte nicht sonderlich, seit die Legion Ausgangssperre hatte, da haben wir ihnen eben vorgeschlagen, mit uns zu reisen....

Noack ließ das Gemüse tanzen, das die beiden Mädchen bedeckte. Unsanft packte er sie an den Armen und zog sie heraus. Sie zitterten wie Espenlaub. Beide waren unvorstellbar schmutzig und nur mit Legionärshemden bekleidet, die völlig verfleckt und voller Kohlenstaub waren. Hals, Gesicht und die nackten Oberschenkel wiesen ebenfalls eine Menge schwärzlicher Flecken auf. Davon abgesehen, waren sie jung und hübsch, wahrscheinlich *Moïs*. Noack war entzückt, ließ es sich aber nicht anmerken, sondern versetzte dem Ungarn eine schallende Ohrfeige, so daß er in die Ecke flog.

– Raus mit der Sprache, Mistkerl!

– Da gibt's nichts mehr zu sprechen, mon lieutenant, stammelte Vad, noch halb betäubt von der Ohrfeige. Die Männer kommen von Zeit zu Zeit und bimsen mal kurz, das ist alles.

– Das ist alles, natürlich! Und die Moneten? Huren bezahlt man!

Wo sind die Moneten, die sie eingesammelt haben? Und wo geht der Zirkus vor sich?

– Im Kohlentender, mon lieutenant, auf den Kohlen, die Männer kommen nachts über die Waggondächer.

– Das erklärt den Sauberkeitsgrad Deiner Nutten, das erklärt aber nicht, wo sie die Moneten unterbringen, erwiderte Noack und fingerte in den leeren Hemdentaschen der Mädchen herum.

In versuchsweise liebenswürdigem Ton wandte sich Noack nun an die Prostituierten:

– Sprecht ihr französisch?

– Kleine bißchen, mon litinant, schnatterten sie wie aus einem Mund.

– Na gut, kommt mit, befahl Noack und packte sie am Arm.

Als er gerade mit den beiden Mädchen den Küchenwagen verlassen wollte, entblödete sich Vad nicht, zu erklären:

– Mon lieutenant, die Moneten, ich glaub', die wollen gar keine.

Ruckartig drehte sich Noack um und diesmal war es seine Faust, die den Koch mit blutender Nase in die andre Küchenecke beförderte. Ironisch werdend, bemerkte Noack gelassen:

– Aber natürlich, das versteht sich doch von selbst, sie sind zum Vergnügen hier, es ist ja auch die reinste Lustpartie. Tagsüber in einem faulenden Gemüsehaufen untergebracht, und sich nachts am laufenden Band auf einem Kohlenhaufen vernaschen lassen! Es leuchtet mir völlig ein, daß sie davon begeistert sind! Bravo! Da habt ihr ja zwei schöne Exemplare erwischt, Perversianerinnen großer Klasse.

Noack überließ Vad seiner blutenden, gebrochenen Nase – sein Erscheinen im Speisewagen erregte beträchtliches Aufsehen. An dem kleinen Offizierstisch, am Ende des Waggons, blickten Raphanaud und Lehiat verblüfft auf. An dem großen Tisch, der die ganze Länge des Wagens einnahm, und an dem die Männer schichtweise aßen, tauschten die Legionäre unruhige Blicke und beugten sich über ihre leeren Teller.

Noack erbat die Erlaubnis, die Mädchen Platz nehmen zu lassen und erklärte dem capitaine die Situation. Raphanaud versuchte, die Annamitinnen zu vernehmen, aber sie konnten zu wenig französisch und waren so verschreckt, daß nicht das Geringste aus ihnen herauszuholen war. Für Noack gab es keinen Zweifel:

– Vad hat das Ganze organisiert. Wahrscheinlich hat er diesen beiden Gänsen goldene Berge versprochen und jetzt kassiert er selber.

Raphanaud schüttelte den Kopf.

– Das war nicht Vad, ich kenne ihn, er ist zu einer solchen Schurkerei nicht fähig.

Der capitaine winkte einen Legionär heran.

– Hol' mir adjudant Parsianni, er muß beim Funker sein.

Parsianni erschien sofort bei den Offizieren. Nach wenigen Worten war er im Bilde. Dann fragte Raphanaud:

– Du hast die Männer rekrutiert. Kannst du dir einen Zuhälter unter ihnen vorstellen?

Parsianni drehte sich um, ging an dem großen Tisch entlang, blieb bei einem Legionär stehen, packte ihn am Kragen und rief:

– Steh' auf!

Der Mann stand auf und sagte nur:

– Ich bin's.

Parsianni führte ihn zum Offizierstisch, wo er in Habachtstellung verharrte. Der adjudant erklärte:

– Marcel Bugat, Belgier, zwölf Dienstjahre, früher Zuhälter in Lille. Hervorragender Soldat, elf Auszeichnungen.

– Zwölf, verbesserte Bugat.

– Zwölf, räumte Parsianni ein. Nur, mon capitaine, es übermannt ihn einfach; sobald er eine Dirne sieht, muß er sie für sich arbeiten lassen.

– Du hast also das Geld eingesteckt, das diese Mädchen verdient haben? fragte Raphanaud.

– Ja, mon capitaine.

– Wie hast du sie dazu gebracht, mitzufahren?

– Ich hab' auf sie eingeredet, mon capitaine.

Die Mädchen verstanden den Sinn des Gesprächs und protestierten. Mit Gesten und ein paar französischen Brocken machten sie klar, daß sie mit Gewalt in den Zug geschleppt worden waren.

Bugat gestand.

– Na ja, ich habe sie ein bißchen angebunden, aber im ganzen waren sie eigentlich einverstanden.

Noack reckte sich; er packte den Belgier an den Haaren und am Koppel und warf ihn gegen die gepanzerte Waggonwand. Ohne das Koppel loszulassen, stieß er den Legionär mehrmals mit dem Kopf gegen die Panzerung. Der Mann verlor das Bewußtsein; er wäre zusammengebrochen, hätte Noack ihn nicht an den Haaren festgehalten. Als der lieutenant schließlich losließ, kippte Bugat wie eine abgeschnittene Marionette um. Nachdem er am Boden lag, spuckte ihm Noack ins Genick.

Raphanaud war nicht eingeschritten. Die rund dreißig Legionäre, unfreiwillige Zuschauer der harten Züchtigung, hatten ebensowenig reagiert. Der capitaine sagte zu Parsianni:

– Kümmere dich um ihn.

Erst nach einer Stunde kam Bugat wieder zu sich. Das Geld, das er einkassiert hatte, wurde zwischen den beiden Mädchen aufgeteilt; am Abend setzte man sie diskret am Bahnhof Chau-Hanh ab.

Und der Zug nahm seine Fahrt nach Phan-Thiet wieder auf. Noch eine Nacht und ein Tag bis zu dem tumultartigen Freudenausbruch, der zum Camerone-Fest gehört....

20.

Am 29. April, kurz vor Tagesanbruch, wurde Raphanaud durch das Anhalten des Zuges aus dem Schlaf gerissen. Fast gleichzeitig läutete das neben seiner Liege stehende Zugtelephon.

Der Anruf kam aus dem Wagen der Pionierkompanie. Man verständigte Raphanaud, daß der Zug an der ersten Brücke des Song-Cat-Flussen angekommen war. Der capitaine kannte die Stelle gut. Rund zehn Kilometer weiter unten, links der Bahnlinie, strömten zwei Nebenflüsse des Song-Cat zusammen. Wenn es möglich gewesen wäre, die Strecke zehn Kilometer weiter unten anzulegen, hätte sie nur eine einzige Brücke überqueren müssen, aber das war technisch nicht durchführbar. Deshalb mußte der Zug nacheinander zwei Brücken passieren, die nur fünf oder sechs Kilometer von einander entfernt lagen. Die Zuflüsse des Song-Cat waren nicht sehr breit (höchstens zehn Meter), die Brücken bestanden aus Holz und ruhten auf gewaltigen Stützpfeilern.

Raphanaud verließ seinen Waggon und ging ans Flußufer, wo einige Pioniere alle Stellen minutiös untersuchten, an denen eine Sprengladung versteckt sein konnte. Nach einer Viertelstunde stiegen sie wieder ein und versicherten, die Brücke sei nicht vermint.

Der Panzerzug setzte sich wieder in Bewegung und passierte die Brücke ohne Zwischenfall. Er hatte etwa einen Kilometer zurückgelegt, als hinter ihm intensives Granatwerferfeuer losbrach. Raphanaud begriff sofort: die Viets jagten die gerade überquerte Brücke in die Luft und er brauchte nicht die knappe Stunde bis zur zweiten Brücke abzuwarten, um zu wissen, daß auch diese gesprengt sein würde.

Das war die einzige Falle, in die der Panzerzug geraten konnte. Der einzig schwache Punkt. Und der Feind hatte ihn schließlich herausgefunden. Der Zug würde auf einer sechs Kilometer langen Gleisstrecke blockiert sein und könnte über diese Entfernung hinaus weder vor noch zurück. Der Tag war angebrochen, als der Zug an der zweiten Brücke ankam. Ohne Überraschung stellten die Legionäre fest, daß sie unbenutzbar war. Die Stützpfeiler schwammen wirr durcheinander im Wasser. Zum Glück herrschte kaum Strömung, und die schweren Hölzer wurden durch Geröll am wegtreiben gehindert. Gegen jede Logik waren der Brückenbelag, die Schienen und der ganze obere Teil der Brücke intakt geblieben, aber wahrscheinlich genügte das Gewicht eines einzigen Mannes, um alles zum Einsturz zu bringen.

Raphanaud reagierte prompt: an geeigneten Punkten stellte er Vorposten aus und befahl den Legionären, sich in der Nähe zu gruppieren, um gegen jeden Angriff gewappnet zu sein. Aber der capitaine glaubte nicht an einen Angriff. Der Feind kannte die Feuerkraft des Zuges; bei einer Offensive könnten mehrere Bataillone vernichtet werden, und Phan-Thiet mit seiner starken Garnison des 2. Étranger war nur wenige Kilometer entfernt. All das mußten die Viets wissen.

Noack und Lehiat kamen zu Raphanaud an die Gleisböschung. Es ergab sich sofort, daß sie mit ihm völlig übereinstimmten.

– Die wollen uns mit Gewalt Scheiße anrühren, am Vorabend von Camerone. Eine andere Erklärung sehe ich nicht, mon capitaine, meinte Lehiat.

– Ganz klar. Fragen Sie Grandval, wie lange er braucht, um die Brücke befahrbar zu machen.

Adjundant-chef Grandval befehligte die Pionierkompanie. Er glaubte, achtundvierzig Stunden würden genügen, den Schaden zu beheben, vorausgesetzt, daß auch nachts gearbeitet werde.

Raphanaud versammelte die Unteroffiziere:

–Wir sind für zwei Tage blockiert, ich glaube nicht, daß es einen Angriff geben wird, aber ich verlange, daß Sie allen Alkohol vernichten, der sich im Zug befindet, auch das Bier. Ich will, daß Sie den Camerone-Tag vergessen, es ist möglich, daß die Viets darauf rechnen. Die Pioniere machen sich unverzüglich an die Arbeit. Mit Ausnahme der Wachen stehen alle Mann zur Verfügung von adjudant-chef Grandval für den Fall, daß er zusätzliche Kräfte benötigt.

Phan-Thiet wurde über Funk benachrichtet, Raphanaud sprach mit dem Abschnittskommandanten, colonel Lerond, persönlich. Der colonel zeigte sich nicht beunruhigt und bedauerte nur das Fehlen der Legionäre des Panzerzuges beim Camerone-Tag.

Gegen Mittag begannen die Aufräumungsarbeiten Form anzunehmen. Der erste Stützpfeiler war bereits freigelegt, die Männer waren dabei, ein Flaschenzugsystem zu konstruieren, um ihn an seinem früheren Platz wieder aufzurichten. Seiner Art entsprechend, lagerte Noack am Ufer des Flusses, in dem er schon mehrmals gebadet hatte. Prinz hatte ein Grammophon aufgestellt, das er nach jeweils 78 Umdrehungen wieder aufzog; ehe er eine neue Platte auflegte, entstaubte er sie mit einem kleinen Federbüschel.

In Erwartung seiner geheiligten Cocktailstunde ließ sich lieutenant Noack, am Strand ausgestreckt, vom lauwarmen Wind und den *Brandenburgischen Konzerten* umspielen.

Der Plan des Feindes wurde vor der Mittagspause erkennbar. Der Mündungsknall war kaum zu hören. Er kam von weit oben aus dem Gebirge. Oben auf der Brücke brach ein Mann tödlich getroffen zusammen, und sein Körper kippte ins Wasser. Noack stürzte hinzu; in wenigen Sekunden hatte er den Mann erreicht und zog ihn ans Ufer. Er konnte nur noch den Tod des Unglücklichen feststellen.

Nun herrschte wieder vollkommene Ruhe. Raphanaud suchte alle Posten auf und befragte die Wachen. Niemand hatte etwas gesehen, niemand konnte sagen, von welcher Seite der Schuß gekommen war. Raphanaud begriff; im Innern bewunderte er die gegnerische Strategie. Sie wußten, daß die Stellung im Großeinsatz nicht zu nehmen war. Sie wußten, daß eine kleine Gruppe schnell von den Granatwerfern und den Kanonen des Zuges vernichtet werden würde. Es blieb ihnen nur eine Lösung: ein paar vereinzelte, bewegliche Schützen, die auf gut Glück versuchten, einen Arbeiter abzuschießen und sich dann absetzten, um von einer ganz anderen Stelle aus von neuem zu schießen. Die Berge, die zu beiden Seiten der Strecke aufragten, waren von reicher Vegetation überzogen, Bäume, Sträucher und dichtes Gebüsch. Dieses Terrain durchzukämmen, war praktisch unmöglich, und aufs Geratewohl Patrouillen auszuschikken, hätte bedeutet, ein großes Risiko einzugehen und bei geringen Erfolgschancen unnötig das Leben der Männer aufs Spiel zu setzen.

Raphanaud versammelte Lehiat, Noack und Parsianni im Offiziersabteil. Die vier Männer hatten ihre Besprechung kaum begonnen, als ein zweiter Schuß fiel, und Grandval herbeistürzte, um ihnen den Tod des zweiten Brückenpioniers zu melden.

Raphanaud sagte bitter:

–Gut, Grandval, lassen Sie die Arbeit einstellen, das Weitere werden wir sehen. Vorläufig soll alles in Deckung gehen.

Als erster meldete sich Parsianni zu Wort.

–Wir müssen raufklettern und in den Bergen Schutzposten errichten, das ist die einzige Lösung.

Raphanaud zuckte die Achseln.

–Du hast doch das Gelände gesehen. Es wären mehr als fünfhundert Meter zu durchmessen, mit dreißig Zentimeter hohem Gras als einziger Deckung. Ein einzelner Schütze da oben könnte mir ohne jedes Risiko glatt dreißig Mann umlegen.

–Ich dachte bei Nacht, robbend, stellte Parsianni klar.

–Wenn es hell wird, würden sie beim Ausbau ihrer Posten ausgemacht und es würde die Viet-Scharfschützen nicht hindern, ihr Spiel morgen von neuem zu beginnen.

–Wir werden doch aber nicht in Phan-Thiet ein Bataillon anfordern wegen drei im Gebirge versteckten Lausekerlen! donnerte Noack.

Raphanaud blieb nachdenklich.

–Drei unauffindbare Lausekerle und eine Kompanie, die ohne Deckung arbeiten muß, das kann ganz hübsch teuer werden.

–Also was? schlagen wir hier Wurzeln und warten auf den Waffenstillstand?

–Noack, ich habe Sie schon einmal gebeten, einen andern Ton anzuschlagen, wenn Sie mit mir reden! bemerkte Raphanaud scharf.

– Ich bitte um Entschuldigung, mon capitaine, antwortete Noack, wobei er demonstrativ zackig Haltung annahm und sein Monokel zurechtrückte.

– Ich habe Ihnen ebenfalls wiederholt empfohlen, Ihre Possen für Zeiten der Entspannung aufzusparen. Im Augenblick benötige ich den tüchtigen und erfahrenen Offizier, der Sie sind, nicht den Harlekin.

Noack war gekränkt und fuhr nun ernsthaft fort:

– Also ich würde folgendes machen. Ich würde versuchen, sie mit ihren eigenen Waffen zu schlagen. Ich würde heute nacht Männer paarweise losschicken, so an die dreißig auf jeder Seite, mit dem Auftrag, sich im Gebirge zu verstecken; in Mulden, auf Bäumen, ganz gleich wo; Vorbedingung wäre nur, daß man nicht auf sie aufmerksam wird, daß sie sich ab Tagesanbruch nicht mehr rühren und daß ihr nächtliches Vorgehen absolut unbemerkt bleibt. Wenn sie das fertigbringen, und ich glaube, daß die Legionäre dazu imstande sind, würde jeder Viet, wenn er morgen seinen ersten Schuß abgibt, von einem unsrer versteckten Paare ausgemacht. Vom Wild müssen wir zum Jäger werden, das ist die einzige Lösung.

– Richtig, aber warum sie paarweise aussenden? Wenn man sie einzeln losschickt, verdoppelt man die Chancen und kann ein größeres Gebiet einbeziehen.

– Ich dachte an ihre seelische Verfassung, aber Sie haben recht.

– Ihre seelische Verfassung ist mir piepe, es sind doch ausgewählte Leute, oder? Denken vielleicht die Viets an die seelische Verfassung ihrer Einzelgänger, die uns abschießen wie die Spatzen? Sie sollen jeder für sich allein gehen, dreißig auf jeder Seite, schräg zum Hang, von unten nach oben. Wir werden die genauen Stellungen auf der Karte festlegen und die Leute vor ihrem Abmarsch bis ins kleinste instruieren.

– Mon capitaine, unterbrach Noack, ich bin doch mit von der Partie, nicht wahr?

– Sie wissen, daß ich keinen Offizier exponieren kann.

– Mon capitaine, wenn wir hier noch drei Tage blockiert sind, habe ich keinen Tropfen Alkohol mehr und nütze Ihnen gar nichts.

Raphanaud lächelte.

– Einverstanden. Im übrigen überlasse ich es Ihnen, die Männer einzuteilen. Sie können aufbrechen, sobald es dunkel ist, und Ihre Legionäre einen nach dem anderen absetzen; Sie selbst werden sich also auf dem höchsten Punkt etablieren. Parsianni soll auf der andern Seite in genau derselben Weise vorgehen. Also suchen Sie Ihre Leute aus und setzen Sie sie ins Bild.

Zehn Uhr abends, am Vorabend des Camerone-Tages.
Noack bewegte sich platt auf dem Bauch vorwärts, hinter sich neunundzwanzig Legionäre. Sie robbten und verursachten im trokkenen Heidekraut weniger Bewegung als der leichte Wind, der darüber hinstrich. Alle hatten sie ihre Instruktionen im Kopf: kein Wort, auch nicht geflüstert, kein Klagelaut, was auch geschehen möge. Sie robbten »im Gänsemarsch« die Füße des Vordermannes immer in Reichweite des folgenden, so daß bei einem Zwischenfall die ganze Reihe geräuschlos gestoppt werden konnte. Ein dänischer caporal, Jan Hallberg, kroch als dritter Mann, nur durch einen weiteren vom Leutnant getrennt, der die Reihe anführte. Die Nacht war nicht sehr hell, aber man sah genug.
Als die menschliche Raupe am Waldessaum die Ausläufer des Gebirges erreichte, passierte etwas. Hallberg griff nach dem Fußknöchel seines Vordermannes und drückte heftig. Der Mann wiederholte den Griff beim Leutnant. Hallberg hatte Halt gemacht und so die ganze Kette hinter sich gestoppt. Der Leutnant und sein Hintermann drehten sich um; sie sahen, daß Hallberg am ganzen Körper zitterte, sein Kopf lag auf dem angewinkelten Unterarm, in den er heftig biß, um nicht zu schreien. Als Noack sich geräuschlos zu ihm hingleiten ließ, hörte er im Gras zu seiner Rechten ein Rascheln. Er begriff sofort: der Däne war zweifellos von einer Schlange gebissen worden. Hallberg biß sich immer noch in den Arm, über den jetzt weißlicher Speichel lief. Noack packte ihn bei den Schultern und drehte ihn auf den Rücken. Mit fast übermenschlicher Energie vermied der Legionär jeden Schmerzenslaut.
Mit der linken Hand deutete er auf die Bißstelle: mitten auf dem Bauch, gerade über dem Nabel. Wenn es sich, wie Noack annahm, um eine Zwergkobra handelte, war der Mann verloren; für alle Fälle machte der Leutnant mit seinem Dolch einen Kreuzschnitt in die Haut des Legionärs und begann, das Blut intensiv auszusaugen. Mit seinen kraftvollen Händen preßte er die schlecht

greifbare, muskulöse Bauchdecke zusammen und nahm den Mund nur von der Wunde, um das angesaugte Blut auszuspucken.

Noack fühlte auf seiner Schulter eine Hand, die ihren Druck zunehmend verstärkte. Er hob den Kopf und sah im Dämmerlich das Gesicht des Mannes, der ihn immer noch an der Schulter hielt. Er machte nur eine verneinende Bewegung; der Leutnant richtete seinen Blick auf Hallberg. Die erhaltenen Weisungen bis zur letzten Sekunde seines Lebens respektierend, war der Legionär geräuschlos gestorben, ungeachtet der schrecklichen Schmerzen, von denen der Abdruck seiner Zähne auf dem Unterarm zeugte.

Noack machte sich wieder auf den Weg; es gelang ihm, den Bergwald in der vorgesehenen Richtung zu durchqueren. Ungefähr alle hundert Meter ließ er einen Mann zurück, dem er durch Gesten eine Späherposition anwies. Der Morgen nahte, als er den letzten Legionär hinter sich ließ und allein das letzte Wegstück in Angriff nahm.

Seine eigene Stellung wählte er wenige Meter vom Gipfel entfernt; er kletterte auf eine mächtige Akazie, deren Wipfel Deckung bot, ohne die Sicht zu behindern. Oben auf dem Baum fand der Leutnant eine solide und relativ bequeme Position. Er wußte, der Erfolg ihres Unternehmens hing davon ab, daß er und seine Männer Geduld aufbrachten und stillhielten. Er war bereit, auszuharren, solange es nötig war. Er hatte drei Flaschen Kognak – seine letzten Reserven – bei sich, und die einzige Bewegung, die er sich gestattete, war alle halbe Stunde ein Griff nach der Feldflasche.

Beim ersten Tageslicht unterschied Noack von seinem Beobachtungsposten aus weit unten im Tal den Zug, dann sah er im Feldstecher deutlich die Pionierkompanie mit der Arbeit beginnen. Methodisch suchte er nun die Umgebung seines Hochsitzes ab. Kein menschliches Wesen befand sich in Hörweite. Vorsichtig zog er die Antenne seines Funkgerätes aus und nahm direkte Verbindung mit Raphanaud auf, der seine Meldung erwartete. Er flüsterte in den Apparat:

–Alle Beobachter plaziert. Einen Mann durch tödlichen Unfall verloren. 3300 Meter vom Zug, im Heidekraut. Dort zurückgelassen. Sie müssen das Risiko auf sich nehmen, die Leiche zu bergen, sie würde wegen der Aasgeier noch vor Mittag bemerkt werden. Ich melde mich nicht mehr bis zum Eintreffen neuer Befehle. Ende.

Bis vier Uhr nachmittags geschah nichts. Das Warten wurde für Noack zur Hölle. Sein Gesäß schmerzte unerträglich und er durfte seine Stellung kaum verändern. Sein einziger Trost war der Kognak, dem er jetzt in kürzeren Abständen zusprach, und die Tatsache, daß die Pioniere drunten ungehindert arbeiteten.

Der Leutnant döste schier, als er plötzlich zusammenfuhr, von einem ganz aus der Nähe abgefeuerten Schuß aus seiner Erstarrung gerissen. Er war völlig verblüfft. Das Echo der Detonation verhallte, und es kehrte wieder Stille ein. Wenn er nicht das einem Schuß folgende, typische Pfeifen noch im Ohr gehabt hätte, würde er glauben, geträumt zu haben. Wo konnte der Schütze stecken? Wo hatte er durchschlüpfen können, ohne von ihm oder seinen Männern bemerkt zu werden? Noack verdoppelte seine Aufmerksamkeit. Denn es war damit zu rechnen, daß der Viet sich nach seinem Schuß bewegen würde. Nach einer halben Stunde mußte der Leutnant erkennen, daß der Schütze sich genauso verhielt, wie sie selbst; man mußte abwarten, der Geduldigere würde schließlich den anderen überlisten.

Zwei Stunden später, ein weiterer Schuß. Noack war überzeugt, daß der Schuß, obwohl wieder aus der Nähe kommend, nicht von der gleichen Stelle aus abgefeuert worden war. Also gab es zwei Möglichkeiten: entweder waren es mindestens zwei Schützen, oder sie hatten es mit einem Mann zu tun, der seine Stellung mit einer unvorstellbaren Behendigkeit wechselte.

Der Leutnant nahm die Funkverbindung auf.

– Ich habe ihn nicht entdeckt, nicht einmal seine ungefähre Position. Ich glaube nicht, daß einer meiner Männer mehr weiß. Haben Sie unten Verluste?

– Ein Toter, ein Schwerverletzter. Noack, Sie müssen diesen Kerl fassen! es ist ein glänzender Scharfschütze! Die Pioniere wollen Verstärkung aus Phan-Thiet anfordern. Da stünden wir schön blöd da!

– Ich rühr' mich nicht von der Stelle, mon capitaine. Den Wald durchzukämmen, wäre sinnlos; sie sind höchstens drei oder vier, vielleicht nur ein einziger. Wenn wir unsre Deckung aufgeben, schlüpfen sie uns durch die Finger, wie es ihnen paßt.

– Wollen Sie die Nacht da oben verbringen?

– Genau.

– In Ordnung. Ende.

Noack mußte einsehen, daß seine Leiden erst begonnen hatten. Einen Augenblick erwog er, vom Baum herunterzusteigen und die Nacht ausgestreckt auf dem Boden zu verbringen, aber er verwarf diese Idee; sie war zu riskant.

Beim Morgengrauen war er derart zerschlagen, daß er seine Glieder nicht mehr fühlte; sein Gesäß war nun seit vierundzwanzig Stunden zwischen zwei Ästen eingeklemmt und es verblieben ihm nur noch eine Flasche Kognak und ein paar Kekse. Er beschloß, um die Mittagszeit die Tarnstellungen aufzugeben. Auf gut Glück würde er dann den Wald durchkämmen lassen.

Noack brauchte nicht bis zum Mittag zu warten. Gegen 10 Uhr machte sich der Schütze erneut bemerkbar und diesmal sah ihn der Leutnant für den Bruchteil einer Sekunde. Er befand sich keine dreißig Meter von ihm entfernt, weiter unten; Noack feuerte mit seiner Maschinenpistole in Richtung des flüchtigen Schattens, den er wahrgenommen hatte. Sofort war das Feuer einer weiteren Maschinenpistole zu hören. Wie Noack, hatte offenbar auch ein Legionär den Viet bemerkt. Der Leutnant ließ sich von seinem Baum herunterfallen und brüllte:

– Halbkreis bilden! Auf mich zukommen! Weitergeben! Wir haben sie! Ich schneide ihnen den Rückzug ab!

Der Wald wurde lebendig. Die Männer kamen aus ihren Schlupfwinkeln und riefen nun ihrerseits:

– Im Halbkreis auf den Leutnant zu! Er hat die Viets entdeckt!

Wieder sah Noack den dunklen Schatten eines Mannes, der sich mit verblüffender Behendigkeit fortbewegte. Er schoß und verfehlte ihn, aber er konnte ihn nun besser ausmachen. Einer, dann zwei Legionäre stießen zu dem Leutnant, der ihnen die ungefähre Position des Gegners bezeichnete. Noack befahl ihnen, sich am Gipfel zu postieren und versuchte, die Stellungen der andern Legionäre zu erahnen, die jetzt ebenfalls den Hang hinaufkletterten. Einen seiner Männer sah er ungedeckt herankommen. Leider hatte der Viet ihn auch bemerkt und schoß, der Legionär brach zusammen; aber jetzt war die Viet-Position eindeutig ausgemacht. Sie waren hinter einem Felsblock und schossen durch einen Spalt. Wenn sie zu mehreren und gut bewaffnet waren, würde es unmöglich sein, sie ohne eigene Verluste herauszuholen.

Nach einer halben Stunde befanden sich alle Legionäre in gedeckten Stellungen rund um den vom Feind gehaltenen Felsen. Die Legionäre feuerten heftig, aber wirkungslos. Sobald einer von ihnen seine Schußposition zu verbessern suchte und momentan ungedeckt war, kam ein gezielter Schuß. Ein Mann wurde in die Schulter, ein anderer am Oberschenkel getroffen. Das konnte noch lange so weitergehen und doch war Noack jetzt überzeugt, daß es sich nur um einen oder allerhöchstens zwei Viet-Schützen handelte.

Noack wollte schon den Sturmangriff befehlen, als ein neues Moment auftauchte. Ein Legionär hatte im Sprung die Stellung gewechselt und dabei unvorsichtigerweise genau die Schußlinie des Viets passiert; dennoch war kein Schuß gefallen. Noack kam nun auch aus seinem Schlupfwinkel heraus und schoß, absichtlich ungedeckt, mit der Maschinenpistole auf den Felsen. Es erfolgte nichts. Entweder war das eine Falle, oder die Viets hatten keine Munition mehr. Noack befahl, zu stürmen und die Männer stürzten auf den Felsen zu, um ihn mit Handgranaten einzudecken. Plötzlich hielten sie inne; der Feind kam mit erhobenen Händen heraus und sein Anblick erstaunte die Legionäre maßlos.

Es war ein junger Bursche, fast noch ein Kind; er konnte höchstens dreizehn oder vierzehn Jahre alt sein. Eine schnelle Überprüfung seines Unterstands bewies, daß er wirklich allein war und nur eine einzige Waffe hatte: ein Gewehr mit Zielfernrohr, mit dem er bis zur letzten Patrone geschossen hatte.

Zwei Legionäre filzten ihn, er hatte überhaupt nichts bei sich, keinerlei Papiere, keine Waffe.

Das Kind sah den Leutnant ungerührt an und fragte in tadellosem Französisch einfach:

– Werden Sie mich töten?

– Zu allem hin sprichst du auch noch französisch! Warst du das, der seit gestern hier herumknallt?

– Ja, gab der Junge zu.

– Du ganz allein?

– Ja. Die Chefs haben mich hier gelassen, weil ich am schnellsten laufen kann.

– Weißt du, wieviel Mann du getötet und verletzt hast?

– Hoffentlich viele.

– Du fändest es ganz normal, wenn ich dich umlegte?

– Ja.

Einer der verwundeten Legionäre mischte sich ein:
– Mon lieutenant, Sie wollen ihn abknallen?
– Was meinst du dazu?
– Ich leg' keinen Wert darauf.
– Keine Angst, ich auch nicht.
Die Legionäre waren erleichtert: der Bursche flößte ihnen eher Bewunderung ein.
Noack zog die Antenne heraus und stellte Kontakt mit dem Zugfunk her. Raphanaud meldete sich prompt.
– Haben feindliche Aktion ausgeschaltet. Die Pioniere können ohne Gefahr weiterarbeiten. Haben drei Verwundete. Feind gefangengenommen. Wir kommen zurück. Bitte melden.
– Meinen Glückwunsch, Noack, war's schlimm?
Bei seinem Sinn für Humor konnte sich der Leutnant nicht die Bemerkung verkneifen:
– Wir hatten es mit einem starken Gegner zu tun. Der Feind ist glänzend ausgebildet. Technisch und taktisch erstklassig.

Zwei Legionäre nahmen den Buben in die Mitte; die Kolonne begann den Abstieg. Instinktiv hielt der Junge die Hände hinter dem Nacken verschränkt und marschierte in dieser Haltung, die in dem abfallenden und unebenen Gelände besonders unbequem war. Noack trat neben ihn und sagte:
– Ich hab' dir nicht befohlen, die Hände hochzunehmen, Lausejunge! Du kannst normal gehen wie wir auch.
Ohne allzu große Überraschung stellte der Leutnant fest, daß diese Erlaubnis den Jungen zu enttäuschen schien. Er fügte hinzu:
– Nur keine Sorge, wir betrachten dich alle als einen Soldaten, ich sehe aber keinen Grund, warum ich dich in einer unbequemen Haltung marschieren lassen soll, das ist alles. Mit deinem Vater oder Großvater würde ich es ebenso machen.
Der Junge senkte die Arme.
– Wie heißt du? fuhr der Leutnant fort.
Der Junge zögerte einen Augenblick, er schien sich zu fragen, ob er das Recht habe, zu antworten.
– Herrgott nochmal! donnerte Noack. Dein Name ist doch wohl kein Staatsgeheimnis!

214

– Ich heiße Kuo, sonst sage ich Ihnen nichts.
– Kannst du lesen?
– Ich kann lesen und schreiben, sonst sage ich Ihnen nichts.
– Du fängst an, mir auf die Nerven zu gehen mit deinem ewigen
»Sonst sage ich Ihnen nichts«. Schließlich frage ich dich nicht nach
militärischen Geheimnissen.
– Noch nicht, aber das wird schon noch kommen....
Noack lächelte, die Art des Buben gefiel ihm immer mehr.

Die Kolonne kam zu einem Steilabhang, neben dem es fünf bis
sechs Meter in die Tiefe ging. Er war das letzte Hindernis vor der
grasigen Ebene: man mußte vorsichtig einen Fuß vor den andern setzen und sich, um nicht das Gleichgewicht zu verlieren, oft an den
Wurzeln festhalten, die aus der Bergwand heraustraten.
Nur der jungo Kuo bewegte sich mit der Geschicklichkeit einer
Gemse. Plötzlich und unvorhergesehen, verwandelte sich die Gemse
in einen Panther; auf die Gefahr hin, zu Tode zu stürzen, sprang
der Junge ins Leere. Atemlos verfolgte Noack den gewaltigen Sprung
und die Geschmeidigkeit, mit der Kuo auf dem trockenen Boden
wieder auf die Füße kam – an einer Stelle, die er offenbar ausge-
sucht hatte. Der Leutnant war geradezu froh, daß der Junge sich mit
einem weiteren Satz in einem Dickicht versteckte. Keiner der Legio-
näre griff zur Waffe.
– Kuo, hörst du, du kannst uns nicht entwischen! In dreißig Sekunden werde ich Handgranaten werfen. Ergib dich, es ist deine letzte
Chance.
Das stimmte: trotz der Behendigkeit und Schnelligkeit des kleinen
Viet konnten die Legionäre ihn von ihrer Höhe aus nicht verfehlen.
Dennoch rief das Bürschchen aus seinem Versteck im Gebüsch:
– Du kannst mich mal!
– Unsre Sprache hat er jedenfalls fein gelernt, bemerkte Noack.
Außerdem weiß er, der kleine Mistkerl, daß ich nicht die Courage
habe, ihm eine Handgranate in die Schnauze zu schmeißen. Also
los, fügte er seufzend hinzu, die zehn letzten steigen wieder hin-
auf und umgehen von oben her den Steilabfall. Die zehn Ersten
machen das Gleiche von unten her. Bringt ein Seil an, die Mittel-
gruppe seilt sich mit mir ab.

Noack ließ sich als erster ab und stürzte, ohne sich um die nachfolgenden Männer zu kümmern, auf das Gehölz zu, in dem der Junge verschwunden war.

Der Leutnant hörte ihn, ehe er ihn sah. Der Junge weinte laut, seine Schluchzer waren von Wehlauten unterbrochen. Noack fand den kleinen Kuo auf dem Rücken liegend, sein rechtes Bein war gebrochen. Ein häßlicher, offener Bruch, durch den man das Schienbein sah. Mit einem Schlag war der aggressive Bursche wieder zum Kind geworden, der Schmerz hatte ihn verwandelt. Noack griff mit seinem kräftigen Arm das verletzte Kind unter den Achseln und versuchte, es in eine weniger schmerzhafte Stellung zu bringen. Ohne einen Befehl abzuwarten, brachten zwei Legionäre eine Tragbahre herauf; ein dritter, der den Verbandskasten trug, bereitete eine Morphiumspritze vor.

Das Kommando Noack brauchte kaum eine Stunde, um den Zug wieder zu erreichen. Mit Hilfe seiner zwei Sanitäter operierte Stabsarzt Lambert die beiden Legionäre. Der Bruch des Jungen wurde eingerichtet und noch vor dem Abend in Gips gelegt. Seine Liege befand sich neben der des Legionärs, dem er die Schulterverletzung beigebracht hatte, und über den Betten der beiden andern von ihm verwundeten Männer; aber niemand störte sich daran.

Im Offiziersabteil nahmen capitaine Raphanaud und lieutenant Lehiat mit Verblüffung Noack's Bericht entgegen. Raphanaud überlegte kurz und erklärte dann streng:

– Verdammt, sind Sie sich eigentlich klar, was uns da gerade noch erspart geblieben ist? Ich war drauf und dran, Verstärkung aus Phan-Thiet anzufordern, zum Donnerwetter! Da hätten wir schön dagestanden!

Noack's einzige Sorge galt dem Schicksal des Buben, das von Raphanaud's Reaktion abhing.

– Was wollen Sie mit dem Jungen machen, mon capitaine?

– Der Junge, der Junge! Ihr Junge ist ein Soldat, die Zahl seiner Opfer beweist es. Wir können ihn nur als solchen behandeln. Wenn ich Meldung mache, verschwindet er in einem Gefangenenlager. Wenn man versucht, ihn zu unsren Milizsoldaten zu stecken, reißt er bei der erstbesten Gelegenheit aus.

–Das gebe ich zu. Er wird nicht die Waffen gegen seine Brüder ergreifen, gerade deshalb interessiert er mich ja.

–Haben Sie einen Vorschlag?

–Im Augenblick nicht. Wir sollten in den kommenden Tagen sein Benehmen beobachten. Das würde natürlich voraussetzen, daß man ihn vorläufig nicht herausgibt.

–Einverstanden, über Funk sage ich nichts von ihm und in Phan-Thiet sind wir nicht vor morgen abend; solange er im Gips liegt, kann er sowieso nicht abhauen.

–Das ist eine andere Frage, aber seine Verwundung reduziert das Risiko jedenfalls auf ein Minimum.

Der hinzugekommene Stabsarzt berichtete, den vier Verwundeten gehe es besser. Er setzte hinzu:

–Übrigens habe ich es für richtig gehalten, die Legionäre zu fragen, ob die Gegenwart des Jungen sie nicht störe. Es schien ihnen völlig egal zu sein.

Noack zuckte die Achseln.

–Natürlich ist es ihnen völlig egal! Es sind Legionäre, es gehört zu ihrem Geschäft, Schläge auszuteilen und zu empfangen. Sie haben gar keine Zeit, ihre Feinde zu hassen. Sie können sie ruhig zusammenlassen....

Am 2. Mai vormittags erstattete adjudant-chef Grandval Bericht über den Stand der Arbeiten. Wenn nichts Unvorhergesehenes dazwischenkäme, würde die Brücke am späten Abend benutzbar sein, und der Zug könnte nach Phan-Thiet abfahren.

Noack hatte schon gleich nach Tagesanbruch den Wunsch geäußert, die Verwundeten zu besuchen; aber der Stabsarzt widersetzte sich, weil er ihnen für die Nacht starke Beruhigungsmittel verabreicht hatte. Erst gegen Mittag erhielt der Leutnant die Erlaubnis, das Zuglazarett zu betreten.

Die Liege von Stoerer, dem Elsässer mit der Schulterverletzung, stand so nahe bei der des kleinen Kuo, daß man meinen konnte, sie teilten ein Doppelbett.

Bei Noack's Eintritt war der Elsässer wutentbrannt; er bedachte den Jungen mit allen Schimpfnamen, die er nur finden konnte.

–Du bist ein kleiner Schurke, ein Drecksack, ein Miststück!! ich hätte dich gestern auf der Stelle abknallen sollen, ich werd' mein Leben lang bedauern, daß ich das gestern nicht gemacht hab'! Das ist mal sicher!

Im Moment war Noack überrascht, aber das vergnügte Gesicht des Buben und die beiden Legionäre auf den unteren Liegen, die sich vor Lachen bogen, beruhigten ihn. Einer von ihnen hielt sein bandagiertes Bein und wiederholte unter Lachsalven:

–Oh verdammt, Stoerer, hör' auf, mich zum Lachen zu bringen, das tut mir weh!

Das Auftauchen des Leutnants beruhigte die drei Männer.

–Was ist denn hier los? rief Noack. Stoerer, wenn du willst, daß der Junge in einen andern Waggon verlegt wird, brauchst du es bloß zu sagen! Du bist doch gestern schon gefragt worden, oder?

–Darum geht es nicht, mon lieutenant, aber der Bursche, der ist nicht korrekt. Weil es uns langweilig war, haben wir Karten gespielt, »Bataille«. Wo er doch kein Geld hatte, hab' ich ihm gesagt: »Das macht nichts, wenn du verlierst, zahlst du später.« *Bon,* jetzt gewinnt er und ich berappe und denke: »Jetzt, wo er Geld hat, wird die Sache interessanter.« Aber ich verlier' weiter, bis er mir alles Geld abgeknöpft hat. Jetzt sag' ich zu ihm: »*Bon!* jetzt mußt du mir Kredit geben.« Und wissen Sie, was er antwortet?

–Nein.

–Er antwortet: »Du kannst mich mal, ich hab' kein Vertrauen zu dir, wenn du blank bist, wird nicht mehr gespielt.« Da geht einem doch der Hut hoch, oder! Ganz abgesehen von den zwei blöden Hunden da unten, die sich wie blöd amüsieren und mir keinen Pfennig leihen wollen.

Noack hatte Mühe, ernst zu bleiben; trotzdem gelang es ihm, Kuo zurechtzuweisen.

–Er hat recht, du bist nicht sehr korrekt. Meines Erachtens schuldest du ihm eine Revanche.

–Gut, gab der Junge nach, ich bin bereit, nochmal um meinen halben Gewinn zu spielen. Aber den Rest behalt' ich. Den brauch' ich für meine Flucht.

Noack wechselte den Ton.

–Hör zu, der capitaine ist bereit, dich wegen deiner Verletzung nicht in ein Lager zu schicken, aber du mußt mir versprechen, keinen Fluchtversuch zu unternehmen.

–Das kann ich nicht versprechen.

–Gut, dann werd' ich dich anbinden lassen.

Stoerer mischte sich ein.

Wenn Sie ihn festbinden, können wir nicht mehr »Bataille« spielen.

–Einverstanden, gab der Junge nach, ich verspreche Ihnen, nicht zu fliehen.

–Achtung, Kuo, das Wort eines Soldaten ist noch wichtiger als seine Geschicklichkeit beim Scharfschießen, vergiß das nicht.

–Ich weiß, mon lieutenant.

Innerlich registrierte Noack das »mon lieutenant« mit Genugtuung. Im Grunde war der Kleine der geborene Soldat, dem das eigentlich Militärische mehr imponierte als Ideologien.

Seine Rekonvaleszenz erlebte der kleine Kuo im Panzerzug. Noack hatte ihm einen Stock geschnitzt, mit dem er nach drei Monaten wieder gehen konnte.

Zu seinem großen Bedauern hatte Noack bald einsehen müssen, daß Kuo sich niemals auf ihrer Seite engagieren würde. Der Leutnant verhandelte deshalb mit einem Orden in Saigon, der den Jungen nach seiner Heilung betreuen sollte. Nach langen Diskussionen hatte Kuo eingeräumt, daß der Krieg nichts für sein Alter sei und daß er seiner Sache nach einer Ausbildung bei den Mönchen später viel besser dienen könne.

Noack's Abschied von seinem jungen Schützling fand auf dem Bahnhof von Muong-Man statt. Immer noch hinkend, verließ Kuo den Panzerzug und wurde einem Transport der Kolonial-Infanterie anvertraut, die zu ihrer Etappenstellung nach Saigon zurückkehrte. Ein capitaine hatte es übernommen, ihn persönlich im Kloster abzuliefern.

Noack hörte nie mehr etwas von Kuo selbst, aber zufällig begegnete er nach einiger Zeit dem capitaine, dem er den Jungen anvertraut hatte. Auf Noack's Frage antwortete der Offizier lachend:

–Ah, der kleine Phantast! Ja, ich erinnere mich. Es hat alles geklappt, ich habe ihn dem Abt übergeben.

–Kleiner Phantast? fragte Noack erstaunt.

–Sie sagen es! Ein witziger Bursche.... Ich hatte ihn nach dem Grund seiner Verletzung gefragt. Er sprudelte die verrücktesten Erklärungen hervor und behauptete vor allem, er habe am Camerone-

Tag allein gegen dreißig Legionäre gekämpft. Ich fürchte, der Aufenthalt bei Ihnen und die Geschichten, die Ihre Männer ihm vorgekaut haben dürften, haben ihm den Kopf verdreht. Schade. Abgesehen davon wirkte er intelligent für sein Alter.

Innerlich grinste Noack. Er fragte:

– Wie ging denn Ihre Unterhaltung aus?

– Damit hat sie natürlich geendet. Ich habe ihm befohlen, still zu sein und ihn gefragt, ob er mich für einen Idioten halte. Er hat mich einen Augenblick lang komisch angeglotzt und ist dann völlig verstummt.

– In der Tat, schloß Noack nachdenklich. Es war ein merkwürdiger Junge.

21.

Am 26. Juli 1949 machte der Panzerzug wieder einmal Station in Phan-Thiet. Die Legionäre hatten Ausgang bis zum Wecken. Für 6 Uhr morgens war Antreten auf dem Bahnhof angesetzt, die Abfahrt in Richtung Süden sollte um 7 Uhr erfolgen.

Marcel Bugat, der Legionär, der einige Monate zuvor von Noack so streng bestraft worden war, kam eine gute halbe Stunde zu früh zum Zug. Mit ihm erschien sein unzertrennlicher Kumpan Julien Hastarran. Hastarran war wie Bugat ein vorzüglicher Soldat, aber seine Vergangenheit war undurchsichtig. Aus der Gegend von Nizza kommend, war er vor sechs Jahren zur Legion gestoßen; niemand wußte, ob er hier vor der Polizei oder vor dem *Milieu* Zuflucht gesucht hatte.

Natürlich hatten die beiden Männer die Nacht im Bordell verbracht, wo Bugat eine französische Prostituierte getroffen hatte – eine Rarität in dieser Gegend. Vom Bordell zur Bahnstation hatten die beiden Männer zehn Minuten zu gehen. Mit affektierter Vorsicht transportierte Bugat einen flachen, chinesischen Strohkorb. Erst bei der Ankunft am Zug, nachdem er sich versichert hatte, daß niemand in der Nähe war, offenbarte Bugat seinem Kameraden den Inhalt des mysteriösen Paketes: eine herrliche Doppelflasche Champagner *Moët et Chandon* mit ihrer goldfarbenen Hülle um Korken und Flaschenhals.

Hastarran gab einen bewundernden Pfiff von sich; seit vier Jahren hatte keiner von den beiden Champagner gesehen, geschweige denn getrunken.

–Ich hatte schon ganz vergessen, daß es sowas gibt. Ich komm' mir vor wie im Traum, schwärmte Bugat.

–Wo hast du die aufgetrieben?

–Dédée, die Nutte, die ich gestern abend verstöpselt habe, die hatte das von einem Kunden, der in Bien-Hoa Weinhändler ist.

–Hat sie dir's verkauft?

–Wofür hältst du mich, sag' mal? Geschenkt natürlich, und wenn wir zurückkommen, stehen mir noch weitere zur Verfügung. Verkauft? Ich sag's ja, du hast nicht alle Tassen im Spind. Der Tag ist noch nicht gekommen, an dem ich einer Hure was bezahle, das kannst du mir glauben.

–Du bist wirklich einmalig. Du erscheinst im Puff, du nimmst dir die einzige Weiße, du bedrippelst sie, du gibst ihr keinen roten Heller und du kommst mit Schampus zurück. Du bist einmalig, da gibt's nichts!

Wenn er auch für die Schmeichelei nicht unempfänglich war, verfolgte Bugat dennoch seine eigene Idee weiter:

–Schon gut, aber das ist nicht alles. Ware dieser Klasse lassen wir nicht lauwarm runterlaufen. Wir tun sie in den Kühlschrank und jagen sie uns Schlag zwölfe schön kaltgestellt durch die Gurgel.

–Du bist verrückt, Marcel, im Kühlschrank ist doch kein Platz, er ist bis obenhin mit Blutplasma-Flaschen vollgestopft.

–Du bist's, der nix in der Birne hat, armer Arsch. Im Augenblick ist kein Schwanz im Zuglazarett. Wir nehmen vier oder fünf Plasmaflaschen raus, stecken sie in den Gerätekasten, schummeln den Schampus unter die andern Flaschen, und niemand hat 'ne Ahnung. Mittags, wenn der Medizinmann und die Sanitätsheinis sich den Bauch vollschlagen, legen wir das Plasma zurück, und der eisgekühlte Sekt steht da wie in der Bar vom Grandhotel.

–Die Idee an sich ist prima. Sie hat nur einen Haken, nämlich wenn man geschnappt wird, verpaßt Noack jedem von uns eine Bleiinjektion von elf Millimetern. Und das tut weh!

–Sehr gut, du ziehst den Schwanz ein. Ich kann auf dich verzichten. Allerdings guckst du dann in die Röhre.

–Laß' nur, Marcel, ich mach' mit.

Es war weniger wegen des Champagners, daß Hastarran sich entschloß, wieder einmal Bugat's Komplize zu werden. Es war vor allem, um seinem Hohn zu entgehen und nicht monate-, womöglich jahrelang, als kleines Mädchen bezeichnet zu werden.

Um 7 Uhr, zur vorgesehenen Zeit, fuhr der Panzerzug ab. Zwei Stunden lang rollte er auf der Nebenstrecke. Anschließend sollte er auf der Hauptlinie nach Süden fahren. Dieser Fahrplan wurde gegen 9 Uhr 30 über den Haufen geworfen. Über Funk kam die Nachricht von einem Angriff der Rebellen auf den Posten Tan-Yuan, ungefähr zehn Kilometer nördlich des Eisenbahnknotenpunktes von Cô O. Nur schwache Milizeinheiten, die in diesem Abschnitt patrouillierten, konnten dem Posten bisher zu Hilfe kommen. Da er fortlaufend verzweifelte Hilferufe aussandte, erhielt capitaine Raphanaud den Befehl, die Fahrtroute zu ändern und einzugreifen.
Gegen 11 Uhr 30 erreichte der Zug den Punkt, an dem die Legionäre abgesetzt werden sollten. Sie begannen ihren Marsch zu den Belagerten in einem Tempo, das sie für solche Fälle seit langem gewohnt waren.
Bugat und Hastarran gehörten zum Zug von adjudant-chef Parsianni. Sie marschierten an der Spitze, hatten aber noch Zeit gehabt, den Vorgang zu beobachten, den sie fürchteten. Aus dem Lazarettwagen war der Stabsarzt ausgestiegen, gefolgt von drei Sanitätern und einem weiteren Legionär, die auf einer Tragbahre den Kühlschrank transportierten. Hastarran bekam Angst:
– Wir müssen was sagen, Marcel, die Sache wird zu brenzlig, flüsterte er seinem Freund zu.
– Halt' die Schnauze. Das ist doch nur ein Spaziergang, laß' es laufen, wir werden uns schon aus der Affäre ziehen.
Noch einmal gab Hastarran nach.
Gegen 2 Uhr war der Posten erreicht. Er hatte sich halten können, und beim Herannahen der Legionäre zogen sich die Viets zurück. Die Garnison von Tan-Yuan hatte verhältnismäßig geringe Verluste erlitten, etwa zehn Tote und ebensoviele Verwundete. Bugat und Hastarran atmeten auf. Der Posten hatte eine mit Erdöl betriebene Kühlanlage und eine eigene Blutbank. Die zwei Verwundeten, die eine Bluttransfusion benötigten, waren an Ort und Stelle versorgt worden.

222

Capitaine Raphanaud war dennoch beunruhigt, denn er konnte sich den feindlichen Rückzug nicht erklären. Er wußte, daß in diesem Abschnitt die Anwesenheit des berühmten Bataillons C vom Bo-Doi 81-82 gemeldet worden war. Eine seiner Einheiten hatte zweifellos den Angriff gegen Tan-Yuan ausgeführt. Der capitaine fürchtete einen Hinterhalt auf dem Rückweg. Er sollte sich nicht täuschen.

Kurz vor fünf Uhr nachmittags erhielt die Kolonne auf dem Rückmarsch heftiges Feuer von Granatwerfern und automatischen Waffen. Die ersten Schüsse waren von dramatischer Wirksamkeit. Alle Legionäre hatten sich instinktiv zu Boden geworfen. Etwa zehn standen nicht wieder auf. Verteidigung und Abwehr organisierten sich mit einer Ruhe und Präzision, wie sie unter derartigen Umständen nur bei bestens trainierten Soldaten möglich ist. In weniger als einer Minute waren die feindlichen Positionen ausgemacht, und die Legionäre suchten vor den Granatwerfern in Deckung zu gehen.

Ganz in seinem Element und gelassen, als handle es sich um eine Übung, bemerkte Noack zu Raphanaud:

–Scheint nicht sehr schwerwiegend, mon capitaine. Rund zwanzig Männeken, meines Erachtens.

–Schon, aber sie haben drei gut plazierte MG's. Das wird Zeit kosten.

Hastarran war kreidebleich: nicht wegen des Kampfes – aber hinter den Stellungen, nur wenige Meter entfernt, hatte er am Fuß eines Baumes die Verwundeten liegen sehen. Stabsarzt Lambert hängte bereits Plasmaflaschen an einem Ast auf. Von Deckung zu Deckung springend näherte sich adjudant-chef Parsianni den beiden Offizieren. Schreckerfüllt ahnte der Legionär, was gesprochen wurde.

–Mon capitaine, wir haben kein Plasma mehr.

Raphanaud, auf einem Bein kniend, von einem Baum geschützt, beobachtete die feindlichen Stellungen durch den Feldstecher. Ohne seine Haltung zu verändern, antwortete er:

–Lambert hat nicht genug?

–Nein, aber es ist keines mehr da.

–Und, was soll ich da machen? Ich kann schließlich keines pissen, oder?

–Mon capitaine, ich wollte dir nur sagen, daß in dem Kühlschrank Champagner ist.

Diesmal drehte Raphanaud sich um.

–Willst du mich veralbern?

– Nein. Irgend ein Schuft hat die Hälfte der Plasma-Flaschen raus-
geschmissen, um eine Pulle Sekt kalt zu stellen.
Instinktiv starrte Raphanaud auf Noack. Er bedauerte es augenblicklich. Der Leutnant donnerte:
– Also nein! Das geht zu weit, mon capitaine, das glauben Sie
doch nicht von mir!
– Entschuldigen Sie Noack, das war nur ein Reflex. Nein, natürlich
nicht.
Die Intensität des feindlichen Feuers nahm nicht ab. Zwar hatten
die Legionäre für den Augenblick Deckung, aber aus ihren hastig ein-
genommenen Stellungen erwies sich ihr Feuer als ebenso wirkungslos
wie das des Gegners. Der einzige Unterschied bestand darin, daß sich
die Viets aus ihrer höher gelegenen Position absetzen konnten, wann
sie wollten. Bugat robbte zu den beiden Offizieren und Parsianni.
– Mon capitaine, Hastarran und ich, wir könnten jeder auf einer
Seite raufklettern und versuchen, Handgranaten auf ihre MG-Stel-
lungen zu schmeißen.
Raphanaud, der eine solche Aktion für verfrüht hielt, lehnte rundweg
ab:
– Wenn ich jemand raufschicken will, bin ich groß genug, das selbst
zu entscheiden. Laß mich in Ruhe.
Parsianni hatte sofort begriffen. Noack ebenfalls. Er sagte:
– Mon capitaine, die beiden hoffen wohl, da oben Sekt zu finden.
Nun verstand auch Raphanaud.
– Der Champagner, das seid ihr?
– Ich allein, mon capitaine, bekannte Bugat. Hastarran war nicht
einverstanden.
– Aber er wußte Bescheid.
– Ein bißchen ....
Raphanaud ließ sich etwas Zeit, ehe er sagte:
– Einverstanden! Klettert rauf! Werft Handgranaten! Früher oder
später muß doch einer rauf. Selbst wenn ihr davonkommt, so ändert
das nichts an eurer kriminellen Handlungsweise. Deshalb sage ich
euch jetzt schon, entweder ihr kommt vor's Kriegsgericht, oder ich
werde lieutenant Noack beauftragen, die Angelegenheit nach seinem
Gutdünken zu regeln.
– Verstanden, mon capitaine, antwortete Bugat. Wenn Sie mir die
Wahl lassen, würde ich das Kriegsgericht wohl vorziehen. Da riskiert man höchstens, erschossen zu werden.

224

Die Stellungen der drei feindlichen MG's bildeten ein gleichschenkliges Dreieck: die Stellung des mittleren MG lag etwas höher als die der beiden anderen.

Bugat und Hastarran wechselten ein paar Worte, trennten sich dann und krochen in entgegengesetzter Richtung davon. Sie legten so, immer in Sicht der Legionäre, etwa hundert Meter zurück. Ungefähr im selben Augenblick erreichten sie die Stelle, von der aus sie – beide gleichzeitig – ihren Endspurt beginnen wollten. Sie konnten sich gegenseitig nicht sehen, aber beide hatten Noack und Raphanaud im Blickfeld, die sich jeder bei einem der Maschinengewehre befanden, die ihnen Deckungsfeuer geben sollten.

Capitaine Raphanaud hob den Arm und vergewisserte sich, daß er von allen gesehen werden konnte. Dann ließ er den Arm fallen und löste damit Dauerfeuer auf die feindlichen Stellungen aus.

Bugat und Hastarran schnellten vorwärts. In jeder Hand hielten sie eine abgezogene Handgranate (französische Eierhandgranaten zünden nach dem Abziehen erst, wenn der Faustdruck auf den Löffel aufhört). Sie rannten wie jemand, der weiß, daß der Bruchteil einer Sekunde sein Leben retten kann. Hastarran wurde auf halber Strecke in den Kopf getroffen. Im Fallen öffneten sich seine Hände und gaben die Löffel der Granaten frei; sie explodierten und zerrissen ihn.

Bugat hatte seine erste Handgranate werfen können, sie war mitten in der feindlichen Stellung krepiert. Ohne im Lauf innezuhalten, rannte er noch zwei Meter weiter und warf dann die zweite Granate. Sie fiel ebenfalls mitten ins Ziel. Als er in das große Deckungsloch sprang, das die Viets ausgehoben hatten, fand er vier zerfetzte Körper vor. Leider war ihr MG unbrauchbar geworden, sodaß er es nicht gegen die andern Rebellenstellungen einsetzen konnte. Er hatte Hastarran nicht fallen sehen, aber er begriff, daß sein Kamerad gescheitert war. Ohne sich Zeit zum Verschnaufen zu lassen, zog Bugat zwei neue Handgranaten ab und stürzte auf die zentrale Viet-Position los. Die Viets waren überrascht; sie dachten, durchaus logisch, der Legionär werde kurz ausruhen. Ihr momentanes Zögern ermöglichte es Bugat, in Wurfweite ihrer Stellung zu gelangen und seine Granaten hineinzuwerfen, diesmal allerdings weniger präzise; die Viets feuerten wieder und trafen Bugat in die Hüfte. Trotzdem lief er weiter und zog eine weitere Granate ab. Er warf sie und bekam eine Kugel in den Oberschenkel.

Nochmals warf er eine Granate, erhielt eine dritte Kugel in die Schulter, erreichte aber die feindliche Position, in der er zusammenbrach. Seine Handgranaten hatten drei Viets getötet; ein vierter lebte noch, zusammengesunken kauerte er in einem Winkel. Wie Bugat war er blutüberströmt; mehrfach verwundet, war sein linker Arm zerfetzt und hing leblos herab, seine feine schwarze Tuchhose klebte ihm am Leibe, durch das immer nachströmende Blut wie festgekleistert.

Die zwei Todeskanditaten beobachteten einander keuchend. Verzweifelt suchte der Viet nach einer greifbaren Waffe. Bugat fragte sich, ob auch er dazu noch die Kraft hätte. Wahrscheinlich. Aber es war ihm nicht danach zumute. Es schien ihm, als brauche der Viet Jahre, um sich dem im Koppel eines Toten steckenden Dolch zu nähern. Er sah ihn danach greifen und, auf seinen gesunden Ellenbogen gestützt, mit der Waffe in der Hand, Zentimeter um Zentimeter auf sich zukriechen. Als der Viet ihn erreicht hatte und mit letzter Kraft das Messer erhob, schützte sich Bugat rein instinktiv mit der Hand. Der Dolch durchbohrte ihm die Handfläche vollständig.

Nach dieser letzten Anstrengung war der Viet am Ende. Sein Kopf fiel auf Bugat's Brust; ein Blutstrom brach aus seinem Mund. Der Legionär fand die Kraft, seine durchbohrte Hand auszustrecken, wobei der tote Viet, den Dolchgriff immer noch in der Faust, zur Seite kippte.

Unterdessen hatte lieutenant Noack mit vier Mann die letzte feindliche Stellung mühelos erobern können. Die Viets hatten ihr letztes Maschinengewehr auf ihre eigene Zentralposition gerichtet und waren von hinten überwältigt worden, ohne daß die Legionäre weitere Verluste erlitten. Noack sah in der Ferne, wie sich das Gros des Gegners zurückzog; es handelte sich nach seiner Schätzung um etwa hundert Mann, die zum Eingreifen bereit gewesen waren.

An der Spitze eines Zuges erreichte Raphanaud die zentrale Viet-Stellung. Er entdeckte Bugat, der noch lebte. Auch Noack stieß zum capitaine und betrachtete die atemberaubende Szene. Bugat und sein Viet. Die Blutpfütze, in der der Tote und der Überlebende lagen. Die Hand des Legionärs, zerrissen von dem Dolch, den der Tote immer noch in der erstarrten Faust hielt.

Da der Sanitätsoffizier noch nicht zur Stelle war, band Noack Bugat's Arm oberhalb des Handgelenks ab und zog mit einem Ruck die Klinge heraus; dann hob er den Toten ohne weitere Rücksichtnahme hoch und warf ihn zur Seite.

Bugat wurde zu den anderen Verwundeten gebracht. Lambert prüfte die Schwere der Verletzungen und versuchte, den Blutverlust zu schätzen.

Sobald Bugat verbunden war, fragte Raphanaud den Arzt:

–Hat er eine Chance, davonzukommen?

–Wenn keine Komplikationen eintreten, ja. Die drei Kugeln, die ihn getroffen haben, sind nicht tödlich.

–Fehlt es Ihnen an Plasma, um ihm eine Blutübertragung zu machen?

–Nein, es ist noch eine Flasche da.

Noack war drauf und dran, zu sagen: »Schade«, aber er hielt sich zurück. Die letzte Plasmaflasche wurde an dem Ast aufgehängt und die Blutübertragung begann.

Bugat hatte keinen Augenblick das Bewußtsein verloren. Er fand die Kraft, den über ihn gebeugten Leutnant zu fragen:

–Hastarran?

Noack antwortete nicht und schüttelte nur den Kopf. Bugat blieb einen Moment stumm, dann murmelte er wieder:

–Der Sekt ....

Noack unterbrach ihn mit einer Handbeweung. Es war sinnlos, daß der Verwundete sich verausgabte, um zu erklären, was er mit dem einen Wort bereits verständlich gemacht hatte.

–Du hast recht, stimmte der Leutnant zu. Jetzt, wo der Blödsinn schon passiert und der Champagner kaltgestellt ist, kann man ihn auch ebensogut trinken.

Der preußische Riese ging mit großen Schritten zum Kühlschrank und stellte mit Befriedigung fest, daß es sich um eine Doppelflasche handelte. Er hob sie gegen das Licht, um das Etikett zu lesen und sich über den Jahrgang zu informieren. Mit bewunderndem Zungenschnalzen erklärte er laut:

–Kenner, der Lude.

Raphanaud mischte sich ein.

–Doktor, Lehiat, Parsianni, die Sanitäter und die vier Mann, die mit dem Leutnant heraufgekommen sind, bringt eure Becher.

Mit den Bewegungen eines Kenners ließ Noack den Pfropfen knallen und begann, den Sekt unter die zwölf Männer zu verteilen.

–Ich möchte auch davon, bettelte Bugat.

– Das bekäme dir schlecht, wiedersetzte sich Lambert.
– Selbst wenn ich daran krepiere, möchte ich was.
Noack setzte dem Verwundeten seinen eigenen Becher an die Lippen; Bugat vermochte zwei Schlucke zu trinken, er lächelte schwach.
– Gut, was? sagte er.
– Ja, bestätigte Noack, aber jetzt denk' an was anderes und ruh' dich aus, wenn du davonkommen willst.
Die Kolonne nahm ihre Toten und Verwundeten auf und setzte ihren Rückmarsch zum Zug fort. Die leere Doppelflasche blieb unter dem Baum liegen. Bugat warf ihr einen langen, bedauernden Blick zu, als er zum Panzerzug abtransportiert wurde.

An der Spitze der Kolonne berieten die drei Offiziere über Bugat's Los. Müssen sie den Legionär dem Kriegsgericht überantworten oder nicht? Raphanaud war der Meinung, Bugat's Heldentat und Hastarran's Tod seien eine hinreichende Sühne. Für Noack bedeutete die Qualität des Champagners ein Argument zugunsten des Verwundeten.
Als die Legionäre beim Zug anlangten, war Bugat's Schicksal geregelt. Die Sache wurde vertuscht. Sie blieb für alle nur noch eine Anekdote. Eine mehr unter den kleinen Anekdoten, die die große Geschichte der Fremdenlegion ausmachen.

22.

9. August 1950. Einundzwanzigster Monat des aufreibenden Kampfes um die Freihaltung der Schienenwege. Der Panzerzug befand sich im Abschnitt Phan-Ri. Die Bahnlinie verlief etwa zehn Kilometer vom Hafen entfernt, aber dank einem geringen Höhenunterschied konnte man zeitweise das Meer sehen. Es war früh am Morgen, die Hitze drückend, der Himmel wolkenlos.
Vom Dach eines Waggons aus hielt captaine Raphanaud, den Karabiner in der Hand, Ausschau nach etwas Jagbarem. In der Ferne, von der Küste herankommend, sah er einen schwarzen Punkt, der

allmählich größer wurde. Raphanaud griff zum Feldstecher: ein *Morane*-Aufklärer schien direkt auf sie zuzufliegen. Das war nicht weiter erstaunlich, die Flieger kannten den Panzerzug und versäumten nie, ihn zu begrüßen, wenn sie in seinen Sektor kamen. Nach wenigen Minuten überflog die Maschine den Zug knapp über den Waggons. Raphanaud konnte die beiden Männer in der Pilotenkanzel genau erkennen. Instinktiv hob er grüßend den Arm. Das Flugzeug stieg wieder höher, drehte weit vor dem Zug über den Flügel ab und flog wieder dem Gleis entlang, diesmal in entgegengesetzter Richtung auf den Zug zu. In einer Entfernung von fünf- oder sechshundert Metern begann es, »mit den Flügeln zu wackeln«, zum Zeichen, daß Funkkontakt gewünscht wurde.

Raphanaud verließ sofort seinen Beobachtungsposten und eilte zum Funkwagen. Als er dort ankam, wurde die Funkverbindung mit der *Morane* aufgenommen. Der Aufklärer meldete, eine verdächtige Dschunke überflogen zu haben, die in Höhe von Tang-Phu wieder auf's offene Meer hinausgefahren sei. Außerdem habe er am Strand, bis hin zum Waldsaum, Spuren einer Landung in Richtung Tuan-Giao ausgemacht. Wahrscheinlich wurde hier eine Viet-Gruppe vom Meer aus versorgt und transportierte die erhaltene Ladung gerade in einen Abschnitt zwischen der Küste und der gegenwärtigen Position des Panzerzuges. Raphanaud war sich bewußt, daß er von dem Aufklärungsflugzeug keine weitere Hilfe erwarten konnte. Die Viets befanden sich im Wald und es war unmöglich, sie aus der Luft aufzuspüren. Dem capitaine blieb nur übrig, ihre ungefähre Position aufgrund der Angaben des Aufklärers zu erahnen. Die wichtigste dieser Angaben war die Schätzung der *Morane* über die jetzige Position der Dschunke und der Zeit, die diese von der Küste bis dorthin gebraucht hatte: in der Tat war es so gut wie sicher, daß Viets und Dschunke sich zu gleicher Zeit in entgegengesetzte Richtungen auf ihren Weg gemacht hatten.

Raphanaud hatte den Zug stoppen lassen. Er studierte die Karte, versuchte, sich in die Lage des Gegners zu versetzen und den Bestimmungsort des Transports zu erraten. Er fand sechs mögliche und logische Wege von dem Punkt aus, an dem sich die Spuren verloren hatten. Der capitaine stellte sechs Gruppen von je zehn Mann zusammen. Er selbst übernahm eine, Noack eine zweite, Parsianni eine dritte, die andern wurden von drei sergent-chefs geführt. Lehiat sollte zurückbleiben, um den Schutz des Zuges sicherzustellen.

Die Gruppen sollten vom Zug aus fächerförmig ausschwärmen; der Abstand zwischen ihnen würde sich so im Laufe ihres Vorgehens vergrößern. Aber wenn es einer der Gruppen gelänge, den Feind aufzuspüren, so mußte das nach Raphanaud's Berechnungen vor Ablauf von zwei Marschstunden geschehen. Die Entfernung zwischen den Gruppen würde dann zwei Kilometer nicht überschreiten. Sie könnten deshalb derjenigen Gruppe, die Feindberührung hätte, sofort zu Hilfe kommen. Im übrigen, selbst wenn der Feind stark sein sollte, mußte er schwer beladen und in seiner Verteidigung durch den Überraschungseffekt behindert sein.

An der Spitze seiner Gruppe bewegte sich adjudant Parsianni vorsichtig wie ein Jäger. Er war von der Gegenwart des Feindes überzeugt und erwartete jede Sekunde sein Auftauchen. Er trug seine Maschinenpistole schußbereit, den Finger am Abzug. Hinter jedem Baum, an dem er vorbeiging, bei jedem Hügel, den er erklomm, war er darauf gefaßt, der Viet-Kolonne gegenüberzustehen.
Was sich tatsächlich ereignete, hatte er sich nicht vorgestellt; er hätte es nie zu hoffen gewagt.
Als er vom Gipfel eines belaubten Hügels einen vorsichtigen Blick auf den jenseitigen Hang warf, entdeckte er, weit voraus, seine Beute. An die hundert Mann, meistens Kulis, beladen mit umfangreichen Lasten, die sie an Tragstangen oder auf dem Kopf balancierten.
Parsianni hatte seiner Gruppe ein Zeichen gegeben, bewegungslos am Boden zu verharren. An seinem im Laub versteckten Platz konnte er nicht gesehen werden. In aller Ruhe konnte er die feindliche Truppe durch den Feldstecher beobachten und ihre wirkliche Kampfkraft abschätzen. Die Viets waren im Begriff, einen nahezu ausgetrockneten Wasserlauf zu überqueren. An der Spitze bemerkte Parsianni zwei Soldaten, die ein MG trugen; etwa fünfzehn Bewaffnete, geschickt entlang der Kolonne verteilt, sorgten für den Schutz der Kulis.
Ohne Überraschung stellte der Unteroffizier nun fest, daß die Viets geradewegs auf seine Gruppe zumarschierten. Die Zeit, die die schwerfällige Kolonne für die drei- oder vierhundert Meter bis zu den Legionären benötigte, würde genügen, einen Hinterhalt anzulegen,

der dem Feind keinerlei Chancen ließ. Schweigend, sich nur mit Handbewegungen verständlich machend, teilte Parsianni seine Männer ein, so daß ihr Ring eine ausweglose Falle bildeten.

Er selbst ging hinter einem dicken Baumstamm in Stellung. In wenigen Minuten würden sich die Viets im Zentrum eines Kreuzfeuers befinden.

Parsianni hatte nicht mit der schnellen Reaktion der Viets gerechnet. Die ersten Schüsse streckten die Maschinengewehrträger nieder, aber die übrigen Bewaffneten bemächtigten sich des Maschinengewehrs, während die Kulis mit überraschender Geschwindigkeit ihre Kisten zu einem Schutzwall aufeinanderstapelten.

In Blitzesschnelle war das MG in Stellung gebracht und ein Feuer eröffnet, das zwar keine Gefahr für die Legionäre bedeutete, sie aber erheblich behinderte.

Hinter seinem Baum befand sich Parsianni nur wenige Meter von der improvisierten Deckung der Viets. Sie hatten ihn nicht bemerkt und ihr Feuer ging nicht in seine Richtung. Das Problem schien ihm einfach. Wenn er von seiner Stellung aus eine Handgranate warf, konnte er sein Ziel nicht verfehlen. Auf alle Fälle würde er, gleichzeitig mit dem Wurf, auf den Viet-Unterstand zuspringen und Zeit haben, eine zweite Granate abzuziehen, ehe sie dazu kämen, das MG in seine Richtung zu drehen.

Gelassen zog Parsianni seine erste Granate ab und warf sie sicher und präzise. Sie fiel hinter die Barrikade der Viets. Und der Unteroffizier stürzte vor. Nach zwei großen, schnellen Sätzen schleuderte er die zweite Granate: sie fiel direkt vor das feindliche MG, nur wenige Zentimeter von ihrer Vorgängerin entfernt.

Sechs der zehn Mann seiner Gruppe hatten den Vorgang beobachtet, ohne daß ihnen das geringste Detail entging. Erste Granate im Ziel. Parsiannis Sprung. Zweite Granate im Ziel. Ein einfaches, tadellos ausgeführtes Manöver. Und dennoch hatten die Viets ihr MG gegen den Unteroffizier umgedreht und ihn aus nächster Nähe mit Dauerfeuer niedergestreckt.

Nachdem das feindliche Maschinengewehr nicht mehr auf sie gerichtet war, stürzten die Legionäre vorwärts, deckten ihrerseits die Viet-Schützen mit Kugeln ein und vernichteten das Zentrum des feindlichen Widerstandes. Die meisten Kulis ergaben sich, indem sie die Hände hoben und auf die Knie fielen. Nur ein paar Verwegene suchten ihr Heil in der Flucht, zusammen mit den restlichen Soldaten, die verzweifelt über das freie Gelände zum Wasserlauf rannten. Nicht einer gelangte dorthin; einer nach dem andern wurden sie von den Legionären abgeschossen, die sich Zeit lassen konnten, nach jedem Schuß wieder sorgfältig zu zielen.

Vom Gefechtslärm alarmiert, kam die Gruppe Raphanaud im Laufschritt heran.

Keuchend und schweißüberströmt suchte sich der captaine ein Bild des Kampfverlaufes zu machen; die Gefangenen, ihre hier und da verstreuten Lasten, die Leichen der Geflohenen auf dem Hang bis hin zum trockenen Flußbett. Schließlich warf er einen Blick in die Runde auf die Männer der Gruppe Parsianni, in deren Gesichtern er die auf einen Kampf folgende Erregung zu lesen erwartete.

Was er sah, war eine Mischung von Bestürzung und Trauer. Instinktiv suchte Raphanaud nach Parsianni. Und nun entdeckte er ihn.

Ein Legionär war auf seinen Leichnam gestoßen. Der adjudant lag auf dem Rücken, die weit aufgerissenen Augen schienen noch immer die Verwunderung wiederzuspiegeln, die er im Moment seines Todes empfunden hatte. Ein caporal trat auf Raphanaud zu und sagte nur:

–Mon capitaine, seine Augen. Ich dachte, Sie wollen sie lieber selbst schließen.

Raphanaud machte eine vage Kopfbewegung. Er drückte dem caporal zum Dank die Schulter und kniete neben der Leiche seines Kameraden nieder. Er schloß ihm die Augen, riß ihm die Erkennungsmarke vom Hals und betrachtete lange die Gesichtszüge seines Freundes.

Als er sich wieder aufrichtete, war sein Schmerz dem Zorn gewichen. Er brüllte:

–Was ist hier vorgegangen, Herrgott nochmal? Ihr glotzt mich alle an wie die Idioten! Keiner von euch hat auch nur einen Kratzer, und euer Chef hat aus nächster Nähe drei MG-Magazine in den Leib bekommen!

Bijker, ein Holländer, antwortete betont ruhig.

–Er hat zwei Handgranaten geschmissen, mon capitaine, aber sie sind nicht explodiert.

–Was ist das für ein Blödsinn?

232

Mehrere Männer bestätigten Bijker's Darstellung. Die Tatsache war nicht anzuzweifeln.

Raphanaud verstand nicht. Es kam häufig vor, daß eine Gewehrpatrone wegen Feuchtigkeit versagte, aber bei einer Handgranate hatte man das noch nie erlebt.

– Wohin sind diese Granaten gefallen? fragte Raphanaud.

– Direkt unter die Toten da, vor dem Viet-MG, mon capitaine, erklärte Bijker. Der adjudant befand sich hinter dem Baum da, und das MG schoß auf uns. Die Sache konnte gar nicht schiefgehen.

Raphanaud hörte ihm nicht mehr zu. Wütend schob er die Leichen der Viets zur Seite, um eine Erklärung zu suchen. Er sollte sie finden.

Die Handgranaten waren zwar explodiert, aber sie enthielten nur ganz wenig Pulver; gerade genug, um sie aufbrechen und eine Vielzahl von Mini-Flugblättern – groß wie die Oberfläche einer Streichholzschachtel – herausflattern zu lassen.

Auf einer Seite der Blättchen war in blau-weiß-roten Buchstaben zu lesen: *Friede für Indochina;* auf der andern sah man die Witzblattfigur eines dümmlich grinsenden französischen Soldaten, der einem lächelnden Asiaten die Hand drückte. Auf dem Rand stand in winzigem Druck: *Geschenk der Union des Femmes Françaises.*[11]

Erstaunlicherweise schien der capitaine plötzlich nicht mehr zornig zu sein. Er hatte eine Handvoll der kleinen Flugblätter aufgesammelt. Wie blind starrte er darauf. Dann öffnete er die Hand, ließ die Blättchen zu Boden flattern und erklärte mit eintöniger Stimme:

– Deshalb bist du also gestorben, mein armer Parsianni! Weil eine Bande gedankenloser Kühe als Freizeitsport die Menschheitsreform betreibt. Französinnen haben dich umgebracht, im Namen der großen Prinzipien und edlen Gefühle. Friede deiner Seele, mein alter Parsianni – gebe Gott, daß wenigstens eine dieser Menschheitsbeglückerinnen eines Tages erfährt, wie du gestorben bist.

[11] Linksorientierte Frauenorganisation.

23.

Kurz nach der infernalischen Jagd auf Ho Schi Minh durch das Kommando Mattei erklärten die Nachrichtendienste, die Spur des Rebellenchefs wiedergefunden zu haben: der Viet-minh-Generalstab habe sich nach Bac-Kan, in der Nähe der chinesischen Grenze, geflüchtet, in den gebirgigen Dschungel von Ober-Tongking, den die französischen Truppen noch nicht zurückerobert hatten.

Das Oberkommando reagierte unverzüglich. In wenigen Stunden vereinigte die Operation »Léa« für eine Blitzaktion alle in Tongking verfügbaren Fallschirmjägereinheiten. Mehrere Kompanien sollten über Bac-Kan abspringen; Kommandos sollten strategische Punkte in einem Umkreis von fünfzig Kilometern um den tongkinesischen Marktflecken besetzen, mit dem Auftrag, gegebenenfalls die Flüchtlinge abzufangen.

Dem spektakulären Unternehmen »Léa« war nicht mehr Erfolg beschieden als dem Kommando Mattei. Aber wenn »Onkel Ho« auch unsichtbar blieb, so waren doch die Berichte der Fallschirmjäger von überschäumendem Optimismus. Sie bewegten sich ohne Schwierigkeiten auf der R.C.3, der Kolonialstraße No. 3, die den Marktflecken Bac-Kan mit dem Straßenschnittpunkt Cao-Bang verband. Sie fanden auch keinen Widerstand auf der R.C.4, der Kolonialstraße No. 4, die von Lang-Son nach Cao-Bang die Hauptpeinfallstraße nach Ober-Tongking bildete. Sie fühlten sich in der Lage, die wichtigsten Städte Ober-Tongkings zurückzuerobern: Cao-Bang, Dong-Khé, That-Khé, Lang-Son. Die Bezeichnung Städte war Übertreibung, denn die meisten von ihnen – vor allem Cao-Bang – lagen in Trümmern. Aber das machte nichts aus; schon ihre Belegung mit französischen Garnisonen würde es nach Meinung des Oberkommandos ermöglichen, ganz Ober-Tongking zu kontrollieren und den Verkehr auf den Kolonialstraßen 3 und 4 wieder in Gang zu bringen.

Am 6. August 1947 erging der Befehl, das im Raume von Hanoi bis Haiphong verstreute 3. Étranger in Lang-Son zusammenzuziehen. Diese Stadt war die Schlüsselposition für die R.C.4. Die 4. Kompanie war eine der ersten, die am Sammelpunkt eintraf. Zwei Tage Ruhe wurden ihr dort bewilligt.

Mattei hatte gerade seine dritte Offizierstresse bekommen. Aus

Aberglauben lehnte er es ab, sein Käppi zu wechseln: Eine strahlende Goldborte glänzte über den beiden abgegriffenen und ausgeblichenen Oberleutnantsstreifen. Kaum in Lang-Son angekommen, versuchte der frischgebackene Hauptmann, etwas über seine künftige Aufgabe in Erfahrung zu bringen. Er erfuhr aber nichts, außer daß es sich um eine längerdauernde Mission handeln werde. Seine Männer hatten ganz andre Sorgen. Ihre Wege führten sie, wie nicht anders zu erwarten, schließlich alle ins örtliche Bordell. Manche verließen es erst wieder nach achtundvierzig Stunden und trafen nur wenige Minuten vor dem Abmarsch bei ihrer Einheit ein. Andere lebten weniger in den Tag hinein und trafen für alle Fälle Vorsichtsmaßnahmen. So war es bei Ickewitz und Fernandez. Ein Gedanke beherrschte sie: was wird morgen sein? Was in kurzen Worten bedeutete: Was werden wir zu saufen vorfinden, da wo man uns hinschickt? Die beiden Legionäre fürchteten, sich in einem verlorenen Nest wiederzufinden, wo es für ihren Durst nur ein paar lächerliche Flaschen lauwarmen Bieres gäbe. Dagegen hier, in Lang-Son, fehlte es nicht an Alkohol ....

Gegen 10 Uhr abends saßen Ickewitz und Fernandez in einer der fünf oder sechs Kneipen, zwischen denen sie seit Stunden hin- und herpendelten. Zum hundertsten Male käute Ickewitz seine fixe Idee wieder:
–Man muß was unternehmen, Fernandez. Wir müssen Schnaps finden, ganze Fässer voll, sonst gehen wir ein.
–Du fällst mir auf den Wecker! Wo sollen wir wohl Fässer finden? Und selbst wenn, wo sollten wir die denn verstauen?
–Ich glaub', ich hab' ne Idee.
Seine Ideen beschränkte Ickewitz auf Alkohol und auf Wege zu dessen Beschaffung. Deshalb spitzte Fernandez die Ohren:
–Es müssen Bezinkanister her! Benzinkanister fallen nicht auf; man kann mit Leichtigkeit fünf oder sechs unter den LKW-Sitzbänken verstauen.
–Also erstens stinken Benzinkanister nach Benzin; zweitens muß man erstmal finden, was man reinfüllt; und drittens, Benzinkanister, wo soll man die auftreiben?
–Benzinkanister? An jedem Jeep ist hinten einer angeschnallt.

−Allerdings, und die Jeeps, die gehören den colonels.

−Na und? die colonels, die rennen nicht so schnell.

−Die rennen vielleicht nicht schnell, aber die kennen die Uniformen. Und wenn man ihnen einen Jeep klaut, dann machen sie Inspektionen und Fernandez und Ickewitz finden sich im Loch wieder!

−Wenn der colonel Uniformen erkennt, sollte er am besten die von der Coloniale erkennen. Und wenn er die Coloniale inspiziert, dann sind Fernandez und Ickewitz weit vom Schuß und haben ihren Schnaps in Sicherheit.

Diesmal wurde Fernandez schwach. Vom genossenen Alkohol mutig geworden, begann er zu glauben, daß der Plan des Ungarn vielleicht durchführbar sei.

−Wir müssen Clary finden, erklärte er.

Jeder Mann im Bataillon wußte, daß Clary ein geniales System zur Aufrundung seines Wehrsoldes entwickelt hatte. Er hatte sich − Gott weiß wo und wie − einige Uniformen der Coloniale besorgt, die er ständig in seinem Troßgepäck mitführte. Gegen mäßiges Entgelt vermietete er diese Uniformen an Legionäre, die Ausgang hatten und Wert darauf legten, bei gewissen nächtlichen Unternehmungen ihr Inkognito zu wahren.

−Wo kann Clary nach deiner Meinung sein? fragte Ickewitz.

Fernandez zuckte verächtlich die Schultern.

−In der Kirche mal sicher nicht!

−Im Puff?

−Natürlich, im Amorpalast.

Die zwei Kumpane warfen ein Geldstück auf den Tisch und begaben sich leicht schwankend zum Ausgang. Wie erwartet, trafen sie Clary im Bordell. Er war zwar nicht gerade nüchtern, aber doch weit weniger betrunken als Ickewitz und Fernandez.

Die beiden erklärten ihr Anliegen mit der Miene von Verschwörern. Clary witterte sofort eine krumme Tour, das heißt ein gutes Geschäft.

−Ihr müßt verstehen, sagte er, hier ist nicht Hanoi, so 'ne Dummheit kann in Teufels Küche führen.

−Und wenn? Du riskierst doch nichts! Du weißt genau, daß wir dich auf keinen Fall verpfeifen.

236

–Ihr seid wirklich witzig, jeder in der Kompanie weiß doch, daß diese Uniformen mir gehören! Selbst der Alte (capitaine Mattei, der jünger war als Clary) ist im Bilde!

–Worauf willst du hinaus, Clary? Diese Teppichhändlermethoden sind doch sonst nicht deine Art.

Nun bekannte Clary Farbe.

–Ich sage, wenn ihr heut' abend die Klamotten von der Coloniale braucht, dann habt ihr eine runde Sache vor. Und wenn ihr eine runde Sache vorhabt, dann seh' ich nicht ein, warum ich nicht mit von der Partie sein soll, denn Klamotten, die hab' ich für drei.

Fernandez lenkte ein.

–Das hättest du doch gleich sagen können, Antoine. Natürlich kannst du mitmachen. Also. Nach allem, was man so hört, wird nicht allzuviel los sein, da wo wir morgen hinsollen. Und ich und der Ungar, wir wollen deswegen einen kleinen Schnapsvorrat anlegen, das ist alles.

Clary's Gesicht leuchtete auf.

–Ihr seid vorsorgliche Leute! Ein Hoch auf eure Hirnwindungen! Habt ihr einen Plan?

–Und was für einen! Zuerst organisieren wir einen Jeep, dann grasen wir die Stadt ab und sammeln soviel Benzinkanister wie wir finden können; und dann haben wir eine Kneipe entdeckt, in der wir noch nicht gewesen sind.

–Erstaunlich! unterbrach Clary.

–Schnauze! Da gehen wir rein und fragen den Wirt recht freundlich, wo er seinen Reisschnaps herbezieht. Alle Wirte in der Stadt haben denselben. Sie decken sich also sicher alle an der gleichen Stelle ein, man muß bloß rausbringen, wo das ist.

–Und wenn der Kneipenwirt sich weigert, zu reden?

–Wenn man sehr, sehr höflich und sehr, sehr liebenswürdig ist, weigert er sich sicher nicht.

Unsicheren Schrittes begaben sie sich nun zu dritt in ihre provisorische Unterkunft. Aus einem Seesack holte Clary die Uniformen der Coloniale. Ickewitz konnte sich zwar in der ihm zugeteilten Jacke kaum rühren, aber alles in allem sah er doch recht präsentabel aus.

Auf dem Kopf die blauen Schiffchen der Coloniale, schlenderten die drei Legionäre durch die Straßen, bis sie vor einem blitzenden Jeep in der Nähe des Hauptquartiers wie angewurzelt stehenblieben. Clary war der einzige, der leichte Bedenken anmeldete. Zugegebenermaßen war er von den dreien am wenigsten betrunken, aber er hatte nur gerade noch Zeit, hinten aufzuspringen; Fernandez ließ bereits die Kupplung schnappen und raste mit quietschenden Reifen los.
– Bei dem Pflegezustand kannst du sicher sein, daß es nicht der Jeep von irgend jemand ist; ließ sich Clary vernehmen.
– Halt die Schnauze, das ist doch scheißegal! entschied Ickewitz. Was wir jetzt brauchen, sind die Kanister.
In einer Viertelstunde konnten mit Leichtigkeit sechs Benzinkanister eingesammelt werden von Wagen, die zufällig am Wege standen.
Es war beinahe Mitternacht, als die drei Legionäre in ihrem Jeep die Kneipe ansteuerten.
Der chinesische Wirt war gerade im Begriff, zu schließen, aber die Uniformen der Coloniale, die Unteroffizierstressen auf Clary's Ärmel und der gepflegte Jeep wiegten ihn in Sicherheit. Er begrüßte die drei Männer mit ausgesuchter Höflichkeit.
– Drei Schnäpse, bestellte Ickewitz.
Der Chinese beeilte sich, die Soldaten zu bedienen.
– Sag mal, mein Guter, der colonel Dupuis, unser großer Chef, würde gerne hundert Liter von diesem ausgezeichneten Branntwein erwerben. Könntest du uns die Stelle angeben, wo du ihn beziehst?
– Gewiß doch, meine Herren. Sagen Sie Ihrem colonel, er möge sich morgen früh hierher bemühen, dann werde ich ihn zu der Brennerei führen lassen.
– Es geht nicht um morgen, es geht um jetzt gleich.
Der Chinese lächelte höflich.
– Das ist leider unmöglich, es ist außerhalb der Stadt, es sind Patrouillen unterwegs und um diese Zeit ist niemand in der Brennerei.
– Das laß nur unsre Sorge sein, sagte Ickewitz, dem es langsam zu dumm wurde. Mach' deine Bude zu und führ' uns hin.
– Aber nicht doch, meine Herren, das ist doch nicht Ihr Ernst, man wird auf uns schießen.
Ickewitz gab dem Chinesen eine Ohrfeige, daß er umfiel.
– Du führst uns hin oder ich mach' dich kalt!
Clary und Fernandez hoben den Unglücklichen auf, zerrten ihn an den Armen ins Freie und warfen ihn ohne große Umstände in den

Jeep. Ickewitz ging inzwischen hinter die Theke, schnappte sich eine Flasche Branntwein, schlug ihr am Schanktisch den Hals ab, nahm einen kräftigen Schluck und erklärte:
– Das ist für unterwegs.

Trotz seines Rausches fuhr Fernandez absolut sicher. Er raste in die Richtung, die ihm der fassungslose Chinese angab.
Die Brennerei lag acht Kilometer von Lang-Son entfernt, an der Kommunalstraße 144 in Richtung Knon-Kuyen, daß heißt, höchstens zehn Kilometer vor der chinesischen Grenze.
Am Stadtrand wurde der Jeep von einer Thabor-Patrouille[15] gestoppt.
Fernandez ließ sich nicht einschüchtern. Er erklärte:
– Technischer Informationsauftrag für General Dupuis.
Der marokkanische caporal sprach kein Französisch. Er gab zu verstehen, daß er keine speziellen Anweisungen habe und daß die Weiterfahrt verboten sei.
Fernandez geriet außer sich. Schreiend beschimpfte er den Patrouillenführer, unter ständiger Wiederholung der Worte »Jeep«, »General« (den einzigen, die der Marokkaner begreifen mußte). Sobald Fernandez sah, daß der Posten anfing, unsicher zu werden, legte er den Gang ein und brauste davon, die verblüffte Patrouille hinter sich lassend. Die Legionäre rechneten damit, beschossen zu werden, aber es passierte gar nichts; der marokkanische caporal hatte sich offensichtlich von Fernandez' aggressiver Sicherheit beeindrucken lassen.
– Den werden sie ganz hübsch einlochen, den Ben Ali! bemerkte Ickewitz heiter.
– Da kannst du recht haben, antwortete Fernandez, aber es wird besser sein, wenn wir auf einem andern Weg zurückfahren. Denn bis dahin dürften sie sicher aufgewacht sein.
Der aus Erde und Steinen gestampfte Weg war voller Hindernisse und Schlaglöcher. Gegen jede Vernunft fuhr Fernandez im dritten Gang und mit durchgetretenem Gaspedal.
Der Jeep machte regelrechte Sprünge und raste mit aufgeblendeten Scheinwerfern dahin.

[15] Aus längerdienenden Marokkanern bestehendes Bataillon.

Der Chinese hatte nicht gelogen, die Brennerei befand sich tatsächlich an der Stelle, die er bezeichnet hatte. Sie war nur von einem schläfrigen Greis bewacht, der auf der Stelle überwältigt wurde. Die drei Legionäre entdeckten einen Bottich voll Branntwein, den sie mit dem Beil aufschlugen. Dann spülten sie die Benzinkanister mehrmals aus, wobei sie jedes Mal schnuppernd prüften, ob der Benzingeruch schwächer geworden war.

Schließlich füllten sie die sechs Zwanzig-Liter-Behälter, verschlossen sie sorgfältig und machten sich auf den Rückweg; den Rest des Bottichs ließen sie auf den Boden laufen.

Fernandez fuhr jetzt vorsichtiger und ohne Licht. Es war damit zu rechnen, daß bereits eine Patrouille nach ihnen ausgeschickt worden war. Einen Kilometer vor der Stadt wich er vom Weg ab und fuhr den Jeep in den Wald. Das Fahrzeug kam noch etwa hundert Meter voran, bis es endgültig im Unterholz steckenblieb. Ickewitz band den Chinesen an die Stoßstange; die drei Legionäre ergriffen jeder zwei der schweren Kanister, um sich quer durch den Wald nach Lang-Son aufzumachen.

Einer plötzlichen Eingebung folgend, drehte sich Clary zu dem gefesselten Chinesen um und rief drohend:

– Hör' mir gut zu! Wenn man dich vernimmt, sagst du, es waren Legionäre. Versteh' mich richtig: wir hatten alle drei weiße Käppis, keine Schiffchen. Wenn du uns verpfeifst, kommen wir wieder und machen dich kalt.

– Ja, ja, stammelte der Wirt, zu jedem Schwur bereit. Legionäre, ich werde sagen, Sie waren Legionäre.

Sobald sie außer Hörweite des Chinesen waren, zollte Fernandez als Fachmann Clary's Raffinesse seine Anerkennung. Er meldete allerdings ein Bedenken an:

– Und wenn er das Spiel mitspielt? Und wenn er wirklich angibt, wir hätten Legionsuniform getragen?

– Das macht der nie. Und dann vergißt du die Thabors und den Alten in der Brennerei. Auf alle Fälle, da kannst du beruhigt sein, spätestens nach der ersten Abreibung fällt der doch um, und dadurch wird unser Alibi nur noch sicherer.

Sobald sie aus dem Wald herauskamen und die ersten Häuser von Lang-Son in Sicht kamen, zogen die drei Legionäre ihre Stiefel aus und hängten sie sich um den Hals. Offensichtlich war Alarm gegeben worden und Patrouillen kämmten alle Gassen durch.

– Das wird kein Zuckerlecken, flüsterte Clary, da ist offensichtlich der Teufel los.

– Du hast recht, wir trennen uns besser; Treffpunkt am LKW!

Gewohnheit und Training machten es den drei Männern möglich, trotz ihrer Lasten durch die Maschen zu schlüpfen und den Patrouillen zu entwischen, die nach ihnen suchten. Sie trafen praktisch gleichzeitig am LKW ihres Zuges ein, versteckten die Schnapskanister unter den Sitzbänken und kehrten in ihre Unterkunft zurück. Die Uniformen der Coloniale verschwanden wieder in Clary's Seesack und die drei Komplizen legten sich in ihre Feldbetten.

Es war fast vier Uhr morgens, eine Stunde vor dem Wecken.

Während die drei Säufer in alkoholschwerem Schlaf lagen, wurde die ganze Stadt auf den Kopf gestellt. Colonel V., der Abschnittskommandeur und Besitzer des gestohlenen Jeeps, hatte, unterstützt von mehreren seiner Offiziere, die Leitung der Operationen selbst in die Hand genommen und betrieb die Untersuchung mit wütendem Zorn.

Der Jeep und der Chinese waren schnell gefunden. Und wie Clary vorausgesagt hatte, erzählte der Mann alles, was er wußte, einschließlich der letzten Drohworte.

– Ich mußte schwören, zu lügen, mon colonel. Sie haben mich schwören lassen, zu sagen, daß sie Legionsuniform getragen hätten. Aber das stimmt nicht, sie waren Soldaten der Coloniale und trugen blaue Schiffchen. Sie sagten, sie würden mich umbringen, wenn ich die Wahrheit ausplaudere, aber ich bin der französischen Armee treu und ich bin sicher, daß Sie sie finden und sie daran hindern, ihre Drohung wahrzumachen.

Colonel V. fühlte sich irritiert. Die Erklärungen des Chinesen waren nicht anzuzweifeln. Sie deckten sich mit den andern Zeugenaussagen und bewiesen eindeutig, daß die Tat von Männern seines Bataillons begangen worden war.

Noch in der Nacht fanden Durchsuchungen statt. Nur die Einheiten der Fremdenlegion blieben davon ausgenommen, da sie außer Verdacht standen.

Allgemeines Antreten fand um 6 Uhr 30 statt. Die ganze Haupt-
straße von Lang-Son entlang war jeder Zug der Legion, Gewehr bei
Fuß, vor dem Fahrzeug angetreten, das ihm bei der Abfahrt aus
Hanoi zugeteilt worden war.

Colonel V. befehligte den Konvoi. Er war ein hochmütiger Offizier mit arrogantem Benehmen; groß und schlank, trug er mit Eleganz eine bemerkenswert gut geschnittene Uniform. Am Tag zuvor
hatte er sich capitaine Mattei vorstellen lassen und ihn für die
morgige Fahrt auf der R.C.4 in Richtung Cao-Bang in seinen Jeep
(den besagten Jeep) eingeladen.

Von der ersten Sekunde an war er Mattei zutiefst unsympathisch.
Umgekehrt legte der colonel, der von den Waffentaten des Legionsoffiziers in Kotschinchina gehört hatte, ihm gegenüber eine herab-
lassende Freundlichkeit an den Tag, die Mattei auf die Nerven
ging. Dennoch meldete er sich bei colonel V. höflich lächelnd
kurz vor der festgesetzten Abfahrtszeit.

–Haben Sie von den Ereignissen der Nacht gehört? fragte der
colonel.

–Nein, mon colonel, etwas Schwerwiegendes?

–Keineswegs, aber es ist ärgerlich. Drei Schurken haben meinen
Jeep gestohlen und eine Branntweinbrennerei ausgeplündert, nachdem sie zwei Eingeborene mißhandelt hatten. Wir haben einen Teil
der Nacht mit Nachforschungen und Durchsuchungen verbracht, um
ihre Beute wieder in die Hand zu bekommen.

–Sie hatten Erfolg, wie ich annehme?

–Nein. Die Banditen laufen noch immer frei herum, aber ich bleibe
zuversichtlich, wir werden sie schon fassen und, glauben Sie mir,
sie werden vor's Kriegsgericht kommen.

–Es überrascht mich, mon colonel, von diesem Zwischenfall erst
jetzt zu erfahren. Ich habe nichts davon gehört, daß die Männer
meiner Kompanie heute nacht durch eine Durchsuchung gestört worden seien.

–Sie sind außer Verdacht. Die Untersuchung, die ich selbst geleitet habe, ergab eindeutig, daß es sich um Elemente aus meinem Bataillon handelte.

Der colonel machte eine Pause. Dann, mit großartiger Geste:

–A propos, ich muß mich bei Ihnen für die Lumpen entschuldigen,
die zu meinem Bedauern in meiner Einheit dienen: meine Leute
haben versucht, die Verantwortung für ihre Tat auf die Legion ab-

zuwälzen, und das ist vielleicht das widerwärtigste an ihrem Verhalten.

–Ich danke Ihnen, mon colonel, antwortete Mattei. Wir Legionäre sind es gewöhnt, daß man uns alle Untaten unterschiebt. Das ist in der Armee schon Tradition. Sie werden zugeben, mon colonel, daß auch bei Ihnen selbst, hätten Sie nicht die unwiderleglichen Beweise unserer Unschuld in Händen gehabt, der erste Verdacht auf uns gefallen wäre.

Ganz Grandsigneur, räumte colonel V. ein:

–Ich gebe es zu.

Und Ihr Verdacht, mon colonel, hätte mich in schreckliche Verlegenheit gebracht. Denn ich kenne alle Männer meiner Kompanie und weiß, daß keiner von ihnen einer solchen Schurkerei fähig ist. Nur, Sie wären nicht verpflichtet gewesen, es zu glauben, und darunter hätten unsre Beziehungen gelitten.

–Gott sei Dank ist das nicht der Fall, erwiderte colonel V. höflich.

–Gott sei Dank, pflichtete Mattei bei und verabschiedete sich.

Colonel V. entfernte sich mit großen Schritten, während Mattei, die Hände in den Taschen, ganz langsam zu den Fahrzeugen seiner Kompanie schlenderte. Bei Fernandez blieb er stehen. Der Legionär nahm Haltung an; er war frisch rasiert, sauber und ungezwungen heiter. Keine Spur eines Katers war auf seinem Gesicht zu sehen.

–Rühren, befahl Mattei und fuhr in beiläufigem Ton fort, die Hände immer noch in den Taschen: ich kenne unsern genauen Bestimmungsort nicht, aber ich verlange, daß du mir sofort nach unsrer Ankunft – bis zum letzten Tropfen – die hundertzwanzig Liter Schnaps ablieferst, die du heute nacht gestohlen hast. Den Fusel werde ich wohlweislich selbst verteilen, und du kannst mir glauben, der wird teuer sein. Wegen eures Blödsinns habe ich eine Schau abziehen müssen, die mir noch jahrelang im Halse steckenbleiben wird. Und was dem Faß die Krone ins Gesicht setzt: ihr Idioten habt an dem Jeep einen Stoßdämpfer zusammengefahren, und ich kann mir jetzt den ganzen Weg über den Hintern abstoßen!

24

Trillerpfeifen, Befehlsgebrüll, Waffenklirren, Motorendonner: der
Konvoi setzte sich nach Cao-Bang in Bewegung.

An der Spitze der Kolonne fuhr, hinter einem Schützenpanzer, der
Jeep von colonel V. Der Offizier steuerte selbst. Neben ihm capitaine Mattei; auf den Rücksitzen ein Unteroffizier und ein caporal der Coloniale, die Waffe in der Hand, die Böschungen überwachend. Der Abschnitt schien ruhig. Schon in der vorangegangenen
Woche war colonel V. ohne jeden Zwischenfall von Lang-Son nach
Cao-Bang und zurück gefahren. Die Quintessenz dieser Erkundungs-
fahrt, zusammen mit dem, was er über die künftigen Absichten des
Oberkommandos wußte, faßte er in einem großartigen Exposé zusammen, vorgetragen im Ton eines protzigen Großgrundbesitzers,
der seine Ländereien vorführt.

Zu Anfang hörte Mattei den Darlegungen seines Vorgesetzten nur
mit halbem Ohr zu. Der capitaine ließ sich von den vertrauten Geräuschen des Konvois, von den Staubwolken hinter den Fahrzeugen
und den andauernden Stößen des Jeeps einlullen; er unterbrach
seinen Halbschlaf nur, um ab und zu Zeichen der Zustimmung
oder ein liebenswürdiges Blubbern von sich zu geben.

Die lange Kolonne rollte gleichmäßig dahin. Pro Stunde kam
man ungefähr fünfzehn Kilometer voran, die Sonne stieg höher und
die Hitze nahm zu. Ohne Halt fuhren die Wagen durch Dong-
Dang, Na-Cham, Lich-Son. Die Kolonnenspitze legte ungefähr fünfzig Kilometer zurück, ohne daß Mattei aus seinem wohligen Dösen
aufwachte.

Plötzlich wurde die Landschaft überwältigend schön. Am Ende der
gewundenen Straße sah der capitaine die Stützpfeiler der Mauern
von That-Khé und, hinter der Stadt, die ersten Gebirgsketten, die
kahlen Gipfel, die im Dunst verschwammen. Dichte Vegetation um-
schloß die Berge. Ihre Farbe war unbeschreiblich, ihre Ausdeh-
nung unvorstellbar. Ein wilder, undurchdringlicher Dschungel, an
die Felswände geschmiegt, soweit das Auge reichte. Nur ein endloser, gelblicher Grat ging wie ein Messerschnitt durch den majestätischen Block: die R.C.4, die beängstigende Straße, die sie erwartete.

– Hinreißend, nicht wahr, begeisterte sich der colonel. Ich hoffe, Sie

haben wie ich Sinn für das Märchenhafte gewisser Landschaften.
– Prächtig, stimmte Mattei zu, der mit einem Schlag hellwach war.

That-Khé lag hinter ihnen. Die Kolonne quälte sich nun zum Pass von Loung-Phai hinauf.
– Von hier ab, erklärte der colonel, werden wir Kilometerposten errichten. Feste Bastionen, jede zur Unterbringung von etwa zwanzig Mann. Die französische Fahne wird auf jedem Gipfel flattern. Die Posten werden die Sicherheit der Straße garantieren und gleichzeitig dem Feind unsre Präsenz demonstrieren. Und das, von Lang-Son bis Cao-Bang, und über Cao-Bang hinaus bis zur chinesischen Grenze.
Mattei war konsterniert. Er dachte: »Entweder ist dieser Mann total verrückt oder er ist der größte Idiot, den irgendeine Armee auf der Welt je gesehen hat!« Aber während er sich zusammenriß, um nicht seinen Widerspruch laut herauszubrüllen, machte er sich klar, daß dieser Plan nicht von dem höheren Offizier stammte, der ihn gerade erklärt hatte. Vielmehr war er zweifellos das Ergebnis einer Reihe von Generalstabsbesprechungen, von Entwürfen und Gegenentwürfen, von endlosen Konsultationen zwischen Paris, Saigon und Hanoi. Mit seinem Enthusiasmus bewies der colonel nur seine totale Unkenntnis des Guerillakrieges.
Alle Sinne des Legionsoffiziers waren nun gespannt. Er versuchte, die Gründe des Oberkommandos zu begreifen. Sie sich auszumalen, war nicht sehr schwer. Sie gedachten, die Städte und ihre Verbindungsstraßen zu besetzen. Damit glaubten sie, Ober-Tongking in der Hand zu haben. Natürlich verblieben dem Feind die Wälder, der Dschungel, die Gebirge und die einsamen, kleinen Dörfer. Aber, außerstande, die französischen Verbindungen zwischen den Zentren zu hemmen, würden die Viets nur in der Wildnis herumspringen und schließlich, paralysiert und besiegt, aufgeben. Gegen diese Strategie war nichts einzuwenden, sie klang logisch. Aber während die Landschaft vor seinen entsetzten Augen abrollte, versuchte er nun, sich in die Lage des Feindes zu versetzen.
Über kurz oder lang würden die Viets die uneingeschränkten Herren des Dschungels sein, der sich, über hundert Kilometer, an der Grenze zu China hinzog. China! Von dort konnten die Rebellen

alle Verpflegung, alle Waffen und alle Munition bekommen, die sie haben wollten. Dort würden sie eine Zuflucht finden, die ihnen jederzeit Schutz böte. Und an der Straße, auf der sich die motorisierte Kolonne heute ohne Schwierigkeit bewegte, könnte man bald die Sicherheit auf keinem einzigen Meter mehr garantieren. Die großen Zentren würden von der Umwelt abgeschnitten. Die Kilometerposten, diese berühmten Bastionen, die man errichten wollte, würden einer nach dem andern massakriert. Sofern nicht der Feind, ihrer Nutzlosigkeit gewiß, sie einfach links liegen ließe. Früher oder später würde diese Straße, auf der selbst der mittelmäßigste Bandit Karriere machen könnte, zu einer riesigen Falle werden. In diesem idealen Manövergelände würden die kleinen Viet-Minh-Soldaten, schlau, verschlagen und freiwillig wie sie waren, das Kriegshandwerk wirklich erlernen können. Aber welchen *shadow-partner* wird man ihnen zum Opfer bringen?

Mattei erwachte aus seinen Gedanken:

– Mon colonel, wissen Sie, ob schon feststeht, welche Einheiten diese Schutzposten besetzen sollen?

Lächelnd, und schon im voraus den erhofften Effekt genießend, antwortete der colonel:

– Das ist die Überraschung, die ich für Sie hatte. Diese Ehre wird der Fremdenlegion zufallen.

»Was die Überraschung anbetrifft, da sprechen wir uns später wieder«, dachte Mattei. Die Antwort war so selbstverständlich, daß er sich selbst wunderte, warum er gefragt hatte.

Nach einer Denkpause fing der capitaine wieder an:

– Ich sehe schon .... Ein Halbzug pro Posten, unter Führung eines sergent-chef. Ein paar Milizsoldaten. Sie werden Bauarbeiten machen. Später können sie von Zeit zu Zeit auf Patrouille gehen, um nicht einzurosten. Das reinste Herrenleben, gewissermaßen.

– Ja, ja, stimmte der colonel zu. Es wird vielleicht ein bißchen eintönig, aber die Ruhe kann Ihren Männern nicht schaden, nach ihren harten Kämpfen im Süden.

Mattei überlegte sich, dank welchem Wunder es ihm gelang, die Beherrschung nicht zu verlieren.

Dong-Khé, San-Khao, Nam-Nang, Khuoi-Nam. Jede Kurve, jede Anhöhe, jeder Brückenpfeiler bot sich für einen Hinterhalt an. Mattei überlegte sich, wieviel Mann seiner Kompanie er brauchen würde, um den Konvoi von hundert Fahrzeugen zu vernichten, an

dessen Spitze er dahinrollte. Bei guter Planung genügten zwanzig seiner Legionäre. Er beobachtete den Schützenpanzer, der dem Jeep vorausfuhr, malte sich die gut plazierte Panzerfaust-Rakete aus, die ihn bewegungsunfähig machen und die ganze Kolonne hinter ihm blockieren würde (die Straße hatte nur eine Fahrbahn). Dann die Geschoßgarben der Maschinengewehre, die Werfergranaten, die auf der Straße mitten unter den aufgescheuchten Soldaten ankämen, die außerstande sein würden, ihren Gegner auszumachen. Er sah die Verwundeten, die Sterbenden, die in der allgemeinen Panik einen Unterschlupf suchten, der ihnen Schutz gegen das wütende Feuer unsichtbarer Angreifer böte. Der capitaine dachte weiter an den nächstgelegenen Schutzposten. Er wäre vielleicht nur ein paar hundert Meter entfernt, oben an seinem Fahnenmast wehte die glorreiche Flagge, aber hinter den Betonwällen quälte sich ein braver Unteroffizier mit einem schrecklichen Gewissenskonflikt, während er, ohnmächtig, durch den Feldstecher den ungleichen Kampf verfolgte. Sein Schwanken würde nur wenige Minuten andauern, dann müßte er zwischen zwei Lösungen wählen, die beide gleich schrecklich wären. Entweder einen Ausfall machen und seine eigenen Leute massakrieren lassen, oder Zuschauer bleiben, von sicherer Warte aus das Blutbad beobachten, und abwarten, bis die Viets sich zurückzögen, um die Reste des vernichteten Konvois aufzusammeln.
Capitaine Mattei war nicht der einzige junge Offizier, der schon 1947 eine so präzise Zukunftsvision hatte. Eine Vision, die sich leider in der Folgezeit als genau zutreffend erweisen sollte. Neunzig Prozent der alten Hasen in der Legion, die damals nach Nord-Tongking zogen und vor den ersten Metzeleien die R.C.4 von Lang-Son nach Cao-Bang benutzten, hatten genau die gleichen Gedanken, begriffen auf Anhieb, was man höheren Orts ablehnte, auch nur ins Auge zu fassen.

Der Konvoi erreichte Cao-Bang vor Einbruch der Nacht. Sofort stellten die Männer fest, daß die Wiedergeburt der zerstörten Stadt bereits im Gange war. Soldaten der Coloniale, Tirailleurs, ein marokkanisches Thabor, Milizsoldaten, Hilfswillige und viele Zivilisten arbeiteten schon am Wiederaufbau. Aber vor allem würde das 3. Étranger hier sein Stabsquartier aufschlagen und alle Techniker, alle Spezialisten des Regiments an die Arbeit schicken, fest entschlossen, sich inmitten dieser Zone der Unsicherheit seine Hauptstadt zu schaffen.

Capitaine Mattei verabschiedete sich von colonel V., dankte für den Platz in seinem Jeep und für die interessanten Ausführungen, die er liebenwürdigerweise gemacht hatte.

Sobald der höhere Offizier den Rücken gekehrt hatte, versammelten sich die Untergebenen des Hauptmanns bei ihrem Chef (man wäre versucht, zu sagen, die Gang oder die Bande Mattei). Sie waren alle da; die sergent-chefs Klauss, Osling, Lantz, Favrier; Fernandez, die Ordonnanz; Ickewitz und Clary, die Leibwächter.

Als erster fragte Klauss den capitaine:

– Wissen Sie Einzelheiten, mon capitaine? Werden wir einen Flughafen anlegen und Cao-Bang befestigen? Eine Igelstellung daraus machen?

Mattei antwortete lächelnd:

– Sie liegen ganz falsch. Was die interessiert, ist die Straße, die wir eben benutzt haben. Zu ihrem Schutz wird man auf ihrer ganzen Länge kleine Posten bauen. Ach, das hätt' ich fast vergessen: mit einer Fahne! Der colonel legt ganz besonderen Wert auf die Fahnen. Eine auf jedem Posten, um die Moral der Viets zu untergraben.

– Sie machen Witze, mon capitaine?

Sehe ich aus, als ob ich Witze machte, Klauss?

– Man muß etwas unternehmen, mon capitaine! Machen Sie einen Bericht!

– Jetzt muß ich Sie fragen, ob Sie Witze machen, Klauss.

– Ich will nicht indiskret sein, mon capitaine, aber können Sie uns sagen, wie wir verwendet werden?

– Ich weiß es noch nicht. Aber in dieser Hinsicht beabsichtige ich, mich umzutun. Ich hoffe zu erreichen, daß man die 4. Kompanie nicht auseinanderreißt. Das wichtigste ist, daß wir alle zusammenbleiben. Was uns betrifft, so werden wir uns immer zu helfen wissen, wo wir auch sein werden. Das will nicht heißen, daß mir das Schicksal der andern gleich ist, aber ehrlich gesagt, ich kann nichts daran ändern.

– Mon capitaine, fing Klauss wieder an, haben Sie bemerkt, wie oft man auf dieser Straße die idiotischsten Fallen errichten könnte? Ich habe über hundert ideale Plätze festgestellt. Dann hab' ich's aufgegeben, es hat mir gelangt.

248

Ein wilder, undurchdringlicher Dschungel, an die Felswände geschmiegt, soweit das Auge reichte. Nur ein endloser gelblicher Grat ging wie ein Messerschnitt durch den majestätischen Block: Die R.C. 4, die beängstigende Straße, die sie erwartete

Die Kolonne quälte sich nun zum Paß von Loung-Phai hinauf. »Von hier ab«, erklärte der Colonel »werden wir Kilometerposten errichten . . . Die französische Fahne wird auf jedem Gipfel flattern . . .«

– Aber sicher habe ich das bemerkt. Und zusätzlich hatte ich noch den colonel, der mit erklärte, wie er den Abschnitt in eine Touristengegend verwandeln will. Seine einzige wirkliche Sorge ist, daß den Legionären in den Posten die Zeit lang wird, und daß sie sich mopsen, weil sie nichts zu tun haben.

– Aha, weil es natürlich die Legion ist, die sich die Posten unter den Nagel reißen darf!

– An wen dachten denn Sie? An die Benediktiner vom Heiligen Benedikt der Säuglinge?

– Nein, nein, natürlich nicht, mon capitaine. Ich wollte Sie nur fragen, ob das 3. Étranger herhalten muß?

– Aber sicher, Klauss! Von heute ab können Sie das 3. Regiment als Schutzengel der R.C.4 betrachten und – wenn mich nicht alles täuscht – wird davon noch die Rede sein!

Mattei's Befürchtungen über eine etwaige Aufsplitterung seiner Kompanie erwiesen sich als unbegründet.

Sobald er seine Fühler ausgestreckt hatte, bemerkte er, daß der Sektor von Cao-Bang im wesentlichen Sache der Fremdenlegion war. Man ließ dem 3. Étranger alle Freiheit, sich nach seinen eigenen Vorstellungen dort einzurichten, bis man es dann dort sterben ließ.

Damit war Mattei's Problem gelöst: Die Bataillonskommandeure Raberin und Gaume wußten, was die 4. Kompanie aus sich selbst heraus leisten konnte; die Bilanz ihrer bisherigen Einsätze war eindrucksvoll, und ihr Hauptmann galt als ein Chef, der unverschämtes Glück hatte, der die *baraka*[16] besaß.

Die Medaille hatte auch ihre Kehrseite; wenn nie die Rede davon war, die 4. Kompanie aufzusplittern, so erhielt sie andererseits – Ehre, wem Ehre gebührt – eine Stellung zugeteilt, die nach allgemeiner Auffassung praktisch nicht zu verteidigen war. Am Abend seiner Ankunft erfuhr Mattei nur ihren Namen: Ban-Cao; ihre Entfernung von Cao-Bang: rund zwanzig Kilometer nach Südwesten; die Straße, die hinführte: die R.C.3.

Für den Rest mußte man den nächsten Morgen abwarten, um sich ein Bild zu machen.

---

16 Einen Schutzengel haben (arabisch).

25

Am 11. August bei Tagesanbruch sammelte sich die 4. Kompanie im Trümmerzentrum von Cao-Bang. Mattei hatte zwei Jeeps und vier LKW erhalten, die seinen gesamten Fahrzeugpark ausmachten. Er war nunmehr unbeschränkter Herr über seine Männer (rund hundert), seine militärischen Bewegungen, die nach seinem Gutdünken gebotenen Einsätze und die Haltung gegenüber der Zivilbevölkerung seiner Zone. Nur noch eine Weisung mußte er befolgen: sich in seiner Basisposition, dem berühmten Ban-Cao, zu halten.

Zwischen Cao-Bang und Ban-Cao trafen die Männer auf dieselbe Szenerie wie am Vortag. Die Straße war noch schmaler. An manchen Stellen fragte man sich, ob die LKW durchkommen würden. Ein Tongkinese begleitete den Konvoi. Er sprach gut französisch und schien sich in der Gegend bestens auszukennen. Man hatte seine Zuverlässigkeit garantiert, aber dennoch blieb der capitaine auf seiner Hut. Nach zweistündiger Fahrt tippte der Eingeborene Mattei auf den Arm, um ihn aufmerksam zu machen.

–Nach dieser Kurve kommt Ban-Cao, erklärte er lächelnd.

Mattei war überrascht. Nichts an dieser Stelle ließ auf das Vorhandensein einer Siedlung schließen. Die LKW waren gerade eine Reihe von Steigungen hinaufgefahren und mußten sich nun in fünf- oder sechshundert Meter Höhe befinden. Nach der Kurve war nichts Neues zu sehen – außer der sandigen Straße, die sich weiter durch den Wald schlängelte.

–Du willst mich wohl auf den Arm nehmen, fragte Mattei, wo ist denn dein Kaff?

–Da, da ist es doch, beharrte der Tongkinese, und wies auf einen Saumpfad, der schwindelerregend steil durch den Dschungel abwärts führte.

Mit einer Armbewegung hatte Mattei die fünf Fahrzeuge hinter sich gestoppt. Er winkte Klauss und Osling zu sich heran:

–Der Chinese behauptet, daß diese Rutschbahn nach Ban-Cao führt. Glauben Sie, daß man mit den LKW da runter fahren kann?

–Runterfahren schon, antwortete Klauss, aber sie wieder raufbringen – das steht auf einem andern Blatt.

–Das kann man sich später überlegen. Zuerst sehen wir mal zu Fuß nach, was da unten geboten wird.

Der Tongkinese unterbrach den Dialog der Legionäre.

–Mon capitaine, wenn wir zu Fuß quer durch den Wald gehen, kann man in fünf Minuten alles sehen. Das Dorf und alles.

–Osling, Sie bleiben bei den Männern. Klauss und Clary, ihr begleitet mich, befahl Mattei.

Beweglicher und mit dem Gelände vertraut, ging der Tongkinese zehn Schritte vor ihnen her. Nach ein paar Minuten blieb er stehen und winkte die Legionäre zu sich heran.

–Kommen Sie, mon capitaine, hier ist es, man sieht alles.

In der Tat, man sah alles. Die drei Männer betrachteten stumm die riesige Mulde, über der sie standen. An ihrem Grund erblickten sie eine Gruppe armseliger, verfallener Strohhütten, dicht aneinandergedrängt und von Vegetation überwuchert.

Der Tongkinese, der die Verblüffung der Legionäre nicht verstand, wiederholte unentwegt, auf den Boden der riesigen Mulde zeigend:

–Ban-Cao, mon capitaine, das ist Ban-Cao, mon capitaine!

Als erster fand Klauss die Sprache wieder:

–Herrgott nochmal! Ich hätte nicht gedacht, daß sie es derartig auf uns abgesehen haben! Was haben wir ihnen bloß getan?

–Also das, das muß man zugeben, sie haben uns hübsch verhätschelt! Das ist ja nicht nur eine Mulde, das ist ein Trichter, stimmte Mattei ein.

Immer gleich geistreich, hielt es Clary für angebracht, zu erläutern:

–Sehr einfach: die Viets, die brauchen nur auf uns runterzuschiffen, und wir ersaufen alle.

Von ihrem Standort aus konnten die drei Legionäre den Weg sehen, den sie für ihren Abstieg benutzen mußten. Angenehme Überraschung: Er schien für die Fahrzeuge in beiden Richtungen benutzbar.

–Gut, erklärte Mattei, gehen wir zu den Leuten zurück und fahren hinunter, die Aussicht von unten bewundern.

Die Lastwagen kamen relativ leicht den Abhang hinunter und parkten im Halbkreis um das Dorf. Etwa fünfzig Zivilisten versammelten sich freundlich grüßend um die Legionäre. Ein alter Mann näherte sich Mattei.

–Seien Sie willkommen, capitaine. Seien Sie überzeugt, daß meine Mitbürger und ich selbst alles tun werden, was in unserer

Macht steht, um unsre Beziehungen zu erleichtern und Ihren Aufenthalt unter uns so angenehm zu machen, wie Sie nur wünschen können.

Der Alte schien eine gediegene französische Bildung zu besitzen. Außerdem wirkten seine Erklärungen ehrlich. Von Anfang an gefiel er Mattei, der mit ein paar höflichen Floskeln antwortete. Aber seine gesellschaftlichen Beziehungen zu den Ortsbewohnern waren Mattei's geringste Sorge. Was ihn allein beschäftigte, war die Frage, wie er sich in der Örtlichkeit einrichten sollte. Ein Anflug von Optimismus befiel ihn. Von oben war der Eindruck infolge einer optischen Täuschung falsch gewesen: Letzten Endes war es doch kein Trichter, sondern nur eine Mulde. Bis zu den ersten Gebirgsausläufern war genügend Raum, um um das Dorf herum auf relativ ebener Fläche einen Kreis mit Radius von zwölf- bis fünfzehnhundert Metern ziehen zu können. Diese Fläche umfaßte die Anbaugebiete der Einwohner, der Rest war von hohem Gras bestanden.

Mattei rief Klauss zu:

– Bringen Sie die Leute so gut wie möglich unter, ich geh' mich umsehen. Clary und Ickewitz, Ihr begleitet mich.

Es war 10 Uhr morgens, als die drei Männer die Kompanie verließen. Erst nach 6 Uhr abends kamen sie zurück. Acht Stunden war Mattei pausenlos marschiert. Während der ganzen Zeit sprach er kein Wort; er studierte das Terrain, stellte sich zahllose Möglichkeiten vor, schmiedete dutzende von Plänen und verwarf sie wieder. Die Anwesenheit seiner beiden Leibwächter ignorierte er völlig.

Ins Lager zurückgekehrt, ließ sich der capitaine auf die Stoßstange eines LKW' sacken; Clary und Ickewitz schmissen ihre Waffen hin und ließen sich schweißüberströmt neben ihrem Chef auf den Boden fallen.

– Man kann nicht behaupten, daß Sie heute sehr redselig sind, mon capitaine, meinte Clary.

– Wenn ich einen jungen Mann zur Unterhaltung brauche, werd' ich's dich wissen lassen. Im Augenblick mußt du dich darauf beschränken, über meine Sicherheit zu wachen und das Maul zu halten.

Angesichts der betretenen Miene des Korsen setzte Mattei etwas freundlicher hinzu:

– Holt die Schnapskanister her, wir wollen einen Schluck trinken.

Die Gesichter der beiden Männer leuchteten auf. Wie durch Zauberei kam Fernandez hinter einem Lastwagen hervor, und die drei Legionäre eilten zu einem abseits stehenden LKW. Gleich darauf erschienen sie mit fünf Kanistern, die sie gut ausgerichtet vor dem capitaine aufbauten. Seinem Chef gerade in die Augen blickend, erklärte Fernandez feierlich:

–Das Wort eines Legionärs ist heilig, mon capitaine! Den Schnaps werden Sie verteilen, wann Sie es für richtig halten.

Amüsiert betrachtete Mattei der Reihe nach die drei Kumpane. Er sagte nichts, er lächelte nur.

–Also, mon capitaine, dann wollen wir mal trinken, schlug Clary jovial vor.

–Ich warte, sagte Mattei ruhig.

–Sie warten auf was? mon capitaine, fragte Fernandez mit gespieltem Erstaunen.

–Das weißt du ganz genau. Ich warte auf den sechsten Kanister.

In schöner Gemeinsamkeit protestierten die Männer entrüstet.

–Mon capitaine, donnerte Fernandez, beim Grabe meiner Mutter, die auf dem Friedhof von Calatayud ruht, schwöre ich Ihnen, daß es niemals mehr als fünf Kanister gegeben hat.

Auch Ickewitz richtete sich majestätisch auf.

–Mon capitaine, ich habe meine Mutter nicht gekannt, aber ich kann Ihnen mein Soldatenwort geben ....

–Hört bloß auf! unterbrach Mattei. Ich weiß: Clary wird mir beim Grab Napoleons schwören. Erspart mir das. Aber, da wir gerade beim schwören sind, leiste ich auch einen Schwur: wenn der sechste Kanister in dreißig Sekunden nicht hier ist, leere ich die fünf anderen aus und zünde das Ganze an!

–Hol' den Kanister, Ickewitz, sagte Fernandez tief traurig.

Als Ickewitz mit dem sechsten Kanister zurückkehrte, hielt er in der freien Hand eine leere Literflasche und einen Gummischlauch. Er erklärte grinsend:

–Am besten füllen wir die Flasche durch Ansaugen; auf die Weise geht auf keinen Fall 'was verloren.

Diesmal lachte Mattei laut heraus:

–Bildest dur dir ernsthaft ein, daß ich zusehe, wie du »beim Ansaugen« einen Liter Schnaps in dich hineinlaufen läßt? Du hälst mich offenbar für ungemein blöde!

–Ich konnt's doch mal versuchen, mon capitaine.

Die Männer hielten ihre Becher hin und der capitaine füllte sie großzügig; dann verschloß er den gewichtigen Behälter. Mattei stürzte den Brannwein in einem Zug hinunter und begab sich zu den Unteroffizieren, die das Aufschlagen des Lagers überwachten. Er war von der Anordnung der Zelte und der Wachtposten ebenso befriedigt wie von der schnellen Arbeit der Männer, bei der sie Sicherheit und Komfort gleichermaßen berücksichtigt hatten.

–Klauss, informieren Sie Osling, Lantz und Favrier! Nach dem Vesper wollen wir gemeinsam die Situation besprechen. Ich werde Ihnen meine Pläne auseinandersetzen.

–Denken Sie wirklich, daß wir hierbleiben, mon capitaine? Das ist doch nicht zu verteidigen.

–Ich bin sicher, daß wir hierbleiben werden. Monate. Vielleicht Jahre. Wir müssen wohl oder übel fertigbringen, daß man es verteidigen kann.

Es begann zu dunkeln, als die vier Unteroffiziere sich bei ihrem Chef versammelten. In der Dämmerung war die Sicht noch ausgezeichnet und das Panorama deutlich zu erkennen. Mit seinem unvermeidlichen Knotenstock zeigte Mattei auf den höchsten Gipfel.

–Sie sehen die Bergspitze, sagte er. Der Berg ist auf keiner Karte verzeichnet, der Dorfälteste weiß keinen Namen für ihn. Wir werden ihn nach dem ersten Legionär taufen, der in Ban-Cao fällt. Bis dahin wollen wir ihn »das Ziel« nennen. Denn auf seinem Gipfel will ich meinen Posten haben, einen festen Posten, aus Stein, aus Zement, aus Beton. Eine Miniaturfestung mit einem Standplatz für die Fahrzeuge, einem Munitionsschacht, geräumigen Mannschaftsunterkünften, einem vorbildlichen Krankenrevier für Osling und einem gemütlichen Aufenthaltsraum für uns.

Die vier Unteroffiziere starrten sich fassungslos an. Entweder hatte der capitaine den Verstand verloren, oder er machte sich über sie lustig. Der Platz, den er für den Bau seines Phantasiepostens vorgesehen hatte, lag wohl acht- bis neunhundert Meter hoch. Ein dichtes Gewirr von Bäumen, Lianen, Sträuchern und hohem Gras überwucherte den ganzen Berg. Seine Besteigung wäre schon fast eine alpinistische Leistung, und der capitaine kündigte allen Ernstes an, daß er Zwanzigtonner-Lastwagen hinaufschicken wolle.

–Ich muß zugeben, daß ich nicht verstehe, sagte Klauss.

–Ich glaube, ich verstehe Ihre Idee, unterbrach Osling. Sie be-

absichtigen, eine Straße zu bauen. Dagegen habe ich nichts einzuwenden. Im Gegenteil, vom taktischem Standpunkt aus ist das
genial, aber leider: ich halte es für undurchführbar mit den Kräften und dem Material, über die wir verfügen.
– Eine Straße, aber das ist ganz unmöglich!, fiel Favrier ein, dem
Lantz sogleich zustimmte.
Mattei stützte sich mit beiden Händen auf seinen Stock, eine Haltung, die er häufig einnahm. Er warf allen vier Unteroffizieren
einen verachtungsvollen Blick zu und erklärte dann:
– Ich will euch mal 'was erzählen. Jahrtausende vor Christi Ge-
burt beschloß ein Bursche, dessen Name mit entfallen ist, in der
Umgebung von Kairo eine Pyramide erbauen zu lassen. Die Fort-
setzung kennen Sie. Na gut; hätte dieser Bursche als Mitarbeiter
Defaitisten eurer Sorte zur Seite gehabt, so wäre er meiner Meinung nicht einmal dazugekommen, sich einen Dreizimmer-Bungalow
bauen zu lassen.
– Ihr Bursche hieß Cheops, präzisierte Osling amüsiert. Aber eines
scheinen Sie zu vergessen, mon capitaine, und zwar, daß der über
verdammt viele Arbeitskräfte verfügte, während wir nur hundert
Männeken sind.
– Irrtum, Osling, Irrtum! Jedenfalls was den Straßenbau anbetrifft.
Umschichtig immer nur dreißig. Es ist unerläßlich, daß ständig
ein Drittel der Kompanie die Gegend abpatrouilliert – nach einem
Plan, den ich später aufstellen werde.
– Und das dritte Drittel? erkundigte sich Favrier schüchtern.
– Das dritte Drittel wird mit der Anlage und dem Ausbau der Lande-
bahn beschäftigt sein, für die ich schon einen Platz ausgesucht
habe. Sie wird so ungefähr an der Stelle anfangen, an der wir jetzt
stehen.
– Ach so, weil wir auch einen Flughafen kriegen, bemerkte Klauss
im Ton eines Mannes, den überhaupt nichts mehr wundert.
– Natürlich, und glauben Sie mir, er wird nicht nutzlos sein.
– Mon capitaine, unterbrach Osling, ich sage nocheinmal bravo zu
Ihrer Strategie, aber mit welchem Mittel gedenken Sie diese
Berge urbar zu machen und zu bearbeiten? Sie wissen so gut wie
ich, daß man diese Felsen nicht behauen kann. Wir werden es mit
Granit zu tun haben.
– Lassen Sie uns die Dinge klarstellen, Osling, und zwar ein- für
allemal. Selbst wenn ich nicht die geringste Idee, nicht die ge-

ringsten Mittel hätte, so würde ich diese Arbeit dennoch unternehmen, selbst wenn ich die Männer zwingen müßte, den Fels mit Nagelfeilen wegzukratzen. Und zwar deshalb, weil meiner Ansicht nach dieser Plan unsre einzige Überlebenschance darstellt. Dies vorausgeschickt, aber so liegen die Dinge nicht. Gestern, in Cao-Bang, habe ich erfahren, daß die Fallschirmjäger der Operation »Léa« tonnenweise Dynamit erbeutet haben, das der Viet-minh bei seiner Flucht zurücklassen mußte. Und, Sie werden es kaum glauben, der Generalstab weiß mit diesem Dynamit absolut nichts anzufangen und es verursacht dort nur Ärger, Papierkrieg und Scherereien! Morgen bei Tagesanbruch nehm' ich die vier LKW und erlöse diese Herren von einer Sorge.

Die vier Unteroffiziere waren plötzlich begeistert. Klauss gab einen bewundernden Pfiff von sich.

– Das ändert alles, mon capitaine. Abgesehen von Gardini, der in der italienischen Armee Pionieroffizier war, haben wir caporal Shmier, den Holländer, der Vorarbeiter bei einem Staudamm in Chile oder Peru war. Er ist Sprengstoffspezialist.

– Das weiß ich alles, Klauss, ich hab' daran gedacht, trotzdem vielen Dank, daß Sie mich daran erinnert haben.

Die Bedenken der Unteroffiziere waren nichts im Vergleich mit denen des Generalstabs, als der capitaine dort seine Pläne vortrug, um die enorme Sprengstoffzuteilung durchzusetzen, die er für unerläßlich hielt.

Achtundvierzig Stunden mußte Mattei in Cao-Bang mit Besprechungen, Diskussionen, Demarchen zubringen. Im übrigen merkte er sehr bald, daß sein als utopisch angesehener Plan keinen Menschen interessierte. Seine einzige Chance, das Dynamit zu erhalten, bestand darin, die Behörden so lange zu belästigen, bis sie ihn nicht mehr sehen konnten und nachgaben, nur um ihn loszuwerden.

Von Oberst zu Oberstleutnant, von Oberstleutnant zu Major, pendelte Mattei zwischen den Dienststellen hin und her, wobei er eine derartige Konfusion verursachte, daß viele der maßgebenden Heeresbeamten den Kopf verloren. Mit der Behauptung, die Genehmigung des einen vorbehaltlich der Zustimmung des andern schon zu haben – unter dem (natürlich erfundenen) Vorwand, ein Untergebener müsse unterschreiben, weil sein Vorgesetzter abwesend sei, unternahm Mattei immer neue Vorstöße. Die Zähigkeit, Dreistigkeit und Scheinheiligkeit, die er zur Erreichung seines Zieles entwickelte, wurde aus der Kulisse von den Legionsoffizieren beobachtet; waren sie doch ein Modell für die Diplomatie, die es gegenüber der schwerfälligen Militärbürokratie anzuwenden galt.

Als Mattei die Sprengstoffkisten, versehen mit dem Freistellungsvermerk (zu seiner uneingeschränkten Verfügung) endlich auf die Lastwagen verladen lassen konnte, bemerkte er zu Osling, der ihn begleitet hatte:

–Ich habe das Gefühl, gerade den härtesten Kampf seit Beginn dieses Krieges bestanden zu haben.

Sechs Monate brauchte die 4. Kompanie, um den verrückten Plan ihres Hauptmanns auszuführen. Sich pausenlos ablösend, schufteten die Arbeitstrupps rund um die Uhr. Ohrenbetäubende Explosionen zerrissen das jungfräuliche Gebirge, das die Legionäre Meter um Meter vergewaltigten. Feuer legte das Gelände frei, Dynamit beseitigte die Hindernisse. Und aus den Sprengstücken, die sie eben schlugen und glätteten, um ihnen die Würfelform von Pflastersteinen zu geben, setzten die Männer ein riesiges Puzzle aus Stein zusammen. Die Straße wand sich nicht um den Berg herum. Aus Sicherheitsgründen verliefen ihre Serpentinen nur an dem Abhang, der von Ban-Cao aus zu überschauen war.

Gleichzeitig legte ein zweiter Trupp von Legionären die zwölfhundert Meter lange Landebahn an. Diese Arbeit war weniger schwer, dafür kam es aber mehr auf Genauigkeit an. Die damit beschäftigten Männer waren entsprechend ausgesucht worden.

Jede Woche begab sich Mattei nach Cao-Bang; die leeren Lastwagen der 4. Kompanie, angeführt von dem Jeep des Hauptmanns, waren dort der Schrecken aller Stäbe. Jedermann wußte, daß die Fahrzeuge, vollgestopft mit den verschiedensten Materialien, wenige Stunden später wieder nach Ban-Cao zurückfahren würden. Der Stab des Abschnitts Cao-Bang bestand jetzt fast ausschließlich aus Legionsoffizieren. Mattei's Gabe, aus dem allgemeinen Durcheinander und der Unfähigkeit von Chefs, bei denen er etwas erreichen wollte, Vorteile zu ziehen, nutzte ihm deshalb jetzt nichts mehr.

Dafür konnte er nun auf das Verständnis und die Nachsicht seiner Legionsoberen bauen, die ihn kannten, schätzten und seine Anschauungen teilten. Die Wunderstraße war erst zu zwei Drittel fertig, als der capitaine bereits das gesamte Material für den Bau seines Adlersnestes beisammen hatte.

Anfang Februar 1948 war das utopische Projekt endgültig fertiggestellt. Überall in Ober-Tongking hatten die Legionäre gebaut, wiederaufgebaut und befestigt. Rund dreißig der berühmten Kilometerposten standen entlang der R.C. 3 und 4. Cao-Bang war zur Festung geworden; mit Mitteln, die denen Mattei's tausendfach überlegen waren, hatten es drei Bataillone des 3. Étranger zur Riegelstellung der Legionsfront ausgebaut.

Der Feind machte sich vorläufig kaum bemerkbar; nur kleinere Konvois waren auf schüchterne Versuche eines Hinterhaltes gestoßen. Keiner der Posten hatte einen wirklichen Angriff erlebt, aber immer wieder wurden sie durch Beschuß der Rebellen »abgetastet«. Offensichtlich nahmen die Viets eine Umgruppierung für kommende Kämpfe vor.

Die 4. Kompanie in Ban-Cao war abwehrbereit. Kleinere Flugzeugtypen konnten bei Bedarf die Landebahn benutzen. Das Adlernest war uneinnehmbar. Von seinen Beobachtungsposten war jede feindliche Bewegung auf Kilometer in der Runde auszumachen. Die schweren Fahrzeuge konnten ohne die geringste Schwierigkeit bis zum Berggipfel fahren. In seinem luftigen Betonnest hätte Mattei, wenn er wollte, ohne das geringste Risiko das Ende des Krieges abwarten können. In dieser Phase beschloß der capitaine, seine Kontrolle auf einen Umkreis von zwanzig Kilometern rund um seinen Posten auszudehnen. Es war dieselbe Phase, in der die Viets ihrerseits beschlossen, daß kein Quadratmeter des Dschungels ihnen entgehen dürfte und daß sie die absoluten Herren der Wälder werden müßten.

Der große Zusammenprall im Indochina-Krieg bahnte sich an.

26.

Die Gegend von Ban-Cao bot sich für eine Konzentration feindlicher Kräfte in besonderem Maße an. Starke, äußerst bewegliche, im dichten Dschungel nicht aufspürbare Einheiten nisteten sich in den Bergen und Wäldern ein. Die Vielzahl kleiner, isolierter Siedlungen erleichterte es den Viets, sich zu verteilen, um sich im geeigneten Moment zu sammeln und zuzuschlagen. Mattei hatte begriffen, daß er sie wirksam nur bekämpfen konnte, wenn es ihm gelang, die Unterstützung der Dorfbewohner zu erhalten. Dieser Aufgabe widmete er sich jetzt. Dabei machte er sich keine Illusionen. Die Mehrheit der tongkinesischen Bevölkerung stand ideologisch auf Seiten der Rebellen, und der capitaine verfügte nur über schwache Argumente, um die Eingeborenen für die französische Sache zu gewinnen. Aber er wußte, daß der Viet-minh brutal, grausam und mitleidlos gegen die Bauern vorging. Unter der Androhung eines gräßlichen Todes wurden sie ausgeplündert, zu Zwangsabgaben herangezogen und gezwungen, sich weit über ihre Kräfte an den Kriegsanstrengungen zu beteiligen.

Was den Franzosen übrigblieb, war nur der Versuch des Beweises, daß sie diese Unglücklichen beschützen konnten. Leider zog dieses Gesetz des Stärkeren eine trübe und schmerzliche Folge nach sich: bei Verrat mußte man sich ebenso gnadenlos grausam und starr zeigen wie der Feind. Die Patrouillen, die täglich die Umgebung von Ban-Cao durchforschten, nahmen zunächst recht gute Kontakte auf. In jedem Dorf schworen die Verantwortlichen den Franzosen Treue als Gegenleistung für ihren Schutz. In dem Umkreis, den er um seinen Posten gezogen hatte, erhielt Mattei die Zusicherung, von jeder verdächtigen Bewegung informiert zu werden. Er blieb jedoch skeptisch und überließ es der Zukunft, welche Haltung er später einnehmen würde.

An einem der ersten Februartage hatte der capitaine den Befehl über eine Patrouille übernommen, die stärker als gewöhnlich war: während der Nacht hatte man ungewöhnliche Geräusche gehört und bei Tagesanbruch zeigten sich die Bewohner von Ban-Cao ungewohnt schweigsam.

Auf den Gebirgspfaden, die sie gebahnt hatten, wandten sich die Legionäre in Richtung Cao-Fong. Ihr Weg führte einige hundert Meter an einem winzigen, namenlosen Flecken vorbei. Mattei kannte den Ort und versäumte nie, dort haltzumachen. Die wenigen Strohhütten waren von einem kleinen Stamm, den *Man*, bewohnt, der friedlich unter der bewährten Herrschaft eines alten Häuptlings, Ku-Kien, und seines jungen Sohnes Kien lebte.

Der alte Ku-Kien war einer der ersten, der versprochen hatte, mit der Garnison von Ban-Cao zusammenzuarbeiten. Er tat das ganz offen und erschien demonstrativ in Begleitung seines Sohnes bei dem capitaine, dem er die Treue seines Stammes (rund zwanzig Seelen) zusicherte. Der Alte sprach korrektes Französisch, aber sein Sohn sprach es mit einer Gewandtheit, die nahezu affektiert wirkte; seine Kenntnisse stammten aus einer Hanoier Schule, die er mehrere Jahre besucht hatte. Der Alte erklärte, daß er von den Legionären Unterstützung erwarte. Er versuchte nicht, zu verbergen, daß seine Haltung vor allem von der Armut der Seinen diktiert war, die jede Unterstützung der Rebellen in eine unüberwindliche Notlage führen mußte. Die Aufrichtigkeit des Greises war unverkennbar, und Mattei hatte allen Patrouillen, die von Ban-Cao nach Cao-Fong marschierten, befohlen, den Umweg zu den *Man* zu machen, sie zu begrüßen und sich von ihrem Wohlbefinden zu überzeugen.

An jenem Tage waren Umweg und Halt wie gewöhnlich vorgesehen. Der ärmliche Flecken lag zwei Marschstunden von Ban-Cao entfernt. Die Patrouille näherte sich ihm gegen Mittag. Instinktiv witterte Klauss etwas Ungewohntes. Dasselbe unbehagliche Gefühl befiel sehr schnell auch Mattei und Osling. Ihre Besorgnis stieg mit jedem Schritt. Dann, plötzlich, standen sie vor den Opfern des Massenmords. Der Anblick war jedesmal gleich revoltierend, gleich herzzerreißend, gleich peinigend. Aber jetzt waren sie daran gewöhnt, es erstaunte sie nicht mehr. Die Befehle, die Handgriffe waren bereits gewohnt. Man schaufelte ein Massengrab, in dem man die verstümmelten Leichen begrub. Wenn etwas zu verbrennen übrigblieb, zündete man es an und marschierte weiter, von der Ungerechtigkeit dieses Kampfes noch mehr niedergedrückt.

Mattei hatte sich unter einen Baum gesetzt. Klauss trat zu ihm.

–Mon capitaine, wir finden nirgends eine Spur von dem Alten und seinem Sohn.

–Sind Sie sicher? Sie wurden gewiß nicht verschont.

– Das ist mir auch klar.

– Das bedaure ich sehr, Klauss. Wenn man sie lebend weggeschleppt hat, mag ich nicht einmal daran denken, was ihnen bevorsteht.

Klauss nickte nur. Nun kam Osling herzu.

– Mon capitaine, wir haben Spuren gefunden, die auf die Flucht-richtung des Viet-Kommandos schließen lassen.

– Sind Sie sicher, daß es keine Falle ist?

– Ich glaube es nicht.

– Wir gehen ihnen nach, das führt wahrscheinlich zu nichts, aber wir können es immerhin versuchen. Das Gemetzel muß im Lauf des gestrigen Abends stattgefunden haben. Möglicherweise haben die Viets heute nacht gelagert: sie konnten nicht voraussehen, daß wir heute hier vorbeikommen.

Ohne gewollt zu wirken, waren die Spuren so deutlich, daß man ihnen folgen konnte. Aber schon nach hundert Metern entdeckte die Kolonne, wohin sie führten.

Zuerst sahen sie den jungen Kien. Er war an den waagrechten Ast eines Baumes gekreuzigt; seine Arme waren an dem Ast festgebunden und trugen sein ganzes Körpergewicht, die gefesselten Füße hingen wenige Zentimeter über dem Boden. Der Kopf des Gemarterten hing vornüber und ruhte bewegungslos auf seiner Brust. Osling stürzte herbei. Er hatte keinen Zweifel, daß der junge Mann tot war. Deshalb war seine erste Bewegung nicht, die Fesseln durchzuschneiden, son-dern ihm den Zeigefinger unter das Kinn zu schieben und den Kopf anzuheben. Urplötzlich brüllte der Unteroffizier:

– Aber er lebt ja, Herrgott, er lebt! Schneidet die Stricke durch! Schnell, schneidet die Stricke durch!

Im Handumdrehen war Kien an den Fuß des Baumes gebettet. Über ihn gebeugt, untersuchte ihn Osling und stellte überrascht fest, daß der junge Mann keinerlei Verletzungen aufwies, daß er normal atmete und daß seine Ohnmacht nur die Folge der qualvollen Position war, in der er vermutlich nahezu zwanzig Stunden hatte verharren müssen.

– In zwei Tagen kann er wieder laufen wie ein Wiesel, erklärte Osling erfreut. Sie wollten, daß sein Martyrium möglichst lang dauert, sie konnten nicht wissen, daß wir vorbeikommen. Das Raffinement ihrer Grausamkeit hat ihrem Opfer ausnahmsweise das Leben gerettet.

Seit Osling bei dem jungen Kien kniete, hatte er die Augen nicht von ihm abgewendet. Mit seinem Stock tippte ihm Mattei zweimal auf die Schulter. Osling drehte sich um.

– Mon capitaine?

– Sehen Sie sich das an, Osling. Der Alte, der lebt nicht mehr. Was sie da erfunden haben, ist unvorstellbar. Ich glaube, auf dem Gebiet der Scheußlichkeiten lernen wir in diesem Krieg jeden Tag etwas Neues. Osling stand auf. Er sah den Baum gegenüber, den die Legionäre sprachlos umstanden. Er schob die Männer beiseite und sah nun ebenfalls das schauerliche Bild.

Der Körper des alten Häuptlings ruhte sitzend auf der Erde, wie bei einem Buddha die Beine unter dem Gesäß gekreuzt. Er war am Fuß des Baumes festgebunden, die Hände vor dem Bauch gefesselt. An der Halsschlagader befand sich ein feiner Einschnitt. In diesen war eine kleine Sonde eingeführt, in der ein winziges Glasröhrchen steckte: Der Greis war ausgeblutet, Tropfen um Tropfen, mit jedem Herzschlag. Jeder Blutstropfen fiel auf seine Hände, und das vor Kien's Augen, der – gekreuzigt – seinem Vater gegenüber gehangen hatte. Osling trat näher und prüfte lange den feinen Schnitt, ehe er die Sonde herauszog.

– Ein regelrechter chirurgischer Eingriff, erklärte er. Sauber ausgeführt. Die Agonie des Alten muß sehr lange gedauert haben; dafür hat er aber wohl nicht leiden müssen.

– Er war's nicht, den sie leiden lassen wollten, erwiderte Mattei, es war sein Sohn. Und ich glaube, sie haben ihr Ziel erreicht. Osling nickte.

– A propos der Sohn, fuhr Mattei fort, Sie sagten, daß ihm praktisch nichts fehlt?

– Chef, er kommt zu sich, rief ein Legionär, der sich bei Kien befand. Osling sprang hinzu. Mattei ließ die Leiche des Greises schnell losbinden, damit sein Sohn nicht nocheinmal den Anblick ertragen mußte, der ihn mit Sicherheit bis an sein Lebensende verfolgen würde.

Kien war schnell wieder bei Bewußtsein. Zwei Männer massierten seine Arme. Als er sicher sein konnte, von ihm verstanden zu werden, sagte Osling sanft:

– Wir sind nicht früh genug gekommen, um deinen Vater zu retten, Kien. Aber ich kann dir versichern, daß sein Tod schmerzlos war, er hat nicht gelitten, du kannst es mir glauben.

– Ich weiß, antwortete der junge *Man*. Ich hab' ihn sterben sehen. Die Sonne stand schon hoch am Himmel. Seit Tagesanbruch hat er nicht aufgehört, mich anzulächeln. Aber Sie irren sich, wenn Sie sagen, daß er nicht gelitten hat. Er hat mehr gelitten als irgend jemand auf der Welt. Nicht physisch. Psychisch, um meinetwillen. Er konnte nicht voraussehen, daß ich überleben würde, er mußte annehmen, daß mein Sterben mehrere Tage dauern würde.

–Du solltest versuchen, zu vergessen, nicht mehr davon zu reden, unterbrach Osling. Wir werden dich ins Lager transportieren.

–Ich kann selber gehen, ich schließe mich Ihnen an, ich werde nie mehr davon sprechen. Vergessen....? Glauben Sie, das wäre möglich, selbst wenn ich tausend Jahre lebte?

Die Kolonne marschierte nach Ban-Cao zurück. Kien versuchte, beim Transport der Leiche seines Vaters mitzuhelfen, aber seine Arme versagten. Er mußte sich entschließen, hinter den Trägern herzugehen. Den ihm angebotenen Branntwein lehnte er ab. Er ging erhobenen Kopfes, in seinem Gesicht war nicht die geringste Gemütsbewegung zu erkennen. Kurz vor der Ankunft erklärte ihm Mattei:

–Wir werden dich oben bei uns im Posten unterbringen.

Ohne zu überlegen, lehnte Kien ab.

–Nein, sagte er, ich finde in Ban-Cao Unterschlupf, bei Menschen meiner Rasse. Niemand darf erfahren, was passiert ist. Ich werde sagen, zur Zeit des Massakers sei ich nicht dagewesen. Niemand darf wissen, daß ich mein Leben Ihnen verdanke, und ich möchte nicht den Eindruck erwecken, mit Ihnen im Einverständnis zu sein.

–Ich versteh' dich nicht.

–Das ist doch sehr einfach. Ich möchte mich rächen, indem ich Ihnen helfe. Aber nicht, indem ich mich Ihnen anschließe und als einer Ihrer Männer ein Gewehr trage. Leute haben Sie genug. Ich will etwas besseres versuchen, vielleicht gelingt es mir.

–Du willst eine Art Spion werden?

–Ich werde nur wieder Kontakt aufnehmen, wenn ich Ihnen etwas mitzuteilen habe. Wenn Sie mich nicht wiedersehen, dann deshalb, weil ich nichts für Sie tun konnte oder weil ich tot bin. Auf jeden Fall danke ich Ihnen, sorgen Sie dafür, daß mein Vater in Frieden ruhen kann.

Als sich Mattei an einem der folgenden Tage im Dorf nach dem jungen *Man* erkundigte, erfuhr er, daß Kien nur eine Nacht dort verbracht hatte. Im Morgengrauen war er verschwunden, ohne irgend jemand seine Pläne und sein Reiseziel anzuvertrauen.

Tage und Wochen vergingen. Die Erinnerung an den jungen Mann verblaßte im Gedächtnis der Legionäre, und Mattei war einigermaßen überrascht, als er kurz vor Ostern 1948 auf ungewöhnliche Art von ihm hörte.

Eine Kolonne kehrte gegen Abend gerade von einer langen Patrouille in den Posten zurück. Zuerst schien es, als sei nichts zu melden. Aber sergent Favrier, der die Patrouille befehligte, hatte kaum die Schwelle überschritten, als er auch schon den capitaine zu sprechen verlangte. Da er sich verschwitzt und staubig melden ließ, war sein Bericht offensichtlich eilig, und Mattei empfing ihn sofort.

– Ich höre, Favrier.

– Mon capitaine, auf dem Rückweg, vor kaum zehn Minuten, hat uns der junge Kien angesprochen; er war in einem Gebüsch versteckt. Sie erinnern sich an ihn?

– Natürlich. Also?

– Also, er will Sie sprechen, aber er möchte nicht, daß die Dorfbewohner von seiner Anwesenheit erfahren. Er hat mich gebeten, die Wache anzuweisen, daß sie ihn heute gegen Mitternacht passieren läßt. Er wird allein und unbewaffnet sein. Ich habe sehr gezögert, aber schließlich habe ich es auf meine Kappe genommen, die Zustimmung zu geben. Ich habe gedacht, daß das in Ihrem Sinn ist, denn man riskiert ja nicht viel.

– Du hast richtig gehandelt, meinen Glückwunsch. Sag' dem Posten Bescheid, sag' ihnen, sie sollen die Augen offen halten. Laßt ihn nur herein, wenn er allein ist. Er soll durchsucht werden, sobald er sich innerhalb des Postens befindet. Dann bringt ihn zu mir.

Um Mitternacht sahen die Vorposten einen flüchtigen Schatten auf der Zufahrtsstraße. Kien ging barfuß, kein Laut verriet seine Gegenwart. Er war schnell abgetastet; nicht einmal ein Messer hatte er bei sich. Man führte ihn zum capitaine, der ihn herzlich begrüßte.

– Ich hoffe, du nimmst mir nicht übel, daß ich dich habe durchsuchen lassen, das ist üblich und nicht speziell gegen dich gerichtet.

– Das ist die Regel, capitaine, ich verstehe.

– Also gut, was willst du von mir, abgesehen davon, daß du mir das Vergnügen bereitest, dich wiederzusehen.

Die Kolonne quälte sich zum Paß von Loung-Phai hinauf

Die drei Männer betrachteten stumm die riesige Mulde, über der sie standen. An ihrem Grund erblickten sie eine Gruppe armseliger, verfallener Strohhütten, dicht aneinandergedrängt und von Vegetation überwuchert: Ban-Cao

Die Patrouillen, die täglich die Umgebung von Ban-Cao durchforschten, nahmen zunächst recht gute Kontakte auf

Kien versuchte nicht, lange herumzureden.

–Mon capitaine, ich weiß, wo sich morgen abend um 10 Uhr 30 ein Dutzend Stabsoffiziere des Viet-minh treffen werden. Sie werden Dokumente bei sich haben, sie müssen wohl eine wichtige Konferenz abhalten.

Mattei fing sofort Feuer. Er stellte eine Menge Fragen und versuchte, die Richtigkeit von Kien's Mitteilungen herauszufinden. Aber er erhielt keine beweiskräftige Antwort.

–Capitaine, sagte Kien, entweder Sie glauben mir, oder Sie glauben mir nicht. Wenn ja, dann habe ich einen Plan. Alle Details sind geregelt. Und man muß sich ganz genau daran halten. Andernfalls gehe ich wieder, und Sie werden nie mehr von mir hören.

–Kannst du mir wenigstens den Ort sagen, wo diese Begegnung stattfinden soll?

–Annähernd, ja. Genau, nein. Es tut mir leid, aber ich kann nicht das Risiko eingehen, mitanzusehen, wie Sie eine Operation aufziehen, die Sie vielleicht für durchführbar halten, während ich wüßte, daß sie scheitern muß. Mein Verhalten dient ebenso Ihrer Sicherheit wie der meinen.

–Kannst du mir deinen Plan auseinandersetzen?

–In großen Zügen, ja. Haben Sie eine Karte von Cao-Bang bis zur chinesischen Grenze?

Der capitaine zeigte auf eine riesige Generalstabskarte an der Wand. Kien trat darauf zu und zog, ohne zu überlegen, mit dem Zeigefinger einen Kreis. Dann sagte er:

–Da ungefähr ist es.

Mattei pfiff verblüfft. –Das ist ja in China!

–Sie wollen die Wahrheit? Auch wenn sie Ihr Gewissen belastet?

–Mit meinem Gewissen könnte ich einen Spaziergang bis nach Peking vereinen, aber ich möchte keinen diplomatischen Zwischenfall hervorrufen. Wie auch immer; ja, ich will die Wahrheit.

–Der Ort der Zusammenkunft ist unbezweifelbar auf tongkinesischem Territorium. Aber an dieser Stelle verläuft die Grenze in Windungen, und ich kann nicht ausschließen, daß wir chinesisches Gebiet durchqueren müssen, um hinzugelangen.

–Das ist ziemlich beschissen, antwortete Mattei. Wenn ich mit einem bewaffneten Trupp in China geschnappt werde, dann ziehen die mir die Hammelbeine lang, und ausnahmsweise hätten sie dann auch noch recht.

– Wer spricht denn von einem bewaffneten Trupp? warf Kien ein.

– Ach so, wir zwei gehen da allein hin?

– Wir müssen einen Teil des Weges zu Pferde machen. Ich habe sechs Pferde zur Verfügung, eines für Sie, eins für mich, Sie brauchen nur noch vier Legionäre zur Begleitung auszusuchen.

In Mattei's Kopf jagten sich die Gedanken. Einen Augenblick lang hatte er ernsthaft an eine Falle gedacht. Machte Kien für den Tod seines Vaters nicht etwa die verantwortlich, die ihn nicht hatten schützen können? Daß Kien nur eine so kleine Gruppe anforderte, schloß jedoch jeden Verdacht aus. Würde er aus Rache einen Hinterhalt planen, so hätte er alles Interesse, zu behaupten, daß eine starke Truppe unerläßlich sei. Da er den Weg bestimmte, könnte er sie vernichten lassen, wo es ihm paßte. Von seiner Abteuerlust besessen, hätte Mattei wahrscheinlich auch dieses Risiko auf sich genommen. Jetzt, nachdem er von der Aufrichtigkeit des jungen *Man* überzeugt war, beschloß er, die Operation ganz methodisch vorzubereiten.

– Auf alle Fälle, bemerkte er, müssen wir die Straße bis Soc-Giang benutzen, Cao-Bang, Na-Khan und Na-Giang durchqueren – das sind gut fünfzig Kilometer in einem Gebiet, das von Rebellen wimmelt.

– Wer wird schon einen armseligen Jeep überfallen? Die Viets sind vielzusehr damit beschäftigt, Hinterhalte für Konvois anzulegen; sie werden die Tarnung ihrer Stellungen gewiß nicht durch den Angriff auf ein einzelnes Fahrzeug gefährden, vor allem nicht nachts, wenn wir ohne Licht fahren.

– Du hast doch gesagt, daß es morgen um 10 Uhr 30 abends sei? Vor 8 Uhr wird es nicht dunkel. Dein Plan ist also undurchführbar.

– Wir müssen natürlich sofort aufbrechen.

– Was? du bist ja verrückt!

– Die Pferde stehen jenseits von Soc-Giang heute morgen um 6 Uhr 30 für uns bereit. Wir müssen Ban-Cao spätestens in einer Stunde verlassen und die Gewißheit haben, nicht durch die Straßensperren aufgehalten zu werden.

Der capitaine überlegte kurz. Er vertiefte sich in die Karte, als könne sie Antwort auf die zahllosen Fragen geben, die sich ihm aufdrängten. Dann drehte er sich brüsk um, riß die Tür auf und brüllte in den Gang:

– Fernandez!

Fernandez erschien augenblicklich. Gegen jede Logik war er im Kampfanzug und hellwach.

– Mon capitaine?

– Du hast an der Tür gelauscht, Mistkerl! Es ist mir wurscht, aber erspar' mir deine Entrüstungs-Nummer, sie geht mir auf die Nerven.

– Ich hab alles gehört, mon capitaine, aber rein zufällig, ich kam gerade vorbei....

– Halt die Schnauze! Weck' Klauss, Ickewitz und Clary.

In einer halben Stunde geht's los. Sag' dem Funker, er soll mit Cao-Bang Verbindung aufnehmen, ich werde selbst mit ihnen sprechen.

– Ich vertraue dir, wandte sich Mattei an Kien. Ich werde deine Anweisungen befolgen; begleite mich in die Funkerbude.

Als sie in den engen Funkraum kamen, war ein nur mit Slip bekleideter caporal gerade dabei, die übliche Funkerlitanei herunterzuleiern:

– Cao-Bang, hier Posten Ban-Cao, ich empfange Sie 5 auf 5. Wie empfangen Sie mich? Bitte kommen.

Nach kurzem Zuhören begann der Funker wieder:

– In Ordnung, ich übergebe an meinen Chef, der persönlich mit Ihnen sprechen will.

Mattei stülpte den Kopfhörer über und sagte:

– Hier capitaine Mattei. Verbinden Sie mich mit dem Offizier vom Dienst. Kommen.

– Nach kurzer Zeit schrie er:

– Dann wecken Sie ihn eben, Sie Idiot! Natürlich ist es wichtig!

Es vergingen einige Minuten. Mattei wartete schweigend und gespannt. Er zündete sich eine Zigarette an; Kien, dem er auch eine anbot, lehnte ab. Schließlich ging das Funkgespräch weiter:

– Ah, Sie sind's, Lemoine? Hier Mattei. Sagen Sie, mein Lieber, ich habe da eine ganz spezielle Sache vor. Die Befehle kommen von ganz oben. In einer Viertelstunde fahre ich in Ban-Cao ab. Ein einziges Fahrzeug: mein Jeep. Sorgen Sie dafür, daß ich die Straßensperren von Cao-Bang ohne Aufenthalt passieren kann, und benachrichtigen Sie Na-Khan, Na-Giang und Soc-Giang. Dorthin die gleiche Anweisung. Kommen.

Resigniert hörte sich Mattei die Antwort an, die er ohnehin erwartet hatte. Schließlich erwiderte er:

– Lemoine, ich weiß so gut wie Sie, daß die Straße nicht sicher ist. Und stellen Sie sich vor, ich hab' auch eine Karte und ich weiß auch, daß Soc-Giang nicht weit von der Grenze entfernt ist. Es macht mir durchaus keinen Spass, mein Leben aufs Spiel zu setzen, aber ich lege keinen Wert darauf, wegen Ungehorsams degradiert zu werden, selbst wenn General T. komplett verrückt ist.

–Der General T.? krächzte im Apparat die Stimme des Leutnants der Nachrichtenabteilung.

–Natürlich, Sie glauben doch wohl nicht, daß ich eine derartige Verantwortung auf eigene Faust übernehme oder daß ich an Schlaflosigkeit leide.

Nachdem er wieder zugehört hatte, schloß Mattei:

–Bestens! Einverstanden. Ich werde dem General berichten, wie prompt Sie seine Befehle ausgeführt haben. Ich sehe Sie schon auf der Beförderungsliste, mein Lieber, nochmals vielen Dank.

Klauss, Clary und Ickewitz kamen angerannt. Ohne aufzublicken, erklärte Mattei schlicht:

–Wir fahren mit Kien nach China. Wir zwängen uns zu sechst in meinen Jeep. Abfahrt in fünf Minuten.

Klauss stellte nur eine einzige Frage!

–Bewaffnung, mon capitaine?

27.

Der Jeep erreichte Cao-Bang in einer knappen Stunde. An der Zufahrtssperre stand lieutenant Lemoine von der Nachrichtentruppe. Er hatte die Zeit seit dem Funkkontakt dazu benutzt, sich zu rasieren, zu waschen und in eine tadellose Uniform zu werfen.

»Er muß angenommen haben, daß der General mit mir fährt«, dachte Mattei. »Er muß wirklich borniert sein.«

Der Leutnant machte vorschriftsmäßig Meldung:

–Mon capitaine, die Posten erwarten Sie bis hin nach Soc-Giang. Ich habe Ihre Anweisungen übermittelt, man wird Sie passieren lassen.

–Sehr gut, danke, antwortete Mattei und machte Klauss ein Zeichen, weiterzufahren.

–Mon capitaine, fügte Lemoine schüchtern hinzu, wegen des Generals, Sie denken doch daran? Wissen Sie, ich hätte schon dieses Jahr auf der Beförderungsliste stehen müssen.

272

–Sie können auf mich zählen, Lemoine, diese Ungerechtigkeit wird in Ordnung gebracht.

Mattei unterstrich diesen Satz mit einem Augenzwinkern und tippte mit zwei Fingern leger auf seine Hauptmannsepauletten.

Sobald der Jeep wieder angefahren war, bemerkte Klauss:

–Das geht mich zwar nichts an, mon capitaine, aber ich habe den Eindruck, daß der bedauernswerte Leutnant Ungelegenheiten kriegen wird.

–Sie haben recht, Klauss, das geht Sie nichts an.

–Zu komisch, fuhr der sergent-chef dennoch fort, für Sie gibt es nur die Legion, die andern können krepieren.

–Irrtum, Klauss, es gibt korsische Offiziere, die keine Legionäre sind.

Hinten im Wagen, eingeklemmt zwischen Ickewitz und Fernandez, brach Clary in Gelächter aus.

Lemoine hatte das Nötige veranlaßt, und die Fahrt des Jeep wurde durch die Kontrollen kaum verlangsamt. Hinter Soc-Giang kam man ins Niemandsland. Bis zur chinesischen Grenze waren es nur noch zwei oder drei Kilometer, und es gab keinen französischen Posten mehr. Die befestigte Straße war zu einem gewundenen Weg geworden, der nach Binh-Mang, dem Grenzdorf, führte.

Im Jeep dicht zusammengedrängt, waren die fünf Legionäre auf der Hut. Sie hatten drei Maschinenpistolen, zwei Maschinengewehre und eine Kiste Handgranaten bei sich. Aus einiger Entfernung sah das überladene Fahrzeug zum Verwechseln einem Wagen ähnlich, der nach einer Fete in die Kaserne zurückkehrt. Aber obwohl die Männer schier aufeinanderlagen, befand sich in Wirklichkeit doch jeder von ihnen in Kampfposition, den Finger am Abzug seiner Waffe. Die Jeep-Besatzung war bereit, einen eventuellen Angriff abzuwehren, aus welcher Ecke er auch kommen sollte.

Ehe sie das Grenzdorf erreichten, wies Kien auf einen kaum erkennbaren Pfad, der nach links abzweigte. Der Jeep fuhr darauf noch einige Meter, dann ließ der junge *Man* halten.

–Ich werde aussteigen, sagte er, und als Führer vor Ihnen hergehen. Die Pferde erwarten uns nach etwa fünfhundert Metern. Aber vor allem dürfen die Scheinwerfer nicht angemacht werden, Sie brauchen mir nur nachzufahren, ich kenne den Pfad, man kommt mit dem Jeep durch; am Ende kann man ihn wenden und abstellen.

–In Ordung, stimmte Mattei zu, ich verliere dich nicht aus den Augen.

–Ich auch nicht, fügte Fernandez hinzu, und lud seinen Colt durch.

Kien zuckte verächtlich die Schultern und ging leichtfüßig voran.

Die sechs Pferde waren da, bewacht von einem ganz jungen Mann. Kien entließ ihn und er glitt in den Wald, ohne ein Wort gesprochen zu haben. Die Hufe der alten Schindmähren waren sorgfältig mit dicken Lappen umwickelt; die Tiere hatten keinen Sattel und nicht einmal eine Decke auf dem Rücken. Ihre primitiven Trensen waren mit Bindfaden festgebunden, und die morschen Zügel bestanden aus aneinandergeknoteten Schnüren. Dennoch gelang es den Legionären, die Maschinengewehre und die Kiste mit den Handgranaten festzuzurren. Dann bestiegen sie die klapprigen Gäule. Die sonderbaren Kavalleristen ritten Schritt, mit Kien an der Spitze. Die Lappen unter den Hufen erwiesen sich als außerordentlich nützlich auf dem steinigen Boden. Die berittene Kolonne verursachte praktisch kein Geräusch. Um Kien's Willen zu respektieren, hatte sich Mattei gehütet, die Karte in seinem Käppi zu konsultieren. Aber er hatte sie sich vor dem Aufbruch genau eingeprägt und konnte so ungefähr erraten, wo man sich befand und welche Richtung man einschlug. Der Pass, der vor ihnen lag, bestärkte ihn in seinen Vermutungen. Sie waren im äußersten Norden des Bergmassivs von Nuil-Hoai – wahrscheinlich in China. Aber sobald der Pass überquert war, mußte der Pfad auf der andern Seite nach Westen abfallen und sie wieder nach Tongking führen. Kien schien in allen Punkten die Wahrheit gesagt zu haben, und Mattei fühlte sich beruhigt.

Es war schon heller Tag, als die Kolonne in einem Wald auf ebenem Glände anhielt. Kien stieg vom Pferd und machte den Legionären Zeichen, ebenfalls abzusitzen. Sie banden ihre Reittiere an Bäumen fest.

–Wir müssen zu Fuß weiter, flüsterte Kien. Ziehen Sie die Schuhe aus, wir werden unser Ziel in spätestens einer Viertelstunde erreichen.

Die fünf Legionäre bissen in den sauren Apfel; nur Clary, der angeblich empfindliche Füße hatte, protestierte schwach.

Nach einem Marsch von etwa zehn Minuten blieb Kien stehen und machte dem capitaine ein Zeichen. Mattei trat zu ihm. Sie standen nur etwa dreißig Meter entfernt von einer kreisrunden Pagode in chinesischem Stil, die gut versteckt mitten im Wald lag.

–Da ist es, kündigte Kien mit leiser Stimme an. Ich gehe voraus. Wenn alles in Ordnung ist, mache ich Ihnen Zeichen.

Alles war in Ordnung. Der junge *Man* gab sein Zeichen ganz offen, so daß die Legionäre ihm ohne besondere Vorsichtsmaßnahmen folgten.

Einer nach dem andern betraten die Männer die Pagode. Das Innere bestand nur aus einer weiten Halle, ungefähr zwanzig verschlissene Sitzkissen lagen auf dem Fußboden, und im Hintergrund standen als einzige Möblierung ein Tisch und ein Stuhl. Kien sagte laut:

–Hier ist es. Und ich schlage Ihnen folgendes vor: schauen Sie sich den Plafond an.

Automatisch hoben die fünf Legionäre den Kopf. Ein Gewirr von festen Balken stützte das kegelförmige Dach der Pagode. Wenn man hinaufkletterte, konnte man sich dort leicht verstecken.

–Vorzüglich, stimmte Mattei zu, aber wieviel Viets werden es sein?

–Es sind zwölf Chefs, das weiß ich sicher. Wahrscheinlich wird jeder von ihnen von einem Leibwächter begleitet sein. Einige werden vielleicht zwei haben, maximal.

–Und wenn sie die draußen lassen?

–Nein, ich kenne ihre Gewohnheiten. Die Leibwächter werden rund herum längs der Innenwand stehenbleiben, und die zwölf Chefs versammeln sich in der Mitte. Draußen werden sie nur einen einzigen Mann aufstellen.

–Wie werden sie deiner Meinung nach herkommen?

–Zu Pferde, zu Fuß, auf Mauleseln; jedenfalls nicht motorisiert.

–Besteht die Gefahr, daß sie zu früh oder zu spät eintreffen?

–Keiner von ihnen wird später als um 22 Uhr 30 erscheinen, aber es kann sein, daß sie ein paar Männer vorausschicken. Ich rate Ihnen, Ihr Versteck gleich aufzusuchen und sich während der kommenden zehn Stunden bereitzuhalten. Da oben sind eine Menge Schlupfwinkel, Sie können sich alle fünf bestens verstecken.

–Und du?

–Was mich anbetrifft, so haben Sie die Wahl, capitaine. Es gibt zwei Möglichkeiten: entweder bleibe ich bei Ihnen, aber in diesem Fall muß ich Ihr Offizierswort dafür verlangen, daß es keine Überlebenden geben wird, und daß die Verwundeten auch getötet werden. Oder ich verlasse Sie nun; Sie kennen den Rückweg, Sie werden die Pferde und den Jeep wiederfinden. In dieser Zone hier haben Sie nichts zu befürchten, die Viets sind ganz auf der anderen Seite massiert.

Mattei zögerte keinen Moment, Gefangene waren nützlicher als Tote.

– Du verläßt uns, und wir helfen uns selber. Vielen Dank Kien, und Hals- und Beinbruch! Ich vertraue ganz auf Dein Wort.

Mit einer Handbewegung verabschiedete sich Kien von den Legionären und verschwand im Wald, ohne ein Wort hinzuzufügen. Klauss fragte:

– Sind Sie seiner wirklich so sicher, mon capitaine?

– Uneingeschränkt. Er hatte zwanzigmal Gelegenheit, uns zu vernaschen, ohne uns erst bis hierher zu bringen.

– Also, klettern wir rauf?

– Wir klettern. Aber vorher hört mir alle gut zu. Einmal oben, sobald wir in Position sind, will ich keinen Furz mehr hören, und das kann lange dauern; kein Wort, keine Zigarette, was auch passiert, nicht die geringste Bewegung vor 22 Uhr 30. Also, wenn alles abläuft wie vorgesehen, sobald ich die Aktion auslöse: gezieltes Feuer auf die Wachmannschaft. In die Mitte, auf die Chefs, schießt Ihr nur, wenn sie euch angreifen. Verstanden?

– Verstanden, mon capitaine, antworteten die vier Männer unisono.

– Gut, jetzt, Ickewitz, wir steigen dir auf die Schultern, du reichst uns die Waffen zu, anschließend ziehen wir dich rauf.

Die Falle war schnell angelegt. Die Männer konnten sich mühelos so verstecken, daß sie von unten überhaupt nicht zu sehen waren, sich aber doch bewegen und in Sekundenschnelle das Feuer aus ihren automatischen Waffen eröffnen konnten.

Die lange Wartezeit begann. Auf den breiten Balken lagen die Legionäre zwar nicht unbequem, aber was ihre Situation peinvoll machte, war das angespannte Lauern und die Anstrengung, kein Geräusch zu verursachen.

Von seinem Platz aus beobachtete Mattei den einzigen Zugang zur Pagode. Er überblickte zwar nur den unteren Teil, aber niemand konnte hereinkommen, ohne von ihm bemerkt zu werden. Die

Stunden verrannen, ohne daß die strengen Vorsichtsmaßnahmen gelockert werden durften.

Es war schon fast 20 Uhr, als man von draußen erstmals undeutliche Geräusche vernahm. Dann, kurz darauf, hörte man ein Zwiegespräch. Zwei Personen betraten die Pagode. Einen Augenblick konnte Mattei flüchtig ihre Umrisse erkennen, als sie sein Blickfeld passierten. Verblüfft stellte er fest, daß es sich um einen Mann und eine Frau handelte.

Als das Paar aus seinem Gesichtsfeld verschwunden war, erriet der capitaine dem Gehör nach die Bewegungen und das Tun der beiden Viets: das Aufstellen eines Öfchens oder etwas ähnlichem, um Tee oder sonst etwas zu kochen. Hierbei handelte es sich natürlich nur um eine Vermutung; die dann folgenden Geräusche waren dagegen eindeutig.

Das Klappern einer von kundiger Hand bedienten Schreibmaschine hallte in dem gewölbten Raum. Die Unterhaltung des Paares war verstummt, und das schnelle Tippen zeigte, daß sich die Frau ganz ihrer Arbeit widmete. Zwei Stunden lang hörte das Maschinengeklapper nur auf, wenn die Schreiberin das Papier wechselte. Mattei jubilierte. Aller Voraussicht nach war er es, für den sie arbeitete. Er hatte die besten Aussichten, die von ihr getippten Schriftstücke zu erbeuten.

Ganz wie Kien vorausgesagt hatte, trafen die verantwortlichen Chefs zwischen 22 Uhr und 22 Uhr 30 ein. Der capitaine kam zu dem Schluß, daß er den Beginn seiner Aktion rein nach dem Gehör bestimmen konnte, ohne daß er sich vorher zu rühren brauchte; das Stimmengewirr, das er im Augenblick hörte, war offensichtlich noch nicht die Konferenz. Also mußte er logischerweise den Beginn der Besprechung akustisch erraten, um so die Gewißheit zu gewinnen, daß alle Teilnehmer anwesend waren. Er täuschte sich nicht. Nach kurzer Zeit verstummte das lärmende Schwatzen und es wurde fast still; offensichtlich ließen sich die Viet-Chefs nieder.

Mattei hob den Kopf von seinem Balken und riskierte einen Blick auf die gegenüberliegende Wand. Er segnete Kien. Die Szene, die sich ihm bot, bewies, daß der junge *Man* die Situation bis ins letzte Detail gekannt und vorausgesehen hatte. Der capitaine sah rund zehn Männer, die aufrecht an der Wand standen. Keiner von ihnen schaute in seine Richtung. Ihre Augen waren auf die Mitte der Pagode gerichtet, wo die Chefs auf ihren Kissen sitzen mußten. Die

zehn Männer, die in Mattei's Blickfeld waren, konnten ihm nicht ent-
rinnen, und die anderen Leibwächter würden dem Kreuzfeuer seiner
Kameraden ausgeliefert sein.

Mit seiner Maschinenpistole eröffnete der capitaine das mörderische
Feuer. Die Viets fielen. Die vier Legionäre um ihn herum hatten
gleichzeitig zu feuern begonnen. Mattei leerte drei Magazine auf die
Männer am Boden. Jeder Überlebende konnte einen Legionär töten,
denn sobald sie heruntersprangen, mußten sie sich auf die Mitte des
Raumes konzentrieren. Mutig aber töricht, kamen die beiden Wachtposten, die man vor der Türe aufgestellt hatte, hereingestürzt und
wurden niedergeschossen. Mattei brüllte:

–Alles runter!

Alle gleichzeitig, landeten die fünf Legionäre mit ihren Waffen auf
dem Boden. Sie umringten die zentrale Gruppe, die keinerlei Flucht-
chance hatte. Dennoch versuchten mehrere der umzingelten Männer,
eine Waffe zu ergreifen und zwangen damit die Legionäre, auf sie zu
schießen. Neun von den Chefs wurden tödlich verletzt, die übrigen
und die Frau ergaben sich mit erhobenen Händen.

Ickewitz, ganz in seinem Element, stampfte zwischen Leichen und
Sterbenden herum, um sich zu vergewissern, daß keiner von ihnen
mehr einen Schuß abgeben konnte. Mattei sah begeistert den Haufen
herumliegender Papiere. Clary's Interesse dagegen galt der Frau; sie
war jung und hübsch und er starrte sie mit schlecht verhehlter Be-
gehrlichkeit an. Fernandez schließlich untersuchte die Taschen der
Toten.

–Ickewitz, schrie Mattei, fessel' mir mal die vier Chinesen. Klauss,
Clary, sammelt alle Papiere ein, die ihr finden könnt. Und Fernandez,
bring' mir die Moneten, die du da gefleddert hast, widerlicher
Schakal!

–Sie haben kein Geld, mon capitaine, ich hab' nach Dokumenten
und Waffen gesucht.

–Was du finden wirst, ist mein Fuß in deinem Hintern, wenn du
mir das Kleingeld nicht sofort ablieferst!

–Die Hälfte, mon capitaine, suchte Fernandez zu handeln.

–Mach's in vier Teile, im Grund ist mir's ja schnuppe!

–In drei, verbesserte Klauss, ich bin kein Leichenfledderer.

Die vier Gefangenen vor sich herstoßend, begannen die Legionäre ihren Rückweg durch die Nacht. Sie fanden die Pferde, wo sie sie zurückgelassen hatten. Den Gefangenen banden sie die Hände zusammen um sie an einer Leine hinter den Gäulen hergehen zu lassen. Clary trat zu dem capitaine und schlug vor:
–Ich kann mein Pferd dem Mädchen lassen, mon capitaine. Mir macht's nichts, zu Fuß zu gehen.
–Mir ist das gleich, aber paß' auf sie auf. Eins muß ich dir sagen: wenn du bei ihr landen willst, mußt du dich beeilen, denn sobald wir in Cao-Bang sind, schläft sie wie die andern beim 2^e Bureau.[17]
–Ach, wir behalten sie nicht, bedauerte Clary enttäuscht. Dann kann sie genausogut laufen.
Er bestieg sein Pferd, ohne die Leine loszulassen, an der das Mädchen angebunden war. Schweigend setzte sich die Kolonne in Bewegung und klomm den Pfad nach China hinauf. Der steile Anstieg beanspruchte die Tiere stark, sie litten sichtlich. Die Gefangenen ließen sich gelegentlich hinter ihnen herschleifen. Das Mädchen stolperte wiederholt und fiel auf die Knie. Mit einem kurzen Ruck an der Leine zwang Clary sie, wieder aufzustehen und weiterzugehen. Nachdem sich dieser Vorgang zwei- oder dreimal abgespielt hatte, stieg Clary fluchend und auf sich selbst schimpfend vom Pferde. Er murmelte zwischen den Zähnen:
–Ich bin auch zu blöd, der reinste Kinderfreund. (Dann wandte er sich an das Mädchen.) Los, steig' auf, dumme Ziege! Und hör' auf, zu stöhnen, ich könnt' mir's sonst anders überlegen.
Gewandt kletterte das Mädchen auf das Pferd und sagte schüchtern lächelnd:
–Danke.
–Du sprichst französisch?
–Natürlich. Alle sprechen wir französisch.
Clary trieb das Pferd an, weil es einige Meter hinter der Kolonne zurückgeblieben war. Er selbst trabte keuchend hinterher und schlug dem Pferd auf die Hinterbacken. Als sie Klauss, der als letzter ritt, eingeholt hatten, ging Clary zum Kopf des Pferdes und führte es am Zügel. Er fragte das Mädchen:
–Kannst du französisch lesen und schreiben?
–Ja.

[17] Der militärische Nachrichtendienst, entsprechend der Abteilung I c im deutschen Heer.

–Wenn ich die Erlaubnis vom capitaine kriege, würdest du dann für uns arbeiten?

–Ich verrate die Meinen nicht.

–Hör mal zu, dumme Gans, weißt du, was dir blüht, wenn wir dich in Cao-Bang lassen? Sie werden dir ein ganzes Bataillon Achmeds über den Bauch schicken, bis du alles sagst, was du weißt. Nachher wird man dich in einen Puff stecken, aus dem du deiner Lebtag nicht mehr herauskommst.

Der Gefangenen war völlig klar, aus welchen Motiven der Legionär ihr seine Unterstützung anbot. Trotz seiner Übertreibungen machte sie sich aber keine Illusionen über das Schicksal, das sie erwartete.

–Was müßte ich denn tun? fragte sie.

–Hör zu, der capitaine ist ein prima Kerl, das kann ich dir garantieren. Wenn er bereit ist, dich zu beschützen, wird dich keiner anrühren. Und dafür mußt du ihm bloß alles sagen, was du weißt. So oder so, auf die eine oder andere Weise, mußt du das ohnehin. Also, da vermeidet man doch lieber das Schlimmste....

Eine ganze Weile schwieg das Mädchen; sie kannte kein Geheimnis, das für den Kampf der Ihren von irgendwelcher Bedeutung war; und außerdem könnte sie ja immer noch schwindeln. Die Hauptsache war, die ihr drohenden Vergewaltigungen zu vermeiden. Der Mann, der neben ihr ging, hatte sich zuvorkommend gezeigt; offensichtlich suchte er, sie zu verführen, obwohl er sie mit Gewalt nehmen konnte. Außerdem hatte sie die Leichenfledderei miterlebt; die Reaktion der beiden Dienstgrade, die an der Geldverteilung nicht partizipieren wollten, sprach für die Gruppe, deren Gefangene sie im Augenblick war.

Der Gefangene vor ihnen hatte das Gespräch mitangehört. Auf französisch sagte er:

–Geh' mit ihnen, wenn sie es dir vorschlagen, Tinh, ich werde selbst darüber mit ihrem Chef reden.

Das Mädchen antwortete nicht. Die Kolonne hatte den Pass erreicht und begann den Abstieg.

Der Tag war noch nicht angebrochen, als sie zu dem Jeep kamen. Man mußte sich zu neunt in den Wagen quetschen und dennoch auf der Hut bleiben. Während Mattei nach einer Lösung für dieses Problem suchte, sagte der Gefangene, der mit dem Mädchen gesprochen hatte:

–Capitaine, ich möchte Ihnen etwas sagen.

–Ich höre.

–Tinh Lang, unsre Sekretärin, ist in unsre Vorhaben nicht eingeweiht. Sie ist erst vor einem Monat zu uns gekommen. Wir haben sie wegen ihrer Schreibmaschinenkenntnisse beschäftigt, aber sie hat nichts anderes getan, als Schriftstücke zu tippen, von denen sie nichts verstand. Sie kennen das Schicksal derjenigen, die man zwingen will, zu sagen, was sie nicht wissen. Vor allem, wenn es sich um Frauen handelt.

–Ich wende die Methoden nicht an, von denen Sie sprechen.

–Deshalb bitte ich Sie: liefern Sie das Mädchen nicht denen aus, die sie anwenden.

–Woher wollen Sie wissen, daß ich ehrlich bin?

–Nennen wir es Intuition. Wenn ich mich irre, hat sie Pech gehabt.

Mattei hatte gar keine Lust, sich mit einem Mädchen zu belasten, besonders nicht, wenn es hübsch war. Er stellte sich die Scherereien vor, die ein solcher Zuwachs in Ban-Cao verursachen würde. Andrerseits konnte der Vorschlag des Viet-Chefs ihm aus einer großen Verlegenheit helfen. Über die gerade erfolgreich abgeschlossene Operation würde er Rechenschaft geben müssen. Man würde ihn auffordern, seine Informationsquelle zu nennen, und Kien wollte er keinesfalls kompromittieren. Einerseits, weil er von ihm noch andere Informationen erwarten konnte, andrerseits, weil etwaige Indiskretionen für den jungen *Man* die schlimmsten Folgen haben würden. Plötzlich entschlossen, antwortete Mattei:

–Es gibt nur eine Möglichkeit, eine einzige, und zwar, daß das Mädchen als unsre Informantin auftritt. Ich würde sie in meinem Bericht nennen und mit dieser Begründung verlangen, daß sie bei uns bleibt. Das bedeutet aber, daß es keine Woche dauern wird, bis alle Ihre Kameraden von ihrer Schuld hören und davon überzeugt sein werden. Ich erlaube Ihnen, ihr das auseinanderzusetzen. Wenn sie mit uns geht, wechselt sie das Lager ohne jede Aussicht, jemals in das Ihre zurückkehren zu können.

Der Viet schien einen Augenblick perplex. Für seine Rasse war er sehr groß, er hielt sich sehr gerade und trotz der gefesselten Hände wirkte er vornehm. In resigniertem Ton antwortete er:

–Ich nehme an, daß auch ich keine großen Chancen habe, die Meinen je wiederzusehen.

–Ich fürchte, nein.

–Wenn ich mich weigere, zu reden, wird man mich zu Tode foltern. Wenn ich rede, wird man mich ohne Federlesen hinrichten.

–Davon will ich nichts wissen.

–Ich hab' Sie nicht für einen Feigling gehalten.

Ausnahmsweise blieb Mattei ruhig.

–Ich halte mich nicht für einen Feigling, aber ich bin nicht der liebe Gott, ich bin nur ein Hauptmann, der für seine Kompanie verantwortlich ist. Die Methoden, auf die Sie anspielen und die gerade Sie immer anwenden, sind bei mir ausgeschlossen und verpönt. Weiter geht meine Macht nicht.

Der Viet-Chef schien eine Weile tief in Gedanken versunken. Schließlich sagte er bitter:

–Ihre berühmte Methode besteht ja darin, Ihre Gegner – wie Sie es nennen – »naß zu machen«, um sie zu engagierten Mitläufern umzufunktionieren. Wenn Sie das auch mit der Kleinen vorhaben, können Sie dann wenigstens für ihre Sicherheit garantieren? Sie ist noch keine sechzehn Jahre alt.

Das Verhalten des Viet machte Mattei neugierig.

–Das Schicksal dieses Kindes scheint Ihnen nahezugehen.

–Sie ist meine Tochter.

–Ich gebe Ihnen mein Wort, daß ihr nichts Schlimmes passiert, solange sie bereit ist, bei uns zu bleiben.

–Sie wird bereit sein, wenn Sie mich mit ihr reden lassen.

Der Viet-Chef wechselte nur wenige Worte mit seiner Tochter, ehe er wieder zu der Gruppe trat. Die drei männlichen Gefangenen mußten sich bäuchlings auf die Motorhaube des Jeep legen. Mattei ließ sie sorgfältig festbinden, weniger aus Angst vor einem Fluchtversuch, als zur Vermeidung eines Sturzes. Dann gab der capitaine Befehl, das junge Mädchen loszubinden und ließ es auf dem Rücksitz zwischen Fernandez und Ickewitz Platz nehmen. Klauss setzte sich wieder ans Steuer, während Clary – wie Kien auf dem Hinweg – dem Fahrzeug als Führer auf dem engen Pfad vorausschritt.

Sobald sie auf dem ausgebauten Weg angekommen waren, zwängte sich Clary neben den capitaine und der Jeep fuhr langsam weiter.

An der Sperre von Soc-Giang starrten die Posten sprachlos auf die seltsame Fuhre. Mattei erklärte:

–Benachrichtigen Sie den O.R.[18] des II. Bataillons in Cao-Bang.

---

[18] Officier de renseignements, Nachrichtenoffizier, entsprechend dem deutschen Ic.

Übermitteln Sie, daß ich ihm drei erstklassige Kunden und Dokumente mitbringe.

Es tagte schon, als das Kommando in Cao-Bang ankam. Der Jeep war kaum durch das Kasernentor gefahren, als der O.R., zusammen mit dem Bataillonskommandeur, voller Neugierde wegen der kurz zuvor eingetroffenen Mitteilung, angestürzt kamen. Den O.R., lieutenant K., kannte Mattei persönlich.

−Ich bring' dir Großwild, erklärte er. Wahrscheinlich A.X.1 (die Buchstaben A, B, C bezeichnen den Rang eines Gefangenen, wobei A der ranghöchste ist; und X bedeutet, daß der Gefangene wahrscheinlich nicht sprechen wird; die Zahlen 1, 2, 3, 4 bezeichnen in ihrer Reihenfolge den Wert der Kenntnisse, die die Gefangenen vermutlich besitzen).

Wenn Mattei also dem O.R. seine Gefangenen als A.X.1 ankündigte, dann hieß das im Klartext: »Es sind große Tiere, aber Sie werden nichts aus ihnen herauskriegen.«

−Zum Ausgleich, fuhr der capitaine fort, habe ich das Glück gehabt, ein Paket Dokumente in die Hand zu bekommen, von denen Sie wahrscheinlich mehr Nutzen haben werden als von den drei Kerlen.

−Was ist jetzt das wieder für eine Geschichte, Mattei? fragte der commandant. Wo haben Sie diesen Streich ausgeführt? Außerhalb Ihres Abschnitts, jedenfalls .... Lemoine hat mir da ein Schauermärchen aufgetischt; er hat Stubenarrest, weil er Sie hat passieren lassen.

−Mon commandant, unterbrach der O.R. nach einem ersten Blick in die Papiere, die er auf der Motorhaube des Jeeps ausgebreitet hatte, ich glaube, hier haben wir Informationen von allerhöchster Wichtigkeit.

−Wie üblich, Mattei, das Ergebnis wird Sie wieder einmal aus der Tinte ziehen. Aber nehmen Sie sich in acht, man hat nicht ewig Glück. Und dann, was ist denn das da für ein Mädchen, das Sie da mitschleifen?

−Meine Informantin, mon commandant. Ihr verdanke ich es, daß ich diese Mission erfolgreich durchführen konnte.

Das leuchtete dem Major sofort ein. Zwangsläufig mußte Mattei Informationen von irgend jemand erhalten haben, um eine so bedeutende Aktion durchführen zu können.

Der capitaine legte keinen Wert darauf, das Gespräch zu verlängern.

– Also, mon commandanat. Wenn Sie gestatten, fahre ich jetzt nach Ban-Cao zurück. Meinen Bericht übermittle ich Ihnen umgehend, schloß er.

Als der Jeep anfuhr, entriss sich der Viet-Chef mit einem kurzen Ruck dem leichten Griff, mit dem ihn ein Legionär zerstreut festhielt. Er beugte sich in den Wagen und spuckte seiner Tochter ins Gesicht. Augenblicklich wurde er zurückgerissen und mit einem Faustschlag zu Boden gestreckt. Mattei machte Klauss ein Zeichen, weiterzufahren.

Sobald der Jeep den Kasernenhof verlassen hatte, drehte sich Mattei zu dem jungen Mädchen um:

– Ich hoffe, Sie haben die Gründe seines Verhaltens verstanden? fragte er.

Die Tongkinesin bejahte mit einem Kopfnicken:

– Er hat mich darauf vorbereitet, daß er es tun würde, als er vorhin mit mir sprach. Er hat mir gesagt, daß das sein Abschiedsgruß sein werde, seine letzte Liebesbezeugung für mich.

28.

Der Ruf von Ban-Cao blieb nicht auf Ober-Tongking beschränkt; bis nach Hanoi, ja bis nach Saigon sprach man über die Leistung des Legionshauptmanns. Das hatte Folgen, die Mattei zur Raserei brachten: »große Tiere« aller Art besichtigten Ban-Cao und zwar auf Anregung von colonel V., der den Reklameagenten spielte. – »Eine Puffmutter, die die Vorzüge ihrer Nutten anpreist«, sagte Mattei.

Das Programm wechselte kaum. Einen oder zwei Tage vorher kam ein Funkspruch: »der général X oder der administrateur Y oder gar dieser oder jener Minister auf der Durchreise hat von der klugen Konzeption Ihres Modell-Postens gehört. Er legt großen Wert darauf, etc....etc....« Am nächsten oder übernächsten Tag zur angekündigten Zeit landete dann auf dem Flugfeld eine Morane. Ihr entstiegen colonel V., immer geschniegelt und gebügelt in einer knappsitzenden, eleganten Uniform und zwei oder drei Persönlichkeiten, die ebenso offiziell wie anmaßend wirkten. Dann begann, was Mattei die »Schloßführung« nannte. Er beschränkte sich darauf, hinter den Besuchern herzutrotten; in der vorschriftsmäßigen Uniform fühlte er sich unbehaglich und verbarg nur mühsam seine Gereiztheit. Er ließ colonel V. den Hausherrn spielen. Im übrigen wiederholten sich die Besuche so oft, daß der colonel den Posten jetzt bis in die letzten Winkel kannte und sich wenigstens in dieser Rolle des Fremdenführers als durchaus kompetent erwies.

Nach Abschluß einer solchen *sightseeing*-Tour wohnten Mattei und Osling eines Abends dem Start des Flugzeugs bei, das seine Ladung hochgestellter Persönlichkeiten nach Hanoi zurücktransportierte. Ohne daß Osling den Grund erraten konnte, bekam der capitaine plötzlich einen Lachanfall. Der sergent-chef starrte ihn verblüfft an:

– Mir ist offenbar etwas besonders komisches entgangen, mon capitaine.

– Nein, Osling, Sie konnten nichts bemerken. Ich hatte eine Vision; ich sah den colonel vor mir, aufrecht an der Flugzeug-Kabinentür stehend, das Käppi in der Hand, und herunterleiernd: »Vergessen Sie nicht den Fremdenführer, meine Herrschaften«.

Keiner von den Männern der 4. Kompanie, die in Ban-Cao mit dabei waren, wird je den 4. Juni 1948 vergessen.

Im Morgengrauen verließ eine starke Kolonne (etwa dreißig Mann) den Posten, um eine Inspektions-Patrouille im Norden, in Richtung Cao-Bang durchzuführen. Mattei, Klauss und Osling befanden sich bei der Gruppe. Der Abschnitt wimmelte jetzt von Viets. Die Treue der benachbarten Dörfer ließ nach. Die Stämme, die verloren im Wald in Gruppen von Strohhütten zusammenhausten, standen bei Mattei im Verdacht, den Rebellen wirksame Hilfe zu leisten. Meistens hatten diese Ansammlungen von Katen, mit einer Einwohnerschaft von dreißig bis fünfzig Personen, nicht einmal einen Namen. Aber trotz ihrer bescheidenen Einrichtung konnten die Viets sich darin verstecken und vor allem Lebensmittel- und Munitionslager anlegen. Für die Legionäre bedeuteten diese Weiler einen Krebsschaden, der schwer zu bekämpfen war. Ihre Vielzahl machte die Inspektionen äußerst mühselig. Wenn man auf gut Glück zuschlug und in Kauf nahm, Unschuldige zu treffen, riskierte man verheerende Folgen.

An jenem Tag marschierte Klauss an der Spitze. Mattei, der als dritter ging, befand sich wie gewöhnlich zwischen seinen Leibwächtern Ickewitz und Clary. Die Kolonne marschierte seit zwei Stunden und war gerade einige hundert Meter von einem dieser Weiler entfernt. Aber um hinzugelangen, mußte man vom Weg nach Cao-Bang abzweigen und Mattei hatte beschlossen, von der Ansiedlung keine Notiz zu nehmen und seinen Weg fortzusetzen.

Ausnahmsweise trog Klauss diesmal sein Instinkt. Er ging weiter, ohne etwas zu bemerken, und es war Ickewitz, hinter ihm, der als erster die Anwesenheit des Feindes erriet. Plötzlich erkannte er, kaum zehn Meter entfernt, eine automatische Waffe, die auf die Kolonne gerichtet war. Instinktiv machte er einen Satz und warf sich zwischen die Waffe und den capitaine. Die erste Feuergarbe traf ihn in die Brust. Aber er fiel nicht, sondern drehte sich um, um festzustellen, daß sich der capitaine zu Boden geworfen und Deckung gefunden hatte. Dann gelang es dem Riesen noch, ein paar Schritte auf seine Kameraden zuzugehen; eine zweite Garbe traf ihn in den Rücken und nun brach er zusammen.

Rasend vor Wut, befahl Mattei, zu stürmen. Die Männer stürzten vorwärts. Ein Legionär wurde niedergemäht. Ein zweiter fiel schwer verletzt, aber in weniger als einer Minute war die dreizehn Mann starke Viet-Gruppe aufgerieben. Es gab zwei Überlebende; einer hatte nur noch wenige Minuten zu leben, der andere hatte nur einen Streifschuß am Arm.

Osling sprang zu Ickewitz, gefolgt von Mattei, der besorgt auf die Prognose des Arztes wartete.

Osling wandte sich um und erklärte:

– Wir bringen ihn im Dauerlauf zum Posten. Bestimmen Sie acht Mann, die sich an der Trage ablösen; ich begleite sie.

– Hat er eine Chance?

– Offen gesagt, ich glaube es nicht, aber er ist derart kräftig, daß man auf ein Wunder hoffen kann. Sobald ich im Posten bin, werde ich versuchen, ein Flugzeug zu bekommen, um ihn ins Lazarett nach Hanoi zu schaffen. Wenn er eine Chance hat, dann diese. Die Vielzahl der bei seinem Zustand erforderlichen Eingriffe auf dem Verbandsplatz von Ban-Cao durchzuführen, ist völlig undenkbar.

– Nehmen Sie zwölf Mann, dann können Sie schneller laufen. Machen Sie das Unmögliche möglich, ich bleibe hier.

– Sie vergessen, daß wir noch einen andern Verwundeten haben, erwiderte Osling.

– Er ist tot, sagte Klauss, der zu ihnen getreten war.

– Brechen Sie auf, bat Mattei. Beeilen Sie sich, retten Sie Ickewitz, ich kümmre mich um alles andere.

Die Gruppe Osling entfernte sich im Laufschritt. Die vier ersten Träger bemühten sich trotz ihres Dauerlaufs sichtlich, den Sterbenden so wenig wie möglich durchzuschütteln. Mattei ging zu Klauss und den etwa zwanzig Legionären, die ihm übriggeblieben waren. Mitten unter den Leichen seiner Kameraden saß zusammengekrümmt der überlebende Viet. Er zitterte an allen Gliedern. Unverkennbar war er von Angst überwältigt und gehörte nicht zu jenen Fanatikern, von denen es in den Reihen der Rebellen so viele gab.

Mattei betrachtete ihn einen Augenblick, dann fragte er:

– Verstehst du französisch?

Der Mann machte eine verneinende Kopfbewegung.

– Kas! brüllte Mattei.

Kas, einer der Milizsoldaten der 4. Kompanie, war bei allen Operationen mit dabei, um notfalls als Dolmetscher zu fungieren. Er kam angerannt.

– Frag' ihn, wo er herkam! Wo sie die letzten paar Nächte zugebracht haben? Wer sie verproviantiert hat?

In tongkinesischem Dialekt begann Kas mit seiner schrillen Stimme einen unverständlichen Monolog. Der Viet erwiderte nur ein Wort.

– Er weigert sich, zu sprechen, mon capitaine.

– Ihren Revolver, Klauss, befahl Mattei.

Der sergent-chef zog seinen 45er Colt aus dem Halfter und reichte ihn dem Offizier. Mattei hockte sich neben den Verwundeten und lud die Waffe dicht am Ohr des Mannes durch. Dann setzte er ihm den Pistolenlauf an die Schläfe.

– Sag' ihm, daß ich ihm das ganze Magazin in den Schädel jage, wenn er nicht augenblicklich antwortet.

– Nicht schießen, mon capitaine, er wird reden.

Mattei stand wieder auf und gab Klauss seine Pistole zurück. Ganz mechanisch, ohne auf seine Hände zu schauen, holte der sergent die Patrone aus dem Lauf und schob sie wieder in das Magazin. Dann steckte er den Colt in die Pistolentasche. Der kleine Viet, immer noch auf den Knien und vor Aufregung keuchend, redete. Seine Worte überstürzten sich. Er unterbrach sich nur, um Atem zu holen. Nach einer Weile stoppte Kas ihn und stieß ihn mit einem Fußtritt zur Seite.

–Seit drei Tagen hielten sie sich im Weiler des Häuptlings Süng versteckt, mon capitaine. Das ist in der Richtung da, knapp einen Kilometer von hier. Dort haben sie Waffen und Verpflegung untergebracht, in Verstecken, die er mir beschrieben hat. Es waren Süng's Leute, die sie davon unterrichtet haben, daß wir diesen Weg mindestens einmal wöchentlich benützen. Und daß Sie uns oft begleiten. Das Ziel ihrer Aktion waren Sie. Wenn Sie nicht an Ihren Offizierstressen zu erkennen gewesen wären, hätten sie die Patrouille passieren lassen, ohne sich bemerkbar zu machen.

–Das kommt von der Berühmtheit, mon capitaine, bemerkte Klauss. Die Kehrseite des Ruhmes. Ohne Ickewitz hätten sie ihr Ziel erreicht. Dabei wußten sie, daß sie riskierten, anschließend alle draufzugehen. Ihr Kopf wird allmählich kostbar.

Mattei war weiß vor angestauter Wut. Nicht, weil er beim Gegner zum Feind Nummer eins geworden war, sondern im Gedanken an Ickewitz' Tat und an den Sturz des Riesen, der zusammengebrochen war, nachdem er ihm das Leben gerettet hatte.

–Bindet diese Jammergestalt an einen Baum, auf dem Rückweg nehmen wir ihn mit. Klauss, gehen Sie mit der halben Gruppe voraus zu dem Weiler von Süng; in einer Viertelstunde komme ich nach. Ich will, daß bei meiner Ankunft die gesamte Einwohnerschaft, ausgenommen die Kinder, auf dem Dorfplatz versammelt ist.

Nachdenklich schaute Mattei dem abmarschierenden Trupp hinterher. Bei ihm waren noch Clary, Fernandez, sechs weitere Legionäre und die zwei Toten. Der capitaine deutete auf sie:

–Legt sie anständig zurecht, auf dem Rückweg nehmen wir sie auch mit.

Während die Männer seine Befehle ausführten, bewahrte Mattei völliges Schweigen. Er stand abseits und rauchte. Kaum hatte er seinen Zigarettenstummel weggeworfen und mit dem Fuß ausgedrückt, rief er Clary:

–Mon capitaine?

–Wieviel Viet-Leichen sind da?

–Zwölf, mon capitaine.

–Schneidet ihnen den Kopf ab! Ordentlich. Keine Hackerei.

–Verstanden, mon capitaine, antwortete Clary. (Gleichmütig rief er den Männern zu:) Wir köpfen die Kadaver. Jeder einen, ich nehm' vier. Befehl vom capitaine! Und ordentlich, ohne euch zu bekleckern.

Die Legionäre erregten sich genauso wenig wie Clary. Sie verrichteten ihr makabres Geschäft ganz ohne Unbehagen; Mattei war abseits stehengeblieben und zeigte kein Interesse für den Vorgang. Als alle Leichen enthauptet waren, sagte er nur:

– Nehmt die Köpfe an den Haaren, wir schaffen sie ins Dorf.

Mit breitem Grinsen erklärte ein Legionär:

– Ich kann nicht, mon capitaine, meiner ist kahl!

– Dann steck' ihm eben zwei Finger in die Nasenlöcher, erwiderte Clary, womit er Heiterkeit bei seinen Kameraden und Zorn bei seinem Chef erregte.

– Findet ihr das wirklich komisch, ihr Halbwilden? donnerte Mattei.

– Immerhin, mon capitaine, warf Clary ein, waren Sie es doch....

– Gewiß war ich es, du Dummkopf, das will aber nicht heißen, daß es mir Spaß macht. Und ich tu's auch nicht, um mich zu rächen. Ach, und überhaupt, Scheiße! Wozu versuchen, dir das zu erklären.... du würdest es doch nicht verstehen; los, auf geht's!

Auf halbem Weg trafen sie den Melder, den Klauss ihnen entgegengeschickt hatte. Der Legionär war einen Augenblick sprachlos über den Anblick, den der Zug bot. Dann rief er:

– Hei, Herrgott nochmal, na sowas!

– Also, was ist mit dem Dorf? unterbrach Mattei.

Der Mann faßte sich wieder.

– Verzeihung, mon capitaine, der sergent-chef läßt Ihnen ausrichten, daß er die ganze Einwohnerschaft versammelt hat, sie stehen bereit.

Mattei drehte sich zu seinen Kopfträgern um.

– Hab ihr's gehört? Das ganze Dorf ist versammelt und erwartet uns. Gleich wenn wir ankommen, schmeißt ihr ihnen die Köpfe vor die Füße.

– Man könnte ihnen vielleicht einen oder zwei in die Schnauze schmeißen, mon capitaine, schlug Clary vor.

– Clary, zum letzten Mal, ich befehle dir, meine Weisungen auszuführen und dich jeden Kommentars zu enthalten.

– Also gut! was ich da vorgeschlagen hab', das war nur, um Ihnen behilflich zu sein.

Mattei zuckte ärgerlich die Schultern und gab das Zeichen zum weitermarschieren.

Sobald sie im Dorf ankamen, lief die Demonstration ab wie vorgesehen. Süng stand vor allen Angehörigen seines Stammes. Er regte sich nicht, als ein Kopf auf seinen Füßen landete. Die Frauen hinter ihm wandten den Blick ab. Aber alles verlief in völligem Schweigen, bis Mattei plötzlich losdonnerte.

– Ich bringe euch die Männer zurück, denen ihr geholfen habt, gegen uns zu kämpfen. Dieses Schicksal wird allen Rebellen blühen. Süng, ich habe beschlossen, euch das Leben zu lassen, dir und den Deinen. Aber nimm meine Milde nicht für Schwäche. Ich werde dein Dorf niederbrennen lassen. Dein Stamm darf nicht beisammenbleiben. Mögen deine Leute in den Nachbardörfern Unterschlupf suchen. Dort mögen sie erzählen, daß die nächsten, die den Rebellen Hilfe leisten, von meinen Männern auf der Stelle hingerichtet und zusammen mit ihrem Dorf untergehen werden! Da das die einzige Sprache ist, die ihr zu verstehen scheint, werde ich euch beweisen, daß auch ich sie sprechen kann. Ich gebe euch eine Viertelstunde, um eure Sachen zu packen. Dann wird alles verbrannt.

Es fing an zu dämmern, als die Legionäre Ban-Cao erreichten. Sobald ihm die Ankunft der Gruppe Mattei gemeldet wurde, ging Osling dem capitaine entgegen. Ohne Umschweife erklärte er:

– Er ist noch am Leben, aber es war kein Flugzeug für seinen Abtransport zu bekommen. Ich habe mit Ungeduld auf Ihre Rückkehr gewartet, weil ich hoffte, daß Ihre Autorität eine positive Entscheidung herbeiführen könnte. Aber ich fürchte, es ist zu spät: in knapp einer Stunde wird es Nacht.

Gefolgt von der Kolonne, hatten die zwei Männer den Hof des Postens erreicht. Mattei ließ Favrier rufen. Als der sergent erschien, befahl der Offizier:

– Schick' alle Mann an die Arbeit. Fabriziert Fackeln aus Lumpen, Öl, Benzin, ganz egal woraus. Ich möchte, daß die gesamte Kompanie sich bereithält, die Landebahn zu markieren. Für jeden Mann zwei Fackeln; ich will, daß man sieht, wie am hellichten Tag.

– Verstanden, mon capitaine.

– Ist Ickewitz bei Bewußtsein? wandte sich Mattei an Osling.

– Leider ja, mon capitaine, ich habe ihm Morphium gespritzt, er fragt dauernd nach Ihnen.

– Sagen Sie ihm nicht, daß ich wieder da bin, ich geh' zunächst ans Funkgerät.

Der capitaine ging der längsten Nacht seines Lebens entgegen. Über Funk erreichte er nur Subalterne ohne Entscheidungsbefugnis. Nacheinander rief er Lang-Son, Hanoi und Haiphong an; überall erhielt er nur konfuse Antworten gleichgültiger Dienststellen, die nichts von seinem Anliegen begriffen. Schließlich, gegen 10 Uhr abends, bekam er den Flughafen von Hoan-Long (Hanoi). Es gelang ihm, seinen Freund lieutenant Lecocq zu erreichen, dem er die Lage schilderte.

– Einverstanden, schloß Lecocq, man kann versuchen, mit einer Morane zu landen, wenn ihr die Piste markiert. Aber wir verfügen hier nur über eine einzige Morane, die von colonel V. Übrigens hat er für morgen vormittag einen Flug geplant. Er will sich mit einigen Persönlichkeiten zu Ihnen begeben, wissen Sie darüber Bescheid?

– Ich hatte es vergessen, aber in der Tat, das stimmt.

Hören Sie zu, Lecocq, suchen Sie den colonel, stöbern Sie ihn auf, wo immer er ist. Wenn es nötig ist, flehen Sie ihn in meinem Namen an, Ihnen seine Morane für heute nacht zu überlassen.

– In Ordnung, mon capitaine, notfalls werde ich ihn wecken. Ich rufe zurück, sobald ich etwas Neues weiß.

– Danke, Lecocq, wir bleiben auf Empfang. Ende.

Mattei gab die Kopfhörer an den Funker zurück.

– Ich bin im Revier bei Ickewitz, sagte er. Gib mir Bescheid, sobald sich Hoan-Long wieder meldet.

Der riesige Körper von Ickewitz lag ausgestreckt auf einem Bett, das viel zu kurz für ihn war. Seine Füße ragten über das Fußende hinaus. Er war nackt bis auf die Verbände, die ihm von der Brust bis zur Taille reichten. Die Blutplasma- und Serumflaschen hingen über seinem Bett und waren an seine Arme angeschlossen. Als er Mattei sah, lächelte Ickewitz und stammelte:

– Mon capitaine....

– Sprich nicht, Adam, das erschöpft dich, murmelte Mattei.

Das Gesicht des Riesen verfinsterte sich einen Moment, dann lächelte er wieder schwach.

– Ich bin erledigt, nicht wahr, mon capitaine?

– Keine Rede davon. Warum sagst du das?

– Sie haben gesagt: »Sprich nicht, Adam«, stammelte der Legionär. Wenn ich nicht sterben müßte, hätten Sie wie gewöhnlich gesagt: »Halt die Schnauze, Ickewitz!«

Mattei mußte sich anstrengen, seine Bewegung zu verbergen. Er antwortete:
– Du bleibst doch immer der gleiche Affe, und ich glaubte schon, du redest vernünftig. Jetzt ruh' dich aus. Ich setz' mich zu dir, ich warte auf Nachricht aus Hanoi, sie werden ein Flugzeug schicken, um dich zu evakuieren.

Um Mitternacht meldete sich Lecocq wieder. Er hatte colonel V. erreichen können. Aber der höhere Offizier lehnte es kategorisch ab, ihm seine Morane zu überlassen; er erklärte es für Unsinn, eine Beschädigung der Maschine und das Leben ihrer Besatzung zu riskieren, um eventuell einen Mann zu retten. Der colonel fand es sogar unbegreiflich, daß Mattei sich erlaubt hatte, ihn wegen einer derart abwegigen Idee mitten in der Nacht zu stören. Er beabsichtigte, sich bei seinem morgigen Besuch darüber mündlich mit dem capitaine auseinanderzusetzen.

– Was der mir nicht alles an den Kopf geworfen hat! schloß der Fliegerleutnant. Und auf was Sie sich morgen gefaßt machen können, mon capitaine!

– Vielen Dank, mein Lieber, antwortete Mattei bedrückt und angewidert. Und verzeihen Sie mir, daß Ihnen diese Zigarre verpaßt wurde, die eigentlich nicht für Sie bestimmt war.

– Macht nichts, mon capitaine, ich versteh' Sie gut....

Mattei kehrte zu Ickewitz zurück. Osling, Clary und Fernandez saßen an seinem Bett. Mattei winkte Osling zu sich.

– Evakuierung unmöglich, teilte er mit.

– Dann ist er erledigt. Es tut mir schrecklich leid, mon capitaine.

Der capitaine verbrachte die Nacht am Bett des Sterbenden. Das war jetzt noch das Einzige, was er für ihn tun konnte. Ickewitz kam mehrmals wieder zu sich, bemerkte die Anwesenheit des Offiziers und schien darüber befriedigt; dann versank er wieder in's Koma.

Nur Fernandez hatte auch dableiben dürfen. Aber an der Tür zum Revier hatten sich Osling, Klauss, Lantz, Favrier und Clary postiert; sie saßen schweigend auf dem Boden. Einmal stündlich trat Osling zu dem Sterbenden, dann zog er sich wieder zurück und setzte sich zu seinen Kameraden. Es war 9 Uhr 10 morgens, als Fernandez bleich herauskam und erklärte:

– Er ist gerade gestorben.

– Der capitaine? fragte Osling.

– Er weint, lassen Sie ihn.

Gegen Mittag hoben Mattei, Fernandez und Clary selbst das Grab für ihren Kameraden aus. Alle drei trugen Shorts, Oberkörper und Füße waren nackt. Der Platz, den sie für das Grab des Ungarn ausgesucht hatten, lag am Beginn der Zugangsstraße zum Posten. Niemand würde zu dem Adlernest gelangen können, ohne an Ickewitz' Grab vorbeizukommen. Die Stelle war ganz nahe beim einen Ende der Landebahn. Fernandez hörte als erster das Brummen der Morane.

– Mon capitaine! Der colonel und seine Gäste! wir haben sie ganz vergessen!

Mattei antwortete nicht. Schweigend grub er weiter, stieß die Schaufel zwischen die Erdklumpen und half mit dem nackten Fuß nach.

Die Morane drehte ihre gewohnte Runde über dem Berg, ehe sie in die Einflugschneise einschwenkte. (Der colonel begann seine Ausführungen stets damit, seine Gäste den Rundblick über dem Posten bewundern zu lassen.) Dann setzte das Flugzeug weich auf und kam nur wenige Meter von den drei Legionären entfernt zu Stehen.

Zwei Männer und eine elegante Frau begleiteten heute colonel V., den das Fehlen des üblichen Empfangskomitees sichtlich überraschte und aus dem Konzept brachte. Als er in einem der drei halbnackten, schweißüberströmten, unrasierten Männer, die auf sie zukamen, Mattei erkannte, schäumte er vor Entrüstung.

– Capitaine! Sie sind wohl von Sinnen! schrie er.

Mit der Schaufel in der Hand näherte sich Mattei dem colonel, bis er ihn beinahe berührte. Die übrigen Persönlichkeiten ignorierte er völlig. Obwohl sein Haß und seine Wut deutlich sichtbar waren, sagte er betont ruhig:

– Machen Sie, daß Sie wegkommen!

– Mattei, Sie sind wohl übergeschnappt, erwiderte der colonel. Sie vergessen meinen Rang und die Stellung meiner Begleiter, ich bringe Sie vors Kriegsgericht!

Völlig unbewegt wiederholte Mattei:

– Machen Sie, daß Sie wegkommen! Wenn Sie nicht in einer Minute weg sind, fliegen ein Dutzend Handgranaten auf die Landebahn. Sie werden dann die R.C.4 benützen müssen, um nach Lang-Son und Hanoi zurückzukommen. Sie erinnern sich doch an »das Märchenhafte gewisser Landschaften«, von dem Sie mir vor zehn Monaten sprachen; deren Charme können Sie dann Ihre Gäste genießen lassen.

Der colonel wandte sich an die Zivilisten:

– Ich bitte Sie, diesen Mann zu entschuldigen, der offenbar von einem plötzlichen Irresein befallen worden ist. Wir kehren um, ich halte das für klüger.

Die Morane kehrte auf der Stelle um und flog wieder ab. Mattei sollte nie wieder von colonel V. hören, der keinen Bericht über den Zwischenfall weitergab.

Adam wurde gegen Abend beigesetzt, und das Adlernest erhielt den Namen »Ickewitz-Posten«.

Fernandez nahm eine Gewohnheit an, die von allen respektiert wurde, und die er bis zur Evakuierung von Ban-Cao beibehielt: jeden Sonntag erbat er vom capitaine seine Schnaps-Zuteilung und ging sich damit auf dem Grab seines Freundes betrinken. Für jeden Becher, den er trank, leerte er einen auf das Grab aus und fing an, zu reden. Je mehr er trank, desto mehr sprach er. Bei völliger Trunkenheit vergaß er, daß Ickewitz tot war und erzählte ihm von dem Leben im Posten. Abends wurden zwei Mann ausgeschickt, um ihn von dieser seltsamen, sonntäglichen Wallfahrt zurückzubringen. Im allgemeinen war das kein Vergnügen.

29.

Während Mattei in Ban-Cao seinen Auftrag mit sturer Dickköpfigkeit durchführte und die Augen gegenüber allem verschloß, was nicht seine unmittelbare Aufgabe betraf, wurde auf höherer Ebene die Lage immer brenzliger, schlechter und unerträglicher. Ganze Bataillone waren jetzt im Dschungel versteckt. Die ersten Kanonen traten beim Feind in Erscheinung. Seine Beute befand sich mitten in der Falle, die der Viet-minh nur noch allmählich zu schließen brauchte.

Die Unsicherheit auf der R.C.4 wuchs von Tag zu Tag. Die Nabelschnur, die Lang-Son mit Cao-Bang verband, war zu einer blutenden Arterie geworden. Seit Mitte 1948 wurde etwa jeder zweite Konvoi angegriffen, und jeder, der die Straße benutzte, hatte beim Aufbruch das Gefühl, um sein Leben zu würfeln.

5. Juni 1948. Lang-Son, 4 Uhr früh. Wie immer, wenn ein Konvoi für Cao-Bang vorgesehen war, hatte die *Mère cassecroûte* um 3 Uhr 30 geöffnet. Ein Kessel mit Tee, Reisschnaps in Flaschen und allerlei Krimskrams, den sie an die Legionäre vor der Abfahrt verkaufen

wollte, standen bereit. Was in Lang-Son zehn Piaster kostete, war in Cao-Bang zwanzig und in Bac-Kan vierzig wert. Dieser Zustand kam dem Handel sehr zugute, und welche Waren auch immer die Tongkinesin hatte besorgen können, sie konnte sicher sein, am frühen Morgen alles loszuschlagen.

An diesem Tage handelte es sich um einen beachtlichen Konvoi. Mehr als hundert Fahrzeuge (Kommandowagen, schwere GMC-, mittelschwere Dodge-, leichte Pick-up-Lastwagen). Der Geleitschutz bestand aus mehreren gepanzerten Fahrzeugen: Panzerspähwagen, Halbkettenfahrzeugen, leichten M5-Panzern. Von der *Mère casse-croûte* aus konnte man in der klaren Nacht die bewegungslose Fahrzeugschlange unterscheiden, die sich über fünfhundert Meter ausdehnte. Ein Dutzend Legionäre waren schon da, sie tranken Reisschnaps oder Tee und verhandelten über ihre etwaigen Einkäufe. Sie waren vergnügt und sorglos. Der Tod war ihr Beruf: sie dachten nicht an die Aufgabe, die sie erwartete.

Caporal Thomas Shiermer, ein Schwede, setzte sich zu sergent Meunier an den Tisch. Es war der sechste Konvoi, in dem die beiden zusammen fuhren. Zweimal waren sie angegriffen worden, beide Male waren sie wie durch ein Wunder davongekommen. Shiermer war ein bemerkenswert guter Fahrer, er fuhr einen GMC. Der sergent bediente ein MG am Kabinenfenster.

Zwischen ihnen, auf der Fahrerbank des Lastwagens, saß ein dritter Legionär: der Ladeschütze, dessen Aufgabe darin bestand, dem sergent im Falle eines Angriffs die Munition zuzureichen. Von den drei Männern war er im Prinzip am wenigsten exponiert. Dennoch wurde gerade er beim letzten Konvoi getötet. Es war ein Engländer namens Gerald Ross.

Shiermer stellte zwei Becher mit heißem Tee auf den Tisch und zog mit den Zähnen den Korken aus einer Flasche, die er in der Hand hielt. Dann füllte er die beiden Becher bis zum Rand mit dem weißen Schnaps:

–Die Alte hat mir dreißig Büchsen singe[4] angedreht und fünf Liter Schnaps in einem Karton, im Rausgehen nehmen wir sie mit.

–Geht in Ordnung, stimmte Meunier zu.

–Übrigens, sergent, hat man Ihnen einen neuen Ladeschützen zugeteilt?

---

[4] Affe – Soldatenausdruck für die in der französischen Armee gebräuchliche Fleischkonserve.

– Ja, aber ich habe ihn noch nicht gesehen. Er ist erst gestern abend angekommen, direkt aus Bel-Abbès, via Haiphong. Es ist ein ganz Grüner, noch sehr jung, er hat im Durchgangslager geschlafen. Der capitaine, der den Konvoi befehligt, wird ihn uns direkt an den Laster bringen.

– Ein Grüner? Die spinnen ja! Die wissen doch, daß wir heute »Bikini« fahren.

– Sie wissen es nicht nur, ich hab' sogar den capitaine daran erinnert; er hat mir geantwortet, daß das keine Rolle spielt. Daß der Kerl in Bel-Abbès seine Ausbildung gekriegt hat und also sein Geschäft versteht. Daß er gleich bei seinem ersten Einsatz »Bikini« fährt, das findet der capitaine ganz normal.

Der Ausdruck »Bikini« ist ein typisches Beispiel für den Humor der Fremdenlegion. Er bezeichnet diejenigen LKW, deren Ladung – Benzin oder Munition – beim ersten Treffer explodiert, ohne den Insassen die geringste Überlebenschance zu lassen.

Ein Legionär betrat die Kneipe. Er war ausnehmend jung. Sein Milchgesicht paßte schlecht zu dem weißen Käppi und der brandneuen Uniform. Er blickte rundum, trat zu einer Gruppe von Männern und fragte sie offensichtlich etwas. Einer der Legionäre wies auf Meunier's Tisch. Schüchtern trat der junge Mann näher, dann grüßte er den Unteroffizier und meldete in Habacht-Stellung:

– Legionär Blondeau, François. Vom Konvoi-Kommandanten Ihrem Fahrzeug zugeteilt, sergent.

– Ja, ich weiß, setz dich, willst du einen Schluck trinken?

Der Junge nahm dankend an und setzte sich.

– Das ist caporal Shiermer, setzte Meunier hinzu, er ist unser Fahrer, ein As.

Der junge Legionär stand wieder auf und erstarrte von neuem in einer vorbildlichen Ehrenbezeigung.

– Hör auf mit dem Zirkus, unterbrach Shiermer, ich bin kein General. Hock' dich hin und trink' einen mit uns.

Blondeau nahm den Tee an, wollte aber keinen Alkohol. Etwas verschämt entschuldigte er sich:

– Für mich ist es dafür noch zu früh. Am Abend, da sag' ich nicht nein....

–Niemand zwingt dich, antwortete Meunier freundlich.

Den beiden alten Knochen war wohl bewußt, wie unbehaglich sich der junge Kerl fühlte. Unter anderen Umständen hätten sie das wahrscheinlich zu den üblichen Scherzen auf seine Kosten ausgenützt. Aber die Situation war dazu kaum geeignet. Im Gegenteil, sie versuchten vielmehr, eine freundschaftliche Atmosphäre zu schaffen. Der blutjunge Soldat gewann nach und nach ein wenig an Selbstsicherheit; nach ein paar nichtssagenden Redensarten erklärte er:

–Es scheint, daß wir »Bikini« fahren werden? Das ist prima!

Die zwei Dienstgrade blickten sich schweigend an.

–Wer hat dir das erzählt?

–Ein großer Rothaariger und zwei andere. Es waren die, die mir gesagt haben, daß ich Sie hier finden würde. Der Rothaarige hat auch noch gesagt: »Du fährst mit sergent Meunier, auf einem Bikini! Für deinen ersten Konvoi hast du ja Schwein! Du mußt ganz schön Beziehungen haben.«

Shiermer wollte etwas sagen, der sergent unterbrach ihn mit einer Handbewegung:

–Das stimmt, er hat recht, du hast Glück. »Bikini« nennt man die Laster, die gerade von der Inspektion kommen. Unsrer läuft wie ein Uhrwerk, du wirst ja sehen. (Zu dem Schweden gewandt, fuhr Meunier fort:) Leiste ihm einen Augenblick Gesellschaft, ich hab' was zu besorgen.

Der Tag brach an, als er die Kneipe verließ. Er brauchte keine Minute, um den Rothaarigen zu entdecken, den er gut kannte. Er packte ihn an der Schulter, wirbelte ihn herum und schlug ihm mit aller Kraft die Faust aufs Auge. Überrascht machte der Mann ein paar Schritte rückwärts und fiel dann groggy zu Boden. Der sergent trat heran und sagte gleichmütig:

–Soll ich dir mal was sagen, Hans? Je länger man dich kennt, desto sympathischer wirkst du. Man merkt deutlich, wie du mit jedem Tag witziger wirst.

Dann drehte er sich um und ging gemächlich in die Wirtschaft zurück.

Bis That-Khé war es wie gewöhnlich eine Spazierfahrt. Die Hitze störte noch nicht und ein Hinterhalt war unwahrscheinlich. Der

GMC rollte im vierten Gang, ihm voraus fuhren ein Schützenpanzer und zwei andere LKW. In der Fahrerkabine rissen die beiden Gradierten ihre Witze. Der junge Blondeau bemühte sich verzweifelt, ihren Ton zu imitieren, aber es gelang ihm nicht. Die Angst lähmte ihn offensichtlich. Seine Anstrengungen, das nicht zu zeigen, fanden die stillschweigende Anerkennung seiner Kameraden. Als That-Khé hinter ihnen lag, war Blondeau mit seinen Nerven am Ende und fragte schließlich:

– Sergent, beim ersten Mal, haben Sie da Angst gehabt?

Der Schwede lachte, daß ihm der Bauch wackelte.

– Du bildest dir also ein, daß wir heute keine Angst haben? Wir sind Menschen wie du, nichts anderes. Wenn es irgendwo gefährlich ist, hat man Angst. Nur, mit der Gewöhnung lernt man, weniger daran zu denken; das ist alles.

Wenigstens in diesem Punkt schien Blondeau beruhigt.

– Umso besser, sagte er, denn ich will es lieber zugeben, seit der Abfahrt platze ich schier von Schiß und ich hatte Angst, daß ich ein Feigling bin.

– Weißt du, was du machen solltest, entschied Meunier: Du solltest die Grundsätze deiner Mama vergessen und dir tüchtig einen hinter die Binde gießen.

Der sergent entkorkte die Schnapsflasche und reichte sie dem jungen Legionär, der unter Grimassen einen kräftigen Schluck nahm.

– Na siehst du, ich bin sicher, jetzt geht's schon besser.

– Ich glaube, ja.

– Sag' mal, weißt du wenigstens, was du zu tun hast, wenn wir zufällig angegriffen werden?

– Keine Angst, sergent, ich werd's durchstehen.

– Gut. Denk' jetzt an 'was anderes. Erzähl' uns doch beispielsweise von der letzten Biene, die du bepennt hast.

Zum ersten Mal seit der Abfahrt zeigte sich auf dem Gesicht des Jungen ein schwaches Lächeln.

– Lieber von der vorletzten, sagte er.

Meunier witterte eine deftige Geschichte. Außerdem war er zu allem bereit, um den jungen Legionär abzulenken.

– Nichts zu machen, von der letzten, das ist ein Befehl!

– Also das war nämlich nicht sehr glorreich. Es war auf dem Schiff, eine A.F.A.T.[19].

[19]Auxiliaires Féminines de l'Armée de Terre – Wehrmachtshelferinnen.

298

–Na und, mischte sich der Schwede ein, ohne den Blick von der Straße zu wenden. Dagegen ist doch nichts zu sagen.

–Also sie war nämlich nicht gerade besonders jung, gab Blondeau zu.

–Wie hieß sie? fragte Meunier.

–Das weiß ich noch nicht mal. Ihre Kameradinnen nannten sie die Chefeuse.

Die zwei Gradierten platzten vor Lachen.

–Denise! jubelte der Schwede. Denise, die alte Schlampe! Die hat's immer noch nicht aufgegeben.

Blondeau lachte nun auch herzlich. Seine Angst schien verschwunden.

–Sie kennen sie?

–Das kannst du annehmen! Du hast noch in die Windeln gepißt, als die sich schon durchziehen ließ! Stimmt's nicht, sergent?

–Aber sicher, stimmte Meunier zu, wenn die mal pensioniert wird, dann geht sie vor den Waisenhäusern auf den Strich.

Es war geschafft; so einfach war das! Jetzt waren die drei Männer bei den Zoten angelangt. Sie dachten an etwas anderes. Das war das Geheimnis. Man kann nicht, man darf nicht zwölf Stunden hintereinander Angst haben. Man würde verrückt. Und dann, die »Sauereien«, die Gefahrenpunkte, die kannten Shiermer und Meunier im Schlaf. Sie wußten, wie man drüber wegkam. Man nahm einen Schluck Schnaps, man schmiß seinen Zigarettenstummel weg, man biß die Zähne zusammen. Das dauerte fünf oder zehn Minuten, und schon zündete man eine neue Zigarette an, trank wieder einen Schnaps und fing wieder an, Quatsch zu verzapfen.

»Sauereien« hatten sie heute schon vier hinter sich: den Ananas-Pass, die Bam-Bu-Schluchten, den Tunnel von Na-Cham und den Loung-Phai-Pass. Soeben hatten sie Dong-Khé passiert und bereiteten sich darauf vor, den fünften »Scheißhaufen« in Angriff zu nehmen: den Nguom-Kim-Pass. Die Passhöhe verlief auf rund hundert Meter eben, ehe es wieder abwärts ging. Zur Linken, auf Shiermer's Seite, schwindelnder Abgrund. Zur Rechten stieg die Bergwand weiter steil an, von Vegetation und Felsen bedeckt.

Shiermer fühlte sich durch seine plötzlich feuchten Hände gestört. Meunier und Blondeau schwiegen, die Nerven zum Zerreißen gespannt. Die ersten Fahrzeuge rollten bereits talwärts. Sie waren aus dem Schneider. In einer oder zwei Minuten wären sie auch soweit und könnten wieder aufatmen.

Die Taktik der Viets war perfekt wie gewöhnlich. Sie eröffneten das Feuer auf den Motor von Shiermer's LKW. Der Schützenpanzer mit seinen schweren Waffen war schon zu weit voraus, um helfen zu können. Und wenn es den Rebellen gelang, den GMC bewegungs- unfähig zu schießen, ehe er das Gefälle erreichte, so hatten sie gewon- nenes Spiel. Denn dahinter wäre die ganze Kolonne zum Anhalten ge- zwungen. Die Metzelei könnte beginnen.

Aus dem Kabinenfenster des GMC feuerte der sergent aufs Gerate- wohl. Blondeau hatte die Ruhe bewahrt und reichte ihm die Muni- tion zu. Der Motor des Lastwagens begann zu brennen. Er hatte noch genügend Fahrt, um bis zum Gefälle zu rollen, aber ein Vor- derreifen war geplatzt, die Vorderräder bekamen Rechtsdrall auf die Bergflanke zu. Wenn Shiermer nicht eingriff, würde sich der Wa- gen quer zur Straße stellen. Die Katastrophe wäre da.

Da riß der Schwede das Steuer mit aller Kraft nach links – auf den Abgrund zu. Er mußte sich halb aufrichten, um das schwere Steuer mit der zusätzlichen Hilfe seines Körpergewichts herumzuzwingen. Am Boden knirschte die ungeschützte Felge im Geröll, aber schließ- lich gab sie nach, und der GMC begann, sanft auf den Abgrund zuzu- rollen. Shiermer brüllte:

–Abspringen! Beide schnell abspringen!

Meunier hatte begriffen. Wenn der Schwede das Steuer losließ, würde der Laster wieder nach rechts rollen und zum Halten kommen. Nun brüllte er:

–Shiermer! Nein, Shiermer!

–Spring, verdammt! Spring mit dem Jungen!

Meunier gehorchte instinktiv. Er sprang und riß Blondeau am Arm mit. An der Bergwand waren die Legionäre außer Reichweite des feindlichen Feuers. Durch die offene Kabinentür sahen die beiden den Schweden. Shiermer lag jetzt förmlich über dem Steuer, zusam- mengekrampft vor Anstrengung. Zwanzig Zentimeter. Zehn Zenti- meter. Dann stürzte der Laster ins Leere, die Straße hinter ihm war frei. Die Explosion dröhnte durch das Tal; in einer riesigen Geröll- Lawine spritzten die Steine und flogen in alle Himmelsrichtunen. Aber der nachfolgende LKW konnte wieder beschleunigen, er ver- langsamte kaum, um im Vorbeifahren Meunier und Blondeau aufzu- nehmen, die sich in die Kabine zwängten. Aus allen Rohren feuernd, fuhr der Konvoi weiter.

Die Viets hatten nicht mit dem Scheitern ihres Versuchs gerechnet, den vierten Lastwagen zu blockieren. Das Opfer eines Einzigen hatte fast tausend Leben gerettet.

Thomas Shiermer wurde posthum mit der *Légion d'honneur*[13] ausgezeichnet. Nicht einmal seine Erkennungsmarke wurde in den Trümmern des GMC gefunden, die in einem Umkreis von hundert Metern verstreut lagen.

30.

Am Leben in Ban-Cao änderte sich durch die Massaker auf der R.C.4 nicht viel. Nur die Patrouillengänge wurden seltener und kürzer, aber der Posten konnte durch Fallschirmabwürfe versorgt werden und für leichte Flugzeuge war seine Landebahn benutzbar.

Die weniger bedeutenden Posten vertrugen die zunehmende Umklammerung durch die Viets schlechter; sie befanden sich allmählich in einem Zustand derartiger Isoliertheit und Not, daß ihre Besatzungen sich oft mit einer Handvoll Reis und einer Tasse dünnem Tee pro Tag begnügen mußten. Die Legionäre waren zerlumpt oder gingen praktisch nackt. Manche Posten blieben fünf oder sechs Monate lang ohne die geringste Hilfe von außen.

Andrerseits war Cao-Bang zu einem riesigen Bordell geworden, die Festung am Ende der Welt brodelte von fiebriger Erregung. Die Kneipen, die Bordelle, die Spielhöllen leerten sich nie. Die Legionäre in der eingeigelten Stadt wußten, daß sie eine unwirkliche Stätte bewohnten; Cao-Bang war nur eine vergängliche Fata Morgana, aus der es galt, ein Maximum an Genuß zu schöpfen. Bei den durchpassierenden Gruppen war die Euphorie noch ausgeprägter. Von entfernten oder isolierten Posten kommend, stürzten sich die Urlauber verzweifelt in die wenigen Tage der Entspannung. Nach Monaten der Verbannung hatten sie beachtliche Summen erspart und fürchteten, nicht die Zeit zu haben, sie ganz auszugeben. Schließlich gab es noch die Konvoi-Fahrer von der R.C.4. Bei der Ankunft betrachteten sie es als Wunder, noch am Leben zu sein, und sie wußten, daß sie am nächsten oder übernächsten Tag wieder zu-

[13] Auszeichnung, die nur ganz selten an Unteroffiziere oder Mannschaften verliehen wird.

rückfahren mußten. Deshalb waren alle diese Männer völlig entfesselt und tobten sich mit wilder Gier in diesem riesigen Zirkus aus, der von Toten auf Urlaub bevölkert war.

Die Vorgesetzten der Legionäre schlossen die Augen. Ein damals in Cao-Bang stationierter Offizier sagte zu einem Journalisten:

– Stellen Sie sich Pigalle in Paris, Sankt-Pauli in Hamburg, Soho in London vor, wenn feststünde, und zwar mit absoluter Sicherheit, daß in der folgenden Woche der Weltuntergang hereinbricht. Stellen Sie sich vor, was sich dann an diesen Orten abspielen würde, und Sie haben ein objektives Bild von dem, was Cao-Bang damals war. Der Vorhof zur Hölle....

In seinem Büro beim Regimentsstab des 3. Étranger in Cao-Bang lief sous-lieutenant Benoît hin und her wie ein Löwe im Käfig. Er war zum Büro des Stabes abkommandiert, was bei einem Regiment der Fremdenlegion keine Sinekure darstellte: Ziemlich den gleichen Gefahren ausgesetzt wie die kämpfende Truppe, mußte der junge Offizier noch zusätzlich einen undankbaren Papierkrieg bewältigen, mit aller Verantwortung, die eine solche Tätigkeit nach sich zieht.

An diesem Morgen wütete sous-lieutenant Benoît gegen seine Vorgesetzten. Sein Zorn war so heftig, daß er schließlich laut sprach, obwohl er allein in seinem Büro war:

– Feiglinge, schimpfte er, alles Feiglinge. Trotz aller ihrer Auszeichnungen, die ihnen an Feiertagen bis zum Nabel herunterhängen, sind sie nichts als eine verdammte Bande von Feiglingen!

– Haben Sie mich gerufen, mon lieutenant?

Adjudant-chef Javorsky's Kopf erschien in der Tür zum Nachbarbüro.

– Nein, Javorsky, ich hab' mit mir selbst gesprochen, aber Sie können es ruhig hören. Ich sagte, angefangen vom colonel bis runter zum lieutenant Leroux sind sie alle Feiglinge. Und ich hoffe, Sie stimmen mir zu.

Der adjudant-chef war hin- und hergerissen zwischen der ehernen Regel, einem Vorgesetzten niemals zu widersprechen und der Skepsis, die ihm Benoît's Äußerung einflößte. Er antwortete sehr diplomatisch:

–Mon lieutenant, in dem Haufen gibt es doch aber ein paar ganz verdammte Draufgänger.

–Natürlich, am Feind sind sie alle verdammte Draufgänger, wie Sie es so elegant ausdrücken. Aber davon red' ich doch nicht. Vor dem Feind nehmen sie nicht Reißaus, sondern vor den diplomatischen Schwierigkeiten. Die subtilen Aufgaben, für die man Fingerspitzengefühl braucht, führen zu einer Kettenreaktion in umgekehrter Reihenfolge, also von oben nach unten in der Hierarchie, bis sie an der Jacke des dienstjüngsten Offiziers hängenbleiben, im vorliegenden Fall an meiner! – Am meisten regt mich bei der Geschichte auf, daß sie betont haben, nur ein Offizier könne diese Sache erledigen. Sonst wär's mir schließlich auch scheißegal gewesen. Ich hätt' das auf Ihren Rücken abgeladen. Sie hätten es genauso gemacht mit einem sergent, und am Ende vom Lied hätte man einen Schützen Arsch geholt, der gerade strafweise das Scheißhaus putzt. Aber statt dessen, nichts zu machen, die Sauerei bleibt an mir hängen. Sobald Hochwürden Lemaître erscheint, führen Sie ihn rein.

Hochwürden Lemaître, der Regimentsgeistliche des 3. Étranger, war eine legendäre Gestalt. Mit Eleganz trug er die Uniform, auf der nur die Schulterstücke seinen geistlichen Stand auswiesen. Ständig lächelnd und immer gleich gut gelaunt, bewies er ein nahezu unbegrenztes Verständnis für seine recht ungewöhnliche Herde. Als er Benoît's Büro betrat, nahm der junge Offizier Haltung an:

–Guten Tag, Hochwürden, bitte nehmen Sie Platz.

–Hochwürden?, wunderte sich der Priester, mit zunehmendem Alter werden Sie förmlich.

–Entschuldigen Sie, Herr Pfarrer, korrigierte sich Benoît, mir ist nicht recht wohl in meiner Haut.

–Dann sollten Sie besser den Stabsarzt konsultieren. Denn die letzte Ölung brauchen Sie ja wohl noch nicht.

–Nein, Herr Pfarrer, klinisch bin ich gesund; aber ich habe Ihnen eine Mitteilung zu machen, die mir äußerst peinlich ist.

Die Verlegenheit des Leutnants amüsierte den Geistlichen.

–Ich höre.

–Zunächst möchte ich festhalten, daß die Weisungen, die ich Ihnen zu übermitteln Befehl habe, von höchster Stelle kommen. Ich war in keiner Weise an den Beratungen beteiligt, die dazu geführt haben. In der ganzen Sache bin ich nur Bote.

–Ist es denn so schwerwiegend, daß keiner Ihrer Vorgesetzten den

Mut fand, mir damit gegenüberzutreten? Ist es das?

– Es ist nicht besonders schwerwiegend, es ist so schrecklich peinlich.

– Nun, raus mit der Sprache, mein Lieber.

– Also, Herr Pfarrer. Jeden Sonntag machen Sie in Begleitung von zwei Legionären im Jeep eine gewagte Rundfahrt zu den isolierten Posten. Sie lesen die Messe, nehmen die Beichte ab und stärken die Moral der Vereinsamten. Ich bewundere Ihren Mut, und ich danke Ihnen in unser aller Namen.

– Ich muß Sie unterbrechen, Benoît. Wenn der colonel aus Sicherheitsgründen beschlossen hat, meine sonntäglichen Rundfahrten abzubrechen, so lassen Sie ihn wissen, daß ich sie ohne Eskorte fortsetzen werde. Ich bin in der Lage, selbst einen Jeep zu fahren. Nichts wird mich zurückhalten. Die Männer brauchen mich, und der colonel weiß das besser als jeder andere.

– Darum geht es nicht, Herr Pfarrer. Aber verstehen Sie, wieviel Trost Sie den vereinsamten Legionären auch immer spenden, es gibt ein Naturgesetz, an dem Ihr Glaube nichts zu ändern vermag.

Der Priester starrte den jungen Offizier einen Augenblick verblüfft an. Dann begriff er plötzlich und lachte laut.

– Ich glaube, ich kann Ihnen helfen, Benoît, indem ich Ihnen selbst auseinandersetze, was Sie mir übermitteln sollen. *Voilà.* Wenn ich recht verstehe, wollen die Männer Dirnen haben. Der colonel hält diesen Wunsch für berechtigt. Nur will er nicht gleich zwei Wagen riskieren. Also hat man an den Jeep des Pfarrers gedacht, der auf einen Sitz zwei Nummern machen könnte, wenn ich mich so ausdrücken darf.

Benoît wurde rot wie eine Pfingstrose. Den Blick auf seine Schuhspitzen gerichtet, murmelte er:

– Das ist es ungefähr, Herr Pfarrer. Bis auf eine Kleinigkeit: statt Ihres Jeeps wird man einen dreiachsigen Dodge nehmen, und die Eskorte wird in Zukunft auf vier Mann verstärkt.

Die Neuigkeit verbreitete sich wie ein Lauffeuer, und am folgenden Sonntag versammelten sich eine Menge Legionäre im Hof der Kaserne, um der Abfahrt der »Damen« und des Pfarrers zuzusehen.

Die Prostituierten waren zu fünft, vier Tongkinesinnen und eine

Französin. Sie schienen von der Anwesenheit des Priesters viel mehr geniert, als er von der ihren. Yvonne, die Französin, eine große Rothaarige, dirigierte das Quintett. Sie brachte ihre Kameradinnen auf den beiden Hinterbänken des Wagens unter. Zwei bewaffnete Legionäre setzten sich dazwischen. Schließlich nahm Hochwürden Lemaître Platz. Ein Legionär mit einer primitiven Kodak in der Hand näherte sich:
– Würde es Sie stören, wenn ich ein Photo mache, Herr Pfarrer? Es ist so wahnsinnig komisch.
– Nur zu! Und bitte einen Abzug für mich.

Erst am dritten Sonntag nach der Einführung des Systems lag Ban-Cao auf der Reiseroute des sogenannten »Rekreations-Busses«. Mattei und seine Männer hatten von dem neuartigen Erholungsverfahren gehört und freuten sich schon im voraus auf den originellen Besuch.
Der capitaine hatte die ganze Kompanie im Hof des Postens versammelt. Er ließ rühren und gab Klauss das Wort:
– Wißt ihr, wer kommt? brüllte der sergent-chef, um von allen verstanden zu werden. Der Pfarrer und die Nutten! Zusammen! Der capitaine erlaubt uns, über die Organisation abzustimmen. Also los: Wer vor der Messe ficken will, Arm heben!
Einige Arme streckten sich zaghaft.
– Gut, jetzt diejenigen, die mit der Messe anfangen wollen.
Fast die ganze Kompanie hob den Arm. Klauss drehte sich zum capitaine um und meldete:
– Mon capitaine, mit großer Mehrheit wollen die Männer nach der Messe ficken.
– In Ordnung, sobald er da ist, werd' ich's Hochwürden sagen.
Hochwürden Lemaître war ein persönlicher Freund des Hauptmanns. Obwohl er kein mit besonderer Überzeugung praktizierender Katholik war, hatte Mattei große Achtung vor dem Kult und ungeheuren Respekt für den Regimentsgeistlichen, dessen Mut und Selbstverleugnung er bewunderte. Sobald der Dodge in den Hof einfuhr, ging Mattei lächelnd auf den Priester zu.
– Freut mich, Sie zu sehen, Herr Pfarrer! Wie ertragen Sie diese neue Prüfung?

– So ist der Krieg eben, Mattei! Und dann sind diese Frauen auf ihre Art gewissermaßen auch Heilige. So gesehen, hoffe ich, wird mir der Herr ihren Lebenswandel verzeihen.

– Stimmt eigentlich. Sie riskieren ihr Leben. Allerdings, sie tun es vor allem des Geldes wegen, aber davon einmal abgesehen....

– Irrtum, Mattei, das Geld spielt bei ihrem Verhalten keine Rolle: sie würden am Sonntag ebensoviel Geld verdienen, wenn sie in aller Sicherheit in ihrem Bordell in Cao-Bang blieben. Und es sind lauter Freiwillige. Nein, wissen Sie, ich fange an, sie zu kennen und zu schätzen. Sie sind von dem unwiderstehlichen Bedürfnis getrieben, sich nützlich zu machen; das ist gewissermaßen ihre Art, Buße zu tun.

– Sie sind ein gütiger Mensch, Herr Pfarrer. Für die schlimmsten Dinge finden Sie die edelsten Erklärungen. Übrigens habe ich die Kompanie heute morgen abstimmen lassen, in welcher Reihenfolge die Männer Ihre jeweiligen Dienste in Anspruch nehmen wollen. Ich freue mich, Ihnen mitteilen zu können, daß eine große Mehrheit der Messe den Vorrang einräumt.

– Das kommt gar nicht in Frage, entschied der Geistliche lächelnd und nahm den capitaine beim Arm. Seit drei Wochen ist es in jedem Posten die gleiche Geschichte. Am ersten Sonntag habe ich mitgemacht und war vielleicht – Gott möge mir verzeihen – sogar ein bißchen stolz darauf; aber ich habe rasch begriffen.

– Da kann ich Ihnen nicht folgen.

– Dabei ist es furchtbar einfach. Wir kommen an, die Männer schauen sich die Prostituierten ausgiebig an, sie treffen je nach persönlichem Geschmack ihre Wahl; dann begeben sie sich zum Gottesdienst, und woran denken sie wohl – nach Ihrer Meinung – während der Messe?

Mattei lachte dröhnend.

– Herr Pfarrer, Sie sind unwiderstehlich! Ihr Scharfsinn ist unglaublich. Wie haben Sie es nur fertiggebracht, diese Tatsache zu erkennen?

– Leider während der ersten Messe! Sie wissen doch, daß der Priester sich während des Hochamtes mehrmals umdreht; da habe ich ihre Gesichter gesehen; ersparen Sie mir nähere Erklärungen.

Mattei rief nach Klauss.

– Klauss, benachrichtigen Sie die Leute. Programmänderung, sie ficken jetzt, die Messe danach.

Im Juni geriet der Dodge auf dem Rückweg zwischen Ban-Lang und Cao-Bang in einen Hinterhalt. Bei den Angreifern handelte es sich nur um eine kleine, isolierte Gruppe; dennoch wurde ein Legionär der Eskorte auf der Stelle getötet, ehe die Insassen den Wagen verlassen und Deckung nehmen konnten, um sich zu verteidigen. Die Frauen verlangten Waffen. Man gab sie ihnen, und sie schlugen sich tapfer. Eine von ihnen fiel, zwei andere wurden ziemlich schwer verwundet. Der Priester versuchte, ihnen beizustehen, während die beiden anderen Seite an Seite mit den Legionären weiterschossen. Eine Stunde lang konnten sie die Viets abwehren, bis aus dem ganz in der Nähe liegenden Cao-Bang, wo man die Schießerei gehört hatte, eine Hilfskolonne eintraf. Die zwei verwundeten Frauen überlebten. Der Priester verbrachte die Nacht an ihrem Lager; er war davon überzeugt, ihnen sein Leben zu verdanken. Ohne ihren Mut hätte das Abwehrfeuer der Gruppe nicht ausgereicht, und sie wäre vor dem Eintreffen des Entsatzes überwältigt und vernichtet worden.

Hochwürden Lemaître schlug die vier Mädchen für eine Erwähnung im Tagesbefehl und zur Verleihung des *Croix de Guerre* vor, was alle Offiziere des 3. Étranger verstanden und billigten. Besser als jeder andere konnte sich der Feldgeistliche vorstellen, wie sehr sich die Prostituierten über eine solche Ehrung freuen würden; sie wußten, daß das Gesuch höheren Ortes eingereicht worden war und warteten ungeduldig auf die Antwort. Leider lehnte Saigon ab! Man verstand dort nicht einmal, daß die Legion es gewagt hatte, einen derart absurden Vorschlag zu machen. Die Mädchen kehrten in ihr Bordell zurück und begaben sich von neuem jeden Sonntag auf ihre gefährliche Rundreise.

Das einzige, was der Priester für sie tun konnte, war, die Auszeichnung abzulehnen, die man ihm verliehen hatte.

31.

Zwischen Cao-Bang und Bac-Kan säumten fünf Legionsposten die schreckliche R.C.3: Vo-Chang, Bel-Air, Ban-Cao, Ngan-Son und Phu-Tong-Hoa.

Wie Ban-Cao, waren es kleine Festungen: die Umfassungsmauern massiv, an den Ecken oberirdische Bunker, etwa hundert Mann Besatzung unter dem Kommando junger Offiziere, die einander seit langem kannten. Aber im Gegensatz zu Mattei's Adlernest lagen Vo-Chang, Bel-Air, Ngan-Son und Phu-Tong-Hoa im Tal in der Nähe der Dörfer. Von hohen Bergwänden überragt, boten sie vorzügliche Zielscheiben.

Der Abstand der Posten von einander variierte zwischen zehn und zwanzig Kilometern. Dazwischen erstreckte sich gebirgiger Dschungel, in dem die Viets herrschten. Die Verbindung durch die R.C.3 war so leicht verletzlich, und die ständige Unsicherheit auf der Straße so groß, daß die Postenkommandanten den Weg nicht mehr für benutzbar hielten. Ihre Kontakte beschränkten sich nun auf Funkverkehr. Die R.C.3 zu benutzen, um sich gegenseitig Hilfe zu leisten, grenzte an Selbstmord. Und dennoch....

Am 21. Juli war man mitten in der Regenzeit. Diese tongkinesischen Regenfälle erfrischen die Atmosphäre nicht; sie sind wie ein laues, klebriges Nieseln, eine faulige Feuchtigkeit, die vom Himmel fällt und zusammen mit dem Schweiß die Hemden durchtränkt.

Aus Cao-Bang kamen schlechte Nachrichten. Auf der R.C.4 hatten sich in Höhe von Dong-Khé heftige Kämpfe abgespielt. Das Feldlazarett von Cao-Bang war an den Ort der Kämpfe verlegt worden. Auch Osling hatte sich dort eingefunden, wie alle Ärzte des 3. Étranger, ob sie nun als solche registriert waren oder nicht.

In einem Umkreis von fünzig Kilometern um Cao-Bang gab es keinen Chirurgen mehr; nur einige Sanitäter waren bei den Kompanien zurückgeblieben.

Um 20 Uhr erhielt capitaine Mattei einen Funkruf von lieutenant Palliser, Kommandant des Postens Ngan-Son, sieben Kilometer südlich von Ban-Cao: Eindeutige Hinweise ergaben, daß ein Viet-Bataillon sich auf seinen Abschnitt zubewegte. In ganz selbstverständlichem Ton kündigte der junge Leutnant an, er werde einen nächtlichen Ausfall versuchen, um einen Hinterhalt zu legen. Er meinte, die bedeutende feindliche Streitmacht am Vents-Pass abfangen zu können; er war überzeugt, daß er ihr trotz seiner erheblichen Unterlegenheit (etwa eins zu zehn) schwere Verluste zufügen werde. Palliser bat Mattei nur, ständig auf Empfang zu bleiben, um notfalls zu Hilfe eilen zu können.

Sowohl aus taktischen Gründen als auch auf Grund einfacher Logik hätte Mattei seinem Untergebenen eine derart maßlos verwegene

Aktion ausreden müssen. Er tat genau das Gegenteil und antwortete:
– Palisser, ich breche sofort mit annähernd meiner ganzen Kompanie
auf. Ich werde versuchen, bei Tagesanbruch bei euch zu sein.

Unter Vermeidung der R.C. 3 bahnte sich die 4. Kompanie ihren Weg
quer durch den Dschungel und marschierte die ganze Nacht. Die Legionäre umgingen den Posten von Ngan-Son, den Palisser und seine
Männer am Abend verlassen hatten. Sie waren nur noch eine knappe
Marschstunde vom Vents-Pass entfernt, als sie den ersten Gefechtslärm hörten. An sich mußte das bedeuten, daß Palisser Erfolg gehabt hatte; offenbar war ihm das Viet-Bataillon in die Falle gegangen.

Mattei befahl beschleunigtes Marschtempo. An Ort und Stelle angekommen, sahen der capitaine und seine Männer, daß Leutnant Palisser's Plan über alles Erwarten gut funktioniert hatte. Die Legionäre
lagen in geschützten Stellungen, während sich die verwirrten Viets in
völliger Panik nur unsystematisch verteidigten. Das Eintreffen der
Verstärkung machte ihre Kampfmoral vollends zunichte. Offensichtlich hatten sie keine Ahnung von der zahlenmäßigen Schwäche ihrer
Gegner, sie dachten nur an Flucht. Für diesmal hatte die Legion
die Methode anwenden können, deren ständiges Opfer sie seit
über einem Jahr war.

Am 22. Juli um 8 Uhr 30 morgens konnte man sagen, daß die
Operation ein voller Erfolg war. Der Boden war von Viet-Leichen
übersät. Die Legionäre hatten nur drei Tote und einige Verwundete.

Da beging Palisser einen Fehler. Im Siegestaumel beschloß der lieutenant, die Fliehenden zu verfolgen und stürmte ungedeckt an der
Spitze seiner Männer vorwärts. Fast augenblicklich wurde er von einer Kugel in den Unterleib getroffen und brach zusammen. Mattei
kam ihm zu Hilfe; er befahl den Männern, sich wieder in ihre Stellungen zurückzuziehen und brachte den Verwundeten persönlich in
Deckung.

Mattei übernahm das Kommando über beide Kolonnen und führte sie
sofort nach Ngan-Son zurück.

Am 22. Juli um 12 Uhr wurde lieutenant Palisser in das Krankenrevier des Postens Ngan-Son eingeliefert; es gab weder einen Chirurgen noch sonst einen Arzt. Auf den ersten Blick schien die Wunde

nicht tödlich, vorausgesetzt, daß es gelang, die Kugel zu entfernen, die wahrscheinlich in den Därmen steckte. Der junge Offizier war die ganze Zeit bei Bewußtsein geblieben, er schien keine großen Schmerzen zu haben und war ruhig und zuversichtlich.

Der Legionär mit den meisten medizinischen Grundkenntnissen war der Sanitäter aus Palliser's Kompanie, caporal-chef Walter Fryer, ein Deutsch-Schweizer. Unter Mattei's Augen sah er sich die Wunde an, machte eine Morphium-Injektion und verkündete dann, was sowieso klar war:

–Die Kugel muß entfernt werden.

–Das weiß ich auch, fing Mattei an. (Dann unterbrach er sich und wandte sich an Palisser.) Ich laß' dich einen Augenblick allein, ich frage über Funk an, ob man uns einen Doktor schicken kann. Ruh' dich inzwischen aus.

–Aber mon capitaine, behandle mich doch nicht wie ein kleines Kind! Du weißt so gut wie ich, daß es in einem Umkreis von fünfzig Kilometern nicht einen einzigen Doktor gibt! Aber selbst wenn in Ban-Cao gegenwärtig ein Ärzte-Kongreß stattfände, so hätte keiner der Teilnehmer die geringste Chance, zu uns durchzukommen. Als einziges kannst du tun, was du bereits beschlossen hast: hinter der Tür mit dem Sanitäter tuscheln. Also, erspar' mir das; ich möchte lieber an dem Gespräch teilnehmen.

Mattei versuchte nicht, zu leugnen. Vor den Ohren des Leutnants fragte er den Sanitäter:

–Fühlst du dich in der Lage, die Extraktion zu versuchen?

–Ich habe das noch nie gemacht, mon capitaine, antwortete Fryer, während sich auf seiner Stirn große Schweißtropfen bildeten und ihm in die Augenbrauen liefen.

–Das weiß ich, ich frage dich nur, ob du dich dazu in der Lage fühlst.

Der Sanitäter suchte nach Ausflüchten.

–Mon capitaine, er hat kein Fieber, und es ist schon vier Stunden her, daß er verwundet wurde. Das beweist, daß kein lebenswichtiges Organ verletzt ist. Vielleicht sollte man doch besser warten....

Den Sanitäter ignorierend, wandte sich Palisser direkt an Mattei:

–Er muß es versuchen, Antoine. Du weißt genau, daß wir nicht mit Hilfe rechnen können. Ich kann nicht ewig mit diesem Stück Blei im Wanst leben. Bei der geringsten Bewegung kann es mir sonstwohin durchbrechen, und dann gut' Nacht!

−Palisser, ich kann's nicht versuchen, ich hab' zwei linke Hände,
ich bin schon froh, daß ich damit fressen kann.

−Fryer, der ist geschickt, er kann schmerzlos spritzen und macht
fabelhafte Verbände. In dem Schrank dahinten findet ihr ein ganzes
chirurgisches Arsenal. Es ist sogar eine Gebrauchsanweisung dabei!
Die Militärfibel über Erste Hilfe bei Verwundungen! Damit müßt ihr
eben zurechtkommen.

−Mon lieutenant, Sie werden mich doch nicht zwingen, das zu machen, stammelte Fryer entsetzt.

−Verdammt nochmal, schließlich bist doch nicht du es, der sich
beklagen könnte! antwortete der Verwundete trocken. Hol' das Buch
und gib's dem capitaine!

Über eine halbe Stunde lang versenkte sich Mattei in das Kapitel
Geschoß- oder Splitterverletzungen in der Bauchgegend. Unter den
aufmerksam ängstlichen Blicken des Leutnants und des Sanitäters
machte er sich Notizen. Schließlich erklärte er:

−*Voilà.* Man muß die Haut durchtrennen und das Peritoneum zer-
schneiden. Dann muß man besonders darauf achten, nicht die vena
oder die arteria mesenterica superior zu verletzen. Wenn es weiter unten ist, dann die arteria iliaca, und überhaupt, das Duodenum. Ich
glaube, das ist das Wesentliche.

Die Aufzählung dieser medizinischen Fachausdrücke nahm Fryer den
letzten Rest an Mut.

−Mon capitaine, ich weiß noch nicht einmal, wovon Sie da reden. Wie
soll ich denn Ihre Venen oder Arterien und Dings-Bums erkennen?
Nein, glauben Sie mir, das ist unmöglich.

Palisser unterbrach:

−Er hat recht, schmeiß das Buch weg. Es ist viel einfacher: die
Kugel hat einen Weg genommen und an dessen Ende ist sie jetzt. Er
braucht bloß zu improvisieren und mit möglichst wenig Geschnipsel
versuchen, das Ding zu finden.

−Ich hab' nichts, um Sie zu narkotisieren, mon lieutenant.

−In meinem Zimmer steht 'ne Flasche Schnaps, hol' sie her.

Fryer stürzte davon. Palisser winkte Mattei heran:

−Geh' mit ihm, daß er nicht unterwegs die Hälfte wegsäuft. Es fehlte
gerade noch, daß er beschwipst zurückkommt.

An die Pritsche des Verwundeten zurückgekehrt, füllte Mattei ein großes Glas mit Schnaps und ließ es den Leutnant in kleinen Schlukken austrinken. Dann tat er selbst einen Zug aus der Flasche. Fryer bettelte:

– Geben Sie mir nur einen Tropfen, mon capitaine.

Die beiden Offiziere sahen sich an.

– Mach' schon, erklärte Palisser, das kann ihm nichts schaden, ich weiß, was er verträgt.

Der Sanitäter trank ein halbes Glas und steckte dann den Kopf in einen Krug mit Wasser; anschließend wusch er sich sorgfältig die Hände und streckte sie dem capitaine hin, um sie mit Alkohol übergießen zu lassen. Er schwitzte immer noch ebenso stark.

– Ich glaube, ich muß dir die Hände festbinden, sagte Mattei, und ergriff die Handgelenke seines Freundes.

– Ich möchte lieber, daß du mich festhältst, mon capitaine, ich möchte nicht angebunden werden.

– Ich muß während der Operation das Gesicht deines »Chirurgen« abtrocknen, er schwitzt wie ein Schwein.

– Hol' ein oder zwei Mann, die können das machen.

Mattei nickte und ging langsam zur Tür. Palisser rief ihn zurück:

– Antoine....

– Ja?

– Von *deinen* Leuten. Wenn ich schreie, ist mir das lieber, verstehst du?

Mattei machte eine zustimmende Kopfbewegung. Gleich darauf kam er mit Klauss und Clary zurück, er erklärte ihnen, was sie zu tun hatten. Fryer hatte die chirurgischen Instrumente ausgebreitet, aber er beabsichtigte, nur ein Skalpell und eine lange, feine Pinzette zu benutzen. Wenn er damit nicht zurechtkam, würden ihm die andern Instrumente auch nichts nützen.

Mattei schob Palisser ein sauberes Taschentuch zwischen die Zähne, damit er darauf beißen konnte. Dann hielt er ihm kräftig die Hände fest. Der capitaine konnte sich nicht umdrehen, er wollte auch nicht fragen, aber an den Gesichtsverzerrungen seines Kameraden konnte er ablesen, daß die Operation begonnen hatte.

Das Martyrium dauerte fast fünf Minuten. Palisser gab keinen Laut von sich, er stöhnte nicht einmal. Keinen Augenblick lang verlor er das Bewußtsein.

Die Kugel war nicht weit, aber es schien dennoch ein Wunder, daß es

dem Sanitäter gelang, sie zu extrahieren. Endlich murmelte er:
–Ich hab' sie draußen....
Jetzt wurde Fryer sofort ganz selbstsicher. Seine ungeschickten und zögernden Bewegungen wurden nun schnell und präzise. Er überpuderte die Wunde mit einem Antibiotikum und legte die Wundnaht so gut an, wie nur irgend ein Arzt. Mattei ließ die Hände des Leutnants los, drehte sich um, und die vier Männer betrachteten einen Moment fasziniert das Stückchen blutiges Blei, das Fryer in die Instrumentenschale gelegt hatte. Hinter ihnen stammelte Palisser schwach:
–Die Kugel....
Mattei verstand. Er nahm die Kugel, säuberte sie mit Alkohol und legte sie dem Leutnant in die Hand. Palisser betastete das Stück Blei mit den Fingern und sagte noch:
–Heb' mir's auf.
Dann fiel er in Ohnmacht.

Um sechs Uhr abends war Palisser wieder bei Bewußtsein. Aber er hatte Fieber bekommen, und die Reserven des Postens an Antibiotika waren erschöpft. Machtlos stand Mattei bei ihm. Plötzlich faßte er einen Entschluß:
–Nein! Dich laß' ich nicht krepieren wie Ickewitz! Ich evakuier' dich!
–Sei vernünftig, Antoine. Wir kämen keine zwei Kilometer weit. Die Viets sind überall und bis Cao-Bang sind es gut sechzig Kilometer.
–Das ist mir egal! Dann krepieren wir alle zusammen. Wenn wir weiterhin nichts tun und immer nur einstecken, ohne etwas zu unternehmen, ist das sowieso unser Schicksal; also, ein bißchen früher oder später.... das ist dieselbe Chose! Ich laß' dich ein paar Minuten allein und organisier' die Spazierfahrt.
Fernandez war nicht da. Weil er Furunkel hatte, war er in Ban-Cao geblieben und zu dem Unternehmen vom Vortag nicht mitgekommen. Mattei suchte Clary im Foyer auf.
–Sag' Klauss Bescheid und such' mir den geschicktesten Jeep-Fahrer der Kompanie. Wir wollen versuchen, den Leutnant heute nacht nach Cao-Bang zu evakuieren.
Obwohl er sich über den Irrsinn des Unternehmens im klaren war, zögerte Clary keinen Augenblick. Er interessierte sich nur für die technischen Einzelheiten des Vorhabens.

– Wir fahren doch selbstverständlich ohne Licht, mon capitaine?
– Allerdings, wir werden auch keine Sirene in Betrieb setzen. Wenn du auf idiotische Fragen verzichtest, können wir Zeit sparen.
– Das ist gar nicht so idiotisch, mon capitaine, weil nämlich alle Leute in der Kompanie einen Jeep fahren können. Was wir brauchen, ist einer, der bei Nacht sieht.
– Gibt's den?
– Ja, Frahm. Der kann bei Mondfinsternis ein Arschloch auf Hämorrhoiden untersuchen.
– Hol' ihn her, und hör' auf, Jargon zu sprechen, wenn du mit mir redest.
– Als ob Sie das nicht verstehen würden, mon capitaine! Ich rede vielleicht nicht sehr gewählt, aber ich weiß, wovon ich rede.
Clary kam zusammen mit Frahm zurück.
– Du hast anscheinend Katzenaugen, um Clary's Schilderung korrekt wiederzugeben? fragte Mattei.
– Ich seh' nachts ziemlich gut, mon capitaine. Ich glaube, daß ich ohne Licht besser fahre als jeder andere.
– Sehr gut. Also Abfahrt in fünf Minuten. Montiert eine Trage für den Leutnant, Frahm am Steuer, Clary und Kalisch, jeder mit einem MG, hinten als Eskorte.
Frahm fuhr gut und schien wirklich zu sehen. Manchmal fragte sich Mattei, durch welches Wunder er es fertig brachte, nicht von der Straße abzukommen. Die Sicht war gleich null, es nieselte noch immer. Lieutenant Palisser war nackt in drei Decken eingewickelt worden, und eine grobe, wasserdichte Plane bedeckte die ganze Trage. Der Jeep passierte Ban-Cao ohne Halt. Die Insassen sprachen nicht und rauchten nicht, nur das Motorgeräusch war in der nächtlichen Stille zu hören. Die allgegenwärtigen Viets mußten es zwangsläufig hören. Mattei's einzige Chance bestand in der Tatsache, daß die Rebellen Schutz vor dem Regen hatten suchen müssen; so hatten sie keine Zeit, beim Vorbeifahren des Wagens zu reagieren.
Der Jeep war schon mehrere Stunden unterwegs; die Legionäre wurden allmählich zuversichtlich. Vier Fünftel des Weges lagen hinter ihnen, aber das letzte Hindernis war noch zu überwinden: die Moränen-Wanne von Kouei-Pet. In deren Mitte begann die Straße steil abzufallen. Es war die ideale Stelle für einen Hinterhalt. Zum ersten Mal seit der Abfahrt sagte Frahm etwas. Er flüsterte:
– Ich hab' da unten einen Lichtschimmer gesehen.

314

Mattei hatte nichts bemerkt, obwohl er unablässig die Augen aufsperrte. Er fragte:
– Bist du sicher?
– Sicher, mon capitaine. Vielleicht der Schein eines Streichholzes oder einer Taschenlampe, aber nicht die Augen eines Tieres. Ich kann das unterscheiden, da drunten sind Menschen.
– Halt' an, befahl Mattei. (Er sprang vom Jeep und setzte hinzu:) Klauss und Clary, steigt aus und geht als Aufklärer voraus. Frahm, du wendest und fährst im Rückwärtsgang. Wenn wir in die Scheiße geraten, können wir immer noch versuchen, abzuhauen.

»Die Scheiße« passierte am unteren Ende des Gefälles. Klauss und Clary gingen als Späher voraus, das MG unter dem Arm. Mattei war bei Palisser im Jeep geblieben; auf der Hinterbank kniend dirigierte er den Fahrer durch den Hinweis »links« oder »rechts«. Da fuhr das rechte Hinterrad auf eine Mine. Der Jeep fuhr noch einen Meter, dann erfolgte die Explosion.
Frahm war auf der Stelle tot. Der Jeep machte einen Satz und kippte zur Seite. Lieutenant Palisser lag auf der Straße, die Decken waren heruntergerutscht, der Nieselregen fiel auf seinen nackten Körper. Mattei hielt ihn für tot. Der capitaine stürzte blindlings in den Wald, fiel in einen Graben, kletterte auf der andern Seite einige Meter hinauf und verbarg sich in einem dichten Gebüsch. Er sah Klauss und Clary die Steigung nach Vo-Chang hinaufrennen. Flucht nach vorn war ungewöhnlich, also intelligent. Alle fünf Schritte, immer abwechselnd, drehte sich einer der beiden um und feuerte eine MG-Garbe in die Runde. Es war das reinste Ballet, das sie – perfekt aufeinander abgestimmt – tanzten. Sie schossen mehrere Viets nieder, von denen sie verfolgt worden waren.
»Die werden davonkommen, dachte Mattei, und das ist nicht mehr als gerecht. Ihr soldatischer Instikt wird ihnen das Leben retten.« Der capitaine sah jetzt, wie die Viets sich an dem umgekippten Jeep zu schaffen machten. Sie richteten ihre Taschenlampen auf die am Boden liegenden Körper. Frahm war in Stücke gerissen, Palisser wurde ebenfalls für tot gehalten. Die Rebellen begannen ein Palaver; sie hatten Mattei fliehen sehen und machten sich daran, eine Treibjagd zu organisieren, um ihn aufzuspüren.

32

Capitaine Antoine Mattei sah, daß seine Stunde geschlagen hatte. Bei seiner Flucht hatte er einen leichten amerikanischen Karabiner mitgenommen. Im Lauf steckte eine Patrone; er legte den Sicherungsflügel um. Er kauerte sich in seinem Gebüsch auf die Knie nieder, das Gesäß auf den Absätzen. Er stemmte den Gewehrkolben auf den Boden, klemmte die Waffe zwischen die Schenkel und steckte den Lauf in den Mund. Den Daumen am Abzug, war er entschlossen, sich zu erschießen, wenn er entdeckt würde.

Um ihn herum gingen die Viets den Graben ab und durchsuchten jedes Gebüsch; sie warfen Steine und leuchteten mit ihren Taschenlampen. Zehnmal, zwanzigmal gingen sie unmittelbar am Versteck des Offiziers vorbei. Zehnmal, zwanzigmal war Mattei im Begriff, abzudrücken. Verzweifelt wehrte er sich gegen sich selbst, er konnte den Gedanken nicht unterdrücken, es sei unmöglich, nicht entdeckt zu werden. Wozu also sein Martyrium verlängern? Warum nicht gleich Schluß machen?

Erst nach einer Stunde merkte Mattei, daß er auf einem Ameisenhaufen saß, daß die riesigen Insekten seine Beine, seine Oberschenkel und seinen Bauch bevölkerten und ihn zerbissen. Eine weitere Stunde verging, ehe sich noch ein anderes Gefühl bemerkbar machte. Er begriff, was es war, denn er kannte den Effekt: An seinen eingeschlafenen Beinen mußte sich ein gutes Dutzend Blutegel festgesaugt haben. Dennoch rührte er sich nicht von der Stelle und unterließ jede Bewegung. Regen und Schweiß liefen an dem Karabiner hinunter. Noch immer hatte er den Lauf im Mund und den Finger am Abzug.

Die Ameisen. Die Blutegel. Die Viets, die weiter um ihn herumsuchten. Antoine Mattei rührte sich nicht. Unglaublich, aber wahr, der capitaine blieb über sechs Stunden in dieser Position. Die ganze Nacht hindurch verfehlten die Rebellen sein Versteck immer wieder um Haaresbreite, aber sie entdeckten ihn nicht. Beim Morgengrauen gaben sie es auf und setzten sich ab, überzeugt, daß es dem Offizier gelungen war, zu fliehen.

Nachdem er sicher war, daß der Feind sich entfernt hatte, zwang sich Mattei mit übermenschlicher Willenskraft, noch eine weitere halbe Stunde bewegungslos auszuharren. Dann nahm er den Gewehrlauf aus dem Mund, ließ die Waffe fallen und versuchte, seine Glieder wieder zu beleben.

Er ließ sich auf die Seite fallen und streckte langsam das eine, dann das andere Bein; diese Bewegung wiederholte er an die hundert mal in immer schnellerem Rhythmus. Unwillkürlich mußte er lachen, denn er dachte an den Ausdruck: »Ameisenkribbeln in den Beinen haben«. Genau dieses Gefühl hatte er, während die Insekten, in Klumpen zusammengeballt, auf seinem ganzen Körper herumwuselten.

Es war völlig hell geworden. Sobald der capitaine gehen konnte, näherte er sich vorsichtig der Straße. Frahm's zerfetzter Leichnam lag unter den Trümmern des Jeep, aber Palisser war verschwunden. Mattei verstand das nicht. Offenbar hatten die Viets ihn mitgenommen.

Der Regen hatte aufgehört. Wonach es den capitaine am meisten verlangte, war eine Zigarette. Er durchstöberte seine Taschen; seine Zündhölzer waren unbrauchbar, seine Zigaretten nur noch ein feuchtes Häufchen Tabak. Es blieb ihm nur eine Hoffnung: Frahm's Leiche, die offenbar zum Teil durch die Windschutzscheibe des umgestürzten Jeep vor dem Regen geschützt worden war. Mattei durchsuchte die Taschen des Toten. Papiere, Brieftasche und Erkennungsmarke nahm er an sich; schließlich fand er das Gesuchte, ein funktionierendes Feuerzeug und ein Päckchen ziemlich trockene Zigaretten.

Der capitaine entdeckte noch etwas anderes, etwas für ihn sehr bedeutsames. Der am Heck des Fahrzeugs angeschnallte Benzinkanister war nicht explodiert, er war intakt. Mattei nahm ihn und ging damit wieder in den Dschungel, diesmal auf der andern Strassenseite. Er marschierte eine gute Stunde, immer mit dem schweren Kanister, bis er eine von Felsen geschützte Stelle fand. Nun zog er sich vollständig aus. Sein Körper war von Ameisen übersät, aber es waren vor allem die Blutegel, die ihn beunruhigten. Er zählte rund zwanzig Stück. Er zündete eine Zigarette an und verbrannte, eines nach dem andern, die mit seinem Blut vollgesogenen Tiere. Jedes Mal gab es eine schmerzhafte Brandwunde auf den Beinen. Anschließend drückte er sorgfältig die letzte Zigarette aus und goß über seinen nackten Körper und seine auf dem Boden zerstreuten Kleider die gesamten zwanzig Liter Benzin aus dem Kanister, was zu einem Massensterben unter den Ameisen führte. Dann zog er seine Hosen und seine Schuhe wieder an und nahm den Karabiner an sich. Alles andere ließ er liegen und machte sich auf den Weg, quer durch den gebirgigen Dschungel.

Der capitaine hatte beschlossen, sich auf improvisierten Pfaden »quer Beet« nach Ban-Cao durchzuschlagen. Das war seine einzige Chance. In der Luftlinie waren es etwa zwanzig Kilometer; er rechnete mit einer Marschzeit von drei, vielleicht vier Tagen .... Aber er war sich klar, daß er um jeden Preis die Umgebung der R.C.3 meiden mußte....

Entgegen jeder Logik hatten Klauss und Clary noch in der Nacht den Posten Vo-Chang erreicht, der dreizehn Kilometer vom Ort des Hinterhalts entfernt lag. Klauss hatte sich leicht verletzt, als er eine französische Mine in der Nähe des Postens auslöste.

Lieutenant Palisser, der zunächst überlebt hatte, war es – ebenfalls gegen jede Logik – gelungen, sich zwei Kilometer weit am Boden dahinzuschleppen. Eine nach den Angaben von Klauss und Clary aus Vo-Chang aufgebrochene Patrouille hatte ihn gefunden. Leider lebte er nur noch wenige Stunden und verschied am Morgen des 23. Juli im Krankenrevier des Postens.

Am Abend wurde der Tod von capitaine Mattei offiziell bekanntgegeben und durch Funk von Posten zu Posten übermittelt. Die Fahne von Ban-Cao wehte auf Halbmast. Auf dem Adlernest wurde ein schwarzer Wimpel gehisst.

Allein marschierte Mattei durch den Dschungel. Er kannte alle Wege und alle Pfade, die der Feind möglicherweise benutzte. Er hatte den Instinkt eines wilden Tieres auf der Flucht; oft blieb er stundenlang in einem Erdloch liegen, er hinterließ keinerlei Spuren, versuchte weder zu essen noch zu trinken und zögerte nicht, seinen Weg durch anstrengende Umwege zu verlängern. Er wußte, daß keine seiner Bewegungen bemerkt werden durfte.

Zwei Tage und eine Nacht marschierte der Legionsoffizier in Richtung Ban-Cao, dem Posten, der seinetwegen halbmast flaggte.

24. Juli 1948, 18 Uhr 30. Die Wache an der Zufahrtstraße zum Adlernest war auf vier Mann verstärkt worden. Es war noch hell, aber infolge des wiedereinsetzenden Regens sah man nur undeutlich und verschwommen. Die Posten bemerkten die zerlumpte Gestalt erst, als sie sich, hundert Meter vor ihnen, von der Gruppe der Strohhütten abhob. Ihr Gang war nicht der eines Chinesen. Der Schatten kam näher; kein Zweifel mehr, es war einer der ihren. Die. vier Legionäre verhielten sich dennoch abwartend. Aber plötzlich wurde die Silhouette für einen von ihnen zum Phantom:
– Mein Gott, das ist ja der capitaine....
– Red' doch keinen Blödsinn, der capitaine ist seit vorgestern tot....
Nun wurde es auch einem zweiten Legionär klar:
– Er hat recht, es ist der capitaine.
Die zwei andern rieben sich die Augen, um den Regen wegzuwischen.
– Unmöglich.... Aber das ist doch unmöglich!....
Jetzt war Mattei nur noch zehn Meter entfernt. Alle vier Legionäre hatten ihn erkannt. Ohne sich abzusprechen, kletterten sie aus ihrer Deckung, nahmen im strömenden Regen Haltung an und präsentierten das Gewehr vor dem zerlumpten Bettler, der auf sie zu-hinkte. Einer von ihnen, ein Pole, dessen dichter Bart die Narbe verdecken sollte, die seine Wange verunstaltete, konnte seine Rührung nicht verbergen. Er weinte, ohne sich dessen zu schämen, und ließ die Tränen in seinen dicken Kräuselbart laufen. Mit schwacher, dumpfer Stimme befahl Mattei:
– Rühren! Kinder.... Helft mir vollends hinauf.
Er reichte seinen Karabiner einem der Männer und legte zwei andern die Arme um die Schultern. Unaufgefordert rannte der vierte los, lief die Straße hinauf und rief:
– Der capitaine lebt! Der capitaine ist zurückgekommen!
Ein Mann, dann zwei, dann zehn, dann die ganze Kompanie erschien am Eingang des Postens und lief unter Freudengeschrei ihrem Hauptmann entgegen. Als sie auf halber Höhe das aus dem capitaine und den zwei ihn stützenden Legionären bestehende Trio erreichten, trat völlige Stille ein. Alle traten zur Seite, um die Gruppe passieren zu lassen. Hinter ihr schlossen sich die Reihen und bildeten eine feierliche Prozession.

In seinem Zimmer ließ sich Mattei kraftlos nieder und verlangte eine Zigarette und ein Glas Schnaps. Klauss und Clary waren noch nicht nach Ban-Cao zurückgekehrt und befanden sich noch immer in Vo-Chang.

Fernandez bediente den Offizier und starrte ihn dabei an, als könne er noch immer nicht an seine Rückkehr glauben.

– Richt' mir mein Rasierzeug, frische Unterwäsche und Handtücher. Sobald ich meine Zigarette geraucht habe, will ich mich säubern; das wird kein Luxus sein.

Einen Augenblick lang trat Fernandez mit gesenktem Blick von einem Fuß auf den andern. Dann plötzlich ahmte er Ickewitz' berühmte Pose nach, er nahm Habacht-Stellung an und brüllte:

– Mon capitaine, Sie müssen mir in die Fresse hauen und mich einlochen.

Mattei war überrascht und betroffen. Er mußte an Ickewitz denken. Die Untat, die Fernandez offenbar gestehen wollte, war ihm jetzt gar nicht so wichtig.

– Was hast du nun wieder angestellt, Dummkopf? Kannst du mich nicht wenigstens in Ruhe zu Atem kommen lassen!

– Das ist es ja gerade, mon capitaine, Sie sind doch tot.... beziehungsweise das heißt, ich meine, Sie waren tot.

– Und?

Fernandez versuchte mit allen Mitteln, vom springenden Punkt abzulenken.

– Die Nachricht kam offiziell aus Cao-Bang, sogar die Fahne ist in Jammerstellung gehängt worden.

– Auf halbmast gesetzt, berichtigte Mattei. Wenigstens das könntest du respektieren, du trauriges Würstchen.

– Sie müssen verstehen, mon capitaine, Sie waren tot, also völlig tot. Und da hab' ich mir gesagt, man hat doch noch nie einen Toten gesehen, der all das Zeug aus seinem Gepäck braucht....

Plötzlich begriff Mattei. Er stand auf, sah sich um und stellte fest, daß seine Offizierskiste verschwunden war. Er öffnete seinen Spind; der war leer. Sogar seine Toilettensachen waren verschwunden.

– Sie brauchen nicht zu suchen, mon capitaine! bekannte Fernandez. Ich hab' alles verkauft. (Beschämt fügte er hinzu:) Die Strafe ist mir gleich, mon capitaine, selbst wenn Sie mir eine Kugel in den Kopf jagen; bloß dürfen Sie nicht denken, ich wäre weniger froh als die andern, daß Sie noch am Leben sind.

Davon war Mattei überzeugt. Er hielt es für grausam und nutzlos, in dieser Hinsicht Skepsis zu zeigen.

–Daran zweifle ich nicht, Fernandez. Das ändert aber nichts an der Tatsache, daß du das finsterste Exemplar von einem Leichenfledderer bist, das sich unter allen Banditen der Welt je gefunden hat. Und daß du zur Vermeidung der Kugel in den Kopf gut daran tätest, meine Sachen wieder herbeizuschaffen, und zwar ein bißchen plötzlich. Übrigens, an wen hast du sie verkauft?

–Ja, das wird aber nicht so einfach sein, ich hab' sie an die Chinesen verkümmelt, an die Meistbietenden auf dem Dorfplatz.

–Du bist Legionär, Fernandez! Hilf Dir selbst! Ich werd' langsam ärgerlich.

–Zu Befehl, mon capitaine.

Capitaine Mattei erhielt fast seine gesamten Habseligkeiten zurück. Der Vorfall war schnell vergessen, denn er ereignete sich am Abend des 24. Juli 1948, und in dieser Nacht begann das Vorspiel zu der blutigen tongkinesischen Tragödie.

33.

Am 25. Juli 1948 wurde in Obertongking der Guerillakampf zum Krieg. Die Viets hatten viel gelernt in ihrem merkwürdigen Kampf gegen den härtesten Haufen der Welt. Im Dschungel neu formiert und ausgebildet, gewachsen an den Hinterhalten auf den Straßen und den Scharmützeln mit den Posten, betraten die Rebellen eine neue Stufe der Eskalation, die sie bis nach Dien-Bien-Phu führen sollte: sie bliesen zum Generalangriff auf alle Bastionen der Legion an der R.C.3

In Ban-Cao schlug capitaine Mattei – noch kaum erholt von seinem Abenteuer – ohne große Mühe eine Viet-Streitmacht zurück, die er auf drei- bis vierhundert Mann schätzte. Offensichtlich hatten die Angreifer des Adlernests selbst nicht an ihren Erfolg geglaubt. Das Drama spielte sich in der Tat anderswo ab.

In Phu-Tong-Hoa.

Um die Tragödie von Phu-Tong-Hoa zu verstehen, muß man zwei Monate zurückblenden.

Phu-Tong-Hoa, letzter Legions-Posten an der R.C.3 vor Bac-Kan, lag in einer Mulde am Zusammenfluß zweier Flüsschen, die lebhaft und klar dahinsprudelten. Wie eine Burg beherrschte er von seinem Hügel aus eine kleine Ebene, in der die traditionellen Anbaukulturen wie Darstellungen auf einem Kirchenfenster wirkten.

Der Posten war ein Rechteck mit Betonmauern. Vier Eckbunker verstärkten ihn. Außerdem war er durch Bambuspallisaden und Minenfelder geschützt. Seine Garnison bestand seit Januar aus der 2. Kompanie des 3. Étranger, die insgesamt hundertvier Legionäre zählte. Die Offiziere waren capitaine Cardinal und sein Stellvertreter, lieutenant Charlotton. Magazinverwalter und verantwortlich für Proviant und Munition war sergent Guillemaud.

In den ersten Junitagen wurde das Ausmaß der feindlichen Kräfte, die Phu-Tong-Hoa umgaben, durch eine schier unglaubliche Entdeckung deutlich. Um die R.C.3 zu blockieren, hatten die Viets es in einer einzigen Nacht und auf einem Straßenstück von nur fünf Kilometern Länge fertiggebracht, über siebenhundert Gräben oder schachbrettartig verteilte Löcher auszuheben. Die Rechnung war sehr einfach. Ein Minimum von dreitausend Menschen war während der Nacht bei dieser Ameisenarbeit im Einsatz gewesen.

Daß sie von Viets in der Stärke von drei Bataillonen umringt waren, bedeutete keine besondere Überraschung für die Offiziere von Phu-Tong-Hoa; sie vermuteten das seit langem. Nur hatten die Rebellen jetzt demonstriert, daß sie sich nicht scheuten, es ihnen auch zu zeigen; und das war schon bedenklicher. Capitaine Cardinal und lieutenant Charlotton zogen daraus den Schluß: der Sturm auf den Posten stand unmittelbar bevor. Über Funk machten sie in Bac-Kan und in Cao-Bang Meldung, aber niemand nahm es ernst. Es fehlte nicht viel, und man hätte die zwei Offiziere als Feiglinge angesehen. Wie konnten sie sich einbilden, daß die Viets die Kühnheit besäßen, ihre Zitadelle anzugreifen? Cardinal verlangte Fallschirmabwürfe von zusätzlicher Munition, vor allem von Handgranaten. Als Antwort bekam er nur Spott zu hören. Daraufhin mogelte er und behauptete, seine Munitionsvorräte seien erschöpft.

Diesmal entsprach man seinem Ersuchen, kündigte ihm aber eine Untersuchung an. Man glaubte, die Legionäre fischten in den angrenzenden Gewässern mit Handgranaten.

In den letzten Junitagen beobachtete lieutenant Charlotton nachdenklich ein unaufhörliches Kommen und Gehen im Hof des Postens. Unter den verschiedensten Vorwänden erschienen die Bewohner des tongkinesischen Dorfes in ganzen Gruppen. Das war üblich und dauerte schon seit Monaten; im übrigen beteiligten sich manche der Eingeborenen an kleineren Arbeiten, und erst ab acht Uhr abends waren die Legionäre wieder unter sich.

Waffenkammer und Munitionsbunker lagen ein Meter zwanzig von der Umfassungsmauer entfernt. Einer plötzlichen Eingebung folgend, begab sich Charlotton dorthin und fragte sergent Guillemaud:

–Kannst du mir vier zuverlässige Leute beschaffen, um zusammen mit dir und mir die ganze Nacht zu arbeiten?

–Mon lieutenant, die ganze Kompanie ist zuverlässig!

–Ich meine vier diskrete Leute, Leute die schweigen können; keine Angeber und Großmäuler.

–Verstanden, mon lieutenant! Das ist einfach, da sind meine beiden Helfer, Bischoff und Juhasz, und dann kann man noch die Gefreiten Polain und Huegel nehmen. Für die leg' ich meine Hand ins Feuer. Wenn Sie ihnen befehlen, zu schweigen, lassen sie sich eher vierteilen, als daß sie reden.

–Sehr gut, Rendezvous um 20 Uhr 30, hier, vor der Waffenkammer. Ich werde Ihnen dann auseinandersetzen, was ich von Ihnen erwarte.

Zur festgesetzten Zeit trafen sich die sechs Männer. Der lieutenant kam gleich zur Sache:

–*Voilà* .... ich habe beschlossen, unter strengster Geheimhaltung das Munitionsdepot zu verlegen. Wir transportieren heute nacht alles in den Keller unter dem Speisesaal. Davon abgesehen, bleibt der Munitionsbunker, wie er ist. Ihr müßt nur dafür sorgen, daß die Leute im Falle eines Falles erfahren, wo sie Munition fassen können. Aber von diesem Fall abgesehen, verlange ich, daß niemand – ich sage ausdrücklich niemand ohne jede Ausnahme – erfährt, daß die Munition nicht mehr am alten Platz ist.

Die fünf Legionäre nickten. Sie hatten verstanden. Sie stellten keine Fragen. Schweigend machten sie sich an die Arbeit und räumten die ganze Nacht über die schweren Kisten um.

Am 18. Juli kündigte Bac-Kan das Eintreffen von Verstärkung an. Das kam unerwartet und war unglaublich gewagt: die neunzehn Kilometer zwischen Bac-Kan und Phu-Tong-Hoa befanden sich vollkommen unter Kontrolle der Viets.

Dennoch kam die Gruppe ohne Zwischenfall an. Das war ein Gag.

Acht Rekruten direkt aus Bel-Abbès, unter Führung des dreiundzwanzigjährigen sous-lieutenant Bévalot, dessen militärische Erfahrung sich auf das beschränkte, was er auf der Kriegsschule in Coëtquidan gelernt hatte. Der Neuankömmling war mittelgroß und sah aus wie ein junger Filmstar; er war fröhlich, sympathisch und schwärmerisch. Cardinal und Charlotton nahmen ihn sofort unter ihre Fittiche; zwar beklagten sie seine Unerfahrenheit, konnten sie ihm aber in keiner Weise vorwerfen.

Bévalot's wacher Verstand ließ ihn die Lage schnell begreifen. In einem Minimum an Zeit erwarb er ein Maximum an Kenntnissen.

Den ganzen Sonntag, den 25. Juli, von Tagesanbruch bis zur Dämmerung, hatte der schmutzige Nieselregen angehalten. Sergent Guillemaud, caporal-chef Polain und sergent-chef Delamare hatten den Tag am Ufer des westlichen Flüsschens mit Fischen verbracht. Nicht mit Handgranaten. Mit improvisierten Angelruten, die sie selbst gebastelt hatten. Sie brachten zwei Katzenfische und einige Aale zurück. Sie waren bis auf die Haut durchnäßt, zogen sich um, gingen im Speisesaal essen und trafen sich dann wieder in der Waffenkammer, um eine Pfeife mit bitterem einheimischem Tabak zu rauchen. Mit ihren restlichen Zigaretten gingen sie sparsam um.

Wie immer in Augenblicken der Ruhe, redeten sie vermutlich von Frauen, Huren, Sauftouren und Räuschen. Aber um 19 Uhr 30 wurde ihr Gespräch unterbrochen. Zuerst kam das typische Pfeifen vor dem Einschlag. Als erfahrene Landser warfen sich die drei Männer zu Boden, die Hände schützend hinter dem Nacken gekreuzt. Dann kam der Aufschlag der Granate, die das Dach durchbrach. Schließlich das donnernde Krepieren der Explosionsladung und der Schutt, der auf die Legionäre herunterprasselte.

Guillemaud, Polain und Delamare waren nicht verletzt; die Granate hatte den Fußboden der Waffenkammer durchschlagen und war in dem bisherigen Munitionsschacht explodiert. Das feindliche Feuer konzentrierte sich jetzt genau auf diese Stelle: ohne die geheime Aktion von lieutenant Charlotton wäre die Munition in die Luft geflogen, und der Posten wäre jetzt seinen Angreifern schutzlos ausgeliefert gewesen.

Die drei Legionäre stürzten ins Freie. In Sekundenschnelle war der Lärm ohrenbetäubend. Der Feind schien von überallher zu schießen und alle Einschläge stammten von schweren Waffen. Um die fünfzehn Meter von der Waffenkammer bis zum Speisesaal zurückzulegen, mußten sich die Legionäre wiederholt bäuchlings in den Dreck werfen. Als sie schließlich dort ankamen, brüllte Polain:

–Ich mach' die Runde in den Eckbunkern! Ich sag' überall Bescheid, daß die Munition im Speisesaal ist.

Guillemaud beobachtete zusammengekauert die Feuerblitze, die den Himmel aufrissen.

–Verdammt nochmal! stellte er fest: die Schufte haben 7,5 cm-Geschütze! Da werden wir ganz hübsch was abbekommen!

Capitaine Cardinal war zur Funkerbude gestürzt. Als er sie fast erreicht hatte, explodierte eine Granate wenige Meter von ihm entfernt. Die drei Männer, die ihn begleiteten, waren auf der Stelle tot. Der capitaine stürzte mit schweren Verletzungen am Bein und an den Hüften. Dennoch schleppte er sich bis in die Funkerstube. Die Legionäre Schern und Jungermann versuchten völlig gelassen, Verbindung mit Bac-Kan aufzunehmen. Der capitaine brach in einer Ecke zusammen. Er verlor Blut, schien sich aber keine Sorgen darum zu machen. Er befahl Jungermann:

–Informieren Sie die Leutnants Charlotton und Bévalot. Sagen Sie ihnen, daß ich verwundet bin, sie sollen zum Befehlsempfang hierher kommen.

Charlotton erschien fast augenblicklich. Bévalot folgte eine Minute später. Der Oberleutnant war auf seinen Chef zugeeilt, um die Verwundung anzusehen:

–Sie müssen ins Revier transportiert werden, mon capitaine, für eine Bluttransfusion.

–Schnauze, ich bleib' hier! Es ist keine Zeit zu verlieren, ich glaube, es wird ernst.

Schern nahm die Kopfhörer ab.

– Bac-Kan kann uns nicht helfen, Cao-Bang ebensowenig. Alle Posten werden angegriffen, es ist die Generaloffensive, die Viets sind überall.

Polain erschien wieder im Speisesaal, der zur Munitionsausgabestelle umgewandelt worden war.
– Ich hab' alle Mann informiert, verkündete er. Ihr könnt die Eier herrichten, sie kommen sie holen.
– Wie steht's denn? fragte Guillemaud.
– Bestens. Alles geht ganz hervorragend. Wenn du mich fragst: mehr als vier- oder fünftausend Viets sind es nicht. Drei oder vier Bataillone, darunter eins oder zwei mit schwerer Artillerie. Der capitaine liegt im Sterben, und es regnet! Davon abgesehen ist die Stimmung gut.
Guillemaud wäre der letzte gewesen, der sich über Polain's zynische Bemerkung gewundert hätte. Sie kannten sich seit zehn Jahren, und dies war nicht der erste Feldzug, den sie zusammen mitmachten.
Polain war Belgier. Er war ein wallonischer Koloß, der die Vierzig überschritten hatte; man konnte kaum mehr zählen, wie oft er befördert, degradiert und wieder befördert worden war; seine Auszeichnungen und Waffentaten waren ebenfalls unzählbar. Aber an den berühmtesten seiner Rekorde erinnerte sich jedermann oder hatte davon sprechen hören: in Norwegen, während des letzten Krieges hatte er auf Grund einer Wette zehn Liter Starkbier in weniger als vier Stunden getrunken.
Es konnte zugehen, wie es wollte, Polain war immer gleich guter Laune. Seine Stimme war hundert Meter weit zu hören, und jeder kannte sein dröhnendes Lachen. In einem offiziellen Bericht über ein heftiges Gefecht in Libyen hatte ein Bataillonskommandeur geschrieben: »....da das Lachen des caporal-chef Polain den Kampflärm übertönte, fällt es mir schwer, präzise Angaben über die gegnerischen Kräfte zu machen....«
Den Blick fest auf Guillemaud gerichtet, wurde Polain wieder ernst und beinahe feierlich.
Für den sergent konnte das nur eines bedeuten: ein Pumpversuch stand bevor. Er täuschte sich nicht.
– Sag' mal, sergent, hättest du nicht zufällig eine Zigarette? Festtags-

reserven und so, das kommt mir jetzt leicht überholt vor, meinst du nicht auch?

Guillemaud schmunzelte. Er öffnete eine Schublade und reichte seinem Kameraden ein Päckchen *Mic* hin.

– Ein ganzes Päckchen! rief der Belgier begeistert. Wenn der liebe Gott was für mich übrig hat, dann läßt er mir Zeit, alle aufzurauchen.

Polain steckte sich eine Zigarette an und inhalierte genüßlich.

– Ich mach' mal die Runde, gib mir 'ne Kiste Handgranaten zum verteilen.

Der Artilleriebeschuß verstärkte sich von Minute zu Minute. Ein Hagel von Granaten ging auf den Posten nieder; Trümmer aller Art flogen durch die Luft. Die Männer fielen, tot oder verwundet. Polain ging aufrecht, mit langsamen Schritten. Unter dem linken Arm trug er mühelos die Kiste mit den Handgranaten, und seine Hauptsorge schien es zu sein, die Zigarette in seiner rechten Hand vor dem Regen zu schützen.

Es war 20 Uhr 15. Die Artillerievorbereitung dauerte schon eine Dreiviertelstunde, als plötzlich Stille eintrat. Auch die Legionäre stellten das Feuer ein. Es blieb ihnen von der Schießerei nur noch das Pfeifen in den Ohren und der Pulvergeruch in der Nase.

Für capitaine Cardinal, im Funkerraum, gab es keinen Zweifel, daß dies die Ruhe vor dem Sturm war; er befahl, doppelt wachsam zu sein. Polain hatte seine Handgranaten verteilt und setzte seinen Rundgang fort. Als er an der früheren Waffenkammer vorbeikam, fiel ihm ein sonderbares Geräusch auf.

Zwischen Gebäuderückwand und Umfassungsmauer lag ein zwanzig Meter langer Korridor. Es war ein regelrechter Schlauch, ein Meter zwanzig breit, dessen Enden durch zwei stabile Holztüren mit Hängeschlössern versperrt waren.

Leise betrat Polain die Waffenkammer. Dort kannte er sich aus wie in seiner Hosentasche und fand sich trotz der Dunkelheit darin zurecht. An der Wand gegenüber der Eingangstür stand ein Gestell mit vier Liegen übereinander, an dem eine Holzleiter lehnte. Geschmeidig kletterte Polain hinauf. Direkt über der obersten Pritsche befand sich eine Dachluke zu dem Schlauchgang hinaus. Die Scheibe war zersprungen und die Luke nur noch ein gähnendes Loch. Vorsichtig riskierte Polain einen Blick hinaus und erstarrte vor Staunen.

Im Durchgang wimmelten die Viets wie Ratten umher. Es waren schon an die hundert oder hundertfünfzig im Gang und weitere kletterten lautlos über die Umfassungsmauer. An den beiden Enden des Korridors waren zwei Mann damit beschäftigt, die Platten abzuschrauben, an denen die Madenschlösser hingen.

Blitzgeschwind zog Polain seine Schlüsse. Er wußte, daß die Platten sehr stabil waren. Die Viets wollten sie offensichtlich geräuschlos abmontieren, um einen Überraschungsangriff vorzubereiten. Dazu würden sie annähernd eine halbe Stunde brauchen, darüber gab es keinen Zweifel.

Polain stieg wieder von seiner Hühnerleiter herunter. Er durchquerte den Hof und ging zu sergent Guillemaud in den Speisesaal zurück. Der caporal-chef war heiter und gelassen. Auf seinem freundlichen Gesicht lag ein breites Grinsen. Er griff sich eine weitere Kiste mit Handgranaten.

– Wollen sie noch mehr? fragte Guillemaud.

– Das ist für meinen eigenen Bedarf, ich hab' was vor.

– Erklär' mal!

Polain stellte die Kiste wieder ab, er schien eine neue Idee zu haben. Er schnallte das Koppel über seiner Feldbluse ein Loch enger und begann, sich unter der Bluse mit Handgranaten vollzustopfen, während er erklärte:

– Sergent, wir beide, wir kennen uns ja schon ziemlich lange. Was haben wir nicht schon alles miteinander angestellt! Und was haben wir zusammen gelacht! Du weißt besser als jeder andere, daß ich eine fröhliche Natur bin. Also, und jetzt wirst du staunen: so, wie ich mich in ein paar Minuten amüsieren werde, so habe ich mich in meinem ganzen Leben noch nicht amüsiert! Und weil ich dich gern hab', sollst du auch 'was davon haben! Komm mit....

Schweigend und ohne zu verstehen, folgte Guillemaud seinem Kameraden. Auf Polain's Drängen nahm er in einer Kiste die Granaten mit, die in der Bluse des Gefreiten keinen Platz mehr gefunden hatten. An der Tür zur Waffenkammer flüsterte Polain:

– Ich leg' mich auf die oberste Pritsche, du auf die darunter. Wenn ich keine Granaten mehr habe, reichst du mir welche zu.

Der sergent begriff.

–Sind Viets im Durchgang?

–Viets? murmelte Polain verächtlich, die ganze Viet-minh-Armee ist in dem Korridor versammelt!

–Au Backe! raunte Guillemaud, das gibt 'n Blutbad!

–Das gibt 'n Mordsspaß! berichtigte Polain.

Völlig geräuschlos kletterten die beiden Legionäre auf die Pritschen. Nachdem Polain sich mit einem kurzen Blick vergewissert hatte, daß die Zahl der Rebellen während seiner Abwesenheit nur noch gewachsen war, streckte er sich bequem aus.

Dann zog er in aller Ruhe die erste Granate ab und warf sie durch die Luke.

Die Explosion rief augenblicklich vielstimmiges Geschrei und wildes Durcheinander hervor. Polain brach in sein dröhnendes Gelächter aus und fuhr fort, Granaten zu werfen, wobei er nur die Wurfrichtung variierte. Als er seinen eigenen Vorrat verbraucht hatte, verlangte er von Guillemaud Nachschub:

–Zieh' sie mir ab, sergent, dann geht's schneller.

Das war gefährlich, aber die Legionäre hatten darin Übung. Sie führten die reinste Jongleur-Nummer auf. Ihr rechter Zeigefinger blutete bereits vom Reißen an den Abzugsringen.

Als Polain annahm, daß kein kampffähiger Mann in dem Durchgang mehr übrig war, steckte er den Kopf durch die Luke und betrachtete bewundernd das Resultat der Schlächterei. Schließlich schien er befriedigt und sprang zu Boden.

–Ihre Idee war gar nicht dumm, stellte er schlicht fest. Die hätten uns schön zur Schnecke machen können.

Die zwei Legionäre nutzten die vorübergehende Ruhe zu einem schnellen Rundgang durch den Posten, um sich zu versichern, daß die Verteidigungsstellungen und vor allem die automatischen Waffen in den Eckbunkern noch mit kampffähigen Männern besetzt waren. Diese Vorsichtsmaßnahme erwies sich als sehr angebracht. Bei den von je drei Legionären bedienten Maschinengewehren fanden sie zahlreiche Verwundete (zum Teil Schwerverwundete) vor, die weitergekämpft hatten, ohne ihren Zustand zu melden.

Die lieutenants Charlotton und Bévalot hatten die gleiche Idee gehabt und wiederholt verwundete MG-Schützen und Ladeschützen trotz deren Protest ausgewechselt.

Nach zehn Minuten waren alle Verteidigungsstellungen wieder mit kampffähigen, wenn auch oft weniger erfahrenen Männern besetzt.

Um 21 Uhr wurde die Stille abrupt unterbrochen. Diesmal war es weder Geschützdonner, noch Explosionslärm, sondern das aufreizende Jaulen von vielen hundert Signalhörnern, die mit ihrem schauerlichen Geheul die Nacht zerrissen. Diese Kakophonie zerrte an den Nerven selbst der härtesten Haudegen. Vor allem kannten sie die Bedeutung dieser Musik: von allen Bergen in der Runde würden sich nun Menschenhorden auf den Posten stürzen.

In der Funkerstube gab capitaine Cardinal seine letzten Anweisungen. Die Männer um ihn herum wußten, daß er nur noch wenige Minuten zu leben hatte. Viele hörten seine letzten Worte:

– Mut, Kinder! Im Nahkampf sind sie keinen Pfifferling wert!

Nach capitaine Cardinal's Tod übernahm lieutenant Charlotton das Kommando im Posten, aber nur für zwölf Minuten; dann fiel auch er, als es der ersten Angriffswelle gelang, eine der Umfassungsmauern zu übersteigen.

Der Westbunker fiel, und die Viets bemächtigten sich des MG's. Sie richteten es gegen das Innere des Postens. Einer der Rebellen schrie mit gellender Fistelstimme auf französisch:

– Ergebt euch! Ihr seid verloren! Ergebt euch oder wir töten euch alle!

Aus dem Südbunker kam prompt die Antwort. Sein MG ratterte und zerriß den Schreier. Der Schütze war caporal-chef Martin, der Sekretär von capitaine Cardinal; als Ladeschützen hatte er den kleinen sizilianischen Koch Piperno und den Zigeuner Chauvé.

Das nun folgende, unwahrscheinliche Kampfgewirr läßt sich nicht genau beschreiben.

Mit immer neuen Sturmwellen gelang es den Viets, eine Reihe von

Stellungen innerhalb des Postens zu besetzen. Mit Handgranaten und mit der blanken Waffe konnten die Legionäre sie schließlich wieder vertreiben.

Mit dem Rücken zur Wand wehrte sich Polain gegen eine Traube von Angreifern, die ihn lebend gefangennehmen wollten. Einen Kommandodolch in jeder Hand, tötete er vier Viets, ehe er von einem Bajonettstich durchbohrt wurde. Sein Blut spritzte und er brach zusammen.

Die Rebellen stürzten sich auf den gefallenen wallonischen Riesen und zerhackten ihn mit Dolchen und Buschmessern. In seinem *Mic*-Päckchen blieben noch achtzehn Zigaretten übrig.

Da der Vorrat an Handgranaten erschöpft war, beschloß sergent Guillemaud, als letzten Ausweg harmlose Rauchgranaten zu verteilen. Zur allgemeinen Überraschung glaubten die Viets, es handle sich um Giftgas und machten eine Rückzugsbewegung.

Mit tränenden Augen besetzten die Legionäre sofort wieder mehrere wichtige Stellungen. Hustend und spuckend kämpften die Überlebenden wie wütende Raubtiere weiter. Sie brachten die noch brauchbaren automatischen Waffen in Stellung und richteten sich darauf ein, aufs Geratewohl loszufeuern, als ihnen ein Wunder zu Hilfe kam.

Mit einem Mal riß der Himmel auf, und im Mondlicht wurden die feindlichen Truppen sichtbar. Mit Maschinengewehren und Granatwerfern begann nun das Gemetzel. Dreitausend Viets zogen sich vor der hartnäckigen Zähigkeit und dem Durchhaltewillen von vierunddreißig wildgewordenen Legionären zurück.

Um 23 Uhr brüllten die Hörner der Viets von neuem. Aber diesmal bliesen sie zum Rückzug.

Die Legionäre blieben dennoch die ganze Nacht auf der Hut. Im Krankenrevier, wo die Verwundeten massenweise inmitten von Blutlachen auf dem nackten Boden lagen, hörte man herzzerreißendes Jammern und schmerzvolles Stöhnen.

Chauvé, der Zigeuner, der eine MG-Garbe in die Brust und Gra-

natsplitter in den Bauch abbekommen hatte, flehte sergent Guillemaud stöhnend an:
–Mach' mit mir Schluß, sergent, ich bitte dich, mach' mit mir
Schluß!
Guillemaud hatte dazu nicht den Mut. Lassen wir ihn den Rest selbst
erzählen:
»....Nachdem wir zunächst Kontakt mit den Überlebenden hergestellt
hatten, die im Südteil unter lieutenant Bévalot zusammengezogen waren, mußten wir in dem unglaublichen Wirrwarr im Posten ein wenig
Ordnung schaffen. Das war schnell getan. Mit den andern Unteroffizieren, darunter die Unteroffiziere Galli, Fissler und Andry, teilten wir die kampffähigen Legionäre in vier Gruppen ein und besetzten die aufgegebenen Stellungen wieder. Dabei überzeugten wir uns,
daß kein Viet lebend im Posten verblieben war. Es wurde immer heller. Oder jedenfalls wich die nächtliche Finsternis immer mehr, als
der Mond hinter den Bergen und Hügeln hervorkam. Ich wandte
mich zur Nordmauer, um dort einige Legionäre an den Schießscharten zu postieren. Aber zuerst mußte man die Viet-Leichen wegräu-
men, die von den Angreifern zurückgelassen worden waren. Als wir
die Leichen unsrer Feinde aufhoben, sah ich, daß die Viets außer
mit automatischen Waffen mit langen Bambusstangen ausgerüstet
waren; diese waren zwei Meter fünfzig lang und trugen Lanzenspit-
zen mit Widerhaken oder einer Art gekrümmter Sichel. Alles scharf
geschliffen. Unter einem der Körper fand ich ein MG ausländischer
Herkunft. Die erbeuteten Gewehre waren sehr lang und trugen sorgfältig mit Draht festgebundene Bajonette. Der Boden war mit nicht
krepierten Handgranaten übersät und es war sehr gefährlich. Am
Morgen, als es tagte, stellten wir fest, daß die Gewehre russisch,
die Maschinengewehre tschechisch, und die Handgranaten selbstge-
bastelt waren.
»Es fiel mir ein, nach dem 6 cm-Granatwerfer östlich von der
Waffenkammer und von meinem Zimmer zu schauen. Im gleichen
Augenblick kam auch der Geschützführer hinzu. Bei dem Anblick,
der sich uns bot, stießen wir unwillkürlich einen Schrei der
Überraschung aus. Der Leichnam eines Viets war, durch den Trag-
riemen festgehalten, im wahrsten Sinne des Wortes um das Wer-
ferrohr herumgewickelt. Gerade, als er den Werfer hatte wegtra-
gen wollen, war ihm offenbar eine Handgranate vor den Füßen krepiert.

Um die R.C. 3 zu blockieren,
hatten die Viets es in einer
einzigen Nacht und auf
einem Straßenstück von nur
1 km Länge fertiggebracht,
über 700 Gräben oder
schachbrettartig verteilte
Löcher auszuheben

Der Posten war ein Rechteck
mit Betonmauern. Vier
Eckbunker verstärkten ihn.
Außerdem war er durch
Bambuspalisaden und
Minenfelder geschützt

Legionär in der Festung von Lang-Son

Am Ortseingang von Dong-Dang

»Im Eckbunker blockierte ein Dutzend Viet-Kadaver den unteren Teil. Wir schoben sie zur Seite und stellten überrascht fest, daß unter ihnen die Leichen der Legionäre Baran und Speck (einem Namensvetter des desertierten caporals) lagen. Baran's erstarrte Hand krampfte sich noch um den Verschluß seines Maschinengewehrs, das die Viets ihm entrissen hatten; mit einer letzten Anstrengung hatte er die Waffe unbrauchbar gemacht.

»Um einigen von uns eine Pause zu verschaffen, wurde ein Wachdienst eingerichtet. Nachdem ich drangewesen war, konnte ich mich hinlegen und zwei oder drei Stunden schlafen. Ich war so erschöpft, daß mich der Schutt und die Ziegelbrocken um mich herum nicht störten. Ein von sous-lieutenant Bévalot geschickter Legionär weckte mich. Es herrschte schönes Wetter, die Sonne war schon aufgegangen und es war bereits heiß. Aber was ich sah, war schrecklich. Die Leichen unserer einundzwanzig Gefallenen lagen aufgereiht in den Trümmern des Speisesaals. Capitaine Cardinal, lieutenant Charlotton, die caporaux-chefs Polain und Huegin, die Legionäre Walther, Manault, der Sizilianer Piperno, Baran, Speck, der Zigeuner Chauvé, Hergessen, und viele andere, die ich wenig oder gar nicht kannte, weil sie vor kaum einer Woche mit dem letzten Nachschub aus Bel-Abbès gekommen waren. Man mußte die Leichen unbedingt schleunigst beerdigen, weil es immer heißer wurde, und weil ganze Wolken dicker, gefräßiger Fliegen sich auf ihnen niederließen.

»Um 08 Uhr 45 gab es wieder Sprechfunkverbindung mit Bac-Kan. Commandant Sourlier war selbst am Mikrophon, um mit unserem Funker zu sprechen. Die Fragen, die er ihm zunächst stellte, klangen recht ungereimt. Offensichtlich hatte er wegen unsres letzten Funkspruchs Zweifel, ob Phu-Tong-Hoa nicht von den Viets besetzt war. Durch Jungermann's Antworten auf seine Fragen hatte sich der commandant überzeugen können, daß der Funker ungehindert sprechen konnte, und daß die zweite Kompanie den Posten entgegen aller Wahrscheinlichkeit gehalten hatte.

»Dann machte ich mich mit meinem Magazinverwalter daran, die überall herumliegende Munition und Waffen einzusammeln. Wir fanden auch Papiere und besonders Lagepläne des Postens. Die meisten waren sehr gut und genau gemacht; die Viets waren bestens informiert gewesen, nur nicht über einen Punkt: auf allen Plänen war das Munitionsdepot am alten Platz eingezeichnet. Bei einem der

Viet-Leichname, dessen Uniform Rangabzeichen aufwies, fanden wir eine rote Fahne mit dem fünfzackigen, gelben Stern. Offensichtlich dazu bestimmt, unsre Fahne zu ersetzen. Aber die war die ganze Nacht an ihrem Mast verblieben....«

Kehren wir nach Cao-Bang zurück, wo man seit dem Verstummen von Phu-Tong-Hoa am 25. Juli um 21 Uhr vom Fall des Postens überzeugt war.

Lieutenant-colonel Simon, der Abschnittskommandant, verbrachte die Nacht damit, eine Hilfskolonne aufzustellen, die beim Morgengrauen aufbrechen sollte. Diese Kolonne umfaßte einen Zug der 5. Schwadron der coloniale, die 3. Kompanie des 23. algerischen Schützenbataillons, eine Abteilung Pioniere und, natürlich, als Begleitmannschaft eine Kompanie des 3. Étranger.

Die Zusammensetzung dieser Hilfskolonne war logisch und normal. Das gleiche galt nicht für die Tatsache, daß colonel Simon das Kommando übernahm und sein Leben damit aufs Spiel setzte. Seine Untergebenen wollten ihn bewegen, auf diese Idee zu verzichten, aber der höhere Offizier blieb unbeirrbar. Er wußte, daß seine Anwesenheit auf der R.C.3 geeignet war, die Kampfmoral der Legionäre wesentlich zu stärken, denen es schon morgen wie ihren Kameraden von Phu-Tong-Hoa ergehen konnte. Vor seinem Abmarsch sagte colonel Simon nur:

–Das ist alles, was in meiner Macht steht; ich finde, daß es herzlich wenig ist.

Die Kolonne Simon brauchte drei Tage, um Phu-Tong-Hoa zu erreichen. Sie wurde viermal heftig angegriffen und erlitt beträchtliche Verluste, gelangte aber schließlich an ihr Ziel. Lassen wir noch einmal sergent Guillemaud erzählen:

»....Als gegen 19 Uhr die Vorhut der so sehnlich erwarteten Kolonne an der Straßenbiegung nach Diang gemeldet wurde, atmete der ganze Posten erleichtert auf, und ein donnerndes Hurra ertönte.

»Von meinem Ausguck auf dem Eckbunker 3 beobachtete ich durch den Feldstecher die von der Abendsonne beschienene Straße. Ein Jeep löste sich von der Kolonne. Vier Mann saßen darin, und ich glaubte, das Profil des colonels zu erkennen; er war es wirklich, begleitet von seinem Stabschef, capitaine Soulier und einem Legions-Unteroffizier....

»In völligem Schweigen legte colonel Simon den letzten Teil des Anstiegs zum Posten zu Fuß zurück. Die Kommandos aus dem Exerzierreglement ertönten, klatschend wurden die Gewehre präsentiert. Die Tradition war gewahrt; Dienstgrade und Legionäre meldeten sich namentlich.

»Von der Szenerie abgesehen, konnte man glauben, in der Vienot-Kaserne in Bel-Abbès zu sein.«

Phu-Tong-Hoa war ein Legionsposten geblieben. Getreu dem Gesetz der Legion.

34 ·

In Ban-Cao begann wieder der Alltag. Jeder Schritt außerhalb des Postens war zu einem tollkühnen Unternehmen geworden. Die Legionäre verließen ihre Bastionen nur noch auf Grund von Hinweisen, die über jeden Zweifel erhaben waren. Mattei wartete auf die Bewilligung eines Heimaturlaubs. Er hoffte, den Urlaubsschein so rechtzeitig zu erhalten, daß er Räumung und Sprengung seines Adlernestes nicht mehr miterleben müßte. Er wußte, daß dies beschlossene Sache war und unmittelbar bevorstand: über kurz oder lang waren alle Legionsposten an der R.C.3 dazu verurteilt.

Schon seit zwei Jahren hatte die 4. Kompanie einen in jeder Hinsicht ungewöhnlichen sergent-major. Er hatte sich 1945 unter dem Namen Burgens zur Legion gemeldet, aber Mattei kannte seine wahre Identität: Hervé de Broca, geboren am 17. Juli 1894 in Tavernay (Saône-et-Loire). Er war vierundfünfzig Jahre alt und damit der Senior der 4. Kompanie. Hervé de Broca, Absolvent der École Normale Supérieure, war vor dem Weltkrieg Mitglied des Kabinetts Edouard Herriot gewesen. Während der Okkupationszeit amtierte er, persönlicher Freund von Marschall Pétain, als Unterstaatssekretär in Vichy. Nach der Befreiung Frankreichs in Abwesenheit zum Tode verurteilt, gelang es ihm, zu fliehen und bei der Legion einzutreten. Mattei respektierte ihn hauptsächlich aus zwei Gründen: erstens hatte de Broca trotz seines Alters immer mutig an den Kämpfen der Kompanie teilgenommen; zweitens hatte er als sergent-major mit Brillanz seine Aufgabe gemeistert, die oft komplizierte Buchhaltung der Kompanie und die manchmal ebenfalls recht schwierige Korrespondenz des Hauptmanns zu erledigen. Dank seiner Diplomatie, seiner hohen Bildung und seinem politischen Gespür hatte er es zu wiederholten Malen fertiggebracht, mit Feinfühligkeit und Eleganz Probleme durch doppelzüngige Berichte totzuschreiben.

Im August saß Burgens wieder einmal im Büro des Hauptmanns, der ihn über eine neue Schwierigkeit mit der Bürokratie unterrichtete.

– Burgens, Lang-Son liegt mir wegen dieses Dorfes in den Ohren, das ich habe niederbrennen lassen! Es hat da scheint's Beschwerden gegeben. Höheren Ortes wollen sie Einzelheiten....

Burgens lächelte. Nur eine gewisse Beleibtheit verriet den Fünfziger.

– Deswegen beunruhigen Sie sich, mon capitaine? Seien Sie unbesorgt, ich werde im Code Militaire nachschauen; es gibt massenhaft Gesetze, aus denen man herauslesen kann, was man will, man muß sie nur geschickt interpretieren.

Burgens verbrachte eine Woche mit der Fertigung eines Berichtes von verblüffender Vieldeutigkeit. Dann leistete sich der alte Humanist aus Jux das Vergnügen, ihn nochmals auf lateinisch zu schreiben. Dabei betrachtete er es als Ehrensache, nicht den kleinsten Fehler, nicht die geringste Ungeschicklichkeit im Satzbau zu begehen. Als er sich wieder beim capitaine meldete, unterbreitete er ihm beide Texte, das Original und seine lateinische Übersetzung. Alles in allem rund vierzig Seiten.

– Zu Anfang, mon capitaine, habe ich aus Spielerei übersetzt, erklärte er; dann hat es mich gereizt, weiterzumachen. Auf das Ergebnis bin ich ziemlich stolz. Diesen Text kann man den berühmtesten Latinisten vorlegen, sie werden nicht den kleinsten Fehler darin finden.

Mattei war entzückt. Er billigte den französischen Text und entschloß sich, das Spiel mitzumachen und die lateinische Fassung nach Lang-Son zu schicken.

Der Überraschungseffekt, den er erzielte, überstieg bei weitem seine Erwartungen. Der Bericht machte die Runde bei den Generälen, und manche versahen ihn mit Randbemerkungen. Er wurde dem Generalgouverneur Bollaert unterbreitet und landete schließlich in Paris, wo er noch heute wie ein Museumsstück im Heeresarchiv aufbewahrt wird. Der ursprüngliche Zweck des Unternehmens war völlig in den Hintergrund getreten: niemand interessierte sich mehr im geringsten für die Frage, wie und warum ein tongkinesisches Dorf in Flammen aufgegangen war.

Nach Ickewitz' Tod hatte Fernandez beim capitaine einen Wechsel seiner Funktionen erreicht: Von der Ordonnanz war er zum Leibwächter avanciert. Capitaine Mattei nutzte das sofort dazu aus, seinem Naturell nachzugeben und sich in seinem Äußeren völlig gehen zu lassen, so daß er schließlich eher wie ein Landstreicher als wie ein französischer Offizier aussah. Der Schirm seines berühmten Fetisch-Käppis hing derart lose, daß er ihn mit einer Sicherheitsnadel befestigen mußte. Wenn es um die Bekleidungsvorschriften ging, so war der capitaine sich selbst gegenüber ebenso großzügig wie seinen Männern gegenüber unnachsichtig; von ihnen verlangte er stets eine gepflegte Erscheinung, eine tadellose Uniform und peinliche Sauberkeit. Ohne zu begreifen, daß der capitaine sich in dieser Vernachlässigung gefiel, regte sich der Unteroffizierskreis darüber auf und bedauerte den Chef geradezu wie einen von seiner Frau verlassenen Ehemann, der mit den Erfordernissen des Haushalts nicht fertig wird. Eines Morgens schwang sich Klauss zu einer feierlichen Ansprache auf.

– Mon capitaine, seit Fernandez seine neue Aufgabe übernommen hat, haben Sie keine Ordonnanz mehr. So 'was war noch nie da. Entschuldigen Sie, daß ich es so frei heraus sage, aber es wäre an der Zeit, einen Nachfolger zu bestimmen.

– Was ist das wieder für eine Erfindung? Sie scheinen zu glauben, ich sei noch nicht alt genug, um ohne Kinderfrau auszukommen?

– Aber es ist doch das Übliche, mon capitaine.

– Wir sind hier nicht bei der Wehrmacht! Lassen Sie mich mit dem Blödsinn in Ruhe, ich hab' andre Sorgen!

Klauss war auf diese Antwort gefaßt und beschloß, die zweite Phase des Vorstoßes zu starten:

– Schade! sagte er. Wenn Sie wüßten, was ich herausgefunden habe.... Vielleicht würden Sie dann Ihre Meinung ändern.... Aber wenn Sie's natürlich so auffassen....

Mattei konnte sich ein Lächeln nicht verkneifen. Offensichtlich kannten ihn seine Männer allmählich, vielleicht sogar besser als er sich selbst kannte: die Neugier war sein schwacher Punkt.

– Also schießen Sie los! sagte er.

– Kalisch, mon capitaine. Emil Kalisch, légionnaire de 1e classe, ist er Ihnen ein Begriff?

Mattei kannte alle Männer seiner Kompanie bei Namen. Er konnte sich Kalisch in der Tat vorstellen. Ein hochgewachsener Deutscher, guter Soldat, diszipliniert, kein Trinker. Er hatte sich nie über ihn zu beklagen gehabt.

– Ja, Kalisch, ich weiß, wer das ist, bestätigte Mattei. Na und?

Um den Effekt zu steigern, war der sergent-chef entschlossen, seine Enthüllung nur scheibchenweise von sich zu geben.

– Nun, Kalisch war während des letzten Krieges Ordonnanz bei einem deutschen Offizier.

– Und deshalb ziehen Sie so 'ne Schau ab, Klauss? Gehen Sie, ich hab' zu arbeiten.

– Zu Befehl, mon capitaine, sagte Klauss und machte vorschriftsmäßig kehrt.

Bevor er die Tür öffnete, drehte er sich nochmals um und fügte hinzu:

– Bei einem deutschen General....

– Was?

– Kalisch war Ordonnanz bei einem bedeutenden General der Wehrmacht.

Mattei begriff, daß die Nummer noch nicht zu Ende war: Wenn Klauss derartige Pokermethoden anwandte, mußte er ein *full* in seinem Spiel haben.

– Jetzt reicht's mit dem Theater, ich hab' verstanden. Jetzt spucken Sie mal aus, Klauss.

– Mon capitaine, Kalisch war vier Jahre lang Ordonnanz bei Generalfeldmarschall X. Er hat ihn überallhin begleitet, auf allen seinen Feldzügen.

Mattei war interessiert und amüsiert.

– Sind Sie sicher?

– Da gibt's keinen Zweifel! Er hat noch einen ganzen Ordner voll Unterlagen, die es beweisen. Er hat auch Photos, ich hab' alles gesehen.

– Und Ihrer Meinung nach beweist seine Vergangenheit als Ordonnanz bei dem Feldmarschall, daß er auf diesem Gebiet besonders kompetent ist?

– Mon capitaine, wenn Sie meine Meinung hören wollen: Generalfeldmarschall X. war kein müder Knochen.... Wenn Kalisch nicht der richtige Mann gewesen wäre, hätte er ihn keine fünf Minuten behalten.

– Nein, gab Mattei nachdenklich zu. Ich glaube auch nicht, daß Feldmarschall X. ein besonders müder Knochen war. Holen Sie mir Kalisch, die Geschichte interessiert mich.

Kalisch meldete sich, tadellos in Schale. Ganz offensichtlich war er über das Manöver von Klauss im Bilde.

–Nun, sagte Mattei lächelnd, wie ich höre, habe ich in meiner Kompanie einen nahen Bekannten des Feldmarschalls?

–Ich habe vier Jahre lang bei Generalfeldmarschall X. als Ordonnanz gedient, mon capitaine.

–Und du wärest bereit, denselben Dienst bei mir zu übernehmen?

Immer noch in tadelloser Habachtstellung, antwortete Kalisch:

–Es stünde mir nicht zu, Ihre Befehle zu diskutieren, mon capitaine, aber ich erlaube mir, zu bemerken, daß ich es als eine Ehre betrachten würde, Ihre Ordonnanz zu werden.

Mattei pfiff zwischen den Zähnen:

–Man muß zugeben, daß das ein Kompliment ist. Einverstanden, du übernimmst deinen Dienst sofort. Aber erzähl' mir zuerst mal ein bißchen, was der Feldmarschall so von dir erwartete.

–Alles, mon capitaine. Ich hab' seine Wäsche gewaschen und gebügelt, ich hab' seine Stiefel und Schuhe gewichst, ich hab' seine Uniformknöpfe geputzt und angenäht, ich hab' sogar seine Hemden selbst gekauft. Außerdem hab' ich seine Uniformen für die Photographen schmutzig gemacht.

–Was sagst du da?

–Das ist nicht gelogen. Wenn wir Besuch von Kameraleuten oder Kriegsberichterstattern erwarteten, dann hat mich der Feldmarschall beauftragt, seine Uniform staubig zu machen, und ich hab' ihm mit einem kleinen Pinsel auch das Gesicht verschmiert. Nachher hab' ich dann alles wieder saubergemacht.

Mattei brach in sein dröhnendes Lachen aus.

–Man hat recht, wenn man sagt, daß es für Kammerdiener keine großen Männer gibt. Ein Feldmarschall, der sich schminken läßt! Offensichtlich lernt man nie aus. Sei unbesorgt, fuhr der capitaine fort, als er Kalisch's betrübte Miene sah, das ändert nicht das geringste an der Bewunderung, die ich für ihn hege.

Im September 1948 erhielt capitaine Mattei endlich seinen Urlaubsschein. Die Freude, die er bei dem Gedanken an ein Wiedersehen mit Frankreich, oder genauer gesagt, mit seiner korsischen Heimat empfand, war durch die Gewißheit getrübt, Ban-Cao auf immer zu verlassen. Er wußte, daß die Tage des Postens gezählt waren und daß seine Männer demnächst das Werk ihrer sechsmonatigen, angestrengten Arbeit in wenigen Stunden in die Luft sprengen würden.

In dem tongkinesischen Dorf war man über die bevorstehende Abreise des Hauptmanns unterrrichtet, und die Honoratioren bereiteten zwei Wochen lang ein Abschiedsfest vor. Der Legionsoffizier war über diese spontane Sympathiekundgebung gerührt und nahm begeistert die Einladung zu diesem Galadiner an, zu dem auch Osling, Klauss, Kalisch, Fernandez, Clary und Burgens gebeten waren.

Der Schleier des Geheimnisses, den die Tongkinesen über die Vorbereitungen für diese Festivität breiteten, machte deutlich, welchen Glanz und welche Bedeutung sie ihrem Empfang geben wollten.

An einem heißen Abend kamen die sieben Legionäre in Ausgehuniform von ihrem Posten herunter. Dieses Mal hatte auch Mattei ohne Murren seine vollständige Uniform angezogen. Die Unteroffiziere glänzten förmlich, Kalisch hatte alles überwacht. Clary und Fernandez freuten sich auf die Mahlzeit, die sie erwartete.

–Sie haben scheints französischen Wein beschafft, jubilierte Fernandez mit leuchtenden Augen.

Mit einer Handbewegung stoppte Mattei die sechs Männer.

–Ehe wir ankommen, wollen wir eines klarstellen. Niemand besäuft sich. Diese braven Leute haben euch eingeladen, wie wenn sie euch für zivilisierte Wesen hielten, und in dieser Hinsicht finde ich ihre Naivität nicht lächerlich, sondern rührend. Ich erwarte, daß sie nicht enttäuscht werden.

–Aber trotzdem wird man doch ab und zu einen kleinen Schluck trinken dürfen, mon capitaine, murmelte Clary. Sonst lohnt es ja nicht, zu einem Fest zu gehen.

–Ab und zu einen kleinen Schluck, wie du sehr richtig gesagt hast. Ich paß' auf, verlaß dich drauf.

Die Honoratioren waren vor der größten Strohhütte versammelt. Auch sie waren mit ungewöhnlicher Sorgfalt gekleidet. Sie begrüßten die Legionäre mit respektvollen Verbeugungen, ehe sie sie hereinbaten.

Mattei bewunderte die lange, rechteckige Tafel, die kunstreich und geschmackvoll mit Blumen geschmückt war. Als er wieder aufschaute, mußte er sich auf die Lippen beißen, um nicht laut herauszulachen. Am andern Ende des langen Raumes war ein riesiges Portrait des Präsidenten der Republik, Vincent Auriol, aufgestellt und von vier Kerzen erleuchtet. Der Dorfälteste trat darauf zu, faltete die Hände vor der Brust und verneigte sich ehrerbietig zum Zeichen der Hochachtung. Das war die höchste Ehrung für seine Gäste. Burgens flüsterte dem capitaine ins Ohr:

–Wir müssen es ihm nachmachen. Verbeugen Sie sich vor dem Bild unseres obersten Chefs.

Mattei machte übermenschliche Anstrengungen, ernst zu bleiben. Um sich selbst zu helfen, dachte er: »Wenn ich jetzt einen Lachkrampf bekomme, sind die Legionäre nicht mehr zu halten, und das Diner der Tongkinesen ist im Eimer....«Deshalb ahmte er den Dorfältesten nach, faltete die Hände und verbeugte sich respektvoll vor Auriol's Portrait. Nach ihm wiederholten Burgens und die verdutzten Unteroffiziere die Geste.

Zweite Überraschung. Mehrere Flaschen Whisky wurden aufgefahren. Schließlich, nach dem Austausch einiger Höflichkeitsfloskeln, ging man zu Tisch und hier sollte die Verblüffung der Legionäre ihren Gipfel erreichen.

Von draußen her erschien eine lange Reihe von Dienern in der Hütte; jeder von ihnen trug einen kleinen, lebenden Affen, dessen Kopf mit einem Halseisen festgehalten und dessen Körper in eine Art umgekehrten Dreifuß aus Holz gezwängt war. Vor jeden Gast und jeden der Gastgeber wurde ein Tier hingestellt. Die kleinen, aufgeregten Affen versuchten mit verzweifeltem Zucken, aus ihren Miniaturgefängnissen freizukommen. Die Legionäre sahen einander fassungslos an, nur Burgens hatte begriffen. Der Brauch war ihm bekannt. In gleichmütig scherzhaftem Ton erklärte er Mattei:

–Das ist die größte Ehre, die sie Ihnen erweisen konnten, mon capitaine. In Südchina findet man diese Sitte häufig. Hier ist es weniger üblich, es ist gewissermaßen ihr Kaviar. Anscheinend schmeckt es köstlich. Ich für meinen Teil bin ganz zufrieden, es probieren zu können; bisher kannte ich das nur vom Hörensagen.

Der Dorfälteste hatte das Gespräch verstanden und lächelte geschmeichelt.

–Ich bin entzückt, Sie mit dieser königlichen Delikatesse bekanntmachen zu können.

Mattei hatte immer noch nicht begriffen, worauf die Sache hinauslief. Trotzdem lächelte er weiter und fragte, zu Burgens gewandt:

–Wenn Sie mir das weitere erklären wollten....

–Warten Sie ab, mon capitaine, antwortete Burgens geheimnisvoll.

Sie werden schon sehen. Sie brauchen nur den Häuptling zu beobachten und es ihm nachzutun. Im übrigen, da kommt schon der Koch, die Sache geht los.

Ein Eingeborener erschien mit einem langen, rasiermesserscharfen Messer. Er trat hinter die Gäste, um mit einer schnellen, präzisen Handbewegung bei jedem Affen den oberen Teil der Schädeldecke abzutrennen. Die kleinen Tiere schienen ihre Verstümmelung nicht einmal zu bemerken; nach ihrer Skalpierung zappelten sie genauso aufgeregt weiter, und die Legionäre sahen im Inneren der kleinen Schädel die Konvulsionen des immer noch zuckenden Gehirns.

Förmlich und stolz, ergriff der tongkinesische Häuptling einen besonderen, kleinen Löffel und tauchte ihn in den Schädel seines Affen. Dann holte er mit einer drehenden Bewegung die Gehirnmasse heraus, führte sie zum Munde und ließ sie genießerisch auf der Zunge zergehen. Nach einem letzten Aufbäumen sackte der Körper des kleinen Tieres leblos zusammen.

Mattei und die Unteroffiziere erstarrten und wurden kreideweiß. Nur Burgens bewahrte seinen Gleichmut. Er nahm seinen kleinen Löffel und erklärte lächelnd:

– Sie müssen anfangen, mon capitaine! Denken Sie daran, wie Sie auf Korsika die Seeigel essen!

Clary, der sich wieder gefaßt hatte, warf ein:

– Du liebe Güte, Affe in der Schale!

– *Mangia, é sta zitta,* befahl Mattei auf korsisch.

– Nach Ihnen, mon capitaine, ich weiß, was sich gehört.

Seinen Abscheu überwindend, nahm Mattei die Ausschabung vor und würgte das kleine Gehirn auf ein Mal hinunter. Er war derart befriedigt, die Probe bestanden zu haben, daß er dem Häuptling Komplimente über den Wohlgeschmack dieser einmaligen Speise machte. Von Natur noch neugieriger, kostete Burgens zuerst und prüfte den Geschmack. Er konnte ehrlich sagen, daß es köstlich geschmeckt hatte. Die andern zwangen sich, wie der capitaine, ihre Portionen hinunterzuwürgen. Dann stürzten sie sich auf den Wein, der glücklicherweise im Überfluß angeboten wurde.

Der Rest der Mahlzeit verlief ohne Zwischenfall, abgesehen von Clary's und Fernandez' Trunkenheit. Immerhin verursachten sie keinen Skandal.

Der Rückweg zum Posten war einigermaßen bewegt. Clary hatte eine fixe Idee entwickelt. Er wollte Fernandez' Hirn ebenso essen,

344

wie das des Affen. Mit der dicken Stimme des Betrunkenen wiederholte er ständig:
—Das Gehirn von Fernandez, das würde noch besser schmecken, weil
es seit dreißig Jahren in Alkohol schwimmt.

Im Oktober 1948 kam der Befehl, die R.C.3 zu räumen. Die Ereignisse kamen den Voraussagen von capitaine Mattei, der sich in
Frankreich befand, um einige Wochen zuvor. Bei seiner Abreise
hatte capitaine Roch das Kommando der 4. Kompanie übernommen;
er war es, der die Zerstörung von Ban-Cao anordnete.
Das Adlernest *Adam Ickewitz*, die wunderbare Straße, der Flug-
platz, alles flog in die Luft, während eine endlose Kolonne
von Legionären in Cao-Bang Zuflucht suchte.
Die Viets ließen ihre Beute ziehen; sie waren noch nicht stark
genug, die Maschen des Netzes zuzuziehen. Unablässig bereiteten sie
sich auf den Tag vor, an dem die Legion auch die R.C.4 würde räumen müssen. Die R.C.4, die blutige Straße.

35.

Für sergent-major Burgens, alias Hervé de Broca, begann mit dem
Rückzug der Legion nach Cao-Bang ein neues Leben.
Dem ehemaligen Würdenträger des Vichy-Regimes war die Leitung
eines Intendantur-Depots im Zentrum von Cao-Bang übertragen
worden. Zu Beginn hatte er nur die Leitung und Buchhaltung unter
sich. Aber sehr bald ermöglichten ihm sein Geschäftssinn und die
hektische Atmosphäre in dieser Igelstellung an der R.C.4, einen unwahrscheinlichen Handel mit den verschiedensten Artikeln zu beginnen. Bei Burgens fand man alles: ein Rad für den Jeep, Benzin,
Schuhe, Damenunterwäsche, Gänseleberpastete aus Straßburg,
Champagner, Präservative. Und wenn der sergent-major das Verlangte ausnahmsweise nicht zur Hand hatte, brauchte man nur vierundzwanzig Stunden zu warten, und der gewünschte Artikel kam mit der
täglich verkehrenden *Junkers* aus Hanoi.
Durch seine Beziehungen und Freundschaften war Burgens über mili-

tärische Geheimnisse zur gleichen Zeit wie der Generalstab (manchmal auch früher) auf dem laufenden.

So tat er im Januar 1949 im Unteroffizierskasino einen Ausspruch, der berühmt wurde: einen Ausspruch, der eine Wende in der Geschichte der R.C.4 ankündigte. Das Sektglas in der Hand erklärte Burgens seiner gespannt lauschenden Zuhörerschaft:

– Messieurs, bis heute stand an der Spitze des 3. Étranger in Cao-Bang ein Grandseigneur, lieutenant-colonel Simon, dem ich bei dieser Gelegenheit meine Reverenz erweise. Morgen wird uns der Himmel einen Gott als seinen Nachfolger schicken, den colonel Charton.

Die Neuigkeit schlug wie eine Bombe ein. Charton, der Haudegen, Charton, der Stahlharte, würde zu ihnen stoßen, Charton, der Abgott der Legion, würde das Kommando des 3. Étranger übernehmen.

Colonel Pierre Charton war knapp vierzig Jahre alt. Dürr, knochig und von mittlerer Größe, hielt er sich derart gerade, daß er groß erschien. Viele, die ihn beschreiben wollten, sprachen von seinem Raubvogelgesicht. In Wirklichkeit hatte colonel Charton feine Züge, scharfe, helle Augen und erweckte mit seinem ganzen Wesen trotz eines Anscheins von Zerbrechlichkeit den Eindruck von Ausdauer und unbeugsamer Entschlossenheit.

In wenigen Tagen hatte colonel Charton die Lage erfaßt. Innen totales Durcheinander. Draußen die Viets. Keiner dieser beiden Faktoren störte ihn: wenn es auch unmöglich war, in der Zitadelle wieder gesittete Zustände herbeizuführen, so stand doch ihre Unbezwingbarkeit außer Frage. Die Viets waren überall, aber gegen Cao-Bang konnten sie nichts ausrichten.

Es genügte, daß die Garnison in ihrer Wachsamkeit nicht nachließ, und daß man die Zahl der Aufklärungspatrouillen erhöhte – in beidem waren die Legionäre Meister, wie wild auch ihre Vergnügungen in der Freizeit sein mochten.

Eines Nachts nahm ein Kommando unmittelbar vor der Stadt einen Rebellenführer gefangen. Der Mann weigerte sich, zu reden, aber er war im Besitz wichtiger Dokumente. Charton fand unter anderem einen Plan der Befestigungsanlagen von Cao-Bang. Die kleinsten Details waren darin vermerkt: eine Beschreibung seiner eigenen Villa, Namen und Qualität seiner Leibwächter, die Wohnungen der wichtigsten Offiziere des 3. Étranger, die Positionen der schweren und der automatischen Waffen, der Lastkraftwagen, der gepanzerten und der leichten Fahrzeuge.

Ein Detail beunruhigte Charton. In dem Viet-Plan war hinter einem Schuppen im westlichen Teil der Stadt eine fahrbereite Ambulanz verzeichnet. Der colonel erinnerte sich an wiederholte Meldungen über das Verschwinden eines Sanka. Er ordnete eine Untersuchung an. Der eingesetzte Suchtrupp fand die Ambulanz an der im Plan angegebenen Stelle; beim ersten Druck auf den Anlasser sprang der Wagen an. Charton ließ sich die früheren Meldungen nochmals vorlegen, es handelte sich tatsächlich um das gleiche Fahrzeug. Legionäre auf Sauftour hatten es offenbar an einem lustigen Abend »ausgeliehen« und dort stehengelassen. Seither wurde es gesucht. Vier Offiziere erhielten Arreststrafen, und Charton beschloß, am folgenden Tag die gesamte tongkinesische Bevölkerung auf dem größten Platz der Stadt zu versammeln. Mit Hilfe eines tragbaren Lautsprechers gab er bekannt:
–Wenn unter euch Leute sind, die zu den Rebellen übergehen wollen, so lege ich ihnen nichts in den Weg. Es wird ihnen nichts geschehen, es wird nichts gegen sie unternommen werden; ich gebe ihnen sechs Stunden Zeit, sich zu entscheiden. Wenn ich aber von denen, die sich weiterhin unter unsern Schutz stellen, einen dabei ertappe, daß er mit dem Viet-minh Verbindung hält, so lasse ich ihn auf der Stelle erschießen. Die Entscheidung liegt bei euch.
Obwohl man auf das Wort der Legion vertraute, verließ an diesem Tag niemand die Stadt. Schiebung, Schwarzhandel und Betrug gingen weiter wie zuvor. Cao-Bang blieb ein riesiges Sündenbabel, aber die unsinnige Wacht an der Grenze nach China wurde fortgesetzt – ein schmerzhafter Stachel in der Weiche der Viet-Armeen, die General Giap jetzt im gebirgigen Dschungel Obertongkings sammelte.

Nach Gott Alleinherrscher in Cao-Bang, war colonel Charton doch vom Stabsquartier colonel Constans' in Lang-Son abhängig. Die beiden Offiziere kannten sich seit langem und duzten sich. Die Beinamen, die man ihnen gegeben hatte, charakterisierten sie treffend: »der mondäne Constans« und »Charton, der Haudegen«. Die Vorliebe von colonel Constans für Pracht und Pomp und sein Bestreben, aus den Legionstraditionen eine Schau zu machen, gaben Charton die Möglichkeit, sergent-major Burgens auf elegante Weise loszuwerden.

Zwar ästimierte er den Unteroffizier bis zu einem gewissen Grade, aber sein schwunghafter Handel war ihm ein unbehagliches Ärgernis. Charton hatte in Erfahrung gebracht, daß Constans einen Offizier suchte, der in der Lage war, »sein Haus« zu führen. Tatsächlich handelte es sich um einen regelrechten Palast, den sich der colonel in Lang-Son eingerichtet hatte.

Im März 1949 unterhielten sich die beiden Obersten über Funk:

– Constans, sagte Charton, du suchst scheints einen Oberhofmeister.

– Einen fähigen Adjudanten mit guten Umgangsformen, berichtigte Constans.

– Ich glaube, ich hab', was du suchst. Die Sache hat nur einen Haken: sein Dienstgrad! er ist nur sergent-major.

– Du machst dich wohl über mich lustig!

– Keineswegs. Ich dachte an Burgens. Du hast sicher schon von ihm gehört. Sein richtiger Name ist de Broca, Graf Hervé de Broca. Er war ein Intimus von Herriot und Pétain. Aber das nur nebenbei, im Genre »Küss' die Hand, Gnädigste« findest du jedenfalls nichts Besseres.

Constans hatte von Burgens gehört, vor allem hatte er seinen berühmten lateinischen Bericht gelesen. Kein Zweifel, das war der Mann, den er suchte: er bat Charton, ihn mit dem nächsten Flugzeug nach Lang-Son zu schicken. Charton jubilierte. Er würde die Geschäfte von Burgens in weniger erfahrene, aber leichter zu kontrollierende Hände legen können....

Bereits nach der ersten Begegnung mit Constans hatte der Unteroffizier begriffen, was man von ihm erwartete. Glänzen, auffallen, Wind machen, darauf kam es an. Burgens machte nicht nur Wind, er entfachte einen Orkan. Der frühere Unterstaatssekretär übertraf sich selbst; die erzielten Resultate stellten Constans' kühnste Hoffnungen in den Schatten. Am Schluß der ersten Besprechung sagte Burgens nur:

– Mon colonel, lassen Sie mir vierundzwanzig Stunden Zeit, und ich unterbreite Ihnen einen Entwurf.

Am nächsten Tag waren es drei Entwürfe, die er dem Oberst mit den Worten vorlegte:

– Mon colonel, das sind meine Vorschläge. Wenn Sie einverstanden sind, werden wir Ihre Empfänge in drei Kategorien einteilen – je nach der Bedeutung, die Sie den eingeladenen Persönlichkeiten beimessen. Um die Sache zu vereinfachen, könnte man, wenn Sie gestatten, vom Zirkus erster, zweiter und dritter Klasse sprechen. In meinen Entwürfen finden Sie alle Einzelheiten für jede dieser drei Kategorien. Sofern sie Ihnen genehm sind, genügt es, wenn Sie mir vierundzwanzig Stunden vor der Ankunft Ihrer Gäste mitteilen, welchen Zirkus Sie wünschen. Sie werden nicht enttäuscht sein, mon colonel, ich werde mich um alles kümmern.

Constans war einverstanden, und über ein Jahr lang wurden in diesem kleinen Ort an der chinesischen Grenze Hollywood-Träume abgespult, um deren Glanz ihn jede Weltstadt beneidet hätte.

Burgens begann damit, die »königliche Garde« aufzustellen, die Leibwache des Obersten: sechzig Legionäre, alle über 1.90 Meter groß. Haltung und Disziplin dieser »malerischen Lümmel« (von Burgens erfundene Bezeichnung) war unvorstellbar. Sie traten in allen drei »Zirkusklassen« auf. Sie standen da wie lebende Statuen; sie begleiteten Constans auf allen seinen Wegen im Takt ihres langsamen Gleichschrittes, wobei sie deutsche Lieder mit französischem Text brüllten. Aber ihr Akzent war so schauerlich, daß kein Mensch etwas verstand.

Einer der ersten Empfänge, die der sergent-major in Lang-Son organisierte, fand Ende Mai 1949 statt.

Ein Admiral und zwei Kapitäne zur See der U.S. *Navy* kamen auf Informationsreise zu Besuch. Colonel Constans gab Burgens sofort Bescheid. Stichwort: »Zirkus dritter Klasse«. Schnell wurde das ganze Programm vorbereitet. Das Bild wies nur eine Unvollkommenheit auf: das Fehlen jeder Weiblichkeit unter den Gästen. Dabei galt der amerikanische Admiral allgemein als großer Bewunderer asiatischer Anmut. Burgens hatte eine Idee:

–Ich könnte eine Moi-Prinzessin von großer Schönheit herbeischaffen, mon colonel.

Constans war mißtrauisch. Er fürchtete, Burgens gehe dieses Mal etwas weit:

–Können Sie sich für ihre Echtheit verbürgen?

–Ich verbürge mich für etwas viel wichtigeres, mon colonel, die Prinzessin wird weder englisch noch französisch sprechen. Mit Ihrem Einverständnis werde ich selbst als Dolmetscher fungieren, denn ich habe mir in den letzten zwei Jahren recht ordentliche *nhac*-Kenntnisse angeeignet.

Constans zog es vor, keine weiteren Fragen zu stellen und sich auf Burgens zu verlassen.

Woher kam das Mädchen? Niemand wußte es gewiß, aber jeder hatte eine ganz bestimmte Vermutung. Sie war tatsächlich von erlesener Schönheit und Burgens hatte sie wie eine Prinzessin ausstaffiert. Während des ganzen Abends wandte sie sich auf *nhac* an Burgens, der zwischen ihr und dem Admiral stand und dolmetschte. Der amerikanische Marineoffizier war hingerissen von soviel Geist verbunden mit soviel Anmut.

Während des Essens kündigten weißbehandschuhte Legionäre mit Stentorstimme in ihrer jeweiligen Muttersprache die einzelnen Gänge an. Zwei Kapellen lösten sich ab: zuerst eine Zigeunerkapelle und dann ein Streichquartett, das Mozart spielte. Als sich die amerikanischen Offiziere, tiefbeeindruckt, auf ihre Zimmer zurückzogen, fanden sie auf dem Nachttisch Whisky *Black Label* vor; zwei Viet-Gefangene standen ihnen zum Waschen und Massieren zur Verfügung, ehe sie sich zur Ruhe begaben.

Die Kunde von diesen pompösen Festivitäten drang bis nach Cao-Bang. Als colonel Charton von Constans' »königlicher Garde« hörte, stellte er ebenfalls eine Leibgarde auf und nannte sie »die kaiserliche«. Sie bestand nur aus zwölf Legionären, die aber nicht nach ihrer Körpergröße, sondern nach ihren kämpferischen Qualitäten ausgewählt waren....

Von Lang-Son, dem Stabsquartier colonel Constans', nach Cao-Bang, dem Stabsquartier von colonel Charton, schlängelte sich die R.C.4 hundertsechzehn Kilometer lang dahin. Von Lang-Son ab berührte sie: Dong-Dang, Kilometer 15; Na-Cham, Kilometer 33; That-Khé, Kilometer 63; Dong-Khé, Kilometer 88; Nam-Nang, Kilometer 101. Schließlich erreichte sie Cao-Bang bei Kilometer 116.

Von den wichtigen strategischen Punkten abgesehen, hatten sich rund dreißig Kilometerposten halten können, die gleich neben der Straße oder etwas abseits davon angelegt waren. Aber sie konnten das Blutbad nicht aufhalten; die Massierung der Viets war zu übermächtig.

Dong-Khé, Kilometer 88, diente als Raststation. Hier verbrachten die Konvois die Nacht, ehe sie sich auf den schlimmsten Abschnitt der R.C.4 begaben – die todbringenden achtunddreißig Kilometer, die sie noch von Cao-Bang trennten.

Der Posten von Dong-Khé wurde von zwei Kompanien des 3. Étranger gehalten. Postenkommandant war chef de bataillon de Lambert. Es gab Leute, die commandant de Lambert für total verrückt hiel-

ten; Zurückhaltendere sahen in ihm ein Original. Niemand be-
zweifelte indessen seinen Mut und seine soldatischen Qualitäten.
In Dong-Khé gab es für commandant de Lambert nicht viel zu tun.
Wie die andern Postenkommandanten an der R.C.4 war er eingeschlossen und konnte nichts unternehmen. Deshalb verwandte er seine Energie auf die Schaffung eines Vergünungsetablissements, das
gleichzeitig Kasino, Nachtlokal und Bordell war. *Le Hublot* lehnte
sich an die Steilwand eines Kalkfelsens an. Dong-Khé war wirklich
der ideale Ort für eine solche Einrichtung: Offiziere und Mannschaften, die dort Station machten, waren sich bewußt, daß sie hier
vielleicht ihre letzte Nacht verbrachten. Das Geld, das sie in der
Tasche hatten, zählte nicht, und die schwarze Kasse der beiden
Kompanien nahm beträchtliche Proportionen an.
Im *Hublot* wurde alles gespielt: Poker, Chemin de Fer, Baccarat,
Backouan. Es wurde gesoffen und an Frauen fehlte es nicht. An
der Tür war eine vom chef de bataillon unterzeichnete, offizielle
Bekanntmachung angeschlagen:
»Im Hinblick auf den Tod des caporal Négrier und die Verletzungen
der Legionäre Soundo und Soundso.... (es folgten sechs Namen)...
sind ab sofort die »Büffel« und »Kuckuck« genannten Spiele innerhalb dieses Etablissements verboten.«
Ein Legionär hat den Ablauf dieser verbotenen Spiele folgendermas-
sen geschildert:
–Man muß diese Epoche miterlebt haben, um es zu verstehen. Nichts
war mehr normal, nichts verlief wie anderswo. »Büffel« und »Kuk-
kuck« spielte man nicht um Geld; das Geld war allen gleichgültig.
Man spielte, um anzugeben, wie in Wildwestfilmen. Thema: Meister-
schütze. Jeder will sich mit ihm messen, um ihn nach Möglichkeit zu
überflügeln und selbst der Champion und damit derjenige zu werden,
den es zu stürzen gilt.
»Büffel« spielte man zu zweit. Auf die Theke stellte man zwei riesige Gläser und zwei Flaschen Aperitif, meistens Cinzano oder
Dubonnet. Man füllte die Gläser der beiden Spieler randvoll und sie
gossen den Inhalt bis zum letzten Tropfen hinunter. Dann nahmen sie
soviel Anlauf, wie sie wollten und stürzten, Kopf voraus und Hände
auf dem Rücken, aufeinander los. Wenn beim ersten Zusammenprall
keiner der beiden zu Boden ging, wurden die Gläser von neuem gefüllt, von neuem bis zur Neige geleert, und wieder rasten die beiden Spieler mit gesenktem Kopf wie die Büffel aufeinander los. Es

kam vor, daß jeder zwei Flaschen Aperitif leerte und daß sie mehr als zehnmal gegeneinander anrannten, ehe sie umfielen und in den meisten Fällen im Krankenrevier landeten.

»Kuckuck« war noch schlimmer. Das wurde in einem großen, spärlich möblierten Raum im Untergeschoß gespielt, den man total verdunkelte. Die Spieler waren im allgemeinen blau wie die Veilchen. Sie hatten jeder einen Colt 45 mit neun Patronen. So betraten sie den völlig finstern Raum. Der erste Spieler rief »Kuckuck« und zeigte damit seine ungefähre Position an. Dann machte er einen Satz in irgendeine Richtung, um zu versuchen, der Kugel seines Partners zu entwischen, die dieser nach Gutdünken in Richtung der Stimme abfeuerte. Nun mußte der andre Spieler »Kuckuck« rufen. Wenn alle achtzehn Kugeln verschossen waren, ohne daß einer der beiden Legionäre getroffen wurde (was selten vorkam), ging man wieder ins *Hublot* hinauf, um das Ereignis mit einer allgemeinen Besäufnis zu feiern. Aber meistens kriegten die Männer an allen möglichen Stellen eine Kugel verpaßt, wie jener unglückliche caporal Négrier, den eine mitten in die Stirn traf. Das führte zu einem Wutanfall bei commandant de Lambert und zu dem ausgehängten Verbot, das übrigens niemand respektierte.

Der Legionär schloß nachdenklich:

– Ja, wir waren verrückt. Oder genauer: man hatte uns alle verrückt gemacht.

Die R.C.4 machte verrückt.

Auf ihren hundertsechzehn Kilometern führte die blutgetränkte Straße an der chinesischen Grenze entlang. In dem bergigen Dschungel, der sie von der Grenze trennte, hatte man weitere kleine Posten angelegt. Sie hatten oft nur an die zehn Mann Besatzung – gewissermaßen lebende Alarmglocken, dazu bestimmt, das Anwachsen der Rebellenarmee auszumachen und abzuschätzen.

Diese aufgeopferten Legionäre störten die Viets überhaupt nicht. Im Gegenteil, sie dienten ihnen als Übungsobjekte. Von Zeit zu Zeit griff der Feind einen der kleinen Posten an, mehr um seine Verteidigungsmöglichkeiten zu testen als um ein taktisches Hindernis zu beseitigen.

Der Vorteil, den diese Posten für Giap's Soldaten darstellten, lag in ihrer festen Bauweise: an ihnen ließ sich mit allen möglichen betonbrechenden Mitteln experimentieren. Dutzende von Systemen wurden mit mehr oder weniger Erfolg an den paar isolierten Legionären ausprobiert, die dem Gegner als Versuchskaninchen dienten. Kamikaze-Kämpfer sprengten sich mit ihrer Explosivladung in die Luft. Lange, mit Dynamit gefüllte Bambusrohre wurden wie Pfeile abgeschossen. Das überraschendste Angriffssystem wurde zu Beginn des Jahres 1950 in der Gegend von Dong-Khé, nahe dem Grenzstein Nummer 20 angewandt.

Der nur mit einer Höhenangabe bezeichnete Posten wurde von sechs Legionären und acht Milizsoldaten gehalten; Postenkommandant war sergent-chef Gianno. Es sollte nur einen einzigen Überlebenden geben, den holländischen Legionär Strast. Von ihm stammt der atemberaubende Bericht über den Angriff der Viets.

»...Um die Mitternachtszeit schien alles ruhig. Kein Laut drang aus dem Dschungel. Plötzlich bemerkte ich, wie ein Lichtstreif über den Himmel fuhr. Ich schlug sofort Alarm; alle Männer eilten an die Schießscharten und feuerten aufs Geratewohl in die Finsternis.

»Der erste Lichstreif ging mitten im Hof des Postens nieder. Wir dachten an irgendeine hausgemachte Bombe, bis wir verblüfft feststellten, daß es sich um eine lebende Katze handelte, die gerade wieder auf die Pfoten gefallen war. An ihrem Schwanz war eine Zunderschleife befestigt. Plötzlich stand das Tier wie eine Fackel in Flammen und rannte schreiend davon. Ihm folgten fünf, dann zehn, und schließlich rund hundert toll gewordene Katzen, die schreiend vor Schmerz in alle Richtungen rasten.«

Das von den Viets mit dieser unglaublichen Methode angestrebte Ziel wurde vollständig erreicht. Einigen der brennenden Katzen gelang es, in den Munitionsschacht zu flüchten; sie sprengten auf diese Weise fast den ganzen Posten in die Luft. Die Katzen waren in Benzin getaucht und wie Schleuderbälle am Schwanz in den Posten geworfen worden.

Diese Angriffsmethode wurde nicht wiederholt: trotz ihres Erfolges betrachteten die Viets sie offenbar als zu hausbacken für ihre bevorstehende, große Offensive.

36.

Im Februar 1950 wurde capitaine Mattei sein neuer Einsatzort mitgeteilt: Na-Cham, Kilometer 33, an der R.C.4. Er übernahm die 2. Kompanie des I.Bataillons. Aus der 4. Kompanie hatte er Klauss, Osling, Clary und Fernandez mitgenommen. »Die Bande« war wieder beisammen.

Mattei's Zuständigkeit beschränkte sich nicht auf den Marktflecken Na-Cham und den ihn beherrschenden Militärposten. Er war außerdem verantwortlich für die Sicherheit des Forts Bo-Cuong, das die Passage des Lung-Vai Passes schützte. Schließlich hatte er auch die Aufgabe, über die katholische Gemeinde zu wachen: rund hundert tongkinesische Christen unter der patriarchalischen Leitung eines Missionars, Hochwürden Mangin.

Die immer seltener werdenden Konvois machten in Na-Cham im allgemeinen nur kurz halt; sie hatten es eilig, in die Etappenstadt Dong-Khé zu gelangen.

Eine Fahrzeugbesatzung hatte jedoch die Gewohnheit angenommen, in Na-Cham Station zu machen: die Fahrer eines einzelnen LKW's, die ungeachtet aller Gefahren und Verbote die R.C.4 benutzten.

Es handelte sich um zwei Legionäre des 3. Étranger, die sich nach Ablauf ihrer Dienstzeit an Ort und Stelle hatten demobilisieren lassen, in der Hoffnung, hier in sechs Monaten reich zu werden. Einer von ihnen war Felix Gidotti, ein Südfranzose aus Menton; der andere, sein bester Freund, war ein Däne namens Jan Kirsten, der die Vierzig schon überschritten hatte. Die Idee der beiden Männer erschien kaufmännisch gesehen nicht unvernünftig: in der damaligen Zeit stieg zwischen Lang-Son und Cao-Bang der Wert aller Lebensmittel und jeder sonstigen Ware um das Dreifache. Man mußte nur einmal in der Woche die todbringenden hundertsechzehn Kilometer auf der R.C.4 zurücklegen.

Als Kirsten gewisse Bedenken anmeldete, hatte Gidotti geantwortet:
– Ein einzelnes Fahrzeug interessiert die Viets überhaupt nicht. Für Minen haben wir einen besseren Riecher als sonst irgendjemand. Wir riskieren höchstens, daß sie uns ein- oder zweimal die Ware abknöpfen; daran gehen wir nicht ein. In sechs Monaten können wir leicht eine Viertelmillion machen, nach Frankreich zurückgehen und uns irgendwo am Mittelmeer eine gemütliche Kneipe kaufen.

In Ermangelung eines Startkapitals führten die beiden Exlegionäre die ersten Fahrten per Fahrrad mit primitiven Anhängern aus. Nachdem diese Reisen wie durch ein Wunder ohne Zwischenfall vonstatten gegangen waren, erwarben sie einen Lastwagen. Aber was für einen Lastwagen!

Es war ein alter Citroën, von vorn bis hinten zusammengebastelt. In den Reifen fehlten die Schläuche, weshalb sie mit feuchtem Gras ausgestopft worden waren. Bremsen gab es nicht, weil die Bremsflüssigkeit durch Seifenwasser ersetzt worden war. Wenn es bergab ging, lief ein kleiner Tongkinese nebenher und legte Bremsklötze unter die Räder, um die Geschwindigkeit zu verringern. Der Kühler war undicht; deshalb saß ein anderes Kind ständig rittlings auf der Motorhaube und goß aus einer Gießkanne Wasser nach.

Wie alle andern, waren auch Gidotti und Kirsten verrückt geworden. Sie waren von Sinnen, aber man bewunderte ihren Mut. Vier Monate lang kamen sie jede Woche durch. Wahrscheinlich zollten ihnen sogar die Viets Bewunderung, denn als das seltsame Gefährt schließlich am Ananas-Pass auf eine Mine fuhr, wurden sie nicht massakriert. Die beiden Kinder wurden nicht einmal verletzt. Kirsten war auf der Stelle tot. Gidotti's Beine waren zerfetzt; die Kinder zogen ihn nach Na-Cham, wo man ihn amputieren mußte. Jetzt hat er keine Beine mehr, wohl aber seine Kneipe im Departement Haut-Var.

Um die Verteidigung von Na-Cham zu organisieren, hatte sich Mattei zwei Dinge in den Kopf gesetzt. Erstens, ein Maximum an Waffen in die Kalkfelsen zu schaffen. Nur die Legionäre, die mit Hilfe von Flaschenzügen die beiden rückstoßfreien 7,5 cm-Geschütze der 2. Kompanie hinaufzogen, hätten gegen diesen Einfall protestieren können; denn Mattei hatte niemand gefragt, als er seinen Plan entwarf. Da der capitaine das Gelände und die Strategie der Viets kannte, hatte er eine klare Vorstellung von dem dramatischen Geschehen, das sich anbahnte. Aber es war vor allem sein Nachrichtendienst, auf den er vertraute. Seit den heroischen Zeiten von Ban-Cao war Mattei Meister in der Kunst geworden, bei den Einheimischen Informationen zu sammeln. Er wußte, welchen Wert er den Meldungen seiner Informanten beimessen durfte, er kannte ihr Temperament und das Ausmaß ihrer Geldgier oder die Motive, die sie zum Verrat trieben.

Und auf diese Weise wurde Mattei Anfang August Folgendes zur Gewißheit: in China, wenige Kilometer von der Grenze entfernt, hatte der Viet-minh in Originalgröße eine genaue Nachbildung des Dorfes und der Zitadelle von Dong-Khé aufgebaut.

Das schien unvorstellbar, und dennoch.... Schon einmal hatten Giap's Armeen Dong-Khé besetzt. Sie hatten Muße gehabt, den Ort in allen Einzelheiten zu kartieren. Außerdem spielte bei ihnen die Frage der Arbeitskräfte keine Rolle. Von den Chinesen abgesehen, konnten sie bei dieser Rekonstruktionsarbeit zehn- oder zwanzigtausend Menschen beschäftigen – eine Arbeit, die es ihnen ermöglichte, einen gigantischen Sturmangriff zu proben, wie man ein Theaterstück probt.

Für capitaine Mattei stand vor allem eines fest: er war von der Zuverlässigkeit seiner Information überzeugt. Er mußte nur noch seine Vorgesetzten davon überzeugen. Bei colonel Charton war das nur eine Formalität; der Kommandant der Festung Cao-Bang antwortete über Funk:

–Reproduktion in Originalgröße hin oder her, meine Meinung steht seit langem fest. Die Viets werden entweder Dong-Khé oder That-Khé angreifen. Das ist logisch. Verschwenden Sie nicht Ihre Zeit damit, bei mir offene Türen einzurennen. Wenn Sie jemanden überzeugen wollen, so müssen Sie sich an Lang-Son wenden.

In der ersten Augusthälfte fuhr Mattei dreimal die dreiunddreißig Kilometer von Na-Cham nach Lang-Son. Er erbat eine Unterredung mit colonel Constans. Zweimal wurde er unter einem Vorwand abgewiesen. Beim dritten Mal, am 16. August, empfing ihn der colonel für zehn Minuten und hörte sich seine Ausführungen an, ohne ihnen den geringsten Glauben zu schenken. Für Constans war Giap's Angriffsziel Cao-Bang, davon ließ er sich nicht abbringen. Im übrigen wurde er um diese Zeit nicht müde, über Funk auf Charton einzureden:

–Bau' deine Stellungen aus, sei auf der Hut. Die Viets werden eine Offensive gegen Cao-Bang starten.

Charton schäumte vor ohnmächtiger Wut.

–Das ist unmöglich! Sie müßten zehn- bis zwanzigtausend Soldaten opfern! Sie sind nicht so blöd, das zu ignorieren. Sie können sich das nicht leisten.

Sein wohlbekannter strategischer Optimismus und sein Vertrauen in die Stärke des 3. Étranger sprachen gegen ihn.

–Du bist deiner Sache zu sicher, erwiderte Constans. Das wird dein Verderben sein. Cao-Bang ist nicht unverwundbar.

–Aber doch, Herrgott nochmal! Doch! Ich weiß es, und sie wissen es auch! Kümmer' dich nicht um uns, wir können zwei Jahre lang durchhalten. Im Mittelabschnitt der R.C.4 werden sie zuschlagen. Dort muß man unsre Feuerkraft verstärken....

Mattei war nach Na-Cham zurückgekehrt; er hatte begriffen. Wieder einmal würde er seinen kleinen Privatkrieg vorbereiten, ohne irgend jemand Rechenschaft abzulegen. Bei der Organisation dieses Kampfes hatte er einen neuen Trumpf im Spiel: immer klarer wurde seine Vorstellung von den Fehlern, die das Oberkommando im Begriff war, zu begehen. Wie Charton, sah auch Mattei die Schuld nicht in erster Linie bei colonel Constans. Beide wußten, daß er das Sprachrohr von General Carpentier war, und daß die Weisungen des Oberbefehlshabers für ihn stets Evangelium blieben. Außerdem meinte Mattei, der von Constans verkörperte Typ des prachtliebenden Offiziers dürfe in einem so ungewöhnlichen und traditionsgeprägten Korps wie der Fremdenlegion nicht fehlen; auch darin stimmte er mit Charton überein. Allenfalls bedauerte man ab und zu in den Kasinos, daß solche »Galaoffiziere« genötigt waren, nebenher auch noch Krieg zu führen.

Der Plan, den Mattei seit dem 16. August zu realisieren begann, fußte auf einer Hypothese: in Kürze würde es auf der R.C.4 zwischen Cao-Bang und Na-Cham zu gewaltigen Kämpfen kommen.

Der capitaine ließ lieutenant Jaluzot kommen, der den kleinen Posten Bo-Cuong, sieben Kilometer weiter nördlich, befehligte und Mattei unterstellt war.

– Entweder bin ich ein kompletter Vollidiot, oder wir kriegen ganz bald ganz erheblich was auf die Schnauze. Nicht wir hier, wenigstens glaube ich das nicht, sondern weiter oben, in den Kalkbergen. Folglich wird unser Abschnitt die wilde Flucht einer geschlagenen Armee erleben. Wir können nur eines tun: dafür sorgen, daß die Kumpels ab hier weitermarschieren können, ohne vollends aufgerieben zu werden. Wenn ich sage »von hier aus«, meine ich, von dir aus. Denn Bo-Cuong am Lung-Vai-Pass wird am stärksten exponiert sein.

– Meinst du nicht, daß du ein bißchen zu pessimistisch bist, mon capitaine?

– Ich meine eher, daß ich zu optimistisch bin, Jaluzot!

– Wie auch immer, drei Werfergranaten auf Bo-Cuong und dann gut' Nacht!

– Nein, mein Lieber, denn von morgen früh ab werden wir etwas für deine Bedachung tun. Wir werden sie dir verstärken, sie panzern, sie betonieren, und zwar so, daß sie einer Atombome standhalten könnte.

Etwas skeptisch stimmte Jaluzot zu.

– Jedenfalls wird es die Stimmung der Männer heben, die Arbeit wird sie ablenken.

Bo-Cuong lag zwei Meter von der R.C.4 entfernt, auf der Lung-Vai-Passhöhe. Es war ein ebenerdiger Rundbau. Aus zwölf Schießscharten konnte man gedeckt mit dem Maschinengewehr schießen. Der Posten war ständig von elf Legionären, zehn Milizsoldaten und lieutenant Jaluzot besetzt. Aber obwohl er am höchsten Punkt der Straße lag, wurde er von Bergen, Kalkfelsen und Wäldern überragt.

Etwa hundert Legionäre, unterstützt von rund dreißig Milizsoldaten verstärkten eine Woche lang das Dach des Mini-Postens. Ein Netz von Stahlträgern wurde mit Beton ausgegossen. Nach beendeter Arbeit hätte Bo-Cuong vielleicht einer Atombombe nicht standgehalten, aber selbst die schwersten unter den in Tongking eingesetzten Waffen konnten es auch nur ankratzen.

Mattei genügte das noch nicht. Hundert Meter weiter oben hatte er in den schroffen Kalkfelsen eine ziemlich große Höhle entdeckt. Er ließ ein 12,7 mm Maschinengewehr hinaufschaffen. Er stattete die Höhle mit Liegen, Munition und Verpflegung für drei Monate aus. Sie war immer umschichtig von zwei Legionären besetzt.

Nur fünfundzwanzig Mann sicherten die Offenhaltung der R.C.4 am Lung-Vai-Pass, aber mehr als ein Bataillon wäre nötig gewesen, um sie ernsthaft zu bedrohen.

Als ob er nicht schon genug Schwierigkeiten gehabt hätte, kam noch ein zweitrangiges Problem hinzu, das die Vorbereitungen von capitaine Mattei störte: Hochwürden Mangin und seine katholische Gemeinde. Es war Clary, der auf diesen Punkt aufmerksam machte. Eines Abends erklärte er im Posten:

– Mon capitaine, der Pfarrer, den seh' ich schön dumm aus der Wäsche gucken!

– Was ist das wieder für 'ne Geschichte?

– Das ist keine Geschichte. In der Gegend wird geklatscht. Die Katholiken sind nicht in der Mehrheit, und der Pfarrer macht Reklame. Er predigt. Er hält Reden für Frieden unter den Menschen und sonstigen Blödsinn dieser Art.... Der ganze Zauber eben! Ich bin katholisch, wie Sie wissen, und ich bin nicht gegen die Messe von Zeit zu Zeit, mit meiner Mutter, in Bastia, am Sonntag so um 11 Uhr. Aber hier ist nicht der Moment, all den Blödsinn zu verzapfen, den er verzapft! Und wenn er demnächst mal in die Scheiße träte, würde es mich nicht wundern....

–Hör zu, Clary, vielen Dank, daß du mich darauf aufmerksam machst, aber ich hab' anderes zu tun, als mich um den Pfarrer zu kümmern. Also sei so nett und laß' mich in Ruhe!

–Wie Sie wollen, mon capitaine, ich hab' nur was gesagt, weil ich Pfarrer Mangin gut leiden kann; mit tät's leid, wenn ich ihn Ihnen dieser Tage mal in Scheibchen herbringen müßte.

–Glaubst du wirklich, daß es schon soweit gekommen ist?

–Und ob! Erkundigen Sie sich, mon capitaine, Sie werden ja sehen.

Mattei hörte sich kurz bei seinen Informanten um. Es ergab sich, daß Clary sich nicht getäuscht hatte. Der Viet-minh hatte den Pfarrer in der Tat zum Tod verurteilt und wartete nur auf eine günstige Gelegenheit, um ihn zu entführen und hinzurichten. Dem capitaine blieb nichts anderes übrig, als sich ins Kloster zu begeben.

Hochwürden Mangin ging auf die Sechzig zu, er war eine edle Erscheinung, groß und hager. Im Lauf der in Tongking verbrachten Jahre hatte sein Gesicht den gelblichen Teint angenommen, der den ständig im Fernen Osten lebenden Europäern eigen ist. Er mochte Mattei gern, trotz des geringen Interesses, das der Offizier für den Gottesdienst zeigte.

–Mon capitaine, welch' angenehme Überraschung! Ihre Anwesenheit im Hause Gottes, obwohl erwünscht, ist selten.

–Hochwürden, es ist nicht gerade eine gute Neuigkeit, die mich zu Ihnen führt. Ich habe soeben gehört, daß Ihr Leben in Gefahr ist, ja daß der Viet-minh daran denkt, Sie zu beseitigen.

–Capitaine, Sie sind doch wohl nicht so naiv, zu glauben, ich wüßte das nicht.

Diese unerwartete Antwort brachte Mattei aus der Fassung.

–Na und? Haben Sie erwartet, daß ich Sie darauf anspreche?

–Das ist doch ganz einfach, capitaine; Sie können es nicht ändern. Warum sollte ich Sie also unnötig beunruhigen?

–Wieso kann ich daran nichts ändern? Ganz im Gegenteil, ich kann es sehr wohl ändern. Ich werde Ihnen im Posten ein Zimmer einrichten lassen, dort sind Sie in Sicherheit.

–Das ist doch nicht wirklich Ihr Ernst, capitaine! Sie verlangen von mir, das Haus des Herrn in einem Augenblick wie diesem zu verlassen! Von meinen Pfarrkindern ganz zu schweigen.

–Ihre Pfarrkinder, die sind dem Viet-minh völlig wurscht. Es gibt zu viele Katholiken in Tongking, als daß er sich das Vergnügen leisten könnte, sie alle umzubringen! Die Missionare dagegen stören ihn, vor allem die Ihres Schlages, überzeugende und mutige Werber. Im übrigen verschwende ich meine Zeit, Sie wissen das alles viel besser als ich.

–Gewiß, capitaine. Aber ich kämpfe nicht für das Leben meiner Gläubigen, sondern für ihre Seele. Was müßten sie von mir und den Glaubenssätzen halten, die ich ihnen seit Jahren verkündige, wenn ich bloß wegen der Gefahr, mein Leben zu verlieren, die Heilige Stätte verließe, um bei Ihnen Zuflucht zu suchen?

Mattei nahm sich zusammen, um seinen Zorn zu zügeln. Er empfand Sympathie für den Priester und bewunderte seinen Mut. Aber die Stunde war zu ernst, die Lage zu gespannt, um in eine Polemik über die Theologie einzutreten. Ruhig erklärte er:

–Hören Sie, Hochwürden, dieser Abschnitt steht unter meiner Kontrolle, unter meiner Amtsgewalt; ich bitte Sie also, sich zu fügen. Wenn Sie eine Berufung zum Märtyrer fühlen, seien Sie so gütig, abzuwarten, bis Sie sich im Abschnitt einer anderen Kompanie befinden.

–Ist das alles, was Ihnen eingefallen ist, um mich zu überzeugen? erwiderte Hochwürden Mangin. Lassen Sie mich in Frieden. Ich werde für Sie und Ihre Männer beten.

Mattei grüßte und verließ das Kloster. Er hatte eingesehen, daß der Starrsinn des Priesters mit Worten nicht zu brechen war. Er mußte nachdenken, ging in sein Büro und schloß sich ein. Eine halbe Stunde später eilte er mit großen Schritten zur Unteroffiziersmesse. Klauss und Osling waren anwesend. Der capitaine unterrichtete sie kurz über seine Unterhaltung mit Hochwürden Mangin. Osling kam ihm zuvor:

–Wenn ich recht verstanden habe, mon capitaine, erwarten Sie von uns, daß wir ihn mit einem bewaffneten Zug herholen.

–Das war natürlich meine erste Reaktion. Nur ist seine auch nicht schwer vorauszusehen. Er wird sich weigern, Ihnen zu folgen, und Ihnen freistellen, auf ihn zu schießen.... Und dann stünden Sie schön dumm da....

– Ja, ich verstehe, niemand hat Lust, ihm eine zu verpassen.

– Genau, Klauss! Deshalb werden wir folgendes machen: wir werden unbewaffnet hingehen, ihn überrumpeln und ihm die Hände auf den Rücken binden. Alsdann werde ich nötigenfalls meine Unterhaltung mit ihm wieder aufnehmen.

– Ich binde ihn nicht fest, mon capitaine.

– Ich auch nicht, stimmte Osling ein. Das können Sie nicht von uns verlangen!

– Holen Sie mir Clary und Fernandez und machen Sie sich fertig, um mich wenigstens zu begleiten.

Zum erstenmal diskutierten Clary und Fernandez einen Befehl Mattei's. Er mußte sie überzeugen, daß allein ihr Vorgehen das Leben des Priesters retten konnte.

Als die fünf Legionäre die Kapelle betraten, sahen sie Pater Mangin in der Nähe des Altars knien. Er hatte sie nicht eintreten gehört. Mattei nahm das Käppi ab und bekreuzigte sich. Seine Männer taten es ihm gleich. Clary flüsterte dem capitaine ins Ohr:

– Könnte man das nicht wo anders machen?

Anstelle einer Antwort beharrte Mattei mit einer Kopfbewegung auf seinem Befehl. Clary und Fernandez legten ihre Käppis auf einen Stuhl und gingen langsam auf den Priester zu. Clary hatte eine Schnur in der Hand. Die beiden Männer warteten, bis der Missionar ihre Anwesenheit bemerkte. Dann sagte Clary sanft:

– Vergeben Sie uns, Hochwürden.

Sie bemächtigten sich des Pfarrers, indem sie ihn jeder unter einem Arm hochhoben; dann banden sie ihm mit geübten Griffen die Hände auf den Rücken. Der Missionar stand auf und wandte sich um. Ohne seine Angreifer zu beachten, warf er vernichtende Blicke auf den capitaine und die beiden Unteroffiziere, die auf ihn zukamen.

– Sie verstehen offenbar immer nur die rohe Gewalt, capitaine, erklärte er bitter.

Mattei war drauf und dran, zu antworten: »Sie sind es, der offenbar nur die rohe Gewalt versteht«, aber er hielt sich zurück; er hatte sich fest vorgenommen, sich auf keine Diskussion einzulassen.

– Nur eine Frage, Hochwürden, sagte er. Werden Sie selbst mit uns gehen, oder muß ich Ihnen auch die Füße fesseln und Sie tragen lassen?

–Mit Ihnen zu gehen, würde eine Konzession darstellen, die ich ablehne. Sie müssen schon die volle Verantwortung für Ihre Kirchenschändung übernehmen; ich werde nicht die geringste Bewegung machen, um mich daran zu beteiligen.

Mattei gab Clary und Fernandez wieder ein Zeichen. Diesmal war es der Spanier, der sich an den Priester wandte:

–Wir führen nur die Befehle aus, Hochwürden, es ist zu Ihrem Besten, Sie müssen uns vergeben.

–Vergebung für sich und Ihren Chef müssen Sie von Gott erbitten, erwiderte der Priester feierlich.

Clary hatte Pater Mangin's Füße zusammengebunden. Er bückte sich, packte ihn mit dem linken Arm unter dem Gesäß und warf sich den gefesselten Pfarrer über die Schulter. Clary trug den Priester ohne die geringste Anstrengung; ehe er die Kapelle verließ, drehte er sich um, beugte das Knie und bekreuzigte sich.

Draußen bildete sich sehr schnell eine Menschenansammlung; die Leute zeigten sich mehr erstaunt als feindlich und begleiteten den sonderbaren Zug bis zum Eingang des Postens. Pater Mangin wurde in ein Zimmer gebracht und von seinen Fesseln befreit. Zwei Legionäre bewachten seine Tür. Zwei weitere würden sich Tag und Nacht vor seinem Fenster ablösen.

Trotz ihrer damaligen Dienstgrade (caporal und caporal-chef) hatten Clary und Fernandez auf Grund einer Sonderregelung Zutritt zur Unteroffiziersmesse. Auch an diesem Abend gingen sie wie üblich dorthin, um ein, zwei Flaschen Bier zu trinken. Sie setzten sich an ihren angestammten Tisch; dort saßen bereits sechs Unteroffiziere und ein Feldwebel, die bei ihrem Erscheinen plötzlich verstummten. Clary und Fernandez nahmen keine Notiz von ihnen und bestellten ihr Bier.

Absichtlich laut erklärte einer der Unteroffiziere:

–Hier im Abschnitt wird's nachgerade lebensgefährlich! Ich hab' gehört, heut' abend soll ein tolles Kommandounternehmen stattgefunden haben! Es muß fürchterlich gewesen sein!

–Ja, stimmte der Feldwebel ein, ich weiß zwar wenig Einzelheiten, aber wir haben scheint's einen glorreichen Sieg errungen. Die Überlebenden werden auf alle Fälle für einen hohen Orden eingereicht werden....

362

Clary und Fernandez tranken ihr Bier und taten so, als gehe sie das Gespräch nichts an.

– Wie ich gehört habe, fing ein anderer Unteroffizier wieder an, soll der Feind in die Kapelle geflüchtet sein.

– Tatsächlich, es gibt Leute, die haben vor gar nichts Respekt.

– Wie hat man es denn fertiggebracht, die Rebellen zu vertreiben?

– Zwei Freiwillige, zwei Helden, das reinste Selbstmordunternehmen.

Clary und Fernandez wechselten einen Blick; wie ein Mann packten sie ihre Bierflaschen, schlugen ihnen an der Tischkante den Boden ab, standen auf und bauten sich vor die Unteroffiziere hin:

– Also, brüllte Clary mit wutverzerrtem Gesicht, wer will die Unterhaltung fortsetzen?

Keiner der Unteroffiziere konnte sich für eine Schlägerei erwärmen. Clary's Kraft und Gewandtheit waren ebenso bekannt wie die Geschmeidigkeit und die Tricks von Fernandez. Der Feldwebel zog es vor, einzulenken.

– Nimm's doch nicht so persönlich, Antoine, du kriegst bloß Ärger. Wir wollten doch nur Spaß machen.

– Mir ist nicht nach Spaß machen zumute, am wenigsten mit kleinen Mädchen. Kleine Mädchen leg' ich auf die Matratze.

Auf diese Beschimpfung hin stand ein Unteroffizier auf und schlug auch seiner Bierflasche den Boden ab.

Da knallte ein Schuß in die Stille. Die Kugel bohrte sich zwischen den beiden Männern in den Fußboden. Auf der Schwelle stand Klauss, den Colt in der Hand; er hatte zwischen Clary und Fernandez schräg nach unten geschossen.

– Laßt die Flasche los, befahl er.

Die drei Männer gehorchten.

– Glaubt ihr eigentlich, daß jetzt der richtige Moment ist, euch gegenseitig die Köpfe einzuschlagen, blöde Bande! brüllte der sergent-chef. Wartet lieber auf die Viets, um eure zarten Nerven zu beruhigen!

– Er hat recht, räumte der Unteroffizier ein. Los Clary, Schwamm drüber, wir trinken einen zusammen.

Clary zuckte die Achseln, aber bei Fernandez hatte das Zauberwort sofort die gute Laune wiederhergestellt.

– Es ist noch Sekt vorhanden in dem Stall! rief er vergnügt. Auf geht's daß alles in die Luft fliegt!

Er wußte nicht, wie wahr er gesprochen hatte.

Cao-Bang, 16. September 1950. Dong-Khé meldete über Funk schweren Artilleriebeschuß. Von den Gebirgskämmen feuerte der Feind auf den in einer Mulde gelegenen Posten. Die 5. und 6. Kompanie des 3. Étranger erbaten Luftunterstützung. Aber unglücklicherweise bot der Himmel keine Sicht und mit einem Aufklaren war um diese Jahreszeit nicht zu rechnen. Charton rief von Cao-Bang aus colonel Constans in Lang-Son an.

–Dong-Khé wird mit schweren Kalibern beschossen. Die Hauptleute Vollaire und Allioux erbitten Unterstützung. Was soll ich tun?

–Du rührst dich nicht, das ist nur Störungsfeuer.

–Und wenn es der Großangriff wäre?

–Dann kannst du nichts dran ändern.

Das traf zu. Wie die Dinge lagen, konnte Cao-Bang nur unbedeutende Hilfe leisten, wenn das gegen Dong-Khé gerichtete Artilleriefeuer eine Großoffensive einleitete. Und außerdem, war es nicht genau das, was der Feind erwartete? Das III. Bataillon der Legion, verstärkt durch sechshundert Mann marokkanischer Einheiten, war praktisch unverwundbar, solange es in Cao-Bang verschanzt lag. Aber wenn es die Festung verließe, würde es eine Beute der Rebellen, die jetzt mit ganzen Bo-Doi's im Dschungel aufmarschiert waren. Charton blieb nichts anderes übrig, als am Funkgerät ohnmächtig die immer verzweifelteren Hilferufe der zweihundertfünfzig Belagerten von Dong-Khé anzuhören.

In der Nacht vom 16. auf 17. hielt Charton die Untätigkeit nicht mehr aus. Entgegen den ausdrücklichen Befehlen, die er von Constans erhalten hatte, beschloß er, eine Kompanie Legion loszuschicken, die sich zu Fuß aufmachen sollte. Ihr Chef erhielt Order, nicht einzugreifen und sich zurückzuziehen, wenn es sich um eine bedeutende Operation des Gegners handeln sollte. Wörtlich sagte der colonel:

–Wenn Sie auf nachhaltigen Widerstand stoßen, machen Sie sich davon, ohne einen Schuß abzugeben. Kein sinnloser Heroismus, das können wir uns nicht mehr leisten.

Von Cao-Bang nach Dong-Khé waren es achtundzwanzig Kilometer. Fünfzehn davon hatte die Marschkompanie bei Tagesanbruch zurückgelegt. Cao-Bang empfing den letzten Funkspruch der Belagerten:

–Der Posten liegt in Trümmern, wir sind nur noch etwa dreißig Überlebende, die Viets kommen von den Bergen herunter, Tausende Kopf an Kopf.

Dann, plötzlich, brach die Verbindung ab.

Charton stürzte los. Er setzte sich selbst ans Steuer seines Jeeps. Nur drei Legionäre begleiteten ihn. In weniger als einer Stunde holte er die Marschkompanie ein und ließ sie kehrtmachen, dann kehrte er verbittert nach Cao-Bang zurück.

Die dreißig Überlebenden in Dong-Khé konnten sich noch sechzehn Stunden halten. In der Nacht vom 17. auf 18. stand der Posten in Flammen, es blieben noch neunzehn kampffähige Männer und dreihundert Patronen, in die sie sich teilten. Dann trennten sie sich und versuchten, in drei Gruppen den Dschungel zu erreichen, um zwischen den Maschen des Netzes durchzuschlüpfen, das die Viets ausgelegt hatten....

Mit Datum vom 18. September wurde der Fall von Dong-Khé bekanntgegeben. Am 23. tauchten neun Legionäre, zerlumpt, erschöpft, halb verhungert und verdurstet, bei den Vorposten von That-Khé auf. Das war alles, was von der 5. und 6. Kompanie des II. Bataillons des. 3. Étranger übrigblieb.

Colonel Charton hatte recht behalten: die Viets hatten die R.C.4 in zwei Teile geschnitten.

Am 1. Juli 1948 war auf dem Truppenübungsplatz Khamisis im Departement Oran die erste Fallschirmjägereinheit der Legion aufgestellt worden. Ein junger Offizier, capitaine Segretain, hatte das Kommando übernommen. Am 24. Oktober ging das I. Bataillon Étranger de Parachutistes – das. B.E.P. – in Mers-El-Kebir an Bord der *Pasteur*. Bestimmungsort war der Ferne Osten. Am 12. November lief das Schiff in die Bucht von Along ein; am 15. bezogen die Fallschirmjäger in Gia-Lam in der Gegend von Hanoi Stellung.

Von diesem Tag an hetzte das B.E.P. von einem indochinesischen Schlachtfeld zum andern. Wo immer es hart auf hart ging, waren seine Männer zu finden; sie waren die Schutzengel aller bedrängten Einheiten, die Feuerwehr des brennenden Tongking. Die Fallschirmjäger-Legionäre sprangen in den unwahrscheinlichsten Gegenden und ohne Rücksicht auf die Wetterverhältnisse ab. Sie landeten in den verworrensten Situationen und ohne Rücksicht auf das Kräfteverhältnis der kämpfenden Truppen. Ohne Atempause einem Nonstop-Training unterworfen, wurde das B.E.P. die Speerspitze der Legion, eine scharfe und wirksame Waffe, die man einsetzte, als könne sie alle Probleme lösen.

Am 17. September 1950 – die Handvoll Überlebender von Dong-Khé leistete noch Widerstand – alarmierte Hanoi das B.E.P. Um 16 Uhr ging die 1. Kompanie an Bord von vier ausgeleierten Dakotas. Ein Offizier, capitaine Jeanpierre, begleitete die erste Welle. Die zweite stand unter dem Befehl von lieutenant Faulque. Beide waren stahlharte Männer, die bereits eine imponierende militärische Vergangenheit hatten.

Unter den Unteroffizieren befand sich ein großer jugoslawischer sergent-chef, der den Namen Zorro angenommen hatte. Er war Gruppenführer in seinem Flugzeug. Routinemäßig überprüfte er die Sprungausrüstung seiner Legionäre, ehe sie in die Maschine kletterten. Jede Dakota war für den Absprung von achtzehn Fallschirmjägern eingerichtet; an diesem Tag drängten sich vierundzwanzig Legionäre auf den eisernen Längsbänken. Sie wußten nicht, wo man sie abspringen lassen würde, aber das war ihnen gleichgültig. Die einzige Information, die man ihnen vor dem Einsatz gab, bestand in der Mitteilung, ob sie mitten im Kampfgebiet oder innerhalb einer von eigenen Truppen gehaltenen Stellung landen sollten. Besonders Neugierige (sie waren dünn gesät) erkundigten sich zuweilen nach der Flugdauer; was das Übrige anbetraf, so hatten sie Vorgesetzte, und auf die verließen sie sich.

Heute war Zielpunkt eine von den Franzosen gehaltene Stellung. Etwaige Flugzeit: eine halbe Stunde; es war nur ein Spaziergang. Der Himmel war verhangen, die alten Maschinen wurden heftig geschüttelt. Wiederholt wurden die Männer von ihren Sitzen hochgerissen, wenn der Apparat in einem Luftloch durchsackte. Das rote Licht flammte auf. Die Männer erhoben sich und klinkten ihre Gurte in dem langen Stahlkabel ein, das durch die Kabine lief. Einige warfen ihre Zigaretten weg und traten sie auf dem abgewetzten Bodenblech aus.

Zorro mußte als erster springen; er hielt sich gebückt und klammerte beide Hände oben an die Ausstiegluke. Draußen schlugen Wind und feiner Regen gegen seine Finger. Er blickte starr auf das rote Licht. Als das andere anging – das grüne – stieß er sich mit

Dong-Khé meldete über Funk schwe… …tilleriebeschuß. Von den Gebirgskämmen feuerte der Feind auf den in einer Mulde ⸒ Posten

Luftbild des Kessels von Dong-Khé

*Das I. B.E.P. ist zur
Verstärkung über
That-Khé abgesprungen*

*Das I. B.E.P. ist zur
Verstärkung über
That-Khé abgesprungen.
Die schwarzen Linien
sind Laufgräben zu
den Außenposten*

den Armen ab und streckte das rechte Bein vor, in der Luft nahm er dann Embryo-Stellung ein. Auf seinen Schultern fühlte er das Klatschen der Gurte, dann herrschte völlig Stille.

Die Legionäre waren aus hundertfünfzig Meter Höhe abgesprungen, der Boden kam sehr schnell näher. Das Gelände war weich, keiner von ihnen verletzte sich bei der Landung. Die andern Dakotas überflogen sie und gaben ihre Kameraden frei, während die Männer der ersten Welle ihre Fallschirme provisorisch falteten und sich wieder sammelten.

Am 18. September folgte der Meldung über den Fall von Dong-Khé die lakonische Mitteilung:

»Das I. B.E.P ist zur Verstärkung über That-Khé abgesprungen, es hat ohne Zwischenfall die ihm zugewiesenen Stellungen besetzt.«

Zwischen Cao-Bang und Lang-Son waren die Schachfiguren aufgestellt: in Dong-Khé, Giap's Armee; in That-Khé, die Elite der Legion, das B.E.P.

In Cao-Bang wurde colonel Charton's Gemütsverfassung nach dem Schock durch den Fall von Dong-Khé binnen achtundvierzig Stunden einem Wechselbad gegensätzlicher Empfindungen unterworfen.

Zuerst erhielt er den Besuch von General Carpentier, dem Oberkommandierenden des Expeditionskorps, der ohne Voranmeldung mit dem Flugzeug eintraf. Der General inspizierte die Verteidigungsanlagen, drückte seine Zufriedenheit aus, strahlte Optimismus und Zuversicht aus, bestätigte die Uneinnehmbarkeit der Stadt und versicherte, daß von ihrer Räumung keine Rede sein könne. Cao-Bang werde eine Schlüsselstellung am Ende der R.C.4 bleiben. Das war die Konzeption, die Charton seit über einem Jahr befürwortete. Der colonel atmete auf; man setzte also Vertrauen in ihn.

Die Maschine des Generals hatte noch nicht ihre endgültige Flughöhe erreicht, als Charton schon seine Untergebenen und die Zivilbevölkerung beruhigte. Alle begannen von neuem zu hoffen; Cao-Bang bedeutete weiterhin Sicherheit.

Colonel Charton verbrachte zwei friedliche Nächte. Er hatte keine Ahnung, daß in Lang-Son bereits die Operation »Therese« anlief, deren Ziel die endgültige Räumung von Cao-Bang war.

General Carpentier's Besuch hatte nur den Zweck gehabt, ihn in

Sicherheit zu wiegen. Es war bekannt, daß Charton aufs entschiedenste gegen den Plan war, den man nun ausführen wollte; daß er mit allen verfügbaren Mitteln kämpfen würde, um seine Vorgesetzten in ihrer Entscheidung umzustimmen, und vor allem, daß er niemals akzeptieren würde, was man von ihm erwartete: Cao-Bang fluchtartig aufzugeben und dem Feind nicht nur alles zu hinterlassen, was die Legion dort geschaffen hatte, sondern auch seine schweren Waffen und Munitionsdepots.

Dazu konnte Charton nur auf einem einzigen Weg gezwungen werden: man durfte ihn erst wenige Stunden vorher durch einen förmlichen Befehl informieren, dem er unverzüglich nachkommen mußte, ohne eine Minute zu verlieren und ohne Zeit für irgendwelche eigene Initiative zu haben.

Man traute Charton und seinen Reaktionen so wenig, daß beschlossen wurde, ihm einen zweiten General zu schicken, der Carpentier's beruhigende Zusicherungen bestätigen sollte.

General Alessandri, Oberbefehlshaber in Tongking, traf achtundvierzig Stunden nach Carpentier mit derselben Mission in Cao-Bang ein. Aber im letzten Augenblick konnte sich Alessandri nicht entschließen: der Mensch siegte über den Soldaten, Freundschaft und Achtung für Charton waren stärker als der Respekt vor der militärischen Disziplin. In Charton's Büro bekannte er dem Legionsoffizier, daß von Lang-Son bereits eine Marschkolonne aufgebrochen war, um auf der R.C.4 mit ihm zusammenzutreffen; in wenigen Tagen werde er Befehl erhalten, sich mit seiner gesamten Truppe in Marsch zu setzen und Cao-Bang in größtmöglicher Heimlichkeit zu verlassen.

Charton war wie versteinert und vor allem empört, denn er wußte, daß dieser Plan unausführbar war.

—Mon général, antwortete er, wie können die glauben, daß sechzehnhundert Soldaten und ebensoviele Zivilisten auf dieser Einbahnstraße unbemerkt entschlüpfen werden? Selbst in tiefster Nacht? Das ist nicht nur schändlich, das ist absurd. Die Viets werden von unserem Abmarsch Kenntnis erhalten, noch ehe auch nur ein Mann seinen Fuß auf die R.C.4 gesetzt hat!

—Natürlich, Charton, aber das Oberkommando befürchtet eben, daß sie mehrere Tage im voraus Lunte riechen – beispielsweise durch minutiöse Zerstörung der Verteidigungsanlagen – und daß sie diesen Spielraum ausnutzen, um Hinterhalte für Sie anzulegen.

−Aber diese Hinterhalte sind doch schon seit Monaten fix und fertig! Die R.C. 4 ist ein einziger, riesiger Hinterhalt, der sich über hundertsechzehn Kilometer erstreckt! Und es wird nicht das geringste ändern, ob sie von der Räumung vier Tage, vier Stunden oder vier Minuten vor Beginn erfahren.

−So lauten die Befehle, Charton, ich kann nichts daran ändern.

−Und Dong-Khé, das jetzt in ihren Händen ist? Wird erwartet, daß ich es im Vorbeimarsch zurückerobere?

−Die Ihnen entgeggenkommende Kolonne wird Dong-Khé zurückerobern.

−Was ist denn das eigentlich, diese entgegenkommende Kolonne?

−Elitetruppen. Drei Thabors und das 8. marokkanische Schützenregiment, die in That-Khé durch das I. B.E.P. verstärkt werden. Sie stehen unter dem Kommando eines Artillerieoffiziers, colonel Lepage.

−Und wo soll unser Treffpunkt sein?

−Irgendwo zwischen Dong-Khé und Nam-Nang, mehr weiß ich nicht. Sie werden die Befehle zu gegebener Zeit erhalten; ich habe gegen die Order gehandelt, indem ich Sie informierte.

Charton begriff, wie bedrückt General Alessandri war. Der eigensinnige und zähe kleine Korse war zermürbt und ausgelaugt von monatelangen Gewissenskonflikten, von Monaten eines hartnäckig verbissenen Kampfes.... um schließlich den Plan, den er mißbilligte, einem Untergebenen ins Ohr flüstern zu müssen; den Plan, gegen den er sich stets aufgelehnt und dessen Geheimhaltung man ihm befohlen hatte. Traurig und wie ein Automat ließ sich Alessandri zu seinem Flugzeug begleiten. Es schien ihm nur ein einziger Trost zu bleiben: Das Gefühl, durch Charton's Unterrichtung seiner Pflicht als Mensch, wenn schon nicht seiner Soldatenpflicht nachgekommen zu sein.

Charton setzte seine Hoffnung auf etwas anderes. Er hoffte auf jenen unbekannten Artillerieoffizier und seine Nordafrikaner, jenen colonel Lepage, der Dong-Khé im Vorbeimarsch zurückerobern und ihm entgegen-, wahrscheinlich ihm zu Hilfe kommen sollte.

38.

Na-Cham, 18. September. Der Anmarsch der Kolonne Lepage war Mattei soeben avisiert worden. Lang-Son hatte einen Funkspruch durchgegeben. Wahrscheinlich würde der Artillerieoffizier mit seinen Truppen für die Nacht in Na-Cham Station machen, ehe er seinen gefährlichen Marsch auf der R.C.4 fortsetzte.

Um die Mittagszeit teilte Dong-Dang den Durchmarsch der Kolonne mit; wenn es keinen Zwischenfall gab, würde sie gegen Abend ankommen.

In der Tat tauchte ab 18 Uhr die endlose Menschenraupe in einer Staubwolke auf, die sich von dem Dorf Na-Thin bis zu den Vorposten von Na-Cham erstreckte. Mattei versuchte, die zahlenmäßige Stärke der Truppe abzuschätzen. Zweitausend Mann?

Colonel Lepage mußte sich in der Mitte der Kolonne befinden, denn vor seiner Ankunft meldeten sich junge Offiziere und kümmerten sich zusammen mit Mattei um die Unterbringung der Leute. Ordnung und Disziplin beim Aufschlagen des Lagers waren mäßig. Neben Mattei beobachtete lieutenant Jaluzot das Verhalten der zusammengewürfelten Truppe.

– Was hältst du von dem Ganzen, mon capitaine? fragte Jaluzot.

– Nicht viel.... Die Marokkaner da sind alles gute Soldaten, aber sie machen keinen sehr ausgeruhten Eindruck, und was noch schlimmer ist, sie wirken nicht sehr überzeugt.

– Hast du schon einmal etwas von diesem colonel Lepage gehört?

– Ich hab' seinen Namen gestern zum erstenmal gehört. Wenn er heute hier ist, dann glaubt man eben, daß er hier am richtigen Platz ist.

Colonel Lepage traf gegen 19 Uhr ein. Er entstieg einem Jeep, der von einem bärtigen Marokkaner gesteuert wurde. Die zwei jungen Legionsoffiziere meldeten vorschriftsmäßig.

– Ich habe Ihnen ein Zimmer richten lassen, mon colonel, sagte Mattei. Außerdem hoffe ich, daß Sie bereit sind, unsrer Abendtafel vorzusitzen.

– Mit Vergnügen, mein Lieber, ich bin hundemüde, es wird mir guttun, die Gastfreundschaft und den Komfort der Legion zu genießen.

– Ich lasse Sie zu Ihrer Unterkunft führen, mon colonel, wir treffen uns dann im Kasino.

372

– Mit Vergnügen, danke.

– Gehen wir einen trinken? fragte Jaluzot, kaum daß der colonel den Rücken gewandt hatte.

– Gleich, gleich, antwortete Mattei, ich möchte nur eben mal einen Blick auf die Armee werfen, die sich da bei uns einrichtet.

Mattei und Jaluzot streiften durch das Lager der Marokkaner. Da waren an die fünfzig ältere Lastwagen, ein paar leichte Fahrzeuge, die Bewaffnung der Männer schien in gutem Zustand. Es war der Gesamteindruck, der so jämmerlich wirkte. Plötzlich blieb Mattei wie angewurzelt stehen. Er hatte die Artillerie entdeckt. Nachdenklich betrachtete er die zwei 10,5 und die zwei 7,5 cm Geschütze.

– Zu komisch, wie leicht ich deine Gedanken lesen kann, bemerkte Jaluzot lächelnd.

– Das ist nicht komisch, das ist logisch. Was wollen sie bloß mit dieser ganzen Artillerie auf der R.C.4 anfangen? Sie wird ihren Vormarsch aufhalten und beim ersten Scharmützel in die Luft fliegen. Sie haben nicht die leiseste Chance, ihre Kanonen einsetzen zu können!

– Und du glaubst, du kannst den colonel dazu bringen, sie dir gegen mäßiges Entgelt zu überlassen?

– Wenn er nicht ein kompletter Vollidiot ist – und so sieht er mir nicht aus – wird er nicht bestreiten können, was so völlig klar auf der Hand liegt.

Während des Abendessens, an dem etwa zehn Offiziere der Kolonne Lepage teilnahmen, fehlte es nicht an Gesprächsstoff. Aber Mattei hielt sich zurück. Er wollte nicht den Eindruck erwecken, als versuche er, die große Linie eines geheimen Planes zu durchschauen. Lepage seinerseits bemühte sich, den jungen Offizier abzuschätzen. Stumm schaute Jaluzot zu, wie die zwei Männer sich wechselseitig beobachteten und abtasteten, ehe sie es zu dem Meinungsaustausch kommen ließen, den beide offensichtlich anstrebten. Es war normal, daß der colonel die Aussprache begann. Während der ganzen Mahlzeit ermunterte Mattei ihn geschickt, ohne dabei die Grenzen zu verletzen, die er sich gesetzt hatte. Endlich geschah, was er sehnlich erwartete; Lepage ließ die Maske fallen und erklärte:

– Sie sind über meine Aufgabe im Bilde?

– Nicht offiziell, mon colonel, aber sie scheint mir augenfällig.

– Sprechen Sie weiter, Mattei, sagen Sie mir, was Sie wirklich denken.

– Wenn Sie raufmarschieren, so bedeutet das, daß Charton runter-kommt. Die Befehle müssen so lauten, daß Sie Dong-Khé von Süden her angreifen, er von Norden.

– So einfach ist es leider nicht, Mattei! Ich soll Charton jen-seits von Dong-Khé herausholen, von mir erwartet man die Rück-eroberung der Stadt, mit Unterstützung des I. B.E.P., das gestern und heute über That-Khé abgesprungen ist.

– Diese Unterstützung ist nicht zu verachten!

– Gewiß nicht, und obwohl sie nach nichts aussieht, ist meine Truppe auch nicht schlecht. Es sind gute Soldaten, alle kampferfahren, sie sind erschöpft, aber ich vertraue auf sie.

– Wissen Sie, mon colonel, Araber sind die besten Soldaten, wenn alles gutgeht, aber die schlechtesten, wenn es schiefgeht. Bei den Legionären ist es eher umgekehrt, sie sind an verzweifelte Unternehmen gewöhnt, bei denen einer gegen zehn steht. Aber ich gebe zu, daß der gemeinsame Einsatz von B.E.P. und Thabors, wenn er gut geleitet ist, ein interessantes Resultat erbringen kann.

– Mattei, Sie kennen die Gegend hier besser als ich, vor allem die R.C.4. Wenn ich Sie bäte, mir unverblümt Ihre Meinung zu sagen, wären Sie bereit, das zu tun?

– Ich kann mich irren, mon colonel, ich bin nur ein Offizier unter so vielen. Wenn ich offen zu Ihnen spreche, bitte ich zu bedenken, daß meine Ansichten nicht auf irgendeiner Gewißheit beruhen, son-dern auf mehr oder weniger fragwürdigen Informationen, und auf meiner höchstpersönlichen Meinung.

– Ich höre.

– Meiner Meinung nach gehen Sie einer Katastrophe entgegen. Über-all sind ganze Bataillone von Viets, und Sie sind dazu verdammt, an der Straße kleben zu bleiben. Ihre einzige Chance wäre, Ihr Unter-nehmen mit einer Schnelligkeit durchzuführen, mit der sie nicht rechnen; das scheint mir undurchführbar.

– Unsre Ansichten decken sich. Ich hatte übrigens die Absicht, Ihnen meine Artillerie hierzulassen, meine vier armseligen Kanonen, die unsern Vormarsch erheblich verlangsamen werden.

– Ich glaube, mon colonel, das wäre auch mein Vorschlag gewesen. Ihre Artillerie könnte Ihnen nur nützen, wenn sie unversehrt bis zu dem Dong-Khé überragenden Punkt der R.C.4 gelangte. Aber das weiß auch der Feind. Und wenn er feststellt, daß Sie schwere Waffen haben, ist er gezwungen, Sie anzugreifen, vielleicht sogar ehe es Ihnen gelingt, sich mit dem B.E.P. zu vereinigen. Von der Straße aus, das wissen Sie besser als ich, können Sie Ihre Geschütze unmöglich einsetzen; sie werden nur als Zielscheiben dienen.

– Wenn ich Ihnen meine Geschütze dalasse, haben Sie die Absicht, sie einzusetzen?

– Ich rechne nicht gern mit Niederlagen, aber im vorliegenden Fall muß ich es tun. Ihre Artillerie kann uns ermöglichen, den Lung-Vai-Pass zu halten, den Sie morgen überschreiten müssen. Und wenn Sie je in den kommenden Tagen gezwungen sein sollten, sich fluchtartig zurückzuziehen, sichere ich Ihnen zu, daß Sie von diesem Punkt ab passieren können.

– Ich werde Ihnen lieutenant D. dalassen. Er ist ein erfahrener Artillerist, er kann Ihnen helfen, aber ich habe im Ganzen nur rund hundert Granaten für jedes Geschütz.

– Was das betrifft, so habe ich einen Plan, mon colonel.

– Zählen Sie nicht auf Constans, er hält dieses Unternehmen für eine reine Formalität.

– Er ist es nicht, auf den ich zähle.

– In Ordnung Mattei, ich möchte die paar Ruhestunden nutzen, die ich mir bei Ihnen gönnen kann. Für das weitere, Gott befohlen!....

Gefolgt von den Schützen der Nachhut, verließen am folgenden Morgen um 5 Uhr die letzten Fahrzeuge Na-Cham, und die Kolonne begann mit dem kurvenreichen Anstieg zum Lung-Vai-Pass. Lieutenant Jaluzot begleitete sie bis zur Passhöhe, wo er wieder das Kommando über seinen berühmten Posten mit dem unzerstörbaren Dach übernahm: Bo-Cuong.

Mattei ließ seine Kompanie antreten. Er befahl, alle Männer sollten sich daranmachen, die vier Kanonen auf von ihm ausgemachte Positionen in den Kalkfelsen hinaufzuschaffen. Wieder einmal mußte man Flaschenzüge einsetzen und arbeiten wie bei den alten Römern.

Nachdem er seine Befehle erteilt hatte, begab sich Mattei in den Funkraum.

– Ruf' mir Hanoi, sagte er zu dem Gefreiten am Funkgerät. Das Stabsquartier von General Alessandri.

– Mit wem wollen Sie sprechen, mon capitaine?

– Ruf' an und gib mir die Verbindung.

Klauss war gerade hereingekommen.
– Sie rufen den General um 5 Uhr morgens an, mon capitaine? fragte er.
– Ein Korse schläft nicht, wenn man drauf und dran ist, seine Soldaten umzubringen. Nehmen Sie das zur Kenntnis, Klauss.
Der caporal bekam Hanoi ohne Schwierigkeiten und rasselte die übliche Litanei herunter.
– Hier Na-Cham, ich übergebe an meinen Vorgesetzten.
– Hier Mattei, Kommandant des Postens Na-Cham. Ich wünsche eine Verbindung mit General Alessandri, absolute Priorität, höchste Dringlichkeitsstufe.
– Nehmen Sie in einer Viertelstunde wieder Kontakt auf, wir benachrichtigen den General von Ihrem Anruf.
Um 5 Uhr 30 wurde Mattei mit dem General persönlich verbunden.
– Mon général, ich brauche 7,5 und 10,5 cm Granaten. Jede Menge, die Sie mir abwerfen lassen können. Ich richte an der R.C.4 eine Feuerstellung ein, die die Passage des Lung-Vai-Passes garantiert.
– Wieviel Geschütze haben Sie, Mattei?
– Zwei 7,5er und zwei 10,5er, mon général.
– Das wußt' ich ja gar nicht.
– All' das werde ich Ihnen bei Gelegenheit berichten, mon général.
– Aber Lepage hat doch den Lung-Vai-Pass schon passiert?
– Ich dachte an seinen Rückweg, mon général.
Alessandri ging absichtlich nicht auf Mattei's letzten Satz ein. Der General erkundigte sich weiter:
– Wie hoch ist die Wolkendecke bei Ihnen?
– Leider sehr nieder. Man müßte mir das praktisch im Tiefflug abwerfen.
– Ich will sehen, ob ich Fontange erwischen kann. Ich versuche, Ihren Wunsch auf alle Fälle zu erfüllen.
– Ich gebe zu, daß ich auch an ihn gedacht habe, mon général, vielen Dank.
Mattei legte das Mikrophon weg und wandte sich an Klauss:
– Sie sehen, nicht alle Generale sind Idioten, wie Sie anscheinend glauben, Klauss.
– Gewiß, mon capitaine, und die Tatsache, daß Sie Korse sind, spielte gar keine Rolle.
– Keine billigen Unverschämtheiten, Klauss, und vor allem lassen Sie die Korsen in Frieden.

–Ich bitte um Entschuldigung, mon capitaine, Aber wer ist dieser berühmte Fontange, auf den der General angespielt hat?
–Der capitaine de Fontange, Klauss. Das ist ein chronischer Säufer, der mit einer Junkers wie mit einer Piper-Cub umgeht.
–Ah ja, von dem hab ich gehört. Das ist doch der Pilot, der die Viets in China abknallt, wenn er besoffen ist.
–Das wird behauptet, Klauss. Von capitaine de Fontange erzählt man sich eine ganze Reihe Extravaganzen dieser Art. Die Leute lästern gerne. Auf alle Fälle, betrunken oder nicht, wenn ein Pilot imstande ist, uns bei diesem Sauwetter zu überfliegen, dann er und kein anderer.

Um 10 Uhr morgens hörte man die Junkers, ohne sie zu sehen. Capitaine de Fontange hatte Funkkontakt aufgenommen.
–Ich stecke in dickstem Brei, ihr müßt mich leiten, wie hoch ist eure Sicht?
–Höchstens hundert Meter. Und passen Sie auf, Fontange, um uns herum ist es nicht eben.
–Ich weiß, ich fliege von Süden an. Wenn ich durchkomme, schmeiß' ich die Kisten ohne Fallschirme ab. Paßt auf eure Schnauzen auf!
Als die dicke Tante Ju auftauchte, die drei Motoren gedrosselt, glaubte Mattei, daß sie auf sie herabstürzen werde. Das Flugzeug spuckte ein Dutzend Kisten aus, die auf eine Strecke von dreihundert Metern herunterfielen. Dann drehte es in einer atemberaubenden Kurve über den Flügel ab, streifte um Haaresbreite das Dach des Postens, gewann mühsam Höhe und verlor sich wieder in der dichten Nebelsuppe. Fontange hatte die Funkverbindung nicht abbrechen lassen.
–Alles in Ordnung, Mattei?
Der capitaine nahm das Mikrophon wieder auf.
–Bravo, Fontange! Nicht der geringste Bruch!
–Umso besser, ich flieg' zurück. In der kleinsten Kiste ist Champagner, ich hab' die Flaschen eigenhändig in Watte gepackt, sie müßten intakt sein, aber laß' sie trotzdem eine Stunde liegen, ehe ihr sie zwitschert!
–Verstanden, danke.
–Einen komischen Krieg führen wir da, Mattei! Der kleine Korse

in Hanoi wird jedenfalls zufrieden sein. Dir unter die Arme greifen zu können, hat seine Stimmung beträchtlich gehoben, und glaub' mir, das hatte er nötig.
– Also, auch ihm vielen Dank, Fontange! Auf bald!
– Wer weiß?....

39.

Cao-Bang, 1. Oktober. Charton hatte alle Vorkehrungen getroffen, um die ganze Stadt in die Luft zu sprengen, sobald er den Räumungsbefehl erhielt. Dieser Befehl kam im Lauf des Abends: die Räumung Cao-Bangs' war für den folgenden Tag, den 3. Oktober 0 Uhr vorgesehen.
Charton brüllte seine Gegenargumente in den Äther. Es sei absurd, einen bestimmten Tag festzusetzen; die Evakuierung dürfe nur unter Berücksichtigung der Wetterverhältnisse stattfinden; Luftunterstützung, also gute Sicht, biete die einzige Erfolgschance.
Die Antwort war: nein – am 3. Oktober um Mitternacht, keine Sekunde früher oder später. Die Kolonne Lepage komme im übrigen ohne Zwischenfall voran, ihre Vereinigung mit dem B.E.P. sei schon vollzogen. Dong-Khé sei noch nicht gefallen, das sei aber nur eine Frage von Stunden.
– Unter diesen Umständen, erwiderte Charton, soll mich Lepage bei Kilometer 22, jenseits von Nam-Nang, erwarten, und nicht – wie vorgesehen – bei Kilometer 28. Ich werde durch fünfzehnhundert Zivilisten, Kranke, Verwundete, Schwangere und Kinder behindert sein.
Auch hier lautete die Antwort: nein! Die Vereinigung habe am Kilometer 28 stattzufinden. Man fragte sich, wovor Charton, der Haudegen, eigentlich Angst hatte. Wie konnte er glauben, daß die Viets so verrückt sein würden, eine derart beachtliche Truppe anzugreifen, wie diese Konzentration aus dem 3. Étranger, dem B.E.P. und einem marokkanischen Schützenregiment?
Am 2. Oktober mittags begann Charton mit der Sprengung der Stadt. In einer Mischung aus Verbitterung und Erregtheit legten die Legionäre Feuer, vernichteten, zerstörten, plünderten und stopften ihr Marschgepäck mit allem voll, was eß- und trinkbar war.

Die Zivilbevölkerung war informiert worden. Wer sich der Legion anschließen wollte, würde mitgenommen werden. Die anderen konnten bleiben und die viet-minh-Armee erwarten. Niemand wählte diese zweite Lösung, und eine unwahrscheinliche Menschenherde strömte an den Stadttoren zusammen. Alle versuchten, die unglaublichsten Transportmittel zusammenzubasteln, um den sonderbaren Krimskrams zu retten, der ihren ganzen Besitz darstellte.

Um Mitternacht setzte sich die endlose Menschenschlange im Schutz der Truppe in Bewegung; eine ganze Kompanie blieb mit dem colonel zurück und vollendete durch Zünden der ausgelegten Minen das Zerstörungswerk.

Als die letzten Legionäre schließlich aus Cao-Bang abmarschierten, hinterließen sie nur Ruinen und Asche.

Es regnete nicht, aber die Wolken hingen tief, und deshalb war ein Eingreifen der Luftwaffe ausgeschlossen. Es blieb nur übrig, zu marschieren und auf das Wunder zu warten, auf das rettende Zusammentreffen am Kilometer 28.

Der erste Tag verlief ohne Zwischenfall; bei Einbruch der Dämmerung hatte die Spitzengruppe sechzehn Kilometer zurückgelegt, aber die Menschenschlange war länger als drei Kilometer. Charton befahl, über Nacht Halt zu machen. Langsam fuhr er im Jeep die verwundbare Kette entlang, die die riesige Karawane auf der Straße bildete. Die Stimmung war bei allen ausgezeichnet. Keiner von den Zivilisten beklagte sich. Sie vertrauten vollständig auf ihre Beschützer. Ordnung und Disziplin der Legionäre, die Ruhe der Männer, die Zuversicht der Offiziere vermittelten ein erstaunliches Gefühl von Stärke.

Die meisten Sorgen machten sich wahrscheinlich Charton und sein Stellvertreter Forget. Umsomehr, als Forget, der das III. Bataillon kommandierte, durch eine frische Verwundung behindert war und nur mühsam gehen konnte.

Charton blieb die ganze Nacht in der Nähe seines Funkwagens. Vergeblich bemühte er sich um Verbindung mit der Kolonne Lepage, die nur zwölf Kilometer von ihnen entfernt sein sollte. Keine Antwort. Charton fürchtete das Schlimmste. Gegen 3 Uhr morgens gelang es, mit seinem Gerät Lang-Son zu empfangen, aber die Ver-

ständigung war miserabel. Dennoch ließ sich daraus Beruhigendes
entnehmen: bei Lepage ging alles gut; er würde sich ohne jeden
Zweifel am Treffpunkt bei Kilometer 28 einfinden; wenn er nicht
antwortete, so hatte er eben nicht auf Empfang geschaltet; es bestand kein Grund zur Beunruhigung.

Einen Augenblick lang fragte sich Charton, ob er nicht einen Anfall
von Pessimismus habe, hervorgerufen durch die Aufgabe seiner
Festung, und ob nicht zu guter Letzt alles wie vorgesehen ablaufen
werde. Wie sehr hoffte er doch darauf, der tapfere colonel Charton,
der zu Gott für alle diese Zivilisten betete, die so blindlings auf
ihn vertrauten!

Am Ende der Kolonne hatte eine Gruppe von commandant Forget
Befehl erhalten, die Nachhut zu bilden. Es war die »Lumpensammler«-Gruppe. Ihre Aufgabe bestand darin, alle Nachzügler einzusammeln. Was auch geschah, diese sechs Legionäre mußten die letzten
auf der Straße sein. Durch die wirre Masse der Zivilisten vom Bataillon getrennt, hatte diese Gruppe als einzige Verbindung zu ihren
Vorgesetzten ein Sprechfunkgerät mit einer Reichweite von höchstens
fünf Kilometern. Für die undankbare und gefährliche Aufgabe hatte
Forget zuverlässige, stahlharte Männer ausgesucht. Ihr Chef war sergent Erich Kress, ein stämmiger, kaltblütiger Deutscher. Caporal-
chef Snolaerts, ein Ungar, war der Funker. Zu diesen beiden Dienst-
graden kamen der Tscheche Anton Zavriew, der Italiener Hugo
Maggioli, der Spanier Felipe Castera und Fernand Govin, ein Franzose aus Lyon.

Es ist gelungen, den Ablauf der blutigen Kämpfe vom Oktober 1950
auf der R.C.4 nach Berichten der wenigen überlebenden Offiziere,
Unteroffiziere und Mannschaften zu rekonstruieren. Die Militärhi-
storiker haben versucht, die Verantwortung des Einen oder Anderen
abzuwägen, die Gründe der Katastrophe festzustellen und vor allem
herauszufinden, ob der Plan »Thérèse«, nachdem er einmal angelau-
fen war, ein weniger tragisches Ende hätte nehmen können. Aber es
wurde oft vergessen, daß hinter den Chefs, die schon selber nicht
viel von den Befehlen und Gegenbefehlen verstanden, mit denen man
sie überschüttete, die einfachen Soldaten kamen, die noch weniger
begriffen, worauf man eigentlich hinauswollte.

380

Soldaten ohne jede Kenntnis der strategischen und taktischen Überlegungen, die angesichts der völligen Unlogik der ihnen befohlenen Bewegungen nichts voraussehen und nichts verstehen konnten. Deshalb folgten, gehorchten, kämpften und starben sie, ohne zu wissen, warum und ohne eine Ahnung zu haben, in welcher Richtung Heil oder wenigstens Hoffnung lag.

In jener Nacht vom 3. auf den 4. Oktober war man noch nicht so weit. Der Tag war ruhig und friedlich gewesen. Die paar Schüsse von den Höhenzügen, denen die Kolonne ausgesetzt war, wirkten fast beruhigend. Sie bewiesen, daß sich die im Dschungel versteckten Viets nicht in der Lage fühlten anzugreifen und sich mit etwas Störungsfeuer zufriedengaben.

Die »Lumpensammler«-Gruppe hatte ihr Nachtlager ein paar Meter neben der R.C.4 aufgeschlagen. Sergent Kress wachte darüber, daß keiner seiner Männer zuviel von dem Alkohol trank, der im Überfluß vorhanden war. Die sechs Legionäre rissen beim Abendbrot ihre Witze. Dann wandte sich Maggioli an den Unteroffizier:

– Wenn du's mir erlaubst, sergent, würde ich gern mal eben bumsen gehen, um was für meine Stimmung zu tun. Die Huren sind nur hundert Meter weit weg, ich hab' die Herde vorhin an einer Steigung ausgemacht.

– Das ist 'ne Idee, stimmte Govin zu. Ich geh' mit.

Kress zuckte gleichgültig die Schultern und antwortete:

– Wenn ihr Lust dazu habt, mir ist's jedenfalls nicht danach zumute!. Wenn euch auf der Straße 'was auffällt, laßt's mich wissen; ich gebe euch eine halbe Stunde.

Die zwei Legionäre waren kaum in der Dunkelheit verschwunden, als der Befehlsstand von commandant Forget anrief. Snolaerts hörte aufmerksam zu. Die andern bekamen nur das unverständliche, nasale Gekrächze mit, das aus dem Empfänger tönte. Kress warf dem Funker einen fragenden Blick zu, Snolaerts antwortete mit einer lässig wegwerfenden Bewegung und sprach dann wieder ins Mikrophon:

– Alles in Ordnung, mon commandant. Der sergent hat gerade zwei Mann auf Spähtrupp geschickt. Soll ich zurückrufen, wenn sie wiederkommen? (Nach kurzer Unterbrechung fügte er hinzu:) In Ordnung, mon commandant, zu Befehl. (Zu Kress gewandt fuhr er fort:) Auch bei ihnen ist alles ruhig. Wiederanruf nur, wenn 'was besonderes los ist.

Die vier Männer streckten sich aus, den Kopf auf dem Rucksack, zum Schutz vor den Stechmücken das Käppi über dem Gesicht. Zwanzig Minuten später gesellten sich Maggioli und Govin zu ihnen und nahmen stillschweigend die gleiche Haltung ein. Ohne sich zu bewegen, sagte Kress unter seinem Käppi:

– Govin, du übernimmst für zwei Stunden die Wache. Maggioli löst dich ab, dann kommt Zavriew dran.

– Oh Scheiße, maulte Govin, nahm aber trotzdem ein MG und postierte sich einige Meter unterhalb der Straße.

– Sagt mal, bei euch geht's aber schnell? fragte Castera.

– Red' bloß nicht davon, knurrte der Italiener und zündete sich eine zerknitterte Zigarette an. Die haben überhaupt nicht mit sich reden lassen, die Schlampen. Sie behaupten, sie sind in Ferien.

Unter den Käppis der vier schläfrigen Legionäre ließ sich schadenfrohes Grunzen hören.

– Die Chinesinnen, die hätten mitgemacht, fuhr Maggioli erbittert fort, aber dieses verdammte Miststück von Aicha hat ihnen Mukken in den Kopf gesetzt. Die macht auf Gewerkschaft, diese gottverdammte Araberin! Sie hat sie schließlich alle davon überzeugt, daß es kein Halten mehr gäbe, wenn sie einmal anfingen, und daß sie dann sehr bald nicht mehr die Kraft hätten, der Kolonne zu folgen.

– In gewissem Sinn hat sie recht, bemerkte der sergent. Wenn im Bataillon bekannt wird, daß sie ihren Laden aufgemacht haben, dann können sie sich gleich darauf einrichten, auf allen vieren über die R.C.4 zu kriechen.

– Zugegeben, sergent, aber dieses Aas von einer Araberin brauchte mich nicht auch noch zu beleidigen.

– Aha, sie hat sich also nicht damit begnügt, euch rauszuschmeißen, sondern hat euch auch noch angekeift.

– Das kann man wohl sagen! Sie hat zu mir gesagt: »fickt euch doch gegenseitig«.

– Man hat aber keinen Schuß gehört! Du wirst alt, Hugo!

– Ich hab' ihr eine gelangt, ich glaube, wir sind jetzt böse miteinander.

Am 4. Oktober um 5 Uhr morgens ließ Forget mitteilen, daß man wieder aufbreche. Der Befehl wurde von Kress weitergegeben und durchlief den endlosen Menschen-Konvoi. Die Riesenraupe begann wieder vorwärts zu kriechen. Die ersten passierten gegen 10 Uhr das verödete Nam-Nang. Die Vorhut hatte ein paar weitere Zivilisten aufgesammelt.

Zwei Stunden später, die Nachhutgruppe Kress hatte Nam-Nang auch gerade hinter sich gelassen, wurde überraschend angehalten.

Über Funk erkundigte sich Kress. Er erhielt die Antwort:

–Wir warten auf Weisungen; Sie werden benachrichtigt. Bleiben Sie auf Empfang.

Die Weisungen ließen eine Dreiviertelstunde auf sich warten. Schließlich wurde die Verbindung wieder aufgenommen. Snolaerts bat mit einer Handbewegung um Papier und Bleistift. Ohne die Empfangstaste loszulassen, schrieb er wie ein eifriges Schulkind, das zerknitterte Papier auf dem Knie. Endlich antwortete er:

–Verstanden. Québec – Upsala – Amsterdam – New York – Gallipoli – *Quang*. Liverpool – Italia – Edison – Tripoli – *Liet*. Quang-Liet. Ende.

–Was ist jetzt wieder los? fragte Kress.

–Charton und Forget suchen scheint's einen Weg, der Quang-Liet heißt und hier in der Gegend rechts von der Straße sein soll. Wir sollen an den Zivilisten entlanggehen und sie fragen, ob jemand ihn kennt. Von ihrem Ende aus schicken sie auch zwei Mann los, die in unsrer Richtung laufen und die Chinesen befragen.

–Einen Weg? Was wollen sie denn damit?

Snolaerts reichte das Mikrophon herüber.

–Wenn dich das interessiert, sergent, dann frag' sie selbst. Ich hab' bloß zu übermitteln, das ist meine Aufgabe.

–Schon gut! Also, ich geh' mit Govin. Zuerst muß man mal einen Dolmetscher finden: neun von zehn dieser Chinesen sprechen ja kein Wort französisch.

–Die Huren....

–Klar, die Huren; da sind sie wenigstens zu 'was nutze, und deshalb geh' ich selbst.

Die Anwesenheit des Unteroffiziers war keineswegs überflüssig. Aicha mußte erst überzeugt werden, daß man eine ihrer Schutzbefohlenen für eine ehrenvolle Aufgabe benötigte, und nicht zum »ficken«, wie sie sich immer wieder beteuern ließ.

Die kleine Annamitin, die sich den beiden Legionären anschloß, sprach perfekt französisch und konnte sich auf *nhac* verständlich machen. Unaufhörlich fragte sie entlang der Kolonne: »Wer kennt den Quang-Liet-Weg?« Es dauerte über eine Stunde, bis endlich ein alter Mann auf die Frage reagierte. Er begann mit der Prostituierten ein langes, unverständliches Palaver, bevor sie übersetzte:

– Er kennt Quang-Liet. Es ist ein alter Weg, der durch das Dorf Lan-Hai nach That-Khé führt, aber er sagt, daß er seit Jahren von niemand mehr benützt wird.

– Frag' ihn, ob er die Stelle wiedererkennen würde.

Der Greis bejahte. Er hatte sich früher oft auf diesem Weg nach Lan-Hai begeben.

Die beiden Legionäre waren dem Ende der Kolonne näher als ihrer Spitze. Sie beschlossen, zurückzugehen und das Bataillon über Funk zu benachrichtigen. Den alten Mann nahmen sie mit und setzten die Dirne im Vorbeigehen ab.

Commandant Forget wurde informiert. Eine Viertelstunde später erschien er im Jeep, begleitet von seinem Fahrer und einem Dolmetscher. Von neuem wurde der Alte ausgefragt und dann gebeten, im Jeep Platz zu nehmen; in einer Staubwolke verschwand der Wagen in Richtung Kolonnenspitze.

Forget hatte auf die Fragen der Nachhut kaum geantwortet.

– Da haben wir's, bemerkte Kress, auf Erklärungen können wir lange warten!

– Glaubst du, daß sie die Absicht haben, uns auf diesen Weg zu schicken? fragte Maggioli.

– Wenn sie ihn mit solcher Beharrlichkeit suchen, dann sicher nicht, um da Erdbeeren zu pflücken.

Kress hatte aus seinem Käppi eine feuchte, verschwitzte Karte hervorgezogen, die er sorgfältig studierte. Dann verkündete er:

– Der Name Quang-Liet ist nicht auf der Karte verzeichnet, aber der Weg muß diese punktierte weiße Linie sein, die nach Lan-Hai und von dort nach That-Khé führt.

– Scheiße! Mitten durch den Dschungel! Spinnen die, oder was? rief Govin. Die versuchen ja, Dong-Khé zu umgehen, als wär's nicht zurückerobert.

– Wer hat denn gesagt, daß Dong-Khé zurückerobert ist? Radio Bambus?

384

Um Mitternacht hatte sich die endlose Menschenschlange im Schutz der Truppe in Bewegung gesetzt . . . sie war länger als 3 km

Von den mehr als 16 000 Mann, die an der Operation »Thérèse« teilgenommen hatten, gelang es weniger als 100, die französischen Linien zu erreichen. Hier begrüßt General Juin einige von ihnen.

»Die Anwesenheit der französischen Truppen hier in Vietnam ist unerläßlich im Kampf gegen den Kommunismus«, so General Clark beim Besuch einer amerikanischen Offiziersdelegation (rechts im Bild)

und drüben liegt China ..

Was die Männer Radio Bambus nannten, waren die widersprüchlichen Meldungen, die von den Kantinen zu den Schreibstuben liefen und die dann entstellt und ausgeschmückt zu ihnen gelangten. Indessen war Radio Bambus ihre einzige Informationsquelle.
– Wenn Dong-Khé nicht zurückerobert ist, dann sind die Viets noch dort! Und dann frag' ich mich, was wir hier eigentlich treiben! fing Govin wieder an.
– Wie ich es verstehe, umgeht man auf eben diesem Weg.
– Meinen Arsch umgeht man! Kannst du dir vielleicht vorstellen, daß die Viets in Dong-Khé uns in aller Ruhe manövrieren lassen, mit diesem jammervollen Haufen, den wir da mitschleppen!
– Jetzt halt' aber die Schnauze, fuhr der sergent dazwischen. Man hat uns befohlen, als Letzte zu marschieren und Anschluß zu halten. Alles übrige ist die Sache von Charton. Und was die grossen Ideen anbetrifft, die du im Kopf hast, da wird er auch seine Meinung drüber haben.
Für die Legionäre war das der einzig mögliche Standpunkt. Blindlings auf Charton's Erfahrung zu vertrauen. Davon auszugehen, daß der unüberwindbare Halbgott an der Spitze für sie die Entscheidungen traf und sie retten würde. Sie konnten sich alle sagen: »wir verstehen vielleicht nichts, aber Charton und Forget wissen, was sie tun«.

Unglücklicherweise war die Lage von Charton und Forget seit der Mittagszeit schlimmer als die ihrer Männer. Denn sie konnten auf niemanden mehr zählen. Aus Lang-Son hatten sie einen dramatischen Funkspruch empfangen. Charton's düsterste Voraussagen hatten sich bewahrheitet, ja, sie waren sogar noch übertroffen worden.
Lepage und das B.E.P. waren nicht nur gescheitert bei dem Versuch, Dong-Khé zurückzuerobern, sondern sie hatten sogar nach Westen in den Dschungel fliehen müssen, wo sie von allen Seiten bedrängt wurden. Grausame Ironie: es war die Hilfskolonne, die verzweifelt Hilfe erbat....

Es war etwa 16 Uhr, als die Nachhutgruppe Kress neue Weisungen erhielt. Der Weg war gefunden worden, oder zumindest das, was

die üppige Vegetation davon übriggelassen hatte. Die Befehle für die Nachhut änderten sich. Kress und seine fünf Legionäre sollten weiter die letzten bleiben, aber alles zurücklassen. Mitzuführen waren nur Verpflegung für zwei Tage, die leichten Waffen und die Munition; alles übrige war zu vernichten. Fahrzeuge und Artillerie wurden gesprengt, und die »Schätze« der Chinesen angezündet; aber der schlimmste, demoralisierende Befehl kam zuletzt. Kress nahm selbst den Hörer, um es sich von commandant Forget bestätigen zu lassen:
– Ihr laßt die Nachzügler zurück! Es ist keine Minute zu verlieren. Nachhut bleibt ihr nur, damit das Bataillon euch seine Marschgeschwindigkeit durchgeben kann. Diese Geschwindigkeit habt ihr einzuhalten. Laßt alles hinter euch, was nicht folgen kann.
Angewidert gab Kress den Hörer an Snolaerts zurück und murmelte zwischen den Zähnen:
– Da kriegen wir den ekelhaftesten Job im ganzen Bataillon. Vor uns haben wir beinahe zweitausend Zivilisten, drei Viertel davon werden nicht durchhalten; wir müssen ihnen in die Augen sehen und wissen genau, daß wir sie dem sicheren Tod ausliefern.
– Sie können nicht versuchen, nach Cao-Bang zurückzugehen, sergent? fragte Castera.
– Sie würden gnadenlos bis zum letzten Mann niedergemacht, und das wissen sie. Niemals würde ihnen der Viet-minh verzeihen, daß sie uns folgen wollten. Nein, das einzige, was wir für sie tun könnten, wäre ihnen im Vorbeigehen eine Kugel in den Kopf zu jagen, das würde ihnen lange Qualen ersparen.
– Sie werden versuchen, mitzukommen. In einer solchen Lage werden sie sicher ungeahnte Kräfte entfalten.
– Und die Schwangeren? Und die Kinder? Und die Alten? Glaubst du, die können das Tempo von Charton und Forget durchhalten?

Die erste Stunde lang folgten alle ohne Schwierigkeit. Der Grund war klar: man kam nur äußerst langsam vorwärts, denn während das Ende der Kolonne sich noch auf der R.C.4 befand, war die Spitze auf den Weg eingeschwenkt, den es zu »öffnen« galt.
Gegen 17 Uhr verließ die »Lumpensammler«-Gruppe gleichfalls die Straße, und die sechs Legionäre beurteilen mit Expertenblick die von

den Männern an der Spitze geleistete Arbeit. Sie hatten dicke Lianenzweige durchhauen und ein Gewirr dichter Vegetation beiseiteschaffen müssen, um die Überreste des Weges zu entdecken, den sie – wie Jagdhunde herumstöbernd – wiederherstellen mußten.

Kress bemerkte:

– Wenn es weiter so langsam geht, brauchen wir keinen zurückzulassen.

Aber leider kam ein Anruf vom Bataillon.

– Wir haben·soeben einen beinahe trockenen Wasserlauf entdeckt, der am Weg entlangläuft, man kommt darin ohne Schwierigkeit voran. Tempo ungefähr vierzig Meter pro Minute; haltet das ein.

Es war ungefähr 19 Uhr. Niemand wußte, ob für die Nacht ein Halt vorgesehen war. Wegen der Höhe und Dichte der tropischen Bäume war es schon ganz dunkel. Kress schickte Govin und Zavriew voraus.

– Geht hundert Meter nach vorn. Treibt die Leute an, versucht, ihnen zu erklären, daß sie unter keinen Umständen anhalten dürfen.

Die zwei Männer gehorchten, aber ihre Aktion war überflüssig. Die Menschenschlange hatte von selbst beschleunigt. Einige Zivilisten, die versucht hatten, persönliche Habe weiter mitzuschleppen, begriffen und ließen alles fallen. Der Weg war schnell mit kleinen Bündeln übersät.

Dann, ehe die Schlußgruppe den Wasserlauf auch nur erreicht hatte, sah sie den ersten Greis, der aufgab. Er saß gegen einen Baum gelehnt, besiegt, resigniert, erschöpft. Als die letzten Legionäre vorbeikamen, machte er mit zwei Fingern ein Zeichen, um eine Zigarette zu erbitten. Maggioli gab ihm sein ganzes Päckchen. Mit einer weiteren Handbewegung bettelte der Alte um Streichhölzer; Maggioli hatte nur sein Feuerzeug, er zog es aus der Tasche und gab es achselzuckend dem alten Tongkinesen. Dann marschierte er mit zusammengebissenen Zähnen weiter.

Das war nur der erste.... Sehr schnell brachen Greise und Frauen auf dem Weg zusammen. Ohnmächtig zu helfen, zog die Schlußgruppe vorbei. Da bemerkte Zavriew eine Schwangere, die sich, ein zwei- oder dreijähriges Kind auf dem Rücken, verzweifelt abmühte und von dem Menschenstrom mitschleifen ließ. Er fragte:

– Wenn ich dein Kind trage, schaffst du's dann?

Sie nickte bejahend. Der Legionär nahm das Kleine und setzte es sich auf die Schulter. Kress mischte sich ein:

– Du kennst die Befehle.

– Versuch' mal, mich daran zu hindern, schnappte Zavriew.

Kress erwiderte nichts; im übrigen trug zwei Stunden später jeder der sechs Legionäre ein Kind.

Es war tiefe Nacht, als die Nachhut den Wasserlauf erreichte. An der Böschung lehnte ein Legionär des Bataillons gegen einen Baum. Er schien keine Waffe zu tragen.

– Was ist denn mit dir passiert? fragte Kress.

– Knöchelbruch, sergent! Pech, falsche Bewegung gemacht.

– Konnte man dich nicht auf einer Trage mitnehmen?

Der Mann lächelte bitter.

– Die Hilfskolonne ist scheint's gerade dabei, sich in Scheibchen schneiden zu lassen, man muß rennen.

– Brauchst du irgend 'was?

Immer noch lächelnd, antwortete der Legionär:

– Ich hab' alles was ich brauche....

Er öffnete die Faust und zeigte eine Handgranate.

– Hast du Schnaps?

– Brauch' ich nicht, ich glaub' an Gott. Los Kameraden, haltet euch nicht auf und gebt acht, wo ihr die Füße hinsetzt.

Im Bachbett reichte ihnen das Wasser bis zu den Knöcheln. Das Gefühl war eher angenehm, aber die Mückenplage schier unerträglich. Und die sechs durch Waffen und Kinder behinderten Legionäre hatten keine Bewegungsfreiheit, um die Insekten zu erschlagen, die sich ihnen auf Nacken und Gesicht setzten.

Der trostlose Anblick der Aufgebenden – und sie wurden immer zahlreicher – schnitt den sechs Männern der Gruppe Kress ins Herz. Alle zwanzig bis dreißig Meter lagen die Nachzügler zu zweit oder dritt auf den Böschungen. Sie hatten sich zusammengetan, um nicht einsam zu sterben. Ein scheinbar ganz gelassener Greis hatte sich ins Bachbett gesetzt. Beim Näherkommen bemerkten die Legionäre, daß er sich die Pulsadern geöffnet hatte und sein Blut in das schlammige Wasser laufen ließ, in das er die Arme getaucht hielt....

40

Was war auf der andern Seite passiert? Welches Drama hatte die Hilfskolonne Lepage soweit gebracht, daß sie verzweifelt um Hilfe rufen mußte? Man muß einige Tage zurückblenden, um das zu verstehen.

Ende September hatten Lepage und seine Marokkaner in That-Khé die Vereinigung mit dem B.E.P. vollzogen. Der Artillerieoffizier wartete auf den Angriffsbefehl. Dieser kam am 30. September. Er war von lakonischer Kürze und besagte lediglich, die »Kampfgruppe Bayard« habe Dong-Khé am 2. Oktober mittags zu besetzen.

Lepage rief seinen Stab zusammen: commandant Arnaud vom 8. marokkanischen Schützenregiment, commandant Delcros vom II. und capitaine Faugas vom I. Thabor – vor allem aber die Runde der »Marmorgötter«, die Offiziere des I. B.E.P., Segretain, Jeanpierre, Faulque, Roy, Marcé. Sie waren zuversichtlich, entschlossen, unbeugsam. Mit dem Ruf ihres glorreichen Bataillons verband sich die mitreißende Vorstellung von Unverwundbarkeit. Wenn Lepage in diesem Augenblick beschloß, dem I. B.E.P. in dem bevorstehenden Kampf den Löwenanteil zu überlassen, so war das vollkommen logisch. Weniger logisch war, daß er eines nicht begriff: auch die besten Soldaten der Welt können nicht alles.

Im Morgengrauen des 2. Oktober gingen an der Spitze der Kolonne Lepage zwei Kompanien des B.E.P. in Richtung Dong-Khé vor. Ohne Zwischenfall überschritten die Fallschirmjäger der Legion den Loung-Phai-Pass, passierten den verlassenen Posten Na-Pa und erreichten den beherrschenden Punkt der Straße. Sie befanden sich nun über dem riesigen Kessel, an dessen Grund die Festung aufragte, die sie zurückerobern sollten. Capitaine Jeanpierre trat zu lieutenant Faulque. Die beiden Offiziere suchten das Fort mit dem Feldstecher ab.

– Da ist kein Schwanz drin, erklärte Jeanpierre bestimmt.

– Nach deiner Meinung sind sie rundum in den Bergen? fragte Faulque.

– Ganz zweifellos.

– Wenn man runtergeht, kriegt man die Schnauze voll!
– Haben wir 'nen Kampfauftrag, oder sind wir auf 'nem Ausflug?
Auf der andern Seite ist Charton. Ich hab' keine Lust, ihn zu versetzen. Wir müssen alles kurz und klein schlagen. Uns an der R.C.4
festklammern, in der Zitadelle Deckung suchen und probieren, drüben wieder raufzukommen. Es wird Kleinholz geben, aber es bleibt
keine andere Lösung. Du gehst mit deinem Zug voraus. Ich komm'
dir nach und bring' Lepage und die Marokkaner runter.
An der Spitze seines Zuges von Unteroffiziersschülern stürmte
Faulque los, gefolgt von einer ganzen Kompanie des B.E.P. Sobald
er den Grund des Kessels erreicht hatte, brach die Hölle los. Von
überallher im Gebirge eröffnete eine Armee das Feuer auf eine
Hundertschaft. Zu allem Überfluß hatten sich noch Gruppen von
Viets mit automatischen Waffen in der Zitadelle verschanzt. Aber
Faulque gelang es, seine Überlebenden an einem grasbewachsenen
Bachufer hinter ein paar Felsen in Deckung zu bringen.
Die Katastrophe ist in wenigen Worten zu erklären: die Viets wa-
ren nicht mehr in Dong-Khé, sie hatten den Kessel geräumt. Mit
schwerer Artillerie ausgerüstet, lagen sie zu Tausenden in den
Kalkfelsen versteckt und hielten die Höhenzüge besetzt.
Über Funk übermittelte Faulque an capitain Jeanpierre:
– Sie sind nicht zahlreich im Fort, ich kann es nehmen. Du kannst
nachkommen und dem Alten sagen, er soll die Marokkaner hinter dir
herrennen lassen.
Lepage lehnte ab. Er gab Jeanpierre Befehl, Faulque und seine
Männer wieder zurückkommen zu lassen. Der Leutnant gehorchte.
An die dreißig seiner Leute waren für nichts gefallen.
Dong-Khé war nicht zurückerobert und die R.C.4 noch immer zwei-
geteilt.

Die von Lepage in diesem Moment angestellte Überlegung erscheint
logisch. Erinnern wir uns, daß es der Morgen des 2. Oktober war.
Charton hatte Cao-Bang noch nicht verlassen. Lepage beabsichtigte,
in seine Ausgangsbasis That-Khé zurückzukehren und nach Lang-Son
zu melden, daß Dong-Khé ohne Luftunterstützung nicht zu erobern
sei, daß man warten müsse, bis es aufklare, daß man die Räumung von
Cao-Bang aufschieben müsse (genau das hatte Charton seit zwei Wochen immer wieder verlangt).

392

Die schwere Kolonne machte kehrt. Lepagé war optimistisch; aut dem Hinweg hatte es keine Zwischenfälle gegeben, für den Rückweg hegte er keinerlei Befürchtungen. Er wußte nicht, daß auch dort der Feind lauerte und in ganzen Bataillonen über der R.C. 4 versteckt war; er wußte nicht, daß die Viets den ganzen Vormittag lang seinem Durchmarsch zugeschaut hatten.

Um 14 Uhr war die Kolonne wieder in Sichtweite des aufgegebenen Postens Na-Pa. Sie marschierte an dem Gebirgsmassiv von Na-Kéo entlang, das die Straße im Osten beherrscht. Plötzlich griff die Viet-minh-Armee an; aus dem Gebirge ging ein Hagel großkalibriger Granaten auf die R.C.4 nieder.

Es gab ein Blutbad. Wenn sie weiter ohne Deckung blieben, wären die viertausend Soldaten in weniger als einer Stunde vernichtet. Spontan, instinktiv, und ohne Befehle abzuwarten, verließen die Überlebenden die Straße und stürzten in den Dschungel. Sie hatten nur einen Ausweg: nach Westen.

Nun traf Lepage eine schwerwiegende Entscheidung. Wie das Oberkommando, das die Operation »Thérèse« ausgearbeitet hatte, zog der Artillerieoffizier seine Schlüsse nach den Regeln der klassischen Strategie; er verkannte Stärke und Kampfmethoden der Viets und ging von dem folgenschweren Trugschluß aus, die Legion sei im Kampf gegen die Rebellen unbesiegbar. Noch an diesem Morgen hatte das kühne Unternehmen von lieutenant Faulque seine Überzeugung bestärkt: das B.E.P. kann alles, gegen das B.E.P. kann niemand an.

Lepage befahl commandant Segretain:
– Das B.E.P. setzt sich im Posten Na-Pa fest. Sie binden die gegnerischen Kräfte und halten sie fest, um mir Zeit zu geben, im Dschungel zu manövrieren, einen Weg zu finden und einen Treffpunkt mit der Kolonne Charton festzulegen. Lang-Son braucht ihn bloß anzuweisen, Dong-Khé westlich zu umgehen und mir durch den Wald entgegenzumarschieren, statt die Straße zu benutzen.
Das B.E.P. hatte schon über ein Drittel seines Bestandes verloren.

Dennoch gehorchte Segretain ohne Widerrede; er ließ den Posten Na-Pa von seinen Fallschirmjägern besetzen. Mit seinen fünf- bis sechshundert Überlebenden wollte er versuchen, gegen die zehntausende regulärer Viet-minh-Soldaten zu halten.

Aber während Lepage mit seinen Marokkanern blindlings in den dichten Dschungel vordrang, erlebten Segretain, Jeanpierre und Faulque den Beginn einer neuen Tragödie.

Im Feldstecher beobachtete Faulque den Abzug einer Kompanie des 8. Schützenregiments. Schon am Dschungelrand wurden die Marokkaner von einem ganzen Regiment angegriffen. Ein Überlebender gelangte bis zum Posten und erklärte, daß sein capitaine mit etwa hundert von ihnen gefallen sei.

Segretain hatte begriffen. Für den Augenblick würden die Viets ihn nicht angreifen. Sie würden sich damit zufriedengeben, Na-Pa zu bedrängen, ohne etwas zu riskieren. Aber ober- und unterhalb des Postens überquerten sie die R.C.4 und organisierten eine gigantische Menschenjagd; in einem Terrain, von dem sie jeden Winkel kannten, manövrierten sie so, daß sie die Flüchtlinge vernichten konnten, wo und wann es ihnen beliebte.

Das Schicksal der ganzen Kolonne Lepage stand auf dem Spiel.

Ruhig, ohne Panik, besprach Segretain mit Jeanpierre und Faulque die Lage. Dieser Besprechung entsprang ein Plan, dessen unsinnige Verwegenheit nur durch die verzweifelte Lage und die Gewißheit erklärbar ist, daß in seiner jetzigen Position das B.E.P. vernichtet werden würde, ohne Lepage etwas zu nützen. In vollem Einverständnis beschlossen die drei Offiziere, die nur noch über ein zahlenmäßig geschwächtes, wundgeschlagenes Bataillon verfügten, das einem in Bergstellungen verschanzten, organisierten und zehnmal stärkeren Feind gegenüberlag, zum Gegenangriff und zum Sturm auf das Na-Kéo-Massiv anzutreten.

Bis zur Nacht nahmen die Fallschirmjäger der Legion den Artilleriebeschuß hin und versuchten nur, die feindlichen Positionen auszumachen, die sie unter Ausnutzung der Dunkelheit und des Überraschungseffekts zu erobern gedachten.

Um 22 Uhr griff das B.E.P. an. Eine nicht mehr vollzählige Thabor-Kompanie hatte sich ihnen angeschlossen. Es war atemberaubend. Die Fallschirmjäger fielen reihenweise. Sie schienen dezimiert, sie standen wieder auf, fielen erneut und griffen erneut an. Sie kletterten ohne Rücksicht auf das niederprasselnde Höllenfeuer und brachten es fertig, mehrere Viet-Stellungen zu besetzen, denen sie noch am Ende des Nachmittags als Zielscheibe gedient hatten.

Auf halber Höhe mußte man sich indessen von den Tatsachen überzeugen lassen. Das B.E.P. konnte sich nur noch festkrallen und, bestenfalls, ein paar Stunden halten. Der Überraschungseffekt war dahin, die Viets hatten ihre neuen Stellungen ausgemacht. Segretain gelang es, Kontakt mit Lepage herzustellen, der auf der andern Seite der R.C.4 seinen Rückzug durch den Dschungel fortsetzte.

–Wir sind auf dem Na-Kéo. Wir haben einen Gegenangriff unternommen. Es ist uns ein Entlastungsstoß gelungen, der Ihre Umklammerung lockern wird. Unmittelbar vor Morgengrauen werden wir uns wieder zurückziehen.

–Bravo, antwortete Lepage, aber ziehen Sie sich nicht zurück! Halten Sie! Meine Vereinigung mit Charton hängt davon ab.

–Unmöglich, wir würden aufgerieben, ohne Ihnen etwas zu nützen. Nach Tagesanbruch brauchten sie keine Viertelstunde, um uns zu vernichten.

Lepage insistierte und weigerte sich, den Rückzug des B.E.P zu gestatten. Er war immer noch in seiner Wahnvorstellung befangen. Er vermochte nicht einzusehen, daß die Legionäre Menschen sind, die sterben wie alle andern. Die Nacht verging mit vergeblichem Palaver der beiden Offiziere, die stündlich Kontakt aufnahmen. Endlich gab Lepage nach:

–In Ordnung, ziehen Sie sich zurück. Aber stoßen Sie schleunigst zu uns.

Jetzt war es an Segretain, abzulehnen:

–Ich habe rund hundert Verwundete. Ich versuche, auf die R.C.4 herunterzukommen und sie auf den Loung-Phai-Pass zu evakuieren. Anschließend stoße ich zu Ihnen.

Commandant Segretain konnte seinen Plan nicht durchführen. Von den wenigen unverletzt gebliebenen Marokkanern auf Tragbahren transportiert, waren die Verwundeten die ersten, die in einen Hinterhalt fielen, noch ehe sie die Straße erreichten. Zusammen mit ihren Trägern wurden sie niedergemacht.

Mit einem Verlust von rund dreißig weiteren Legionären erzwang sich das B.E.P. jedoch den Durchbruch. Auch für die Fallschirmjäger war jetzt der Dschungel im Westen der einzige Ausweg. Die Überlebenden des B.E.P. konnten nur noch versuchen, zu Lepage durchzustoßen.

Am 3. Oktober marschierten Segretain, Jeanpierre und Faulque den ganzen Tag über durch den Wald, von Lepage's Funksprüchen und einem schlecht funktionierenden Kompaß geleitet. Das Bataillon zählte nur noch dreihundertfünfzig, allenfalls vierhundert Mann. Sie hatten seit zwei Tagen nicht geschlafen, sie hatten kein Wasser mehr, keine Lebensmittel und waren an der äußersten Grenze ihrer Kräfte angelangt. Aber sie waren nicht besiegt. Besiegt würden sie niemals sein. Vom ersten bis zu letzten Mann waren sie bereit, den Kampf wieder aufzunehmen.

Um 17 Uhr wurde von neuem Funkverbindung mit Lepage aufgenommen. Der Artillerieoffizier schien wieder etwas Hoffnung geschöpft zu haben. Er hatte zweimal Verbindung mit Lang-Son gehabt. Bei der ersten hatte er über seine katastrophale Lage berichtet und seine ungefähre Position durchgegeben. Eine Stunde später antwortete Lang-Son, alles lasse sich noch arrangieren. Man werde Charton anweisen, die R.C.4 zu verlassen und den Quang-Liet-Weg einzuschlagen. Er könne über die Gebirgskämme marschieren und Lepage in den Coc-Xa-Schluchten zu Hilfe kommen. Das sei eine Frage von vierundzwanzig, maximal dreißig Stunden. Lepage schloß mit der Weisung an Segretain:

– Stoßen Sie in Coc-Xa zu mir, zusammen werden wir halten können, bis das Bataillon des 3. Étranger eintrifft.

Segretain entfaltete eine Karte, die Tatsachen sprangen ins Auge. Coc-Xa war eine riesige Schlucht, genauer gesagt waren es zwei durch einen engen Korridor, fast einen Tunnel, verbundene Schluchten.

– Coc-Xa ist eine Mulde! schrie Segretain in das Mikrophon.

– Es ist die einzige Stelle in diesem Dschungel, wo man sich verteidigen kann, erwiderte Lepage. Wir sind bereits da. Vergessen Sie nicht, daß Charton über die Höhenzüge kommen wird.

Segretain gab das Mikrophon ab und wandte sich zu Jeanpierre:

– Treffpunkt für alle ist ein Loch. Wir müssen hin.... Lepage ist offenbar zufrieden, er hat einen neuen Rettungsring entdeckt, das Bataillon Charton.

Faulque lachte höhnisch:

– Der Alte setzt uns Hörner auf und betrügt uns mit dem 3. Étranger. Er verläßt sich jetzt mehr auf die als auf uns. Wir haben ihn wahrscheinlich enttäuscht.

– Wie dem auch sei, es sind Legionäre, bemerkte Segretain. Die Legion hat für diesen Artilleristen etwas Beruhigendes, und wenn er sich dermaßen für Charton interessiert, wird er vielleicht uns endlich in Frieden lassen.

Bis zur Dämmerung suchte das B.E.P. tastend seinen Weg nach Coc-Xa. Die Fallschirmjäger gelangten schließlich dorthin, aber die Situation war schon wieder völlig verfahren. Sie befanden sich am oberen Rand einer steilen, unbegehbaren Felswand. Ein schroffer Absturz von dreihundert Metern. Es war schon fast Nacht. Es kam nicht in Frage, vor Anbruch des nächsten Tages abzusteigen. Das B.E.P. richtete sich auf dem Kamm ein, die Männer konnten endlich ein paar Stunden schlafen.

Segretain nahm erneut Funkverbindung mit Lepage auf und gab ihm seine überschlägig berechnete Position durch. Lepage stellte klar: er selbst hielt die große Nordmulde; das B.E.P. befand sich oberhalb des kleineren Kessels. Er gab den Legionären Befehl, in der Nacht abzusteigen.

Diesmal brüllte Segretain rundweg:

–Wenn ich Ihnen sage, daß es unmöglich ist, dann ist es auch unmöglich! Wir werden bei Tagesanbruch absteigen und auch das nur, falls wir eine Möglichkeit finden. Andernfalls werden wir umgehen. Ende!

Unaufgefordert unterbrach Segretain die Verbindung.

–Das Kind ist wirklich verwöhnt, bemerkte Jeanpierre. Jetzt will es auch noch, daß wir an seinem Bett Händchen halten....

–Überschütt' ihn nicht zu sehr mit Vorwürfen, unterbrach ihn der commandant. Versetz' dich in seine Lage. Er ist überfordert, ist ja auch kein Wunder.

In der Frühe des 4. Oktober fand lieutenant Faulque eine Felsspalte, in der man den Abstieg versuchen konnte. Es war äußerst gefährlich, aber nicht unmöglich. Mit seiner Kompanie schaffte er den Abstieg in knapp zwei Stunden.

Segretain und Jeanpierre waren im Begriff, ihm auf demselben Weg zu folgen, als Lepage wissen ließ, daß der Gegner ihn ausgemacht habe. Für das B.E.P. neuer Gegenbefehl von Lepage. Die noch auf der Hochfläche befindlichen Truppen bleiben dort. Diese Neuigkeit stürzte die Männer in Verzweiflung, denn unten gab es Wasser, und oben waren sie halb verdurstet. Capitaine Jeanpierre kletterte selbst mit einem Zug nach unten, schloß sich Faulque an und organisierte einen Feldflaschenaufzug.

Der Rest des Tages verging mit warten. Lepage erhielt weiterhin Störfeuer. Es wurde deutlich, daß der Feind überall in den bewaldeten Kalkbergen in geschützten Stellungen lag. Aber er machte keine Anstalten, die Marokkaner zu vernichten. Es gab nur einen Grund, der diese Haltung erklären konnte: die Viets wußten um die bevorstehende Ankunft von Charton. Sie warteten ab, ehe sie zum Halali bliesen.

In der Nacht vom 4. auf 5. Oktober gelang es Lepage endlich, mit Charton Kontakt zu bekommen. Das 3. Étranger würde am folgenden Tag eintreffen, allerspätestens am Morgen des 6. Oktober. Ungeheurer Jubel brach los. Aber es folgte ein neuer, unbegreiflicher Befehl: das B.E.P. sollte während der Nacht absteigen und sich vor Tagesanbruch in voller Stärke den Marokkanern anschließen.

Was schon bei Tag gefährlich war, wurde in der Dunkelheit grauenhaft. Es kam hinzu, daß sich nun überall der Feind eingenistet hatte, und daß man auch noch vor ihm auf der Hut sein mußte. Etwa ein Dutzend Männer stürzten sich zu Tode. Immerhin zählte das B.E.P. noch über dreihundert Mann, als es gegen Morgen zu Lepage stieß.

Der 5. Oktober verging mit vergeblichen Versuchen, die feindlichen Stellungen auszumachen und zu erkunden, wo man nach der Vereinigung mit Charton den Ausbruch wagen könnte.

Am Morgen des 6. erschien das 3. Étranger auf den nördlichen Gebirgskämmen (den beiden einzigen, die nicht vom Feind gehalten wurden). Charton's Truppe hatte alle Zivilisten zurücklassen müssen, aber seine fünfzehnhundert Mann waren in guter Ordnung, noch relativ frisch und zum Kampf bereit.

Ihr Erscheinen auf den Anhöhen löste im Kessel einen wahren Freudentaumel aus. Nur die drei Offiziere des B.E.P., Segretain, Faulque und Jeanpierre, blieben eher reserviert. Sie kannten die Viets und fürchteten, dem Feind könne es in zwei Tagen gelungen sein, große Truppenverbände zusammenzuziehen.

Ihre pessimistischsten Vermutungen blieben noch weit hinter den Realitäten zurück: die Viets hattes es fertiggebracht, rund um die

zwei Schluchten von Coc-Xa zwischen zwanzig- und dreißigtausend Mann nebst schwerer Artillerie heranzuschaffen und zu verbergen.
Als man glaubte, alles sei gerettet, war alles verloren.
Heldentum und Durcheinander, Verzweiflung und Seelengröße überstiegen während der nun folgenden Kämpfe jedes Vorstellungsvermögen. Achtundvierzig Stunden lang versuchten die Eingeschlossenen, den Ausbruch zu erzwingen. Sie gaben niemals auf. Sie versuchten es an mehr als zwanzig verschiedenen Punkten. Jedesmal wurden sie an Ort und Stelle zusammengehauen. Charton war abgestiegen und hatte versucht, auf der andern Seite wieder nach oben zu gelangen. Ströme von Blut flossen, um dem Feind Positionen zu entreißen. Man mußte sie wieder aufgeben. Schließlich, am 7. abends, erging der letzte Befehl: Jeder handelt auf eigene Faust. Richtpunkt: der Süden, That-Khé, wo die französische Garnison wohl noch standhielt.
Commandant Segretain starb im Kampf mit der blanken Waffe. Lieutenant Faulque fiel, von mehreren Kugeln getroffen. Commandant Forget wurde an der Spitze eines Zuges niedergemäht.
Die Zahlen sagen mehr als jeder Bericht. Von den mehr als sechstausend Mann, die an der Operation »Thérèse« teilgenommen hatten, gelang es weniger als hundert, die französischen Linien zu erreichen. Von den rund tausend Legionären des B.E.P. waren es nur zwölf.

41.

Lang-Son, 6. Oktober. Der Generalstab erfaßte endlich das Ausmaß der Niederlage. Während die Kampfgruppen Charton und Lepage in den Kalkbergen von Coc-Xa mit dem Tode rangen, schlugen die Viets im Süden zu. That-Khé, Na-Cham wurden nun auch angegriffen. Die ganze R.C.4 schien verloren. Es war eine Frage von Tagen, vielleicht von Stunden.
Man gab nun Befehl, die alte Kolonialstraße zu räumen, die soviel Blut gekostet hatte. Man wollte versuchen, That-Khé bis zum 10. Oktober zu halten. Die Stadt würde den Überlebenden der Massaker eine vorübergehende Zuflucht bieten. Dann sollte sich alles nach Lang-Son zurückziehen.

Zwei Kompanien Legion hielten That-Khé. Um ihnen zu ermöglichen, noch vier Tage standzuhalten, setzte man als Verstärkung Einheiten des III. Fallschirmjägerbataillons der Coloniale ab. Die Fallschirmtruppen hatten den ausdrücklichen Befehl erhalten, auf keinen Fall den aufgegebenen Kolonnen zu Hilfe zu eilen; sie hatten sich darauf zu beschränken, die Überlebenden aufzunehmen, denen es gelang, sich bis zu ihnen zu schleppen. Alsdann hatte diese frische Truppe die Aufgabe, den Rückzug zu beschließen und nach hinten abzuschirmen.

Wieder einmal war das einfach und logisch, wieder einmal war es undurchführbar. Die Viets waren nicht nur vor That-Khé, sie waren auch dahinter, sie waren überall. General Giap verschmähte That-Khé, wie er Cao-Bang verschmäht hatte. Wieder wird er in der Mitte zuschlagen. Er wollte die R.C.4 zwischen That-Khé und Lang-Son entzweischneiden.

Zu diesem Zweck mußte Giap Na-Cham nehmen; vor allem brauchte er Bo-Cuong, den Zwergposten, der den Lung-Vai-Pass beherrschte. Solange die Handvoll Legionäre aus dieser Stellung nicht vertrieben waren, blieb die Anhöhe für die Geretten passierbar. Wenn es dagegen dem Viet-minh gelang, den Posten zu besetzen, dann war an einen Rückzug nach Lang-Son nicht einmal mehr zu denken, und die soeben über That-Khé abgesetzten Fallschirmjäger der Coloniale bedeuteten für die Viets nichts weiter als eine zusätzlich Beute.

Für den Viet-General, der die Zitadelle von Dong-Khé erobert, das B.E.P. vernichtet, Charton's III. Bataillon des 3. Étranger massakriert und Lepage's Marokkaner aufgerieben hatte, schien das winzige, ebenerdige Fort nur ein sehr kleiner Fisch. Aber Giap ahnte nicht, daß er hier auf einen Legionsoffizier stoßen sollte, der seine Bewegungen seit August voraussah. Einen korsischen capitaine, der, Giap's eigene Taktik nachahmend, seine Artillerie in die Berge gehievt hatte. Einen eigenwilligen Haudegen, der seit sechs Tagen den gesamten Funkverkehr zwischen Lang-Son, Charton, Lepage und That-Khé abhörte und der nur dann schwerhörig wurde, wenn die Funksprüche für ihn selbst bestimmt waren. Diesmal jedoch brauchte Antoine Mattei nicht einmal mehr den Tauben zu markieren: man hatte ihn vergessen, er war Herr seiner Entschlüsse und gedachte dies auszunützen.

400

An diesem Abend des 6. Oktober hatte es capitaine Mattei aufgegeben, in seiner Funkerstube den Ablauf der Ereignisse zu verfolgen. Seine Überzeugung stand fest: auf französischer Seite herrschte völliges Durcheinander, Kopflosigkeit, eine rette sich, wer kann – Stimmung. Dagegen bei den Viets: Organisation, systematische Ausführung eines wirkungsvollen Planes.

Der capitaine mußte sich also nicht in die Lage des französischen Oberkommandos, sondern in die der Rebellenführer versetzen. Und für ihn, der seinen Gegner und dessen Reaktionen so gut kannte, war das nicht schwer: der einzige Funkkontakt, der ihn von jetzt ab noch interessierte, war der mit dem »Fuchsbau« Bo-Cuong, wo Jaluzot mit seinen zwölf Legionären und fünfzehn Milizsoldaten eingeschlossen lag.

Um 18 Uhr teilte Jaluzot mit:

– Ich habe Bewegungen beobachtet, sie sind sicher hier und im Begriff, uns zu umzingeln.

– Du mußt dir klarmachen, sie *müssen* deinen Posten haben, selbst wenn sie wissen, daß es sie ein ganzes Bataillon kostet. Sie werden es versuchen. Laß' in deiner Wachsamkeit nicht nach, sie werden dich ohne jeden Zweifel in der Nacht angreifen. Die zwei Mann an dem Maschinengewehr, das ich in den Kalkfelsen plaziert habe, sind vorbereitet; ihre Höhle ist uneinnehmbar. Mehr kann ich nicht tun. Dir Räumungsbefehl zu geben, wäre ein Verbrechen. Die ganze Garnison von That-Khé und tausende Zivilisten müssen hier durch. Wenn die Viets deinen Posten nehmen, blockieren sie den Pass und alles ist im Eimer!

– Ich weiß wohl, mon capitaine, aber wir sind nur fünfundzwanzig.

– Du mußt halten, Jaluzot! Bis zum äußersten! Sie so lang wie möglich aufhalten! Das Leben von Tausenden ist in deiner Hand.

– Verstanden! Kontaktaufnahme jede volle Stunde. Ende.

Der Angriff begann um 20 Uhr 15 mit Granatwerferfeuer, das bis 21 Uhr dauerte. Dann wurde es plötzlich wieder ruhig. Jaluzot ging ans Funkgerät.

– Sie haben gerade aufgehört. Das Dach kam nicht einmal ins Wanken und sie stürmen nicht. Aber ich habe ihre Feuerstellung ausgemacht, sie kreisen uns ein, sie sind überall.

–Klar, erwiderte Mattei, sie wußten nicht, daß wir das Dach verstärkt hatten. Sie dachten, sie würden euch mit dem Granatwerfer erledigen. Im Moment sind sie sicher aus dem Konzept gebracht. Vielleicht sind sie auch gar nicht so zahlreich, wie du denkst. Aber mach' dir nichts vor, wenn sie aufgehört haben, dann nur, weil sie vor einer unerwarteten Situation stehen und neue Befehle abwarten. Wenn nötig, werden sie Verstärkung kommen lassen. Im für uns günstigsten Fall werden sie dich erst morgen wieder angreifen. Aber sie brauchen deinen Posten, sie können nicht auf ihn verzichten. Laß' nicht nach in deinen Vorkehrungen, verteil Maxiton[20] an deine Männer. Daß mir keiner von euch einschläft.

Mattei hatte die Reaktion des Gegners vollkommen richtig eingeschätzt. Er sah sich bestätigt, als die Rebellen um Mitternacht ihre Taktik änderten und ohne Artillerievorbereitung zu tausenden gegen Bo-Cuong anstürmten.

Jaluzot ließ auf Dauerempfang schalten:

–Wir feuern aus allen Rohren, wir richten ein Blutbad an, aber je mehr wir umlegen, desto mehr kommen nach. Bestenfalls halten wir eine Stunde, mehr ist nicht drin.

–Das MG in den Kalkfelsen?

–Es rattert ununterbrochen. Wir knallen ganz hübsch was ab, das kannst du mir glauben, aber es sind einfach zu viele, mon capitaine, wir werden nicht durchhalten.

Eine halbe Stunde später waren sie am Ende. Mattei erhielt einen letzten Funkruf:

–Sie sind nur noch einen Handgranatenwurf entfernt, sie weichen nicht einmal mehr zurück, sie steigen über ihre Toten weg, unsre Maschinengewehre sind glühend heiß und wir haben bald keine Munition mehr.

–Hast du Verluste, Jaluzot?

–Alle sind intakt, aber wir sind trotzdem im Eimer. In einer Viertelstunde sind sie im Posten.

–Hör' zu, Jaluzot.... Jaluzot, zum Donnerwetter! Jaluzot, antworte!

Die Verbindung war abgebrochen. Entweder hatte ein Granatsplitter Jaluzot's Gerät zerstört, oder der lieutenant hatte einfach abgeschaltet, weil er es für nützlicher hielt, zur Waffe zu greifen.

[20] Aufputschmittel, entsprechend etwa dem deutschen Pervitin.

Postenbau

Posten unbekannten Namens

Verwundete Legionäre warten auf ihren Abtransport

Da faßte Mattei binnen zehn Sekunden einen Entschluß, der ihn seine Karriere kosten und (wenn er lebend aus diesem Gefecht hervorging) vors Kriegsgericht bringen konnte.

Seine Männer standen bei ihm, ebenso lieutenant D., der Artillerieoffizier, den Lepage ihm mit seinen vier Kanonen zurückgelassen hatte. An ihn wandte sich der capitaine:

– Die 10,5 in den Kalkfelsen bei Höhe 71, da gehen Sie sofort hin und schießen Dauerfeuer auf den Pass.

– Aber, mon capitaine, da riskiere ich ja, den Posten zu treffen?

– Das will ich gerade, Dummkopf! Gezieltes Feuer auf den Posten!

– Aber, mon capitaine, das kann doch nicht Ihr Ernst sein. Auf einen französischen Posten zu schießen, weigere ich mich, ich werde einen Bericht machen.

– Das ist der richtige Moment, von Bericht zu reden, Idiot! begreifen Sie denn nicht, daß der Posten das aushält!

– Mon capitaine, nichts beweist, daß der Posten 10,5 cm-Granaten standhalten wird.

– Doch! Ich beweise das, weil ich's beschlossen habe. Im übrigen, Scheiße! Schluß mit der Haarspalterei! Wir verlieren bloß Zeit. Klauss, holen Sie mir Dietrich.

– Mon capitaine, Sie können doch nicht einem deutschen Artilleristen befehlen, auf einen französischen Posten zu schießen!

Mattei gelang es, sich zu beherrschen, er erklärte nur:

– Clary und Fernandez, entwaffnet den Narren und sperrt ihn ein!

Die beiden Kumpane gehorchten begeistert, und Mattei instruierte Dietrich, den ehemaligen Artillerieoffizier des Dritten Reiches. Vier weitere Deutsche wurden ihm beigegeben. Zehn Minuten nach dem Zwischenfall begann das gezielte Feuer auf den französischen Posten.

Mehr als dreihundert Granaten explodierten auf dem Dach. Mattei hatte während der Nacht fünfzehnhundert Schuß abfeuern lassen, sechs Stunden lang alle fünfzehn Sekunden einen. Für die Viets wurde jede Annäherung unmöglich, weil sie durch Volltreffer oder die vom Beton abprallenden Granatsplitter niedergemäht wurden. Bei Tagesanbruch zog sich der Feind geschlagen zurück. Aber für Mattei kam nun die Stunde der Wahrheit. Was war aus den fünfundzwanzig Unglücklichen geworden, auf deren Köpfe eine stählerne Sintflut niedergegangen war? Hatte die Kuppel des Postens diesem Fegefeuer standgehalten? Hatte der capitaine seine Kameraden gerettet oder hatte er sie umgebracht?

Mattei sprang in seinen Jeep, begleitet von Klauss, Clary und Fernandez. Dahinter folgte ein dreiachsiger Dodge; Osling saß am Steuer, nur einen Legionär neben sich.

Von Na-Cham ab verlief die R.C.4 in Serpentinen. Bei Kilometer 5 war eine leichte Senke, dann stieg die Straße wieder zwei Kilometer bis zum Gipfel an, bis Bo-Cuong.

Ehe er in die Senke einfuhr, ließ Mattei stoppen. Von seinem Standort aus konnte er den Posten genau sehen. Wenn es einen Überlebenden gab, mußte er ihn bemerken. Er beobachtete durch den Feldstecher. Das Dach schien gehalten zu haben. Dann, plötzlich, geschah das Wunder!

Ein Mann trat heraus und schwenkte am Gewehrlauf eine französische Fahne. Der capitaine mußte nur noch hinrasen, ohne jede Vorsicht. Im zweiten Gang, mit aufheulenden Motoren brausten die beiden Wagen durch die Senke und die Steigung hinauf. Die Viets hatten sich zwar zurückgezogen, waren aber sicher nicht weit. Nur blitzartige Ausführung und Überraschung versprachen Erfolg.

Näher als hundert Meter konnte man nicht heranfahren. Die von tiefen Granattrichtern aufgerissene Straße war unpassierbar. Jaluzot und seine Männer wußten das, denn sie liefen aus dem Posten und stürzten ihren Rettern entgegen. Wie die Verrückten, sprangen sie in den Dodge, klammerten sich an den Jeep, während die beiden Fahrzeuge schon im Rückwärtsgang anfuhren. In der Senke gelang es, zu wenden; dann ging es mit Höchstgeschwindigkeit nach Na-Cham zurück. Kein Mann fehlte. Alle, ohne Ausnahme, waren verwundet; nicht einer schwer.

Völlig verstört saß Jaluzot neben Mattei. Ein Splitter hatte ihn lediglich an der Wange gestreift, aber er hatte einen Schock, war geistesabwesend und total gleichgültig. Er starrte auf die Straße, schien sie aber gar nicht wahrzunehmen. Mattei versuchte, seinen Freund mit ein paar Worten aufzurütteln; schließlich begriff er: der Leutnant war vollkommen taub.

In Na-Cham brauchte Jaluzot sechs Stunden, ehe er sich wieder unter Kontrolle hatte. Seine ersten Worte galten Mattei, der nicht von seiner Seite gewichen war:

–Ich hab' über eine Stunde gebraucht, bis ich begriffen habe, daß du es warst, der schoß! Ich bin wirklich blöd.

Mattei wollte antworten. Aber Jaluzot gab ihm durch Zeichen zu verstehen, daß er immer noch nichts höre.

Der capitaine schrieb auf einen Zettel:

–»Osling hat dich untersucht, die Trommelfelle sind unversehrt, es ist nur eine Frage von Stunden.«

–Ah, gut, umso besser, ich höre mich nicht einmal selbst sprechen.

–»Ich geb' zu, daß es Lärm gemacht haben muß«, schrieb Mattei.

Jaluzot nickte wiederholt und schwenkte zum Zeichen der Zustimmung den Arm.

Gegen 16 Uhr hatte Jaluzot sein Hörvermögen teilweise zurückerlangt. Aber Mattei hielt ihn für so angegriffen, daß er ihm in den bevorstehenden neuen Kämpfen keine Verantwortung übertragen wollte. Auf Befehl des Hauptmanns mußte der Leutnant trotz seines Protestes im Revier bleiben.

Osling, der die Besatzung von Bo-Cuong untersucht hatte, erstattete dem capitaine Bericht.

–Die meisten von ihnen sind wieder einsatzfähig, aber bei drei oder vieren wird es schwierig sein und lange dauern. Man muß sie so bald wie möglich zur neuro-psychiatrischen Behandlung evakuieren.

–Sie machen Witze, Osling! Wir werden hunderte von Verwundeten und Sterbenden vorrangig zu evakuieren haben. Wir haben keine Zeit, uns Sorgen über Leute zu machen, denen wegen ein bißchen Lärm die Nerven durchgehen.

–Manchmal, mon capitaine, finde ich Sie prachtvoll. Die Leute, von denen ich rede, sind in Gefahr, sich nie wieder zu erholen und ihr ganzes Leben geistesgestört zu bleiben, »wegen ein bißchen Lärm«, wie Sie sagen! Ich hätte Sie mal dort sehen mögen.

–Ich halte mich nicht für einen Übermenschen, Osling, aber ich glaube bestimmt, daß ich an ihrer Stelle begriffen hätte. Im Bewußtsein, daß keine Gefahr bestand, hätte ich mich in aller Ruhe hingehauen und geschlafen.

Osling blickte Mattei lange an, dann sagte er:

–Was das tollste dabei ist, mon capitaine, Sie hätten das wahrscheinlich wirklich gemacht....

42

Na-Cham, 10. Oktober. Der Posten hielt immer noch. Nachdem Mattei die Viets in Bo-Cuong zum Stehen gebracht hatte, änderte er in den folgenden drei Tagen seine Taktik nicht. Auf zehn Kilometer Länge unterband seine Artillerie in den Kalkfelsen jede Bewegung der Viets auf der R.C.4. Sobald ein Zivil- oder Militärkonvoi gesichtet oder über Funk avisiert wurde, unterbrach man das Feuer, um ihn passieren zu lassen. Vom Lung-Vai-Pass ab waren alle dem Inferno Entronnenen gerettet.

Am 10. Oktober erging an alle Posten der R.C.4 von That-Khé ab Räumungsbefehl. Mattei hätte seine Stellungen widerspruchslos aufgeben müssen. Der Abzug seiner Kompanie bot keine Schwierigkeiten, da der Feind Na-Cham nicht hatte umfassen können. Aber in seinem Rücken blieben in That-Khé die Garnison, die Fallschirmjäger der Coloniale, Zivilisten und die paar Versprengten der Kampfgruppen Charton und Lepage. Dazu kamen diejenigen, die vermutlich noch im Dschungel umherirrten in der Hoffnung, in That-Khé die Rettung zu finden und die dort auf den Feind stoßen würden, der nur den Abzug der Franzosen abwartete, um einzuziehen.

Sobald Mattei die Befehle von Lang-Son völlig erfaßt hatte, beschloß er, nicht mehr zu warten. Er verlangte den Gefechtsstand von Constans und wurde mit dem colonel persönlich verbunden.

– Mon colonel, erklärte er mit vollendeter Heuchelei, ich habe soeben Ihren Räumungsbefehl für That-Khé aufgefangen. Ich nehme an, Sie werden mir nun Verstärkung schicken?

– Sie machen sich über mich lustig, Mattei! Alle Posten an der R.C.4 ziehen ab! Sie wie die anderen, das wissen Sie ganz genau! Wir haben schon so genug Verluste.

– Mon colonel, wenn ich Na-Cham räume, kommt niemand mehr durch. Das gäbe ein zusätzliches Blutbad. Und die Viets würden mir auf den Fersen folgen und binnen sechs Stunden Dong-Dang einnehmen; selbst Lang-Son wäre nicht mehr sicher.

Constans machte einen Rückzieher:

– Daran hatte ich auch gedacht, Mattei, aber es wäre eine schwere Verantwortung, Sie hinter den andern zurückzulassen.

–Ich bin darauf eingerichtet, ich kann den Rückzug der Garnison von That-Khé decken; sie wird es schwer genug haben, durchzustoßen. Schicken Sie mir, wenn möglich, Feuerunterstützung, und ich garantiere Ihnen, daß man wenigstens von mir ab durchkommen wird.

–Ich habe keine Artillerie mehr verfügbar. Die einzigen Einheiten, die ich entbehren könnte, sind zwei senegalesische Strafkompanien. Vielleicht etwas mehr, wenn ich die rund hundert dazuzähle, die im Gefängnis sitzen. Aber Sie wissen, was das für welche sind, Mattei: wegen Diebstahl, Plünderung, Totschlag angeklagte Neger....

–Ich bin kein Rassist, mon colonel, schicken Sie sie nur, mit denen werd' ich schon fertig. Ich halte, solange ich halten kann. Dann stoße ich zu Ihnen.

–In Ordnung, Mattei. Die Senegalesen brechen sofort auf. Viel Glück....

Der capitaine rief schleunigst seine Unteroffiziere zusammen.

–Lang-Son schickt uns Verstärkung, erklärte er. Senegalesen, Strafkompanien. Das sind keine Chorknaben, ich gedenke aber auch nicht, sie als Ministranten einzusetzen! Sobald sie ankommen, seht zu, wie ihr sie unter euch aufteilt, und schickt sie in die Kalkfelsen. Ich erwarte, daß ihr sie bis zum Beweis des Gegenteils als gute Soldaten betrachtet: keine Schikanen, keine Fußtritte in den Hintern.

–Und wenn sie versuchen, abzuhauen, mon capitaine? fragte Klauss.

–Ich glaube nicht, daß das zu befürchten ist, wenn ihr sie zu nehmen wißt; sie dürfen sich von euch nicht verachtet fühlen.

Unter die Legionäre eingereiht, erwiesen sich die dreihundert Senegalesen als mutige und disziplinierte Truppe. Na-Cham hielt weiter stand.

Drei Tage lang waren beide Seiten von wahrer Raserei besessen. Na-Cham und seine Stellungen wollten und wollten nicht fallen. Weiter im Norden durchmaßen die Garnison von That-Khé und die Fallschirmjäger der Coloniale von Hinterhalt zu Hinterhalt die Kreuzwegstationen des Rückzugs; aber Na-Cham hielt und hielt. Und die Viets waren von wütendem Zorn gegen die Handvoll Soldaten gepackt, die – ihre eigene Taktik nachahmend – sie im Schutz der Berge hinderte, den auf der R.C.4 zurückflutenden Einheiten den Gnadenstoß zu geben.

Am 11. und 12. Oktober zogen ungeordnete Massen vorbei. Thabors in wilder Auflösung, kopflose Zivilisten, Überlebende aufgeriebener Einheiten, Verwundete, Sterbende, eine verzweifelte Menge von erschöpften Geschlagenen.

Am 13. tauchten noch ein paar versprengte Einzelgänger aus dem Dschungel oder von der Straße auf. Dann herrschte Stille. Die Viets verzichteten darauf, Na-Cham zu erstürmen, das sie schon zuviel Verluste gekostet hatte. Die Umklammerung lockerte sich. Im Plan der Viets war das der einzige Mißerfolg.

Offiziell wurde die Aufgabe der R.C.4 von Cao-Bang bis Lang-Son unter dem Datum des 11. Oktober 1950 bekanntgegeben. In Wirklichkeit hielt capitaine Mattei mit seiner zweiten Kompanie und seinen senegalesischen Strafkompanien Na-Cham drei Tage länger, bis zum 14. Oktober.

Am 14. wurde nicht mehr geschossen. Auf Mattei's Befehl sammelten sich die Überlebenden im Dorf. Der capitaine wußte nicht, ob der Feind sich zurückgezogen oder nur den Beschuß unterbrochen hatte. Aber er konnte einfach nicht mehr, er war am Ende seiner Kraft. Seit vier Tagen hatte er kein Auge mehr zugetan. Seine Männer ebensowenig. Sie bewegten sich alle wie Traumwandler, in der Nähe der Kapelle sanken sie einfach um; im ganzen blieben noch zweihundert kampffähige Männer. Als einziger Zivilist war Père Mangin übriggeblieben. Er war auch am wenigsten mitgenommen, er hatte noch die Kraft, zu reden und umherzugehen. Er näherte sich Mattei, der zusammengesunken mit dem Kopf gegen einen Granatwerfer lehnte.

–Capitaine, Ihr Kampf ist zu Ende.

–Wir sind alle am Ende, Hochwürden.

–Wenn die Viets heute nacht von den Bergen herunterkommen, ist es um uns geschehen.

–Ohne Zweifel, wir haben keine Munition mehr, wir hätten auch gar nicht die Kraft, unsre Waffen zu bedienen.

–Wenn dem so ist, schlage ich Ihnen vor, unser aller Schicksal in Gottes Hand zu legen. Um Mitternacht beginnt das Namensfest der Heiligen Teresia von Avila; erlauben Sie mir, die Kapelle zu ihren Ehren zu illuminieren.

– Illuminieren Sie, was Sie wollen, Hochwürden, aber scheren Sie sich fort und lassen Sie mich schlafen.

Es gab hunderte von Kerzen in der Kapelle. Zwei Stunden lang war Pater Mangin damit beschäftigt, sie drinnen und draußen zu arrangieren. Die Festbeleuchtung dauerte die ganze Nacht und mußte in einem Umkreis von mehreren Kilometern sichtbar sein. Drum herum schliefen die Männer. Ihnen war alles egal, der Pfarrer, seine Kerzen, leben oder sterben, der Krieg, der Viet-minh, Mut, Niederlage, Zukunft.... Sie schliefen wie eine leblose Masse, während Pater Mangin, allein in seiner Kapelle, mitten im strahlenden Kerzenschimmer für sie betete.

Die ganze Nacht über ereignete sich nichts. Und in der Morgenfrühe, als die ersten Männer vom Tageslicht geweckt wurden, herrschte immer noch absolute Stille. Einige Kerzen flackerten noch, schwache Flämmchen tanzten auf dem geschmolzenen Wachs. Mattei hatte im Schlaf neue Kraft geschöpft, er weckte die Unteroffiziere.

– Alles aufstehen! Wir hauen ab! Jetzt sind wir dran.

Eine halbe Stunde später war die Kolonne formiert und verließ Na-Cham. Die energielos dahinlatschenden Männer erregten Mattei's Entrüstung:

– Klauss! Ordnung in den Sauhaufen! Im Gleichschritt bis Lang-Son! Niemand soll vergessen, daß jedenfalls wir nicht geschlagen sind.

Und auf der verlassenen R.C.4 begann der lange Marsch. In Marschordnung, wie es Mattei gewollt hatte, bewegten sich die Reste der 2. Kompanie im langsamen, schweren Schritt der Fremdenlegion vorwärts. Die Überlebenden der senegalesischen Strafkompanien hinter ihnen suchten sich instinktiv anzupassen und verfielen in den gleichen Tritt.

Die Kolonne durchquerte Dong-Dang, ohne einer Menschenseele zu begegnen, und am 15. Oktober um 19 Uhr marschierte sie in Lang-Son ein.

Mattei erwartete, eine Stadt vorzufinden, die sich anschickte, den Feind zurückzuschlagen; die Stadt, auf die man alle Hoffnungen gesetzt hatte. Auf die Niederlage in Obertongking seit dem 3. Oktober folgte, am 15., in Lang-Son die Schmach.

Alles war unversehrt, aber alles war verödet. Von den hunderttausend Einwohnern waren nur einige Nachzügler geblieben. Geblieben war auch der Stab von Constans und seine »königliche Garde«. Der colonel wollte die Stadt als letzter verlassen. Mattei verzichtete darauf, ihn aufzusuchen. Er brachte seine Männer unter und schlenderte mit seiner »Bande« durch die Stadt, die in einigen Tagen dem Feind kampflos in die Hände fallen und ihm das Tor nach Tongking aufstoßen sollte.

Mattei begegnete Burgens. Auch der sergent-major hatte die Ereignisse vorausgesehen; er hatte alle Hängeschlösser in der Stadt aufgekauft und noch welche von Hanoi kommen lassen, um sie zu horrenden Preisen an die zahllosen Flüchtlinge zu verkaufen, die ihre Kisten verschließen wollten.

Mitten in all dem Jammer erlebte Mattei nur eine einzige Freude: er erfuhr, daß capitaine Jeanpierre zu den zwölf Geretteten des B.E.P. zählte.

Am 16.10. begab sich Mattei wieder auf den Weg zu vorläufiger Sicherheit, auf die Straße nach Hanoi. Eine Straße, die für die Legion erst in Dien-Bien-Phu enden sollte.

43.

Gehen wir eine Woche zurück, zu dem Augenblick, als in den Schluchten von Coc-Xa befohlen worden war »Jeder handelt auf eigene Faust«.

Vorbei an Gefallenen und Sterbenden drang colonel Charton in den Dschungel vor. Bei ihm waren vier Männer: lieutenant Clerget, lieutenant Bross, seine Ordonnanz Walter Reiss und sergent-chef Schoenberger. Die kleine Gruppe kam noch einen Kilometer voran, ehe sie eingekreist wurde. Der Feind feuerte aus unmittelbarer Nähe. Schoenberger versuchte, den colonel zu decken und wurde von einer Geschoßgarbe wortwörtlich in zwei Teile gerissen. Reiss fiel ebenfalls tödlich getroffen. Eine Kugel brach Charton die Nase, eine zweite traf ihn in die Hüfte und Granatsplitter drangen ihm in den Bauch.

Die Viets kamen heran. Den ersten tötete der colonel mit einem Karabinerschuß; das war seine letzte Kugel. Die Leutnants Bross und Clerget blieben wie durch ein Wunder unverletzt, aber auch sie hatten keine Munition mehr. Sie verteidigten sich mit dem Gewehrkolben; sie suchten den Tod, um schnell ein Ende zu machen. Als sie umzingelt waren, ließen sie ihre Waffen fallen in der Erwartung, niedergemacht zu werden. Aber sie wurden nur gefesselt.

Ein Viet-Chef trat herzu und befahl auf französisch, auch Charton die Hände zu fesseln.

Bross brüllte aus Leibeskräften:

– Ich verbiete euch, einen französischen colonel zu fesseln!

Von der Reaktion der Viets war er selbst am meisten überrascht.

– Auch gut, stimmte der Viet-Chef zu, wir werden euern colonel nicht fesseln. Wir binden sogar euch los, und ihr werdet ihn tragen.

Ein zweiter Viet-Befehlshaber trat zu der Gruppe. Er war offenbar ranghöher als der erste und stimmte dessen Anordnungen zu. Durch einen Arzt oder Sanitäter, der colonel sollte es nie erfahren, ließ er Charton's Verletzungen untersuchen. Die Viets trugen schwarze Feldblusen ohne Rangabzeichen, ihre Helme waren mit Zweigen getarnt. Sie glichen sich alle wie ein Ei dem andern.

Sanitäter oder Arzt, der Mann war geschickt. Aber seine Diagnose schien Charton etwas optimistisch.

– Es ist nichts Schwerwiegendes, colonel, Sie können gehen.

Charton wußte es, stritt es aber ab und täuschte Schmerzen vor, womit er niemand überzeugte.

– Colonel, Ihre Kameraden werden Sie beim Gehen stützen, wiederholte der Viet. Es handelt sich nur um ein paar Stunden. Später wird man Sie tragen.

Charton verstand nicht, aber was konnte er tun? Die Leutnants Bross und Clerget stützten ihn. Die Legionäre taten ihre ersten Schritte in die Gefangenschaft. Um sie herum erschienen die Viets zu hunderten. Hinter jeder Wegkrümmung tauchten weitere auf, sie waren geradezu mit der Landschaft verschmolzen.

Als die drei Offiziere erkannten, was für einen Weg man sie führen wollte, wurde ihnen klar, warum es nicht in Frage kam, Charton zu tragen. Es handelte sich um einen steilen Pfad, der schnurgerade durch das Gebirge gezogen war. Auf fünf Meter Abstand war er nicht zu erkennen. Der Aufstieg dauerte vier Stunden. Bross und Clerget vollführten die reinsten Artistenkunststücke, um den colonel Meter für Meter hinaufzuschleppen. Dann mußte man wieder absteigen, auf der andern Seite ging es wieder hinauf, wieder hinab und wieder hinauf. Das dauerte die ganze Nacht. Völlig vergeblich versuchten die drei Offiziere, sich zu orientieren. Erst in der Morgenfrühe bekamen sie einen Anhaltspunkt, als man die R.C.4 überquerte. Das bewies nur, daß man von Ost nach West gegangen war. Jetzt marschierten sie in Richtung China. Erneut kletterten sie ins Gebirge.

Wenn ihre damaligen Vermutungen zutrafen (was Charton bis heute nicht weiß), handelte es sich um die Na-Gnaum Berge.

Am 8. Oktober, kurz vor zwölf Uhr mittags, kamen die gefangenen Legionäre auf einer riesigen Hochfläche an, die das ganze Tal beherrschte und am Ende sanft nach Osten abfiel. Charton, Bross und Clerget waren von dem trostlosen Anblick betroffen, der sich ihnen bot. Hier war der Sammelpunkt für die verwundeten Gefangenen. Hier lagen sie zu hunderten auf improvisierten Tragen; die meisten rangen mit dem Tode, von ein paar spärlichen Sonnenstrahlen beschienen.

Diesmal war es mit Sicherheit ein wichtiger Viet-Chef, der auf den colonel und die zwei Leutnants zukam; in seiner Begleitung befanden sich Krankenträger mit einer regulären Trage der französischen Armee.

Der Viet-Chef verhielt sich anmaßend und selbstsicher, aber nicht aggressiv. Theatralisch versuchte er vielmehr, den großmütigen Sieger zu spielen.

– Colonel Charton, sagte er, ich bedaure, daß ich Sie nicht eher von meinen Männern tragen lassen konnte; das liegt nur an dem Gelände, durch das Sie kommen mußten. Sie haben ja selbst gesehen, daß die Benutzung einer Trage unmöglich gewesen wäre.

– Ich habe mir lieber von meinen Offizieren helfen lassen, entgegnete Charton trocken.

– Leider, colonel, werden Sie sich von ihnen trennen müssen. Sie

414

sind nicht verwundet und werden unverzüglich zu einem Umerziehungslager im Marsch gesetzt. Aber machen Sie sich keine Sorgen, jetzt werden wir Sie tragen und pflegen.

Zwei bewaffnete Männer traten auf Bross und Clerget zu. Trotz ihres Protestes wurden sie zurückgestoßen. Mit einer schnellen Bewegung schob Bross die Viet-Soldaten beiseite und näherte sich dem auf seiner Trage ausgestreckten colonel. Die Viets wollten eingreifen; ihr Chef hielt sie mit einer Handbewegung zurück. Bross weinte, reichte Charton die Hand, zögerte einen Augenblick, dann beugte er sich über ihn und küßte ihn. Clerget tat es ihm gleich. Die drei Männer trennten sich ohne ein weiteres Wort.

Charton wurde auf seiner Trage mitten unter die Verwundeten transportiert, die in Reihen ausgerichtet waren. Zu seiner Rechten lag ein Legionär im Koma, zu seiner Linken ein Marokkaner, der nicht französisch sprach. Nach dem Aufklaren, das der colonel einige Tage zuvor so sehr herbeigesehnt hatte, bedeckte sich der Himmel wieder. Charton lag da, bewegungslos, gleichgültig, geistesabwesend; er starrte zum Himmel, auf die Wolken, die sich zusammenballten und hatte nur einen Gedanken im Kopf: wird es regnen oder nicht?

Gleich nach ihrer Gefangennahme waren Charton, Bross und Clerget nach Waffen durchsucht worden, aber ihre Papiere, ihre Uhren und ihr Geld hatten die Viets nicht angerührt. Sie hatten Charton sogar sein Taschenmesser gelassen. Alle fünf Minuten schaute der colonel auf seine Armbanduhr. Unentwegt zog er sie auf, als fürchte er, sie werde stehenbleiben. Gegen 16 Uhr zeigte ihm ein Blick auf den Legionär zu seiner Rechten, daß der Mann tot war. Kaum eine Viertelstunde später kamen zwei Viet-Soldaten mit weißen Taschentüchern als Gesichtsschutz und schafften den Unglücklichen ohne große Umstände fort.

Eine weitere Viertelstunde verging, bis ein neuer Verwundeter den Platz des Toten einnahm. Auch er schien in sehr schlechtem Zustand. Charton fragte sich, ob man ihn am Todeskampf all seiner Kameraden teilnehmen lassen wolle. Nachdem die Träger verschwunden waren, öffnete der Legionär die Augen und drehte sich zu dem colonel. Trotz der offensichtlichen Schwere seiner Verwundungen war der Mann bei Bewußtsein. Mit schwachem Lächeln sagte er:
– lieutenant Faulque vom I. B.E.P., mon colonel. Ich habe von Ihrer Anwesenheit gehört und gebeten, neben Sie gelegt zu werden; man hat dem entsprochen.

Faulque, erwiderte Charton überrascht, ich habe oft von Ihnen gehört, welch' seltsame Art, Bekanntschaft zu machen, sind Sie schon
lange hier?

– Seit gestern abend, mon colonel.

– Haben Sie irgend etwas in Erfahrung bringen können?

– Es heißt, die Schwerverletzten würden entlassen. Aber ich habe
nicht die geringste Ahnung, welchen Glauben man diesen Gerüch-
ten schenken kann.

– Das B.E.P., Faulque?

– Das B.E.P. ist tot, mon colonel. Jeanpierre hab' ich nicht fallen
sehen, aber ich weiß, daß commandant Segretain tot ist.

– Wie hat man Sie hier behandelt? Hat man Ihnen auch Ihre persönlichen Sachen gelassen?

– Jawohl, mon colonel. Es sind keine schlechten Kerle. Im übrigen
werden wir darüber bald mehr wissen, da kommt Besuch.

Im Gänsemarsch kamen etwa zwanzig Männer auf Charton's Trage
zu. Der vorderste verbeugte sich und erklärte:

– Ich bin colonel der Viet-minh-Armee. Ich bin gekommen, um einen
mutigen Soldaten zu begrüßen; wollen Sie mir die Hand reichen,
colonel Charton?

Bewegt und überrascht streckte Charton die Hand aus; der Viet-
Offizier schüttelte sie kräftig, dann sagte er:

– Alle Männer hinter mir sind auch Offiziere, sie möchten Ihnen
ebenfalls die Hand drücken.

Nicht mehr bewegt, sondern amüsiert nickte Charton zustimmend.
Einer nach dem andern traten die Viet-Offiziere heran, verbeugten
sich, schüttelten ihm die Hand und sagten dazu nur: »Colonel
Charton.«

– All das ist eher sympathisch, erklärte Charton an Faulque gewandt,
sobald sich der letzte Mann dieses sonderbaren Defilees entfernt
hatte.

– Trauen Sie dem nicht, mon colonel, das sind Militärs. Solange wir
bei ihnen bleiben, wird alles in Ordnung sein.

Einer von ihnen hat mir diesen Tip gegeben. Seien Sie auf der Hut,
sobald man Sie nicht mehr mit Ihrem Rang anredet und Sie zum ersten Mal hören: »Genosse Charton«. Das bedeutet dann, daß Sie bei
den Politfunktionären gelandet sind. Von dem Moment an steht zu
befürchten, daß andre Saiten aufgezogen werden.

– Ich werd' mir's merken, Faulque, danke.

Um 19 Uhr nahmen zwei Krankenträger ohne Erklärung Charton's Trage auf und brachten ihn im Eilschritt fort. Der colonel suchte sich zu informieren, aber seine beiden Träger konnten oder wollten nicht französisch verstehen. Er hatte gerade noch Zeit, Faulque zum Abschied zuzuwinken.

Fast sechs Stunden lang liefen die beiden kleinen Krankenträger ohne jede Pause in gleichmäßig schneller Gangart. Gelegentlich rannten sie fast, aber sie brachten die Trage nie ins Schwanken, ihre geübten Arme funktionierten wie Stoßdämpfer und Federung; ihre Geschicklichkeit verblüffte Charton. Es war fast ein Uhr früh, als das Trio in ein Dorf gelangte.

Nach seiner Befreiung hat colonel Charton versucht, seine Verlagerungen während der Gefangenschaft auf der Karte nachzuvollziehen. Er weiß bis heute nicht, ob er dabei Fehler gemacht hat. Nach seiner Meinung jedenfalls war das Dorf, in dem er am 8. Oktober gegen ein Uhr früh ankam, das an der Kolonialstraße 27 gelegene Poma, drei Kilometer von der chinesischen Grenze entfernt.

Man brachte Charton in einer Strohhütte unter, die von vier Mann bewacht war. Der colonel schlief sofort ein. Es war ihm nur eine Stunde Ruhe vergönnt. Um zwei Uhr fünfzehn wurde er unsanft von einem Mann geweckt, der ihm eine Tasse Tee hinhielt und erklärte:

– Wachen Sie auf, colonel, unser General wünscht Sie zu sprechen.

– Euer General?

– General Giap, der Sie besiegt hat.

Charton war gespannt. Er würde dieses kleine Männlein kennenlernen, von dem so viel die Rede war, und das noch niemand gesehen hatte. Charton wurde bis zu einem kleinen Steingebäude getragen. Vor dem Eintreten ließ sein Begleiter die Krankenträger anhalten und beugte sich an sein Ohr:

– Eins möchte ich Ihnen empfehlen, seien Sie sehr höflich zu dem General.

– Wenn er höflich zu mir ist, werde ich auch höflich zu ihm sein, erwiderte Charton.

Sobald er im Inneren des Gebäudes war, erkannte Charton, daß es sich um eine Schule handelte, und daß er sich in einem Klassenzimmer befand. Hinter den Schülerpulten saßen an die zwanzig Männer. Jeder hatte ein Heft vor sich und einen Bleistift in der Hand; in jedem Tintenfaß steckte eine Kerze, die das Pult beleuchtete. Auf dem Katheder saß ein kleiner Viet zwischen vier Kerzenstummeln. Es war General Giap. Ohne aufzustehen und ohne jede Höflichkeitsfloskel begann Giap sofort mit der Befragung.

– Weil so meine Befehle lauteten.
– General.
– Wie bitte?
– Weil so meine Befehle lauteten, General. Ich nenne Sie colonel, Sie nennen mich General.
– Wenn Ihnen das Vergnügen macht, General.
Giap schlug mit der flachen Hand auf den Tisch.
– Es handelt sich nicht darum, mir Vergnügen zu machen. Das ist mein Rang. Sie sind mein Untergebener. Ich habe Sie besiegt, und Sie sind mein Gefangener. Also seien Sie höflich.
– In Ordnung, General, gab Charton nach; ihm war es egal.
– Was dachten Sie von den Befehlen, die Sie erhalten hatten?
– Befehle, die ich erhalte, habe ich nicht zu diskutieren.
Triumphierend wandte sich Giap an die eifrige Schülerschar.
– Habt Ihr gehört? Notiert: »In den imperialistischen Armeen ist ein so berühmter, höherer Offizier wie colonel Charton nur eine Maschine, die Befehle ausführt ohne zu diskutieren, selbst wenn man ihm befiehlt, Frauen und Kinder zu ermorden.«
– Das habe ich nicht gesagt, widersprach Charton.
– Aber das haben Sie gemacht, denn Sie wußten, daß ich Sie besiegen würde, colonel.
– Nicht Sie haben mich besiegt, General, es war der Dschungel, die Natur, die Nähe der Grenze, die Unterstützung der Zivilbevölkerung, deren Sie sich durch Terror versichert hatten.
Wütend erhob sich Giap.
– Das ist eine Lüge! (An die Zuhörer gewandt, fuhr er fort:) Schreibt das nicht auf.
Die ganze Nacht ging der Dialog weiter, ohne daß etwas dabei herauskam. Bei Tagesanbruch verschwanden die Militärs. Ein neuer Mann erschien, es war der erste Politkommissar.

– *Genosse* Charton, wir werden Sie umerziehen, erklärte er einleitend.

Sofort dachte Charton an den sterbenden lieutenant Faulque auf seiner Trage. »Vorsicht, mon colonel, wenn sie anfangen Sie Genosse zu nennen, seien Sie auf der Hut....«
Erst vier Jahre später, nach seiner Befreiung aus den Viet-Lagern, sollte colonel Charton erfahren, daß Faulque überlebt hatte. Der lieutenant des B.E.P. gehörte zu dem Haufen lebender Leichname, die der Viet-minh den Franzosen unter der Bedingung übergab, daß eine *Junkers* sie auf der Piste von That-Khé abholte – einer Piste, die für ein Flugzeug dieser Größe zu kurz war, und auf der seine Landung für unmöglich gehalten wurde.
Der Pilot, der es fertigbrachte, mit seiner Maschine aufzusetzen, die Sterbenden an Bord zu nehmen und ohne Bruch wieder zu starten, war capitaine de Fontange. Es wird behauptet, er sei an diesem Tag betrunkener als gewöhnlich gewesen. Die vierzig Mann, denen er damals das Leben rettete, wären die letzten, ihm das vorzuwerfen....

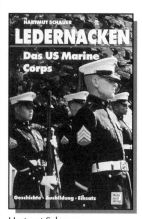
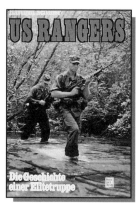

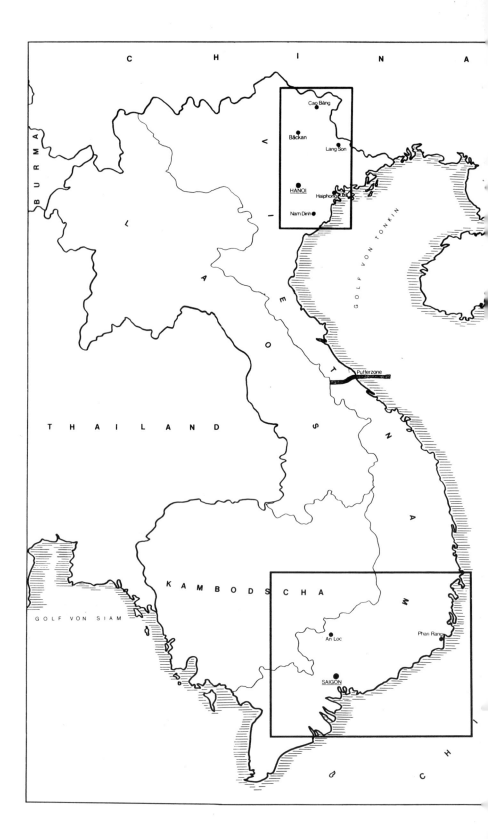